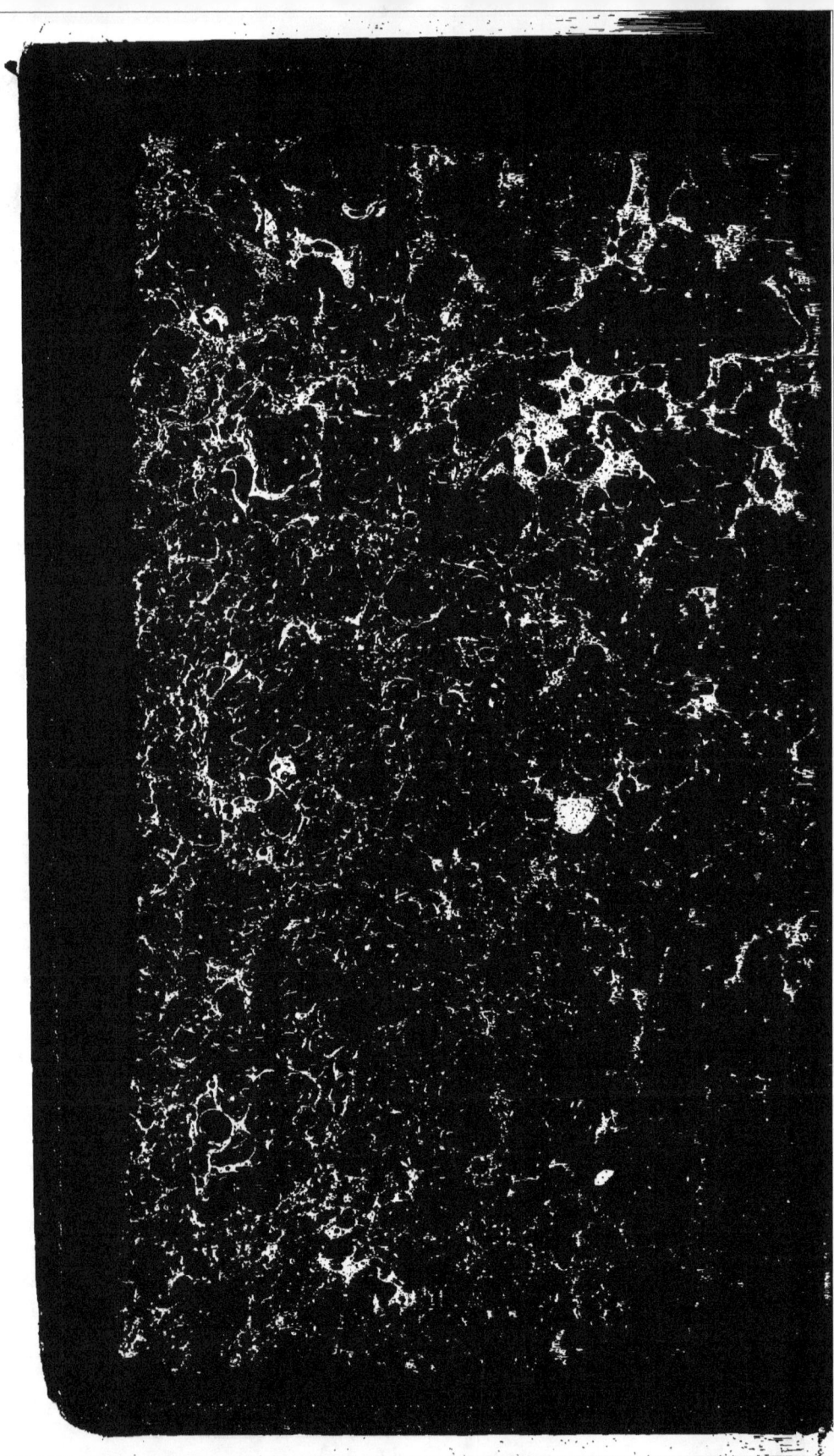

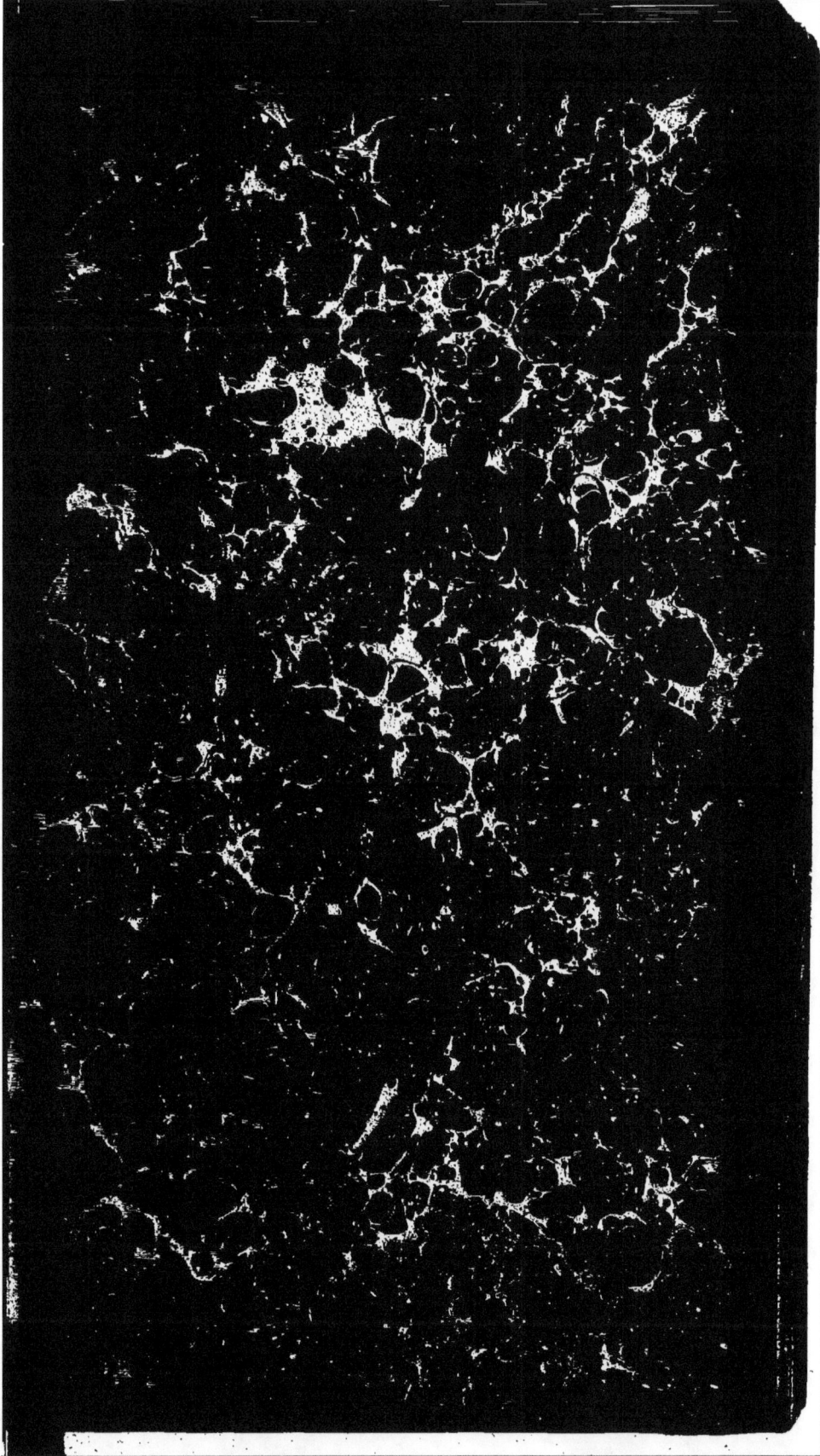

COURS

DE

DROIT COMMERCIAL.

COURS

DE

DROIT COMMERCIAL,

PAR M. PARDESSUS,

AVOCAT A LA COUR IMPÉRIALE, PROFESSEUR DU CODE DE
COMMERCE A LA FACULTÉ DE DROIT DE PARIS.

TOME PREMIER.

DE L'IMPRIMERIE DE J.-P. JACOB, A VERSAILLES.

PARIS,

GARNERY, LIBRAIRE, RUE DE SEINE, N.º 6.

1814.

A SON EXCELLENCE

MONSIEUR

LE COMTE DELAFOREST,

GRAND-OFFICIER DE LA LÉGION-D'HONNEUR, GRAND'-CROIX DE
L'ORDRE IMPÉRIAL DE LA RÉUNION, CONSEILLER D'ÉTAT,
AMBASSADEUR DE S. M. L'EMPEREUR ET ROI PRÈS S. M. CA-
THOLIQUE, MEMBRE DU COLLÉGE ÉLECTORAL DE LOIR ET
CHER.

HOMMAGE

DE RESPECT ET DE DÉVOUEMENT

DE L'AUTEUR.

Nihil est, quod velim, quam et gratum esse et videri.

Cicero pro Plancio, n. 80.

AVERTISSEMENT.

Les Élémens de Jurisprudence Commerciale, publiés en 1812, ne furent composés que dans la vue de procurer aux Personnes qui suivent les Leçons de l'Auteur à la Faculté de Paris, des cahiers corrects et peu dispendieux. Le Lecteur y est supposé parfaitement instruit des Principes du Droit Civil, dont les Lois Commerciales ne sont que des exceptions.

Cet Essai, accueilli avec indulgence, fit sentir le besoin, et entrevoir la possibilité d'un travail dans lequel les notions de l'un et l'autre Droit seroient, en quelque sorte, *fondues* de manière que, sans être obligé de faire les études exigées pour arriver à la Magistrature ou au Barreau, « Tout » Commerçant, tout Agent du Commerce » trouvât réuni, dans un même Ouvrage, » l'ensemble de la Législation à laquelle sa » Profession l'assujettit [1]. »

[1] Motifs du Conseil d'Etat sur le Projet du Code de Commerce.

Le désir que l'Auteur s'en occupât, lui a été exprimé d'une manière trop flatteuse pour qu'il ait pu balancer.

Il se trouve ainsi avoir composé deux Ouvrages sur le même sujet; mais avec un plan et pour un but différens. Le Cours de Droit Commercial qu'il publie actuellement, est destiné à présenter l'ensemble de cette partie de la Législation et des principes épars dans les différens Codes, qui peuvent y être appliqués. Les Élémens de Jurisprudence, dégagés de tous développemens, offriront une analyse suffisante pour l'Étudiant qui suit les Cours, et peut-être utile au Jurisconsulte à qui il faut moins apprendre que rappeler ce qu'il sait.

Puisse la bienveillance à laquelle l'Auteur a dû ses premiers succès, lui montrer que la réunion de ces deux Ouvrages a atteint le but qu'il se proposoit !

Indocti discant et ament meminisse periti.

TABLE DES TITRES,

CHAPITRES, SECTIONS ET PARAGRAPHES

CONTENUS DANS CE VOLUME.

PREMIÈRE PARTIE.

SECONDE PARTIE.

Les Citations marginales des Codes sont indiquées, savoir : N., *Code Napoléon*; Pr., *Code de Procédure*; C., *Code de Commerce*; I. C., *Code d'Instruction criminelle*; Pén., *Code Pénal*.

Parmi les Lois ou Décrets cités, on n'a indiqué au bas des pages que ceux qui sont dans les quatre séries du Bulletin des lois.

FIN DE LA TABLE DES CHAPITRES.

COURS

DE

DROIT COMMERCIAL.

_____

1. L<small>E</small> commerce, dans ses rapports avec la jurisprudence, peut être défini : l'échange que les hommes font entr'eux des diverses productions mobiliaires de la nature ou de l'industrie.

Le droit commercial consiste : 1.° dans les lois spécialement destinées, soit à régler la forme et l'effet des transactions dont le commerce se compose, soit à déterminer les obligations particulières auxquelles sont assujettis ceux qui en font leur profession; 2.° dans les principes du droit commun, appliqués, autant que le permet la nature des choses, à ces mêmes transactions, lorsque des lois spéciales n'ont rien déterminé.

2. Le but de cet ouvrage est de faire connoître à tout commerçant, à tout agent du commerce, l'ensemble de la législation à laquelle sa profession l'assujettit.

Tome I. 1

Nous le distribuerons en six parties.

La première traitera de ce qui concerne le commerce en général et les commerçans, considérés indépendamment de la forme et de l'effet des engagemens qu'ils peuvent contracter ; la seconde, des contrats commerciaux, autres que ceux qui appartiennent exclusivement au commerce maritime ; la troisième, de tout ce qui est particulier au commerce maritime ; la quatrième, des sociétés commerciales, quelles que soient les opérations pour lesquelles on les forme ; la cinquième, des faillites et banqueroutes ; la sixième, de la compétence et de la procédure commerciales.

PREMIÈRE PARTIE.

DU COMMERCE ET DES COMMERÇANS.

---

3. CETTE partie sera divisée en cinq titres. Dans le premier, nous donnerons des notions sur ce qu'on appelle *actes de commerce;* dans le deuxième, des règles sur la *capacité* requise pour exercer ces actes; dans le troisième, nous expliquerons comment cet exercice attribue la qualité de *commerçant;* dans le quatrième, quelles sont les *obligations spéciales* imposées à ceux qui ont cette qualité; dans le cinquième, nous traiterons des *institutions* créées pour l'utilité du commerce.

TITRE PREMIER.

DES ACTES DE COMMERCE.

---

4. LES lois commerciales sont des lois d'exception, et la juridiction des Tribunaux de Commerce a été distraite de la juridiction

I *

ordinaire; il est donc intéressant de définir avec précision les *actes de commerce.*

On peut distinguer entre ces actes : 1.° ceux qui sont *déclarés* tels, en eux-mêmes, indépendamment de la qualité des personnes qui les exercent; 2.° ceux qui ne sont *réputés* tels que par une présomption déduite de la qualité des contractans.

Nous allons en faire l'objet des deux chapitres suivans.

CHAPITRE PREMIER.

Quels Actes sont commerciaux par leur nature.

5. Nous n'offrirons dans ce chapitre, que de simples définitions, destinées à rendre plus facile l'intelligence des termes que nous emploierons par la suite. C'est dans la seconde partie que nous considérerons les actes de commerce sous le rapport des contrats ou des quasi-contrats auxquels ils donnent lieu.

Comme il n'est point d'engagement qui ne rentre dans la classe des obligations de livrer, ou dans celle des obligations de faire, nous pourrions ne suivre que cet ordre dans la distribution de ce chapitre; mais le commerce maritime ayant donné naissance à des contrats dont les règles se rattachent quelquefois aux principes du droit public, nous avons cru devoir en faire une classe particulière, par le même motif qui nous porte à leur consacrer la troisième partie de cet Ouvrage.

SECTION PREMIÈRE.

Actes relatifs à l'obligation de livrer.

Ces actes sont de quatre sortes : 1.° Achats pour revendre ou louer; 2.° Entreprises de fournitures; 3.° Opérations de change ; 4.° Opérations de banque.

§. I.

Achats pour revendre ou louer.

6.Tous achats de denrées et marchandises C.632, 1.er al. pour les revendre, soit en nature, soit après les avoir travaillées et mises en œuvre, ou même pour en louer simplement l'usage, *sont actes de commerce.*

Ces expressions fournissent matière à quelques observations importantes.

7. La loi se sert du mot *achats*. Si une chose avoit été donnée, la revente qu'en feroit le donataire n'attribueroit point à la donation le caractère d'acte de commerce.

Par la même raison, le cultivateur ou propriétaire n'en fait pas un, lorsqu'il vend les fruits de son fonds, parce qu'il ne les a pas achetés. Peu importe, à cet égard, qu'il ne vende pas les choses telles que la culture les a procurées, comme les grains, le foin, etc. ; qu'il leur ait fait subir une préparation qui les dénature, comme le vin, le cidre, etc ; ou enfin qu'elles lui proviennent de travaux faits par des ouvriers salariés, comme les produits d'une carrière, d'une tourbière.

Il en est encore de même de celui qui vend les productions de son esprit ou d'un travail, qui n'est pas exclusivement appliqué à convertir des matières achetées en autres matières.

8. L'emploi particulier du mot *achats*, doit encore être remarqué, afin que, sous le prétexte spécieux qu'une convention est indivisible dans son essence et dans sa qualité, on ne considère pas, comme acte de commerce, une vente, par cela seul que l'acheteur auroit revendu les choses achetées.

Quoiqu'il soit vrai de dire qu'il n'y a point d'achat sans vente, on est obligé d'envisager séparément ces deux conventions corrélatives, lorsque la qualité de l'une ou de l'autre peut être différente, suivant le but que chacun des contractans s'est proposé. Ainsi, nous avons vu que la vente faite par un cultivateur ou un propriétaire, des produits de son fonds, ne deviendroit pas acte de commerce, quoique l'acheteur ait revendu ou se propose de revendre ces choses. Nous développerons cette pensée, lorsqu'en traitant de la compétence, nous verrons comment un acte peut être commercial de la part de l'un des contractans, et rester purement civil de la part de l'autre.

9. On doit enfin considérer l'emploi du mot *achats* sous un troisième rapport. Il en résulte que la revente d'une chose n'est pas, par elle-même, un acte de commerce, et qu'on ne peut lui donner cette qualification, par le motif qu'elle auroit été précédée d'achat, comme on la donne à l'achat lorsqu'il est suivi de revente.

Par exemple, le serrurier qui fait un acte de commerce en achetant du fer à des maîtres de forges, n'en fait pas un en vendant ce fer travaillé aux particuliers pour leurs besoins. Cette distinction, qui peut paroître subtile quand elle est présentée sans application, est d'une grande importance lorsqu'il s'agit de décider à quel Tribunal appartient la connoissance des contestations qui concernent l'un ou l'autre cas : car, le serrurier sera valablement traduit au Tribunal de Commerce par les maîtres de forges, puisqu'il a acheté pour revendre ; au contraire, il ne pourra pas y être traduit par

les particuliers pour inexécution de ses engagemens ou pour la mauvaise qualité de ses ouvrages.

10. Il faut aussi remarquer que la loi n'a pas
dit en général, achat de *toutes choses*, mais
achat de *denrées* et *marchandises*.

Par *denrées*, on entend les objets recueillis
ou fabriqués, particulièrement destinés à la
nourriture et entretien des hommes et des animaux, de nature à être consommés par l'usage
qu'on en fait.

Par *marchandises*, on entend, en général,
toutes choses mobiliaires destinées à des besoins
moins impérieux que ceux de la nourriture et
entretien, qui subsistent après l'usage qu'on
en a fait, ou du moins, qui ne s'usent que par
une consommation lente.

On y comprend aussi la monnoie métallique
qui, dans le commerce, n'est considérée que
comme une marchandise d'une défaite d'autant
plus facile, qu'elle convient à plus de personnes. Nous verrons seulement que cette règle
est modifiée par les lois des divers états relativement aux monnoies frappées pour l'usage de
leurs sujets.

On doit conclure de la définition que nous
avons donnée des *denrées* et *marchandises*, que
des achats d'immeubles pour les diviser et les
revendre par portions, quand même cette re-

vente auroit été effectuée, ne seroient pas considérés comme opérations commerciales.

11. Le mot *marchandises* n'est pas aussi N. $\begin{cases} 528. \\ 529. \end{cases}$
général que celui d'*effets mobiliers*, qui désigne
tout ce qui n'est pas de nature immobiliaire.
Il ne comprend que les effets mobiliers qu'on
est plus généralement dans l'habitude de vendre
et de revendre pour les besoins réels, ou pour
ceux du luxe. Il s'applique même à des choses
incorporelles, telles que les conceptions de
l'esprit, les procédés de l'industrie, les créances:
mais ces dernières, ne sont rangées parmi les
marchandises, qu'autant que la forme du titre
qui les établit, leur origine commerciale, ou
l'usage des lieux, les en rendent susceptibles.

Ainsi, la spéculation d'une personne qui
achèteroit des créances établies par des contrats
de constitution, par de simples reconnoissances
ou par tous autres titres civils et étrangers aux
opérations commerciales, dans la vue de les revendre ou de faire un profit quelconque, ne seroit
pas considérée comme un acte de commerce.

Si la loi du 17 mai 1798 (28 floréal an 7)[1]
et le décret du 1.er août 1805 (13 thermidor
an 13)[2] ont fait une exception pour les titres de
créances sur l'Etat, c'est par des motifs d'intérêt

---

[1] Bulletin des lois, 2.e série, n. 2925.
[2] Bulletin des lois, 4.e série, n. 867.

public, et dans la vue de rendre plus rapide et plus facile la circulation de la dette nationale.

Par suite de ces distinctions, le mot *marchandises* comprend les esclaves noirs dont le trafic est autorisé par la loi du 20 mai 1802 (3o floréal an 10) [1]; mais on ne pourroit l'étendre aux hommes de toute autre nation que les barbaresques ont coutume de réduire à l'esclavage ; quoiqu'il arrive fréquemment qu'ils soient rachetés, moyennant de l'argent, et que leur liberté puisse être la matière de certains engagemens, par exemple d'un contrat d'assurance.

12. L'achat doit être *pour* revendre ; ainsi l'intention est plus à considérer que le fait en lui-même.

Celui qui a réuni dans des magasins une quantité de marchandises qu'il expose en vente, ou qu'il s'annonce de quelque manière que ce soit prêt à revendre, doit être réputé avoir fait dans l'achat de ces marchandises un acte de commerce, quoiqu'il n'ait encore rien revendu.

13. D'un autre côté, il peut arriver que des choses achetées soient réellement revendues, et que cependant l'achat ne soit pas un acte de commerce, si l'acheteur n'avoit pas, au moins

---

[1] Bulletin des lois, 3.e série, n, 1609.

virtuellement, l'intention de revendre les choses achetées.

Ainsi nous avons vu que les effets publics étoient réputés marchandises. Un achat de cette espèce peut être fait par un particulier qui n'a en vue qu'un placement de ses fonds pour se procurer licitement un revenu plus considérable que s'il prêtoit à intérêt, et qui veut se ménager le moyen de les réaliser avec facilité selon ses besoins. Cet achat ne sera pas considéré comme acte de commerce.

Il arrive souvent qu'un non-commerçant achète des denrées en une quantité supérieure à sa consommation habituelle, et comme une forte provision faite sans aucune intention de spéculer ou de revendre; mais la crainte de les voir se corrompre ou se perdre, un changement arrivé dans sa fortune, ou même l'espoir d'un bénéfice qu'il n'avoit pas eu en vue d'abord, fondé sur un renchérissement considérable de ces objets, le porte à en revendre une partie : des cultivateurs achètent les animaux nécessaires à la culture de leurs héritages, et bientôt, forcés ou par le motif que ces animaux ne leur conviennent pas, ou parce qu'une occasion favorable de s'en défaire se présente, ils les vendent, les échangent, soit en foire, soit en tout autre lieu ; de tels actes ne seront point réputés opérations de commerce, quoique la revente les ait suivis. L'intention primitive est seule à considérer, et le fait n'ayant point été commercial dans son origine, il n'est pas juste qu'il le devienne par des événemens postérieurs.

Les Tribunaux doivent, dans ces sortes de contestations, se déterminer par les circonstances ; et la qualité ou la profession des parties sont alors prises en grande considération. Il suffit d'observer, comme une conséquence du principe que nous avons posé, qu'une obligation, un billet causé *valeur en marchandises*, ne pourroit pas, par cela seul, être considéré comme un engagement de commerce, si les circonstances n'indiquoient pas que la marchandise étoit achetée dans l'intention de la revendre.

14. Pour que la revente d'une chose attribue la qualité d'acte de commerce à l'achat qui l'a précédée, il faut qu'elle soit principale : elle n'a pas ce caractère, lorsqu'elle n'a lieu que comme accessoire de la vente de choses qui n'ont pas été achetées. Ainsi, le cultivateur qui vend avec son vin ou avec les liqueurs qu'il a fabriquées du produit de ses récoltes, des tonneaux achetés, n'est pas présumé faire une revente, capable d'attribuer la qualité commerciale à l'achat qu'il a fait.

Mais par une juste conséquence de ce principe, on ne pourroit en dire autant du distillateur qui compose des liqueurs avec les vins ou autres liquides qu'il se procure à prix d'argent. L'achat qu'il fait des tonneaux, pour contenir et vendre le produit de ses distillations, est réputé acte de commerce.

De même l'auteur qui fait imprimer à son compte et qui débite ses ouvrages, n'est pas présumé avoir fait un acte de commerce en achetant le papier et les autres matières qui ont servi à cette impression. Mais cette exception ne militeroit pas en faveur du libraire qui auroit fait imprimer l'ouvrage dont l'auteur lui a donné ou vendu le manuscrit; du journaliste qui, ne rendant compte que d'événemens ou d'objets qui sont en quelque sorte du domaine commun, ne peut pas être assimilé à l'auteur d'un ouvrage purement littéraire, quoique périodique.

15. La même distinction sert à décider quelques autres questions. L'artiste peintre qui achète des couleurs, des toiles, des cadres qu'il revend ensuite convertis en tableaux, ne fait point acte de commerce, quoique l'artisan peintre en bâtimens fasse un acte de commerce dans la même circonstance. Un instituteur, en achetant des marchandises et denrées pour les besoins de sa pension, n'a pas fait un acte de commerce, parce qu'il ne revend ensuite ces choses aux élèves que comme accessoire de l'instruction et de l'éducation qu'il leur donne; mais le res-

taurateur, l'aubergiste, le maître de poste ; l'entrepreneur de transports font des actes de commerce dans l'achat des vivres et denrées nécessaires à l'exercice de leurs professions.

16. Les mêmes exceptions s'appliquent au cas où la revente est la suite et en quelque sorte un moyen de certaines opérations agricoles, étrangères aux spéculations commerciales. Un cultivateur achète souvent des animaux maigres qu'il engraisse et revend ensuite : cet achat ne doit pas être réputé acte de commerce, quoique cependant, au fait de la revente se joigne celui qu'en achetant il avoit l'intention de revendre.

Mais il est nécessaire que l'agriculture soit sa véritable profession : s'il spéculoit sur l'achat d'animaux pour les revendre après les avoir fait engraisser, il faudroit déclarer ces achats *actes de commerce.*

C.631, 1.er al.   17. Il importe peu que les choses soient revendues en même état ou en même nature qu'elles ont été achetées, ou qu'elles aient subi avant la revente un changement par le travail et la mise en œuvre. Il en est de même lorsque les choses sont entièrement consommées dans la fabrication et mise en œuvre de matières revendues. Ainsi, le distillateur, qui convertit en esprit les vins ou autres liqueurs qu'il a achetés;

fait un acte de commerce non-seulement dans l'achat de ces vins ou liqueurs, mais encore dans celui du bois ou du charbon qu'il consomme dans ses distillations.

18. Les principes que nous avons donnés ci-dessus, servent à expliquer dans quels cas la location d'une chose qu'on a achetée, attribue à l'achat le caractère d'acte de commerce. Il ne suffit pas du fait que la chose a été louée, il faut que l'achat ait eu lieu dans cette intention; la simple location d'un cheval ne rendroit pas acte de commerce l'achat primitif, fait dans la vue principale de s'en servir personnellement.

Réciproquement, il n'est pas indispensable qu'une location ait eu lieu, s'il est constant que l'achat a été fait dans cette vue.

Il faut aussi que cet achat soit d'une chose mobiliaire; ainsi l'acquéreur ou le locataire d'un café, d'une auberge, ne contracte point en achetant ou louant cet établissement un acte de commerce, quoiqu'il en loue ou qu'il sous-loue en quelque sorte l'usage.

De même enfin l'achat ne doit pas être réputé acte de commerce, si la chose n'est louée que comme accessoire d'un immeuble ou d'une chose que le locateur n'a pas achetée. Par exemple, lorsque le propriétaire d'une ferme achète des bestiaux pour les donner à son

fermier, à titre de cheptel, cet achat ne doit
pas être considéré comme un acte de commerce. Il en seroit autrement, d'après ce que
nous avons dit n. 16, de l'achat fait par celui
qui, n'étant point propriétaire du fonds affermé,
N. 1802. donneroit à cheptel, au fermier d'autrui, des
bestiaux qu'il auroit achetés.

19. Cette distinction offre le moyen de
résoudre quelques difficultés sur la qualification
qu'on doit donner aux achats d'instrumens employés à l'exercice d'un travail ou d'une profession. Si la chose achetée est le principal objet
loué, l'achat est un acte de commerce; si l'usage
de la chose achetée n'a lieu que pour exécuter
un travail industriel, qui soit évidemment le
principal objet loué, l'achat n'est point acte de
commerce.

Ainsi l'entrepreneur de transports, le maître
de poste, fait un acte de commerce en achetant
des chevaux et des voitures, qu'il loue dans les
transports qu'il effectue. A la vérité, il y joint
aussi ses soins; mais dans le fait, la location des
voitures et chevaux, est la chose principale. Les
mêmes principes peuvent s'appliquer à celui qui
tenant un hôtel garni, achète des meubles dont
il loue l'usage.

L'ouvrier, au contraire, qui achète les outils
de son métier, ne fait point un acte de commerce, quoiqu'on puisse dire que dans le prix

de son travail il comprendra implicitement le loyer de ses outils, parce que son industrie est d'un prix plus considérable.

Dans le premier cas, quel que soit le maître ou le conducteur des chevaux et voitures, le transport peut avoir lieu, parce qu'il ne faut pas, à proprement parler, d'industrie pour les conduire. Dans le second cas, tout le monde n'est pas également habile à faire usage d'outils ; et quiconque n'a pas appris à s'en servir, n'en peut tirer aucun profit.

Il nous semble encore moins douteux qu'on ne peut regarder comme actes de commerce, les achats de parure et habits de décoration, que font individuellement des acteurs pour jouer leurs rôles. Mais il n'en seroit pas de même des achats que ces acteurs, associés pour une entreprise de spectacle, feroient de décorations ou autres objets nécessaires à leur établissement, puisque nous verrons dans la section suivante que cette entreprise constitue un véritable commerce.

§. II.

Entreprises de Fournitures.

20. Nous avons vu dans le §. précédent, ce qui concerne les *achats*. Lorsque les *ventes* nécessitent ou supposent un trafic préparatoire,

Tome I. 2

et prennent le caractère de spéculations, elles
sont rangées parmi les actes de commerce.

Tel est l'esprit de la disposition qui a mis
C. 632, 4.ᵉ ᵃˡ. dans cette classe les *entreprises de fournitures*.

Dès qu'une personne, ne fût-elle pas de profession commerciale, s'engage à fournir une ou
plusieurs sortes de denrées ou marchandises,
soit à des particuliers dont la consommation a
quelqu'importance, soit à des établissemens
commerciaux ou publics, soit aux administrations ou au gouvernement, il y a une sorte
de présomption légale que cette personne n'a
pas ces choses; qu'elle les achètera ou les fera
confectionner, et que son entreprise est un
moyen de se procurer des profits industriels,
soit dans la revente, soit dans la préparation, soit
dans le transport de ces marchandises.

Au surplus les tribunaux apprécieront les
nuances particulières qui peuvent se présenter
dans les affaires de ce genre, pour distinguer les
simples ventes des entreprises de fournitures.

Les entreprises littéraires connues sous le
nom de *souscriptions*, nous semblent appartenir
à ce genre d'opérations commerciales, lorsqu'elles sont faites par d'autres que l'auteur
même de l'ouvrage ainsi publié.

21. Il importe toutefois de remarquer qu'on
ne doit pas considérer comme fournisseurs, ceux
qui achètent par ordre et pour le compte de

leurs maîtres ou commettans. S'ils peuvent quelquefois être réputés obligés, et si cette obligation
prend le caractère d'un acte de commerce, ce   C. 634, 2.ᵉ al.
n'est point parce qu'on y verroit une entreprise
de fourniture, car ils n'achètent pas pour revendre à leur maître ou commettant, mais par
d'autres motifs que nous indiquerons dans le
Tit. I.ᵉʳ de la seconde partie de cet Ouvrage.

C'est ce qui peut servir à décider les contestations assez fréquentes sur la qualité des engagemens pris par ceux qui font des achats
pour le Gouvernement. Si les acheteurs sont
des préposés commissionnés par lui ou par une
administration qu'il ait créée, leurs achats ne
sont point des opérations commerciales. Il en
est autrement, s'ils se sont engagés à faire les
fournitures pour des prix convenus : au lieu
d'être agens, ils sont vraiment entrepreneurs,
puisqu'ils revendent au Gouvernement ce qu'ils
ont acheté des particuliers.

§. III.

Des opérations de change.

22. Dans tous les pays civilisés, les métaux   C. 632, 5.ᵉ et
précieux, tels que l'or et l'argent, et ceux qui,   8.ᵉ al.
moins précieux, tels que le cuivre, peuvent
être facilement fabriqués en petites parties sans
éprouver de détérioration, sont employés comme

2 *

instrument de commerce, c'est-à-dire, comme une marchandise susceptible d'être offerte en tout temps en échange des autres marchandises.

Les Gouvernemens, dans la vue de rendre ces échanges plus prompts et plus faciles, et d'éviter la lenteur et l'embarras des vérifications de poids ou de qualité, se sont chargés de fabriquer ces métaux en portions plus ou moins considérables, dont ils ont attesté la valeur par une empreinte particulière. Ils ont, en conséquence, donné aux portions de métaux ainsi fabriquées, le nom de *monnoie* ou *espèces monnoyées*, ou simplement *espèces*, et imposé à leurs sujets l'obligation de les recevoir dans leurs échanges pour la valeur portée sur les empreintes.

N. 1895. Ainsi, dans tout le territoire soumis aux lois françaises, le débiteur d'une certaine somme doit compter à son créancier cette somme numérique, dans la monnoie qui a cours au moment où il se libère, quoique la valeur nominale des espèces ait été augmentée ou diminuée dans l'intervalle de l'obligation au paiement.

23. Les fabrications de ces pièces monnoyées, ayant été combinées de manière qu'il s'en trouve qui, seules, réunissent une valeur égale à celle de plusieurs autres, le besoin de faire des échanges se manifeste fréquemment. Il arrive aussi que le frottement ou tous autres

accidens auxquels les monnoies sont exposées dans la circulation, altère leur forme, ou la quantité de matière qu'elles contiennent; et la nécessité de les échanger se fait encore sentir.

Ces deux espèces d'échange qui ont lieu entre la monnoie d'un même pays, ne peuvent être l'occasion d'un trafic, qu'autant que les lois de ce pays ne s'y opposent pas. Ceux qui s'y livrent se nomment *changeurs*; leurs établissemens, *bureaux de change*.

24. Mais la dénomination légale de la monnoie et l'obligation de s'y conformer dans les paiemens, n'ont point de force hors du territoire soumis au gouvernement qui l'a mise en circulation. Un Français, par exemple, ne pourroit être tenu de recevoir, en paiement, des florins d'Autriche : un décret spécial du 24 janvier 1807 [1] a été nécessaire pour accorder cette faveur aux monnoies du royaume d'Italie.

Celui qui n'a que des espèces étrangères au pays où il veut faire un paiement, est donc obligé de les convertir en monnoie de ce pays. C'est une troisième sorte d'échange connue dans le commerce. On donne encore à ceux qui s'y livrent le nom de *changeurs*.

25. Il arrive fréquemment que le créancier

---

[1] Bulletin des lois, 4.ᵉ série, n. 2165.

et le débiteur n'habitent pas la même ville. Cet éloignement nécessite le transport des monnoies destinées aux paiemens, soit lorsque, par la nature ou par une clause de la convention, le débiteur doit se libérer dans un certain lieu, soit lorsqu'à défaut de convention, le créancier doit recevoir au domicile du débiteur.

Assez souvent, tandis que l'habitant d'une ville a besoin d'envoyer des espèces monnoyées dans une autre, il se trouve que des habitans de cette dernière ville ont, à leur tour, des espèces à envoyer dans la première. Il a été facile d'en conclure que si le premier débiteur achetoit une créance sur quelqu'un qui demeurât dans la ville où il a un paiement à faire, il pourroit céder ce titre à son créancier, ce qui éviteroit l'envoi et transport de monnoies. Une négociation de cette sorte étant encore une sorte d'échange a été, par analogie, nommée convention ou *contrat de change*.

26. Elle se réalise par un écrit, dans lequel celui qui a, dans tel lieu, de l'argent à sa disposition, mande à son débiteur ou dépositaire de le payer à la personne qu'il lui indique, ou à celle à qui cette personne aura transmis ses droits. Par suite de ce que nous venons de dire, cet écrit porte le nom de *lettre de change*.

La personne à qui cette lettre donne ainsi la faculté de disposer d'une somme dans la ville où elle a un paiement à faire, cède ce titre à son créancier, ou charge quelqu'un de recevoir la somme pour le payer; cette cession ou ce mandat est écrit au dos de la lettre, et, par cette raison, on le nomme *endossement*.

En style de commerce, celui qui crée la lettre de change se nomme *tireur*: celui que le tireur charge de payer à l'échéance la somme indiquée, se nomme *tiré*; s'il s'engage personnellement à la payer, il se nomme *accepteur*, et les valeurs qui sont entre ses mains, pour servir au paiement, se nomment *provision*: celui qui transmet ses droits à un cessionnaire ou à un mandataire, se nomme *endosseur*: celui au profit de qui la lettre est *tirée* ou *endossée*, se nomme *preneur*; enfin, lorsqu'il s'agit d'exiger le paiement, celui qui en a le droit se nomme *porteur*.

27. Les opérations dont nous venons de parler se compliquent davantage, quand celui qui veut se procurer des lettres de change sur une place, ne peut le faire directement, et se trouve forcé de négocier par l'entremise d'une troisième. Par exemple, un commerçant de *Paris* désire avoir à sa disposition une somme payable à *Marseille*; il n'en trouve point. Mais il peut acheter une créance sur un commerçant de *Lyon*, qui lui-même étant créancier d'un commerçant de *Marseille*, lui cédera la faculté de disposer de ce qui lui est dû dans cette dernière ville.

Cette négociation conduit au but que nous avons fait connoître; celui d'éviter les frais et risques d'un transport effectif. Elle est seulement plus compliquée, puisqu'on est obligé de combiner les divers élémens du change de ces places, les unes à l'égard des autres. Cette combinaison se nomme *arbitrage*, et elle se fait par une opération arithmétique qu'on nomme *règle composée*, dans laquelle on prend pour *termes* chacun des cours actuels des différentes places entre lesquelles il s'agit d'établir une comparaison, suivant des bases que nous ferons connoître dans les numéros suivans.

28. S'il y avoit tout juste autant de sommes à faire venir d'une ville qu'il s'en trouve à y faire parvenir, et si tous les créanciers et débiteurs pouvoient se rencontrer et s'accorder pour se faire les cessions convenables, tout seroit compensé par des transports fictifs sans autres frais que ceux qu'entraînent la confection des actes dont nous venons de parler, la correspondance et le salaire des intermédiaires employés à préparer et à consommer ces négociations.

Mais il arrive souvent qu'il y a plus de fonds à faire passer dans une ville, qu'on n'a besoin d'en retirer. D'autres fois il se trouve que les communications avec une ville sont plus difficiles qu'avec une autre, et par conséquent l'envoi d'argent qu'on y feroit, doit être plus coûteux, ou bien, exposé à plus de dangers. Alors les débiteurs qui, pour s'acquitter à moins de frais et avec moins de risques, cherchent des lettres de change, se pressent d'en acheter : ceux à qui l'on en demande veulent, de leur côté, les vendre d'autant plus cher que le besoin en est plus grand, et la concurrence des demandeurs plus considérable.

Les contractans envisagent les chances de gain ou de perte, qu'ils peuvent espérer, craindre ou éviter, l'un en s'obligeant à faire payer, l'autre en stipulant qu'on lui fera toucher une somme dans un lieu; il en résulte une balance par suite de laquelle l'un paye ordinairement à l'autre, un profit semblable au retour, dans l'échange de deux choses de valeur inégale.

Ce profit se nomme *prix du change* ou tout simplement *change*. Il prend naturellement un taux uniforme dans tous les traités de ce genre, qui se font à la même époque entre les mêmes villes; c'est ce qu'on nomme le *cours du change*. Il est constaté de la manière que nous indiquerons par la suite, et peut servir à régler les contractans lorsqu'ils n'ont rien stipulé; mais il ne peut offrir dans les autres cas, qu'un guide à la conscience, plutôt qu'un moyen dont les tribunaux aient droit de faire usage pour réduire des stipulations qui leur sembleroient exorbitantes.

On dit que le change est *au pair* entre deux villes, quand on donne dans l'une 100 fr. pour avoir 100 fr. payables dans l'autre; que le change est *pour telle* ville, quand les lettres payables dans cette ville gagnent un *prix de change* : qu'il est *contre elle* quand on offre une lettre payable dans cette ville, pour une somme au-dessous de celle que cette lettre donnera droit de recevoir.

29. Mais nous avons jusqu'à présent supposé que le change se faisoit entre deux villes soumises au même gouvernement et usant de la même monnoie; et sous ce rapport la différence entre la valeur intrinsèque du métal dont les espèces sont composées, et la valeur nominale que la loi leur attribue, ne peut entrer pour aucun des élémens du cours du change.

On sent qu'il n'en est pas de même, lorsqu'il s'agit de faire ces opérations entre une ville d'un état et une ville d'un autre, puisque les monnoies de ces états, ne sont comparativement entr'elles que des lingots plus ou moins chers, comme toute autre marchandise.

Alors, quoiqu'au fond, le change soit le même, quant à sa nature et à ses effets, cependant pour juger de l'état du change entre ces deux pays, la différence des monnoies exige une opération préalable qui consiste à les réduire chacune à une valeur commune, dans la fixation de laquelle on fait abstraction de celle que leur attribue le gouvernement qui les a fabriquées.

Ainsi, en principe déduit de la nature des choses, le change entre deux villes soumises au même gouvernement, ne se base que sur la considération du plus ou moins de frais et de risques dans les transports, et de la plus ou moins grande étendue des besoins d'argent d'une ville à l'égard de l'autre; le change entre deux villes soumises à des gouvernemens différens, se base, indépendamment de ces considérations qui n'en subsistent pas moins, sur la comparaison de la valeur intrinsèque des monnoies, abstraction faite de leur valeur nominale, que les sujets du même gouvernement sont seuls obligés de respecter.

30. Ces bases sont modifiées encore à l'infini par un grand nombre de circonstances accessoires : l'état plus ou moins florissant du commerce dans une ville peut faire espérer ou craindre plus ou moins d'exactitude dans les paiemens : la situation financière du gouvernement peut donner lieu de prévoir des mutations monétaires plus ou moins favorables. Si dans le lieu où la lettre est payable on est dans l'usage d'obliger le porteur à accepter en paiement une certaine quantité de monnoie

de cuivre ou de billon évaluée au-dessus de
sa valeur réelle; si la lettre avant d'être acquittée
est assujettie à un droit de timbre ou à des
formalités qui rendent le paiement plus coûteux
ou plus difficile, toutes ces considérations
influent nécessairement sur le prix des lettres
de change, et sont comprises dans l'état du
cours entre les deux villes. L'intervalle du
temps entre le jour où le prix de la lettre est
payé au vendeur, et celui où cette lettre est
acquittée, influe encore : si cette lettre n'est
payable qu'à un certain terme, l'acheteur obtient
selon le délai à courir, et de l'intérêt dans la
place où la lettre doit être acquittée, une diminution qu'on nomme *escompte*. Mais néanmoins
ce sont des circonstances accessoires et étrangères
à la nature du change.

31. Les diverses négociations que nous
venons d'indiquer, exigeant des recherches
multipliées, et supposant une connoissance habituelle de toutes les chances favorables ou
défavorables que les circonstances amènent
dans les différentes villes de commerce, le soin
de les prévoir est devenu une branche d'étude
et d'industrie. On donne à ceux qui s'y livrent
le nom de *banquiers*. Ce sont des commerçans
dont la profession consiste à vendre ou acheter
dans une place la faculté de disposer de sommes
d'argent payables dans d'autres.

§. IV.

Des Opérations de Banque.

32. Ce que nous venons de dire a déjà C.632, 5.ᵉ al.
suffisamment donné l'idée de ce qui constitue
les opérations de banque. Elles se font de
plusieurs manières : 1.º par spéculation, lorsque
dans l'espérance de quelque profit on vend ou
l'on achète dans une place des créances ou de
la monnoie payable dans une autre : 2.º par
commission, soit lorsqu'on reçoit de la monnoie
ou des titres de créances commerciales dont le
montant acquittera des engagemens que celui
qui fait cet envoi a souscrits payables chez
celui à qui il l'a fait; soit lorsqu'on s'oblige
de payer ou qu'on paye des lettres de change,
tirées par un correspondant qui n'en a pas,
d'avance, fourni la valeur et à qui on accorde,
ce qu'en termes de commerce, on nomme *crédit*.
Dans le même langage, on nomme *traites* les
lettres de change qu'un banquier tire sur son
correspondant et que ce dernier est chargé d'acquitter; et *remises* celles qu'il envoie à son correspondant, pour que celui-ci en fasse le recouvrement, ce qui s'appelle *encaisser*.

33. Mais il est un genre d'opérations de
de banque, bien plus important par ses rapports
avec le crédit public et les grands intérêts du
commerce national.

Dans la vue de remédier à l'inconvénient
de la valeur incertaine des monnoies diverses
qui peuvent abonder dans un pays, ou pour
faciliter les paiemens en évitant les frais de
transport des monnoies, ou enfin pour multiplier cet instrument de circulation, un banquier reçoit en dépôt des sommes, pour le
montant desquelles il donne sur les livres de
sa banque une inscription de créance, que le
déposant pourra céder par des voies extrêmement simples et économiques à un autre
qui a le même droit : ou bien il émet des
billets, qu'il s'oblige à convertir en monnoie à
la première réquisition du porteur, sans délai
ni condition.

Les banques de la première espèce se nomment *banques de dépôt;* celles de la seconde,
banques de circulation.

34. Lorsque la confiance dans une banque
est bien établie, les propriétaires de créances
ne se pressent point de retirer leurs fonds ; les
porteurs de billets ne viennent point en demander le remboursement, parce que chacun, sûr
de réaliser sa créance à tout instant, et sans
retard, prend les obligations du banquier pour
de la véritable monnoie.

Le banquier qui ne donne point d'indemnité à ces porteurs de créances pour l'usage
qu'ils lui laissent de leurs fonds, parce que rien

ne les y oblige, et qui sait par expérience que tous ne viendront pas au même jour et au même moment les retirer, dispose d'une partie des capitaux formant le dépôt, ou met en circulation une quantité de billets supérieure à ce qu'il lui faudroit pour effectuer les rem-boursemens.

Dans l'un et l'autre cas, la monnoie extraite du dépôt, ou la portion de billets excédant le gage, sont représentées soit par des créances ou marchandises données en nantissement, soit par les obligations à terme de ceux qui ont emprunté.

La confiance qui fait qu'on ne vient point demander au banquier le remboursement de ses obligations, couvre et balance la non-exigi-bilité des sommes qu'il a prêtées. Mais comme il ne l'a fait qu'avec la retenue d'un profit connu sous le nom d'*intérêt* ou *escompte*, tandis qu'il ne donne aucune indemnité à ceux qui ne viennent pas lui demander leur remboursement, il en résulte un bénéfice réel en sa faveur.

35. Dans les pays bien administrés, de tels éta-blissemens ne se font que par l'autorité ou avec la permission du Gouvernement. C'est ce qui est ordonné en France par la loi du 14 avril 1803 (24 germinal an 11) [1]. Voilà pourquoi le C. 632, 6.ᵉ al.

---

[1] Bulletin des lois, 3.ᵉ série, n. 2698.

Code leur donne le nom de *banques publiques*.
Il est inutile d'entrer dans les motifs qui ont
porté le législateur à placer ces opérations parmi les actes de commerce : l'évidence dispense
du raisonnement.

On peut mettre au nombre des établissemens
de banques publiques, les maisons de prêts sur
gage, connues sous le nom de Monts-de-piété.
Il en est encore de même des tontines, caisses
d'épargne et autres établissemens dans lesquels
on place des fonds qui produisent des *revenus*
ou *dividendes*, soit dans certains rapports, soit
d'après certaines combinaisons de survie de ceux
qui y prennent un intérêt.

La règle qui place ces opérations parmi les
actes de commerce, peut recevoir quelques
modifications par les règlemens qui les autorisent.
L'avis du Conseil d'État, approuvé le 1.er avril
1809 [1], postérieur au Code de Commerce, en
ne permettant point qu'ils existent sans permission du Gouvernement, suppose à cette autorité
le droit de placer certaines espèces de contestations qui peuvent en résulter, sous l'empire de
la juridiction administrative.

SECTION II.

Actes relatifs à l'Obligation de faire.

36. Après la vente qui se retrouve pour ainsi

---

[1] Bulletin des lois, 4.e série, n. 4299.

dire sous toutes les formes dans les opérations dont le commerce se compose, se placent naturellement les conventions relatives au louage d'industrie, de travaux ou de services, pour les besoins du commerce, soit que ce louage ait lieu directement, soit que celui envers qui quelques personnes se sont engagées, fasse, en quelque sorte, la sous-location de leurs travaux ou services.

La législation commerciale a, sur ce point, des principes qui s'éloignent du droit commun, où l'on ne connoît pas le contrat d'achat et revente du travail, des services, etc., comme on y connoît le contrat d'achat et revente des choses.

Toutefois si, dans la rigueur ou la subtilité du droit, on peut dire que le travail, les services, l'industrie d'un homme, ne pouvant devenir la propriété d'un autre, ne sont pas susceptibles d'être la matière d'un trafic, il est, sous quelques rapports, naturel de voir dans celui qui réunit autour de lui les travaux ou l'industrie de plusieurs personnes, pour rendre à ceux qui s'adressent à lui des services dont il tire un profit quelconque, un spéculateur qui sous-loue ce qui lui a été loué, qui en fait une sorte de commerce.

Nous joindrons dans cette section, à celles des obligations *de faire* que le Code de Commerce a spécialement désignées, quelques autres

qui sont l'objet de lois particulières non-abro-
gées, et nous la diviserons en dix paragraphes :
1.º les conventions d'apprentissage ; 2.º les entreprises de manufactures; 3.º les obligations
entre les ouvriers et ceux qui les emploient ;
4.º les engagemens réciproques des commerçans
et de leurs facteurs, commis ou serviteurs; 5.º les
entreprises de transport par terre et par eau;
6.º les entreprises de commission; 7.º les opérations de courtage; 8.º les entreprises d'agences
et bureaux d'affaires; 9.º les établissemens de
ventes à l'encan; 10.º les établissemens de spectacles publics.

§. I.

Conventions d'Apprentissage.

3⁷. On nomme convention d'apprentissage,
le contrat qui intervient entre celui qui s'engage
à instruire une personne dans les principes de
son commerce ou de son art, et cette personne
ou celles qui, lorsqu'elle est mineure, sont
chargées de son éducation.

Le Code n'a point parlé de ces conventions ;
mais elles font l'objet des art. 9 et 10 de la loi
du 12 avril 1803 (22 germinal an 11), relative
aux manufactures, fabriques et ateliers [1], qui ne
nous paroît point abrogée par le silence du

---

[1] Bulletin des lois, 3.ᵉ série, t. 257.

Code, puisque des règlemens postérieurs la rappellent et en assurent l'exécution.

§. II.

Entreprises de Manufactures.

38. Le mot *manufacture* a deux acceptions. C. 632, 3.ᵉ *al.* Il signifie : 1.º le lieu où sont réunis des ouvriers pour se livrer chacun à une espèce de travail ayant pour objet de convertir en nouvelles formes ou en nouvelles substances, des matières qu'on nomme *premières* ; 2.º le travail même de ces ouvriers.

L'entrepreneur de manufacture, considéré sous le premier des rapports que nous venons d'indiquer, est celui qui réunit un certain nombre d'ouvriers pour changer en nouvelles substances ou en nouvelles formes, les matières premières qui lui appartiennent. Il se constitue par cette entreprise, dans la disposition habituelle de revendre le produit de ces fabrications.

Sous le second rapport, l'entrepreneur de manufacture est celui qui s'engage à faire exécuter par des ouvriers qu'il dirige et qu'il salarie, la conversion en nouvelles formes ou en nouvelles substances des matières premières, que lui confient des commerçans dont la profession est de vendre ces choses ainsi fabriquées. Il reloue en quelque sorte le travail et l'industrie des ouvriers qui se sont loués à lui.

Ce genre d'industrie est principalement prévu

3 *

par les lois sur les manufactures, et notamment
par celle du 18 mars 1806 [1].

§. III.

Obligations entre les Ouvriers et ceux qui les emploient.

39. La définition que nous avons donnée de
ce qu'on doit entendre par *entreprises de manufactures*, ne permet pas de ranger dans cette
classe le simple louage de travail ou d'adresse,
qu'un ouvrier fait à l'entrepreneur de manufacture ou au chef d'atelier chez qui il travaille.
Mais, par les motifs que nous avons expliqués,
n. 36, la loi précitée du 12 avril 1803, celle du 18
mars 1806, ainsi que les règlemens subséquens
attribuent aux magistrats qui ont la police du
commerce, la connoissance des contestations
relatives aux engagemens respectifs des entrepreneurs et des ouvriers employés dans les manufactures, fabriques et ateliers.

§. IV.

*Engagemens réciproques des Commerçans et de leurs
Commis, Facteurs et serviteurs.*

C. 634, 1.er al.   40. La connoissance des actions contre les facteurs, commis des marchands ou leurs ser-
viteurs, pour le fait seulement du trafic du mar-

---

* Bulletin des lois, 4.e série, n. 1423.

chand auquel ils sont attachés, est attribuée, par le Code, aux tribunaux de commerce.

Cette disposition un peu obscure, peut être considérée sous deux rapports : 1.° les actions qu'il y a lieu d'intenter contre ces individus par les personnes avec qui ils ont traité en faisant le commerce auquel ils étoient préposés; nous donnerons quelques notions à cet égard dans le titre premier de la deuxième partie : 2.° les actions que les commerçans envers qui ils se sont engagés forment contre eux pour raison de ces engagemens ; si nous remarquons qu'aucune autre disposition ne pourroit servir à qualifier les engagemens des commis ou facteurs des commerçans, nous devons croire que telle a été ici l'intention du législateur.

Comme il n'est pas possible que l'engagement des commis envers les maîtres soit d'une autre nature que celui des maîtres envers les commis, il faut en conclure qu'on doit réputer actes de commerce les engagemens des commerçans envers leurs commis, facteurs et autres employés ou agens, de même que ceux des chefs de manufactures, fabriques, ateliers et autres entrepreneurs ou artisans envers leurs ouvriers.

Par ce dernier mot *serviteurs*, nous n'entendons pas les personnes à gages, consacrées au service général de la maison ou de la personne, mais ceux qui sont préposés à une certaine espèce de service commercial. Il importe peu

que ces commis ou autres serviteurs soient
commensaux ou non de celui pour qui ils tra-
vaillent, que leur occupation soit intérieure ou
extérieure, il suffit, pour ne pas les confondre
avec les commissionnaires, ni avec les courtiers
dont nous allons parler, de remarquer qu'ils
sont salariés, et aux gages de ceux qui les emploient et que leur obligation de travailler pour
leurs maîtres est en quelque sorte exclusive. Le
commissionnaire et le courtier sont au contraire
des hommes indépendans, disposés à négocier
pour quiconque veut leur accorder sa confiance,
moyennant certaines rétributions.

§. V.

Entreprises de Transports,

C. 632, 3.ᵉ al. 41. Nous ne trouvons ni dans les dispositions
du Code, ni dans les discussions qui l'ont préparé, rien qui explique clairement ce qu'on
entend par *entreprises de transport*. Il nous
paroît difficile de croire qu'on ait voulu désigner par-là tout engagement de transporter
d'un lieu dans un autre des personnes ou des
objets quelconques. Le législateur n'a sans doute
entendu désigner que ce qui forme en quelque
sorte une spéculation et un trafic. Ainsi, le cultivateur qui, après avoir conduit ses grains ou
denrées à la ville, en raméneroit des effets ou
marchandises pour le compte d'autrui, moyen-

nant une rétribution, ne feroit pas un acte de
commerce. Il en seroit de même de celui qui,
habitué à consacrer ses chevaux et voitures à
son propre service, en loueroit occasionnel-
lement l'usage, en se chargeant de quelques
transports. Les Tribunaux seuls peuvent appliquer convenablement cette distinction d'a-
près les circonstances.

§. VI.

Entreprises de Commission.

42. L'acte par lequel une personne se C. 632, 3.ᵉ al.
charge de faire une ou plusieurs affaires pour
un autre, se nomme *mandat* dans le droit
civil; dans le commerce, ou l'appelle *commission*. Le mandat diffère essentiellement de
la commission, en ce qu'à moins de stipulation
contraire, le mandant ne doit au mandataire
que le seul remboursement de ses avances : la
commission au contraire, est toujours intéressée; N. 1986.
on suppose, à défaut de convention expresse,
qu'il y en a une tacite par laquelle l'un s'oblige
à faire telle chose pour l'autre, moyennant une
rétribution que celui-ci s'oblige de payer suivant
l'usage local. On donne assez improprement à
cette rétribution le nom de *provision*. Le Code
l'appelle *commission*. C. 181.

Une autre différence existe encore entre le
mandat et la commission. Le mandataire agit *au*

C. $\left\{\begin{array}{l} 91. \\ 92. \end{array}\right.$ *nom du mandant*, le commissionnaire agit *en son propre nom*, pour le compte du commettant.

§. VII.

Opérations de Courtage.

43. Le courtage est l'entremise d'une personne entre deux ou plusieurs autres, pour leur faire contracter une opération commerciale. Le courtage ne doit pas être confondu avec la commission. Il y a deux différences importantes à remarquer : 1.° le commissionnaire est établi dans un autre lieu que le commettant, autrement il ne seroit plus qu'un courtier; 2.° le commissionnaire n'est ordinairement chargé que des ordres de son commettant, et si les circonstances réunissent quelquefois dans la même personne la confiance de deux commerçans qui ont des intérêts opposés, les règles que la délicatesse impose alors au commissionnaire, ne font que prouver mieux la distinction que nous présentons. Le courtier, au contraire, est nécessairement intermédiaire entre les deux contractans; il est réputé préposé de l'un et de l'autre.

C. 632, 5.° *al.* Il importe peu, pour déterminer la nature commerciale des opérations de courtage, que la faculté de s'y livrer soit restreinte à certaines personnes, commissionnées par le gouvernement dans les lieux où l'intérêt du commerce a dicté cette mesure, ou qu'en l'absence de règlemens spéciaux à ce sujet, ce genre d'industrie soit libre à tout le monde.

On peut dire seulement que, dans le premier cas, les règles spéciales que nous ferons connoître, en parlant des agens de change, et des courtiers, doivent être observées dans toute leur étendue; que, dans le second, ces règles peuvent être invoquées par analogie et comme supplément ou interprétation des principes généraux sur le louage de services et le mandat salarié.

§. VIII.

Agences et Bureaux d'affaires.

44. La multiplicité des affaires contentieuses près des administrations publiques ou particulières, les gestions de fortunes mobiliaires, les recouvremens, le commerce des effets publics, et les réclamations relatives à la liquidation ou à la perception des intérêts de la dette publique, ont fait du soin de s'y livrer une sorte de spéculation industrielle. Il a paru utile, pour assurer davantage la confiance dans des hommes qui sont, pour ainsi dire, dépositaires nécessaires, et pour mieux distinguer, suivant les termes mêmes de l'art. 18 du décret du 14 décembre 1810 [1], la *profession* d'avocat du *métier*

N. 2060.

---

[1] Bulletin des lois, 4.ᵉ série, n. 6177.

C. 632, 4.e al. *des gens d'affaires*, de ranger ce dernier parmi les actes de commerce.

Il faut remarquer que cette qualification n'est pas donnée à la simple gestion d'affaires. La loi exige *agence*, *bureau*, c'est-à-dire, une sorte d'établissement, par lequel l'agent se soit annoncé à la confiance publique ; en un mot, qu'il en fasse *métier*.

§. IX.

Etablissement de Vente à l'encan.

45. Le nom seul de ces établissemens dispense de toute définition, et montre en quoi ils diffèrent des opérations de courtage. Ceux qui les dirigent étant à la fois locateurs d'emplacemens et de services, et dépositaires, la publicité d'un établissement de ce genre appelant la confiance, il a paru que c'étoit offrir une garantie de plus à la foi publique, que de les ranger C. 632, 4.e al. parmi les actes de commerce.

§. X.

Des Établissemens de Spectacles publics.

46. Les établissemens de spectacles sont un genre de spéculations dans lesquelles ceux qui les forment appellent le public à venir, moyennant certaines rétributions, jouir du travail et de l'industrie des personnes connues sous le nom d'*acteurs* ou autres semblables, que ces entrepreneurs salarient.

Il faut remarquer que la loi n'a qualifié, acte   C. 632, 4.ᵉ al.
de commerce, que l'*établissement de spectacles*;
mais elle ne dit point que les engagemens que
prennent avec les entrepreneurs, les acteurs,
actrices, musiciens ou autres personnes sala-
riées, soient, de la part de ceux-ci, un acte de
commerce.

Du reste, ces dispositions ne s'appliquent
point aux administrations que le Gouvernement
a établies pour la direction de certains spectacles.

Section III.

Opérations du Commerce maritime.

47. La navigation étant un des moyens les
plus actifs du commerce, il a paru convenable
de classer parmi les actes commerciaux tout ce
qui s'y rapporte. Ainsi, toute entreprise de   C. 633.
construction et toutes conventions relatives à
des achats, ventes et reventes de bâtimens pour
la navigation intérieure et extérieure; tout achat
ou vente d'agrès, apparaux et avitaillemens;
tous accords et conventions pour salaires et
loyers d'équipages; tous engagemens de gens
de mer, pour le service de bâtimens de commerce; toutes locations de navires, qu'en termes
de commerce, on nomme *affrétemens*, ou *nolis-
semens*, tous emprunts ou prêts à la grosse;
toutes assurances; toutes expéditions maritimes

et autres contrats ou quasi-contrats y relatifs, sont mis au rang des actes de commerce.

Nous nous bornons à cette nomenclature qui comprend toutes les opérations dont peut se composer le commerce maritime. Les définitions que nous aurions à donner perdroient de leur clarté, si elles étoient séparées de la matière à laquelle elles appartiennent. La troisième partie de cet Ouvrage y sera consacrée toute entière.

CHAPITRE II.

Actes réputés commerciaux par la qualité des contractans.

48. Les actes qui ne peuvent être rangés parmi ceux dont nous avons parlé dans le chapitre précédent, ne sont point par eux-mêmes des actes de commerce : car cette qualification étant donnée, par exception au droit commun, ne doit pas être étendue au-delà des termes de la loi.

C. {631, 1.er al.
{632, 7.e al. Cependant, lorsque des engagemens qui, d'après ces règles, ne doivent pas être considérés comme commerciaux par leur nature, émanent d'individus dont la profession habituelle est d'exercer le commerce, une présomption légale les fait considérer comme dépendans de leur

commerce, tant qu'ils ne prouvent pas que ces actes se rapportent à des objets étrangers.

49. Les receveurs, payeurs, percepteurs ou autres comptables de deniers publics, sont assimilés aux commerçans, pour ce qui concerne la qualité commerciale de leurs engagemens. Indépendamment de ce que c'est le moyen d'en assurer l'exécution d'une manière plus prompte et plus exacte que s'ils étoient considérés comme des conventions ordinaires, ce qui est important pour assurer leur crédit ; on ne peut se dissimuler, que ces comptables ne soient, en quelque sorte des banquiers souscrivant au profit du trésor impérial des obligations commerçables, recevant les effets des particuliers, en un mot, faisant des opérations de banque, dans les limites et sous les réserves que l'intérêt de la comptabilité a pu leur faire imposer. On ne doit pas même douter que cela ne s'applique à ceux qui sont préposés par une administration, pour faire des recettes au nom de l'état.

C. 634, 2.ᵉ al.

L'assimilation de ces comptables aux commerçans étant entière et complète, sous tous les rapports que nous considérons dans ce chapitre, nous ne donnerons aucune explication particulière à cet égard.

5o. Quelquefois la présomption dépend de la qualité du créancier et du débiteur ensemble , quelquefois de la seule qualité du débiteur.

C. $\begin{cases} 631,1.^{er}al. \\ 632,7.^{e}al. \end{cases}$ Ainsi tous engagemens , transactions , obligations, sont, considérés comme acte de commerce , lorsque la qualité de commerçant se rencontre dans la personne du créancier et dans

C. 638, 2.e al. celle du débiteur. Mais si l'écrit est un *billet*, la seule qualité de commerçant dans le débiteur rend l'obligation commerciale, quand même le créancier ne le seroit pas.

Nous verrons, dans le titre troisième, à quels caractères on reconnoît qu'une personne fait sa profession habituelle d'exercer le commerce. En supposant qu'il ne s'élève pas de doute sur la qualité des personnes, nous suivrons dans la division de ce chapitre, la distinction que nous venons d'indiquer.

SECTION PREMIÈRE.

Engagemens entre Commerçans.

C. $\begin{cases} 631,1.^{er}al. \\ 632,7.^{e}al. \end{cases}$ 51. Tout engagement, obligation ou transaction quelconque, par cela seul qu'il est intervenu entre commerçans, est réputé acte de commerce. Mais une exception a été prononcée relativement aux engagemens d'un commerçant,

C. 638, 1.er al. pour paiement de denrées et marchandises achetées pour son usage particulier.

Ces expressions sont remarquables; ce n'est que la destination à l'usage particulier qui

exclut toute idée que l'engagement soit commercial, et l'on ne doit pas confondre ce qui
seroit destiné à l'usage du commerce, avec ce
qui ne l'est qu'à l'usage particulier, c'est-à-
dire, aux besoins de la personne ou de la famille.
Ainsi, les registres, papiers ou autres fournitures des bureaux d'un banquier, des poids,
balances et autres instrumens à l'aide desquels
un détaillant débitera ses marchandises, étant
des moyens directs et absolument nécessaires à
l'exercice de leur profession, l'achat qu'ils en
font à des personnes dont le métier est de
vendre ou de fabriquer ces sortes d'objets,
doit être considéré comme acte de commerce.
Ainsi, lorsqu'un manufacturier achète des ma-
chines pour le service de sa manufacture, ses
engagemens envers le commerçant qui les lui a
vendues, ou envers le fabricant qui les a cons-
truites pour lui, sont commerciaux.

52. Nous avons vu que l'exception ne portoit
que sur les achats de denrées ou marchandises,
pour l'usage particulier du débiteur. Il n'en
faudroit pas tirer la conséquence que tout autre
engagement, quel qu'il fût d'ailleurs, dût être
réputé commercial. Il peut intervenir entre
deux commerçans des conventions qui ne pourroient, sans de grands inconvéniens, être classées
parmi les actes de commerce, quoiqu'elles ne
soient point comprises dans l'exception que la

loi a prononcée. L'esprit du législateur doit
l'emporter sur les expressions dont il s'est servi.
Ainsi, non-seulement des arrangemens de famille
pour partage de successions ou autres droits
semblables, des ventes d'immeubles, des locations de ces sortes de biens à quelqu'emploi
qu'on les ait destinés, quoiqu'intervenus entre
des commerçans, ne seroient pas actes de commerce; mais encore le mandat, le dépôt, étrangers à des affaires commerciales n'auroient pas
davantage ce caractère. En un mot, on peut
tenir pour règle, que si tout engagement entre
commerçans est réputé commercial, ce n'est
qu'autant que les termes de l'acte ou d'autres
preuves également décisives, n'établissent qu'il
est pour autres causes.

Il y a toutefois une modification à ces restrictions, en ce qui concerne les *comptes courans*.
Souvent les commerçans y font entrer des
sommes dues pour des causes tout-à-fait étrangères, non-seulement au commerce de l'un et
de l'autre, mais au commerce en général. A
l'instant même qu'ils en ont fait l'article d'un
compte courant, il n'y a plus lieu à considérer
leur origine; elles prennent la qualité du
compte dans lequel on les comprend.

53. Il ne faut pas perdre de vue que les
engagemens ne sont présumés commerciaux que
lorsqu'ils sont entre commerçans; non pas qu'il

soit nécessaire que le créancier et le débiteur
soient de la même profession, mais il faut que
l'un et l'autre soient commerçans ou qu'ils y
soient assimilés par la loi. C'est la conséquence
de ce qu'ici la qualité des parties sert de règle,
plutôt que la nature de l'acte ; que la confiance est plus grande entre ces personnes ; qu'il
existe entr'elles des genres de preuves spéciaux ;
qu'enfin il est nécessaire de juger leurs contestations avec plus de rapidité. Si des non-commerçans avoient fait avec un commerçant, des
conventions qu'on ne pourroit mettre au nombre
de celles dont nous avons parlé au chapitre précédent, leur créance seroit purement civile, à
moins qu'elle ne résultât de billets dont nous
parlerons dans la section suivante.

　Nous terminerons cette section par observer
qu'il faut qu'il y ait engagement, transaction
ou obligation, exprès ou du moins tacites. Un
délit ou un quasi-délit commis par un commerçant à l'égard d'un autre, ne rendroit pas commerciales les condamnations qui en seroient le
résultat. Par exemple, si un commerçant en pour-
suivoit un autre pour lui rendre des marchandises enlevées par celui-ci du lieu où elles se
trouvoient, lesquelles lui auroient été vendues
précédemment par l'auteur de cet enlèvement,
ce ne seroit que le cas d'une action soit correctionnelle ou criminelle, soit en dommages-intérêts
par voie civile : l'engagement primitif de livrer,

C. $\begin{cases} 631. \\ 632, 7.^e \, al. \end{cases}$

Tome I.　　　　　　　　4

qui seul étoit commercial, ayant été exécuté, on ne pourroit dire que l'auteur de l'enlèvement illicite soit en retard, et qu'ordonner la restitution des marchandises enlevées, ce fût ordonner l'exécution du marché en vertu duquel elles devroient être entre les mains de l'acheteur.

Section II.

Billets des Commerçans.

C. 638.   54. Tout billet d'un commerçant est réputé fait pour son commerce, lorsqu'une autre cause n'y est point énoncée.

Dans le langage de la jurisprudence on nomme N. 1326. *billet* l'écrit privé, par lequel une personne s'engage à payer à une autre, dans un temps déterminé, une somme d'argent ou une chose appréciable.

Nous disons *écrit privé*, parce que l'usage est de donner à de semblables actes, lorsqu'ils sont passés devant notaires, le nom d'*obligation*, de *cédule*, de *contrat de prêt*. Nous ajoutons, *dans un temps déterminé*, parce que si l'époque du remboursement n'est point indiquée, et qu'elle soit à la volonté du débiteur, qui, jusques-là, sert des intérêts, l'acte prend le nom de N. 1909. *constitution de rente*.

Lorsqu'il s'agit de qualifier un billet souscrit par un commerçant, ou par un comptable, que nous avons vu y être assimilé, ce n'est plus la qualité respective des contractans qui établit la présomption ; il suffit que le débiteur soit commerçant, peu importe la profession du créancier. Nous développerons ces principes en traitant du prêt, dans la seconde partie de cet Ouvrage.

TITRE SECOND.

QUELLES PERSONNES PEUVENT EXERCER DES DES ACTES DE COMMERCE.

---

55. En général, on ne peut s'obliger par des actes de commerce, qu'autant qu'on a la capacité de contracter. Cette capacité ne doit pas être confondue avec la jouissance de la vie civile, car ceux qui en sont privés peuvent acquérir, aliéner, et par conséquent commercer. N. 25.
A plus forte raison, le commerce n'est point, en général, interdit en France aux étrangers ; ceux qui l'exercent jouissent même d'une faveur particulière, puisqu'ils sont dispensés de donner N. 16. caution dans les contestations qui y sont relatives. Mais la liberté de cet exercice peut être restreinte et même tout-à-fait empêchée par le gouvernement, sans l'autorisation duquel aucun étranger ne peut s'établir en France.   N. 13.

Il semble que par une juste conséquence de ces principes, il faudroit dire que la faculté de s'obliger ainsi ne peut être interdite aux personnes de l'un ou de l'autre sexe, qui ont cette capacité. Mais la jurisprudence commerciale admet deux modifications importantes à cette règle : dans certains cas, ceux à qui le droit civil refuse la faculté de s'obliger, peuvent obtenir celle de souscrire des engagemens de commerce; dans d'autres cas, au contraire, cette même faculté est interdite à des personnes que les lois civiles ne frappent d'aucune incapacité.

N. 1124.   Les mineurs et les femmes mariées sont l'objet de la première exception; des prohibitions dictées par des causes de décence publique, ou dans l'intérêt du commerce, forment la seconde.

CHAPITRE PREMIER.

Quand des Mineurs et des Femmes mariées peuvent faire des Actes de Commerce.

56. La première section de ce chapitre fera connoître à quelles conditions un mineur devient capable de faire valablement des actes de commerce; la seconde, dans quelles circonstances une femme mariée a le même droit; la troisième,

quels sont les effets des obligations contractées dans ces cas par le mineur ou par la femme mariée.

SECTION PREMIÈRE.

Des Mineurs qui peuvent faire des Actes de Commerce.

57. Pour qu'un mineur soit capable de faire des actes de commerce qui l'obligent autant que s'il étoit majeur, quatre conditions sont requises. C. 2.

1.º Il faut qu'il soit émancipé dans les formes légales, à moins que, par le mariage, il n'ait reçu cette émancipation d'une manière tacite. N. 476 *et suiv.*

2.º Il doit être âgé de dix-huit ans accomplis, quand même il auroit été émancipé avant cet âge. C. 2.

3.º Il faut qu'il soit autorisé par son père, ou par sa mère, en cas de mort, interdiction ou absence du père; mais dans ce dernier cas même, il n'est pas nécessaire que l'absence soit déclarée, la nécessité où elle est elle-même de recourir à l'autorisation du Tribunal prévenant tous les abus : enfin, lorsque le mineur n'a ni père, ni mère, ou qu'ils sont dans l'impossibilité de manifester leur volonté, l'autorisation doit être donnée par délibération du conseil de famille, homologuée par le tribunal civil. L'autorisation du père ou de la mère peut être faite C. 2. Pr. 863. C. 2. Pr. 885 *et suiv.*

devant le juge de paix ou devant un notaire;
il n'y a même aucun motif fondé de ne pas
permettre qu'elle puisse être faite au greffe du
Tribunal de Commerce; mais elle ne doit pas
être donnée par acte sous signature - privée,
puisque rien ne garantiroit la vérité de la signature ou de l'écriture, tant au public qu'aux
fonctionnaires chargés d'en recevoir le dépôt
et d'en faire l'affiche.

4.º Cette autorisation doit être transcrite sur
un registre au greffe du Tribunal de Commerce
du lieu où le mineur veut établir son domicile,
ou, s'il n'en existe point, au greffe du Tribunal
Civil, qui en tient lieu, comme nous le verrons
dans la sixième partie, et affichée sur un tableau exposé dans l'auditoire de ce Tribunal.
La durée de cette affiche n'est point déterminée : il nous semble que, par analogie du
cas dont nous parlerons n. 91, elle doit durer
un an.

58. Ces quatre conditions ne peuvent être
suppléées même par le silence que le père, la
mère ou le conseil de famille garderoient sur
des actes de commerce faits par le mineur sous
leurs yeux, ou avec leur participation. Cependant, comme c'est l'autorisation seule qui doit
être affichée, si elle contenoit la fausse mention
d'une émancipation qui réellement n'auroit pas
eu lieu, le mineur seroit engagé valablement,

puisqu'il y auroit un véritable dol ou du moins N. 1310. un quasi-délit de sa part.

59. Cette autorisation ne peut être révoquée isolément ; mais comme rien n'empêche que le bénéfice de l'émancipation ne soit retiré à un mineur autorisé à faire des actes de commerce, comme à tout autre mineur, dans les cas prévus par le droit civil, il est évident que la capacité de faire le commerce lui seroit enlevée par une conséquence nécessaire. Cette révocation devroit au surplus être rendue publique dans les mêmes formes que l'autorisation, et avec les précautions que le Tribunal, dont le jugement retireroit l'émancipation, ne manqueroit pas d'ordonner en pareil cas.

SECTION II.

Quand une Femme mariée peut faire des Actes de Commerce.

60. L'incapacité de s'obliger, que la loi civile prononce contre la femme mariée, cesse, N. 217. comme on le sait, chaque fois qu'elle contracte avec l'autorisation ou l'assistance de son mari. Mais lorsqu'une femme mariée est commer- N. 220. çante, ou, suivant les expressions de la loi elle- C. 5. même, *marchande publique*, on suppose qu'elle a reçu une autorisation générale pour tous les

actes de son commerce, et alors elle peut contracter valablement de la même manière que si elle n'étoit soumise à aucun pouvoir.

C. 4.   **61.** Une femme n'a pas la faculté de devenir ainsi commerçante sans le consentement de son mari. Il n'y a même pas de distinction pour la nécessité de ce consentement entre la femme en communauté et la femme séparée de biens.

Ce consentement n'a pas besoin d'être exprès et par écrit. Le mari, qui tient de la loi la puissance sur sa femme, en souffrant qu'elle fasse le commerce, est censé l'y autoriser. Mais les circonstances doivent faire juger l'intention. Par exemple, de ce qu'un mari auroit donné à sa femme un pouvoir de gérer et administrer la communauté, on ne pourroit en conclure qu'elle ait reçu le droit d'entreprendre le commerce, quelqu'étendu que fût ce pouvoir ; mais si le mari est mineur, l'autorisation expresse de la

N. 224.   justice est indispensable.

Si la femme est mineure, il faut, outre le
C. 2.   consentement de son mari, qu'elle ait dix-huit ans, et qu'elle soit autorisée par ses père ou mère ou conseil de famille, comme nous l'avons dit n. 57 et suiv., puisqu'autrement un mari pourroit, de sa propre autorité, donner à sa femme les moyens d'engager ses immeubles avant sa majorité, et se ménager les moyens d'une spoliation frauduleuse.

62. Le mari étant toujours chef et maître de sa femme, peut révoquer ce consentement : puisqu'elle ne peut *être* commerçante sans le consentement de son mari, elle doit *cesser de l'être,* quand celui-ci cesse de consentir.

On ne pourroit guère modifier cette règle qu'en faveur de la femme séparée judiciairement, dont le mari révoqueroit, sans motifs valables, un consentement qu'il lui auroit donné : elle pourroit, dans ce cas, s'adresser aux Tribunaux, quoiqu'en général elle n'ait pas ce droit de recours contre le refus de l'autorisation.

Quant aux effets de la révocation à l'égard des tiers, les Tribunaux doivent les déterminer d'après les circonstances, l'équité et la bonne foi des parties.

63. Au surplus, une femme n'a pas la qua- N. 220. lité de commerçante par le seul fait qu'elle C. 5. exerce le commerce de l'aveu de son mari ; il faut que ce commerce soit distinct et séparé, si le mari est également commerçant : autrement ce n'est qu'en qualité de commis de son mari qu'elle est censée contracter. Elle peut bien alors l'obliger de la même manière et dans les mêmes circonstances où des commis engagent leurs maîtres ; mais elle ne s'oblige qu'autant qu'elle s'en expliqueroit expressément, et qu'elle auroit été autorisée spécialement à cet effet, alors, elle devient caution de son mari.

Cette expression, *commerce séparé,* ne s'entend que d'une distinction de droits et d'intérêts, et ne signifie pas que le commerce de la femme doive être *autre* que celui du mari. Rien n'empêche qu'une femme séparée de biens ait un intérêt particulier dans une entreprise dans laquelle le mari en auroit aussi un, et que leurs droits ne s'y exercent de même que ceux de deux étrangers; la loi dit *séparé,* et non pas *autre.*

SECTION III.

Effets des Obligations contractées par des Mineurs ou Femmes autorisées à faire le Commerce.

N. { 487.
{ 1308.
C. 6.

64. Le mineur qui réunit les conditions dont nous avons parlé, est réputé majeur pour les actes du commerce qu'il exerce; il peut, sans autorisation nouvelle ou spéciale, traiter, transiger, ester en jugement, hypothéquer ses biens; mais il ne peut les aliéner, quand même la vente seroit utile ou indispensable pour les besoins de son commerce, sans que les formalités ordinaires soient observées; ce qui, toutefois, n'empêcheroit pas ses créanciers de provoquer, en vertu d'un

N. 2206.   titre ou de jugement causé pour créance commerciale, la vente forcée de ses biens, comme à l'égard d'un majeur, sans discussion préalable du mobilier.

65. La femme mariée commerçante a des C. 7.
droits plus étendus ; elle peut non-seulement
hypothéquer ses biens, mais encore les aliéner
sans autorisation nouvelle et sans formalités ; à
moins que ses conventions matrimoniales ne
l'aient soumise au régime dotal, sous l'empire
duquel les biens dotaux sont aliénables, si les
tribunaux ne vérifient et ne déclarent la nécessité de les vendre.

66. Les engagemens du mineur n'obligent
que lui, et ne rejaillissent point sur ses père,
mère, ou autres qui l'ont autorisé. Mais ceux
de la femme obligent son mari, lorsqu'elle est
commune. Il est alors réputé son associé, ou du N. 1426.
moins sa caution solidaire ; car un commerce
ne se compose que de choses mobiliaires, comme
on l'a vu n. 10, et le mobilier qu'une femme
commune acquiert par son industrie pendant le
mariage, tombe dans la communauté dont le
mari est maître.

Lorsqu'il n'y a qu'une simple exclusion de N. 1530 *et suiv.*
communauté, il est évident que le mari n'acquiert pas la propriété du mobilier qui échoit
à sa femme pendant le mariage ; qu'il n'a
que le droit de le percevoir pour le rendre
quand l'union sera dissoute; que les seuls fruits
des biens de sa femme sont censés lui être apportés pour soutenir les charges du ménage, et
qu'enfin le produit d'un commerce ne peut être

considéré comme *fruits de biens*. Cependant il nous semble que par cela seul que le mari perçoit tout le mobilier de sa femme, dont le commerce fait partie, il est obligé envers les créanciers, sauf le règlement particulier de ses droits avec la femme à la cessation du commerce ou à la la dissolution du mariage.

67. Ce droit du mari sur ce qui compose le commerce de sa femme, est nécessairement limité par la nature des choses et les intérêts des tiers; il ne pourroit valablement engager sa femme par des obligations même causées pour fait de commerce, s'il n'avoit sa procuration expresse ou tacite, et ses créanciers personnels ne pourroient saisir les marchandises de la femme, au préjudice des créanciers de cette dernière.

68. Si la femme est séparée de biens ou mariée sous le régime dotal, les bénéfices n'appartenant qu'à elle seule, le mari n'est point obligé par les engagemens qu'elle contracte.

69. Au surplus, dans quelque circonstance que ce soit, la femme ne peut paroître en justice sans l'assistance ou l'autorisation de son mari; ce qui, toutefois, ne lui interdit pas le droit de faire des actes extrajudiciaires, préparatoires ou conservatoires, même de donner des assignations. Il suffit que, devant le juge, son mari

N. 215.

l'autorise ou l'assiste. Nous verrons dans la sixième partie l'effet des condamnations prononcées dans ce cas.

70. On a vu, par ce que nous venons de dire, que ceux qui traitent avec un individu, doivent vérifier avec soin s'il est majeur; et qu'ils doivent, s'il ne l'est pas, se faire représenter la preuve de l'enregistrement et affiche de l'autorisation. A défaut de ces formalités, les engagemens commerciaux d'un mineur ne sont que des conventions ordinaires qui peuvent toujours être rescindées dans son intérêt, suivant les règles et les distinctions qu'établit le droit civil.

Lorsque c'est une femme qui contracte sans l'assistance ou l'autorisation de son mari, on doit s'assurer si elle réunit tous les caractères qui peuvent la faire considérer comme commerçante, autrement l'obligation est nulle.

La simple allégation que le contractant a la N. 1307. capacité et les autorisations exigées ne suffiroit pas pour valider ses obligations, et néanmoins ceux qui se seroient engagés avec ce mineur ou cette femme, ne pourroient exciper d'une inca-

N. $\begin{cases} 225. \\ 1125. \end{cases}$

pacité qui n'est que relative.

Mais ce principe doit être sainement entendu; l'application ne doit pas fournir de prétexte à la mauvaise foi. Si un mineur ou une femme mariée avoit fait, avec différentes personnes, des négociations dont les unes paroîtroient avantageuses et les autres désavantageuses, il ne seroit pas permis de profiter des unes et de répudier les autres ; la qualité de commerçant, dans laquelle ces individus auroient contracté, seroit une qualité indivisible. Si même leur N. 1310. conduite annonçoit quelque crime ou délit ; par exemple, si un mineur avoit fait enregistrer et afficher une fausse autorisation, si une femme avoit représenté une fausse procuration, comme leur qualité ne les mettroit pas à l'abri des peines prononcées par les lois, leurs engagemens pourroient, par forme de dommages-intérêts, être exécutés dans l'intérêt des personnes trompées.

71. Pour que les actes des mineurs dûment autorisés, ou des femmes notoirement commerçantes, aient la même validité que ceux que feroient les personnes capables et usantes de leurs droits, il faut qu'ils concernent les opérations du commerce qui leur est permis. Si ces engagemens y étoient étrangers, soit parce qu'ils n'exprimeroient pas une véritable cause qui y fût relative, soit parce que l'engagement ne seroit pas, par sa nature, exclusivement commercial, tel qu'un compte-courant, un billet à ordre, une lettre de change, le créancier devroit prouver que l'obligation concerne leur commerce. Ce ne seroit pas le cas d'invoquer la

présomption dont nous avons parlé n. 51 et
suiv., qui résulte de la qualité de l'obligé. Non-
seulement il faut que le mineur ou la femme
soient *commerçans*, il faut encore que leur obligation soit pour fait du commerce qu'ils exercent.

N. $\left\{\begin{array}{l} 487. \\ 1308. \\ 1426. \end{array}\right.$

CHAPITRE II.

Des personnes capables de contracter, à qui le Commerce est interdit.

72. Nous ferons connoître, dans la première
section de ce titre, dans quels cas les convenances
sociales ont porté à interdire à certaines personnes la faculté de faire des actes de commerce; dans la deuxième, à quelles personnes
ces actes sont défendus pour des raisons déduites
de l'intérêt du commerce lui-même; dans la
troisième, les effets de ces interdictions et prohibitions.

SECTION PREMIÈRE.

Interdictions fondées sur les convenances sociales.

73. Les lois anciennes successivement rappelées dans les ordonnances, et en dernier lieu
dans l'édit de 1765, interdisent toute espèce
de commerce aux magistrats. Ces lois paroissent

d'autant moins être abrogées ou tombées en désuétude, que l'art. 18 du décret du 14 décembre 1810, en a fait l'application aux avocats, dont l'ordre est si intimement lié à la magistrature.

D'ailleurs, c'est dans cet esprit qu'on a hautement professé, lors de la discussion du Code, que le commerce étoit incompatible avec les grandes dignités, et certaines fonctions publiques.

Section II.

Prohibitions fondées sur l'intérêt du Commerce.

74. Le commerce est défendu aux agens de change et courtiers qui, comme nous le dirons dans la suite, sont établis dans toutes les villes où il existe une bourse, pour en faire le service, et pour être les intermédiaires du commerce. Ils ne peuvent payer, ni recevoir pour le compte de leurs commettans, autrement que comme dépositaires momentanés; et l'art. 10 de l'arrêté du 16 juin 1802 (27 prairial an 10)[1], ne permet pas même qu'ils soient employés particulièrement, chez des commerçans, en qualité de teneurs de livres ou pour tout autre service semblable.

Il leur est de même défendu de s'intéresser

C. 85, 3.e al.

---

[1] Bulletin des lois, 3.e série, n. 1740.

directement ou indirectement dans aucun acte ou entreprise de commerce, et de se rendre garans de quelque négociation ou opération que ce puisse être, le tout à peine de destitution, sans espoir d'être réintégrés, et d'une amende correctionnelle qui peut s'élever jusqu'à 3,000 francs, indépendamment des dommages-intérêts des parties.

C. $\begin{cases} 85. \\ 86. \\ 87. \\ 88. \end{cases}$

Le but de cette défense a été de prévenir les monopoles. La connoissance que ces agens ont des affaires, par là confiance en quelque sorte nécessaire qu'on leur accorde, pourroit leur donner les moyens de faire des spéculations illicites, et rendroit leurs faillites bien plus funestes que celles de tous autres commerçans.

75. A cette prohibition, il est convenable d'ajouter celle qui est faite aux agens diplomatiques, aux officiers et administrateurs de la marine, d'exercer directement ou indirectement le commerce, dont la surveillance leur est confiée ; ces dispositions de l'ancienne législation, ont été rappelées par l'art. 122 de l'arrêté du 22 mai 1803 (2 prairial an 11)[1]. Il en est de même des lois pénales qui défendent certains genres de commerce, aux fonctionnaires administratifs et militaires qu'elles désignent.

Pen. $\begin{cases} 175. \\ 176. \end{cases}$

---

[1] Bulletin des lois, 3.ᵉ série, n. 2771.

Section III.

Effets de la violation de ces prohibitions.

76. Quelle que soit la nature des interdictions et prohibitions, dont ceux que nous venons de désigner sont frappés, ils ne peuvent les violer indirectement, soit en devenant intéressés dans une société dont tous les membres auroient droit à la gestion et une responsabilité indéfinie, soit en autorisant, même tacitement, leurs femmes avec lesquelles ils sont en communauté, à faire le commerce.

Au reste, ce seroit au gouvernement qu'il appartiendroit d'apprécier les faits et les circonstances, en ce qui touche les interdictions fondées sur la décence publique; et aux tribunaux, en ce qui touche les prohibitions prononcées sous certaines peines et dans l'intérêt du commerce.

Il est seulement important d'observer que les engagemens commerciaux, faits en contravention à ces prohibitions, ne sont point nuls, et qu'ils donnent lieu, tant contre ceux qui les ont souscrits, qu'en leur faveur, aux mêmes condamnations que s'ils étoient libres de faire le commerce, sauf l'application des peines prononcées contre eux pour avoir violé la loi.

TITRE TROISIÈME.

QUELS INDIVIDUS SONT COMMERÇANS.

77. Plusieurs dispositions du Code imposent aux commerçans des obligations dont l'omission est punie dans certains cas ; d'autres leur attribuent quelques droits spéciaux ; d'autres enfin, comme nous l'avons vu n.º 48 et suiv., déduisent de cette qualité certaines présomptions qui servent à déterminer l'effet des engagemens qu'ils ont souscrits. Il est donc important de savoir quelles personnes doivent être considérées comme *commerçantes*.

Le Code donne cette qualification à « ceux » qui exercent des actes de commerce, et en » font leur profession habituelle ».

C. 1.

78. Si l'on s'en tient à ces expressions littérales, il semble que l'exercice des actes de commerce, dont nous avons donné plus haut la définition, doive être assez fréquent et assez suivi pour constituer une *profession habituelle*, et que celui qui a cette *habitude*, puisse seul être appelé *commerçant*.

Cependant, lorsqu'une personne a annoncé par établissement, enseignes, affiches ou tout autre mode de publicité, qu'elle entendoit exercer tel genre de commerce; lorsqu'elle a ouvert des magasins et autres lieux de débit; lorsque, dans les cas particuliers prévus par les lois de police, elle a obtenu les autorisations requises, il nous paroît conforme à l'esprit de la loi, de considérer cette personne comme *commerçante*, par le fait seul de son établissement. Un établissement ne peut jamais être une affaire fugitive et d'occasion; il constitue une profession habituelle, parce qu'il présente son auteur comme habituellement disposé à agir. Le manufacturier est en position de fabriquer, quoiqu'il ne fabrique pas par défaut de commandes ou de débit; le débitant, dans ses magasins, attend les acheteurs, est prêt à vendre lors même qu'il ne vend pas: l'occasion peut manquer à l'un et à l'autre; mais ils l'attendent, et sont toujours en mesure d'en profiter.

S'il n'existe point de preuve extérieure qui parle ainsi par elle-même et dispense de rechercher les présomptions de la loi, il est clair qu'alors on est forcé d'y recourir. Dans ce cas, les engagemens que nous avons vu dans les n. 6 et suiv., être actes de commerce, n'impriment la qualité de *commerçant*, qu'à celui qui s'y livre si fréquemment, qu'il n'y ait plus de doute sur sa volonté d'en faire une *profession habituelle*.

En un mot, *l'établissement* emporte, en

quelque sorte, pacte avec le public, déclaration expresse qu'on est *commerçant*, et qu'on s'annonce comme tel; il dispense de recourir aux présomptions. L'*engagement* n'est qu'un pacte avec la personne envers qui on s'oblige; il ne produit d'effet avec le public, qu'autant qu'il est tellement réitéré qu'il devient *habitude*.

79. La preuve est dans ce dernier cas plus difficile que dans le premier. Celui qui a intérêt de faire attribuer à son adversaire la qualité de commerçant, doit s'y prendre de la même manière qu'on prouve telle ou telle qualité en matière civile; par exemple, comme on prouveroit qu'une personne a son domicile de droit à Paris, quoiqu'elle réside bien plus long-temps à Rouen; qu'elle a fait acte d'héritier etc., etc. Il est difficile de donner des règles précises à ce sujet. Il suffit de dire, qu'il faut que les actes de commerce dont l'exercice sert à fonder cette preuve, aient eu lieu dans le temps où celui qui les allègue a intérêt d'attribuer la qualité de commerçant à son adversaire, assez fréquemment pour constituer une *habitude*, et enfin comme un moyen de se procurer des bénéfices et non de faire ses affaires personnelles; autrement ce ne seroit pas une profession.

Ainsi nous avons vu n. 11, que les achats d'*effets publics*, pour les revendre, étoient réputés actes de commerce; l'emploi fréquent

qu'un homme feroit de ses fonds dans ce genre de
négociations, ne le constitueroit pas *commerçant,*
si l'étendue de ces achats n'annonçoit pas qu'il
en fait une véritable profession ; on n'y verroit
que des actes isolés de commerce.

Les lettres de change sont des actes de commerce ; et même la profession de banquier ne
consiste qu'à en tirer, en accepter, en céder et
en recouvrer ; cependant un homme qui auroit la
fantaisie de ne faire ses affaires que par ce genre
de négociation, qui, pour ses emprunts, pour
faire venir ses revenus de la province, pour
acquitter le prix d'achat d'objets relatifs à son
usage personnel, accepteroit, tireroit, endosseroit journellement des lettres de change, ne
devroit pas être réputé *commerçant :* ces actes
commerciaux isolés ne deviendroient de fortes
présomptions contre lui, qu'autant qu'ils auroient été faits pour trafic, ou pour payer des
choses destinées à être revendues.

80. La plupart de nos lois se servent indistinctement des mots *commerçant* ou *marchand,*
pour désigner les personnes dont la profession
habituelle est de se livrer au commerce ; cependant, par une sorte d'incorrection, dont pourroient abuser des esprits subtils, quelquefois on
y distingue les *commerçans,* les *banquiers,* les
marchands et les *négocians,* en les désignant
séparément. Le Code de Commerce, postérieur

N. { 220.
1326.
1329.
1330.
2272.

N. { 1308.
1445.
Pr. 872.

dans l'ordre de la rédaction, et spécial, pour la matière, quoiqu'il ait, presque par-tout, employé le mot *commerçant* comme désignation générique, a cependant donné quelquefois la même acception au mot *négociant* et *marchand*.

C. $\begin{cases} 4. \\ 114. \\ 634. \\ 637. \end{cases}$

Il est constant que, dans l'usage, ces dénominations entraînent des significations plus ou moins restreintes, mais dans l'esprit du législateur, elles sont réellement synonimes. Nous emploierons toujours le mot de *commerçant*, pour conserver l'uniformité d'expressions.

81. La distinction que ce même usage a fait entre les *commerçans* et les *artisans*, admise aussi par la législation, nous paroît plus remarquable par l'inconvénient qu'il y auroit d'appliquer aux artisans toutes les obligations que la loi impose aux commerçans.

N. $\begin{cases} 1308. \\ 1326. \end{cases}$

Il est vrai que le point de séparation entre la qualité de *commerçant* et celle d'*artisan*, entre le *commerce* et le *métier*, est souvent imperceptible. L'habitude peut cependant le faire saisir.

L'artisan qui, avec les matières achetées, fabrique des objets qu'il tient exposés en vente, dans ses boutiques ou ses magasins; en un mot, qui travaille à l'avance, pour vendre et débiter à tout venant; nous semble devoir être rangé parmi les commerçans : il est bien réellement fabriquant, conformément à ce que nous avons

vu n. 38. Il en est de même de celui qui, sans
acheter des matières, pour les revendre travaillées, tient des ateliers dans lesquels il occupe
à la fabrication de celles que des commerçans
lui confient, les ouvriers qu'il dirige et salarie,
et sur le travail desquels il fait une sorte de
spéculation.

Mais celui qui travaille lui-même ou à l'aide
de quelques compagnons ou apprentis, à des
ouvrages qu'il livre aussitôt aux consommateurs
qui les lui ont commandés, et dont le temps ou
le travail est plus cher que les matières qu'il
fournit, encore bien qu'il achète tout ou partie
de ces matières, nous semble devoir conserver
le nom d'*artisan*, et n'être assujetti ni aux
obligations des commerçans, ni aux présomptions
légales qui ont fait l'objet des n.ºˢ 48 et suiv.

A plus forte raison, faut-il décider que l'habitude de se livrer à certains actes qui, suivant
ce que nous avons dit n.º 36, n'ont été mis sous
la juridiction commerciale que par des raisons
particulières, tels que certains louages d'industrie ou de services, ne pourroit imprimer la
qualité de commerçans à ceux qui s'y livrent.

TITRE QUATRIÈME.

OBLIGATIONS PARTICULIÈRES IMPOSÉES AUX
COMMERÇANS.

82. CERTAINES obligations sont imposées à
ceux qui, d'après les règles que nous avons
données dans le titre précédent, ont la qualité
de commerçans, et n'atteignent pas ceux qui
exercent des actes isolés de commerce. Les unes
sont générales, en ce sens qu'elles obligent
toutes sortes de commerçans ; les autres sont
spéciales, en ce sens qu'elles ne sont imposées
qu'à certaines professions.

CHAPITRE PREMIER.

*Obligations générales imposées à tous
Commerçans.*

83. Ces obligations concernent, la contribution
des patentes, la tenue des livres et de la correspondance, les inventaires annuels, les conventions matrimoniales, les séparations de biens,

SECTION PREMIÈRE.

Obligation de prendre Patente.

84. Quiconque fait le commerce, est tenu de se munir d'une patente et de payer les droits déterminés à raison de la profession qu'il exerce. Lorsqu'on réunit plusieurs professions assujetties chacune à un droit différent, on paie celui de la profession pour laquelle le droit est le plus considérable. La même règle a lieu pour le mari et la femme communs en biens qui ont chacun un état différent assujetti à patente; mais ils doivent en prendre chacun une lorsqu'ils ne sont pas en communauté et que tous deux font le commerce.

Les personnes associées pour l'exercice d'une profession assujettie à patente, doivent aussi chacune un droit; mais, par une suite des principes que nous ferons connoître dans la quatrième partie, les associés commanditaires ou les actionnaires qui, ne prennant point de part active dans la gestion, participent seulement aux bénéfices et aux pertes de la société dans laquelle ils ont mis des fonds, ne sont pas assujettis au droit de patente.

Les patentes se prennent dans le lieu où est le siége principal du commerce de celui qui l'exerce, fût-il domicilié ailleurs.

Le défaut de patente ne frappe d'aucune incapacité d'exercer le commerce, n'annule point les actes qu'on a pu en faire, et n'en change point la nature. Les peines sont purement pécuniaires. Mais nul ne peut former de demande, fournir exceptions ou défense en justice, ni faire aucune signification par acte extrajudiciaire, pour tout ce qui seroit relatif à son commerce, sa profession ou son industrie, sans qu'il soit fait mention en tête des actes, de la patente prise, avec désignation de la classe, de la date, du numéro et de la commune où elle aura été délivrée, à peine d'une amende de 500 fr., tant contre les particuliers sujets à la patente, que contre les fonctionnaires publics qui auroient fait ou reçu lesdits actes sans faire ces mentions. Le rapport de la patente ne peut même suppléer au défaut d'énonciation ni dispenser de l'amende.

Toutes ces règles sont tirées de la loi du 22 octobre 1798 (1.ᵉʳ brumaire an 7)[1], qui forme le dernier état de la législation sur cette sorte d'impôt indirect.

Section II.

Obligations relatives aux Livres et à la Correspondance.

85. Les livres peuvent servir à la preuve des conventions entre commerçans, ou des enga-

---

[1] Bulletin des lois, 2.ᵉ série, n. 2096.

gemens qu'ils ont contractés ; ils peuvent offrir des renseignemens précieux pour éclairer les créanciers d'un failli sur la conduite et la situation de leur débiteur ; ils doivent mettre chaque jour, sous les yeux d'un commerçant, l'état de ses affaires, et l'avertir des pertes qu'il a essuyées, de l'embarras qu'il éprouve, de la nécessité de cesser le commerce plutôt que de le continuer à l'aide de sacrifices ou d'emprunts ruineux.

Pour remplir ce triple but, les registres des commerçans doivent être réguliers. Nous ne les envisagerons ici que sous le rapport de cette régularité. C'est en traitant des obligations, que nous examinerons l'espèce et l'étendue de la preuve qu'ils peuvent faire.

C. { 8. 9. 10. **86.** Un commerçant doit nécessairement avoir trois sortes de livres : 1.º un *livre-journal*; 2.º un livre de *copies de lettres*; 3.º un livre des *inventaires.* Ces livres doivent être cotés et paraphés sans frais, soit par un juge du tribunal de commerce, soit par le maire de la commune ou un de ses adjoints. Les commerçans doivent les conserver pendant dix ans à compter du jour de la dernière date qu'ils portent ; le livre-journal et celui des inventaires doivent en outre, à la fin de chaque année, être visés et paraphés par les mêmes fonctionnaires qui les ont cotés, à la suite de la dernière énonciation qu'ils contiennent.

Ils doivent être écrits à mesure de chaque C. 10.
opération que le commerçant est tenu d'énoncer
par sa date de jour, mois et an, sans aucun
blanc et sans aucun renvoi ou transport en
marge, même sous prétexte de rectifier ou
compléter une énonciation.

87. Le *livre-journal* doit *présenter* jour par C. 8.
jour : 1.° ce qui est dû au commerçant, soit que
les débiteurs lui souscrivent un engagement négociable, ou pur et simple, soit qu'ils n'aient
fourni aucune reconnoissance ; 2.° ce que doit
le commerçant, soit qu'il en ait donné obligation
écrite, soit qu'il n'ait contracté qu'un engagement verbal.

Les négociations, acceptations, ou endossemens d'effets de commerce, doivent également
être inscrits sur ce registre.

Ce livre-journal doit encore présenter ce que
le commerçant reçoit ou paye, à quelque titre
que ce soit, même étranger à son commerce :
s'il vend une maison dont il reçoive le prix, il
doit le porter en recette dans son journal; s'il
en achète une qu'il paye, il doit la porter en
dépense.

Enfin, tout commerçant est tenu d'énoncer
sur son livre-journal, par chaque mois, sans
entrer dans des détails minutieux, les sommes
qu'il tire de sa caisse pour être employées aux
dépenses de sa maison ; ce qui comprend les

frais relatifs à la tenue de son commerce, tels
que loyers, appointemens d'employés et frais de
bureau.

Si la nature du commerce exercé ne peut
jamais dispenser de remplir cette obligation,
au moins il ne faut pas la rendre inexécutable
par un asservissement trop littéral au texte ; il
suffit donc que celui qui exerce un menu détail
énonce en bloc, à la fin de chaque jour, ce qu'il
a reçu.

88. Le *Livre de copies de lettres* d'un com-
C. 8. merçant doit contenir la transcription de toutes
celles qu'il envoie, et en même temps, pour que
la série de tout ce qu'il traite par correspondance,
soit complète, il est tenu de mettre en liasse et
de conserver toutes les lettres missives qu'il
reçoit. Les commerçans exacts conservent en
outre leurs factures, qui font d'ailleurs, en
quelque sorte, partie de la correspondance, et
tous les billets, lettres de change ou mandats
qu'ils acquittent. Cette précaution est dans
l'esprit du Code : il ne suffit pas toujours, effectivement, d'avoir des livres régulièrement
tenus ; il faut encore que les pièces originales
en justifient l'exactitude. C'est d'après les *récépissés*, les comptes d'achat et de vente, les
factures, les lettres de change, les billets, etc.,
autant que par leurs correspondances, que les
commerçans *passent écritures.*

89. Nous verrons dans la section suivante l'objet du livre des inventaires.

Le Code ne limite pas à ces seuls livres ceux que les commerçans peuvent tenir et invoquer C. 8. en leur faveur. On doit dire seulement que ceux que la loi exige expressément ne peuvent être suppléés par d'autres non exigés, quelle qu'en soit la régularité. Ces livres ne sont réputés que des fractions du livre-journal, dont ils peuvent développer ou corroborer les énonciations; mais ils ne peuvent jamais les contredire, sans que le commerçant ne s'expose au reproche d'inexactitude.

90. Il y a deux manières de tenir les livres; l'une se nomme tenue en *parties simples*, l'autre, tenue en *parties doubles*. Cette dernière, la plus usitée, et sans laquelle un commerce étendu et régulier ne peut se faire, est fondée en théorie sur la division naturelle des opérations, en *créances* et *dettes*, *débit* et *crédit*. Chaque opération commerciale étant nécessairement composée, met deux intérêts en présence; et, pour en donner un exemple, lorsqu'on *dépense* pour payer ce qu'on doit, on *acquiert* une libération.

Ainsi, dans le langage du commerce, on *débite* celui à qui on donne, à quelque titre que ce soit, c'est-à-dire, qu'on le présente comme *débiteur* de ce qu'on lui a payé, ou livré, ou vendu. On *crédite* celui de qui l'on a reçu, à quelque titre que ce soit, c'est-à-dire, qu'on le présente comme *créancier*, ou, pour employer le mot particulier au commerce, mot C. 584. que la loi elle-même a consacré, comme *créditeur* de ce qu'il a payé, ou livré, ou vendu.

La qualité de débiteur est désignée par le mot *doit*, et celle de créditeur par le mot *avoir*, placés avant le nom de la personne à qui on a donné ou de qui on a reçu.

Section III.

Des Inventaires.

C. 9.   90. Tout commerçant doit faire, chaque année, sans être obligé d'employer le ministère d'un officier public, et seulement par écriture privée, l'inventaire de ses effets mobiliers et immobiliers, et de ses dettes actives et passives. Cet inventaire est copié par lui, année par année, sur un registre spécial appelé *livre des inventaires*. Cette formalité, réunie à la précaution qui fait astreindre ce livre au paraphe et au *visa* annuel, sert à éclairer sur la conduite des commerçans, lorsqu'il s'agit de l'application des lois relatives aux faillites.

Section IV.

Des Conventions matrimoniales des Commerçans.

91. Tout contrat de mariage entre époux, dont

l'un est commerçant au temps du mariage, doit C. 67.
être transmis par extrait, dans le mois de sa Pr. 872. – 872
date, aux greffes du Tribunal civil et du Tribunal de commerce du domicile conjugal, pour
être inséré sur un tableau à ce destiné, et exposé
pendant un an dans l'auditoire de ces Tribunaux. Lorsqu'il n'y a pas de Tribunal de commerce, cette exposition est faite dans la principale salle de la maison commune : pareil extrait
doit être inséré dans un tableau exposé en la
chambre des avoués et des notaires des mêmes
lieux, s'il en existe.

Cet extrait doit contenir les prénoms, noms,
professions et demeure des époux, annoncer
s'ils sont mariés en communauté, s'ils sont
séparés de biens, ou s'il y a simplement exclusion de communauté, clause qui, comme on
l'a vu n. 66, a des effets particuliers, ou enfin
s'ils se sont soumis au régime dotal; mais il n'est
pas nécessaire qu'il exprime le montant des
apports respectifs.

Ce dépôt au greffe doit être constaté par un
acte assujetti aux droits d'enregistrement, rédaction et transcription établis par le décret du
12 juillet 1808 [1]. Quant à la remise aux chambres
d'avoués et notaires, le simple certificat du secré-
taire suffit, et chaque notaire doit prendre à la
chambre les extraits qui y sont déposés, pour

___
[1] Bulletin des lois, 4.e série, n. 2523.

les afficher dans son étude, conformément à l'art. 175 du décret du 16 février 1807 [1].

92. Cette formalité est nécessaire, lors même que la femme seule est commerçante. En effet, ceux qui ont vu une personne du sexe, maîtresse de ses droits, faire le commerce, ont intérêt à connoître non-seulement son changement d'état, mais encore les conditions de ce changement, et de savoir si le mariage leur donne deux obligés, ou ne leur laisse que le même débiteur, ou enfin si l'on change leurs chances, en frappant pour l'avenir les biens de la femme de l'inaliénabilité dotale.

Il nous semble que, dans ce cas, si le siége du commerce de la femme est dans un lieu autre que le domicile du mari, l'affiche doit être également faite dans les auditoires et chambres de ce lieu.

C. 68.   93. Le notaire dépositaire de la minute du contrat, est chargé, quand même sa résidence seroit autre que le lieu où le dépôt doit être fait, de l'exécution de cette formalité, dont il peut exiger le remboursement de la même manière que celui des autres frais de l'acte. En cas d'omission, il est puni d'une amende et

[1] Bulletin des lois, 4.e série, n. 2240.

même de destitution, et en cas de collusion, il est condamné aux dommages-intérêts des personnes lésées.

On sent bien, au surplus, que, pour qu'il y ait lieu à cette peine, il faut que l'époux commerçant ait pris cette qualité dans le contrat, ou qu'il soit prouvé que le notaire l'a connue, ainsi que le lieu où le dépôt devoit être fait.

Quoique le Code ne prononce de peines que contre le notaire, il pourroit se faire cependant qu'en certains cas, les tribunaux privassent l'époux qui auroit été à même de veiller à l'affiche, du droit de faire valoir contre les tiers, les clauses du contrat ainsi laissées secrètes; car le notaire, n'est tenu des dommages-intérêts que s'il y a collusion, et, hors ce cas, il est encore possible que des tiers soient lésés par la seule inobservation de la formalité prescrite. Les circonstances seules pourroient décider.

94. Si pendant le mariage, un époux qui n'étoit pas commerçant, entreprend cette profession, il est tenu de faire dans le mois, du jour C. 69. où il en aura commencé l'exercice, la remise de l'extrait dont nous avons parlé n. 91. En effet, dans ce cas il est impossible d'imposer cette obligation au notaire.

Mais cette remise n'est exigée que de l'époux séparé de biens, ou marié sous le régime dotal; car ce n'est que dans ce cas, que les tiers ont

6 *

intérêt à être instruits de la convention matri-
moniale qui déroge au droit commun.

La loi ne prononce contre ceux qui violent
cette disposition, qu'une peine éventuelle. Si
C. 69. l'époux qui devoit faire cette remise tombe en
faillite, il est de plein droit réputé banqueroutier
frauduleux. On peut à juste droit présumer que
celui qui, en se livrant au commerce, a dérobé
au public la connoissance de sa séparation, mé-
ditoit la banqueroute qu'il a faite, et vouloit
préparer les moyens de se la rendre plus utile.

La femme commerçante n'en est pas exempte,
puisque cette remise est véritablement un acte
de son commerce, qu'elle peut faire sans autorisation.

Section V.

Des Séparations de biens prononcées contre un époux commerçant.

95. Les époux qui se sont soumis au régime
N. 1443. de la communauté par leur contrat de mariage,
peuvent cesser d'être communs, par la séparation
N. 1563. judiciaire. Elle peut avoir lieu encore quand le
mariage a été contracté sous le régime dotal.

Cette séparation a lieu de deux manières :
1.º directement, par l'effet d'un jugement que
la femme seule a droit de provoquer lorsque le
désordre des affaires de son mari met sa dot ou
ses autres droits en danger; 2.º indirectement,

comme suite d'un divorce ou d'une séparation
de corps.

96. Toute séparation de biens, lors même
qu'elle est demandée par une femme contre son
époux commerçant, ou que la femme est commerçante, est portée devant le tribunal civil.

Le jugement qui la prononce, doit être rendu
public par une lecture faite, audience tenante, N. 1445.
au tribunal de commerce du lieu, s'il y en a; un P. 872.
extrait contenant la date, la désignation du
tribunal où ce jugement a été rendu, les noms, prénoms, professions et demeure des époux doivent
être insérés sur un tableau, et exposés pendant
un an dans l'auditoire de ce tribunal, ou s'il n'y
en a pas, dans la salle des séances de la maison
commune.

Il n'importe, pour la nécessité de remplir ces
formalités, que ce soit le mari ou la femme qui
fasse le commerce. Mais si c'est celle-ci, et qu'elle
ait une demeure séparée de celle de son mari, il
est encore nécessaire d'afficher dans le lieu où
demeure le mari. Il ne faut pas qu'un respect
mal entendu pour le principe ordinaire, qui ne
permet pas à la femme d'avoir d'autre domicile N. { 108.
que celui de son mari, laisse un moyen d'éluder   214.
le but de la loi, qui, dans ce cas particulier, est
de faire connoître la séparation de biens à ceux
qui traitent avec l'époux commerçant; but qui
seroit manqué, si l'affiche n'étoit pas faite dans

le lieu où la femme exerce le commerce, lorsqu'il est distinct du domicile conjugal.

C. 66.   Ces mêmes formalités sont prescrites pour les jugemens prononçant un divorce ou une sépa-ration de corps ; car puisqu'ils emportent néces-sairement séparation de biens ou dissolution an-ticipée de communauté, le motif de les faire connoître est le même.

97. Les époux peuvent rétablir leur commu-nauté. Quoiqu'il ne semble pas nécessaire qu'ils donnent à cette convention, la publicité que la séparation a reçue, puisqu'il n'y a pas le même

N. 1451. intérêt pour les tiers, les dispositions du droit civil qui l'exigent sont si impérieuses, qu'on doit s'y conformer ; une telle matière appartenant plus à ce droit, qu'à la jurisprudence commerciale.

CHAPITRE II.

Obligations imposées à certaines pro-fessions commerciales.

98. Certaines opérations, ou l'exercice de certaines professions commerciales, ont été sou-mises à des règles particulières ; les unes, parce que les lois générales n'offroient pas des moyens suffisans de prévenir la mauvaise foi de ceux

qui s'y livrent, tant envers le trésor public, en
fraudant les perceptions légales, qu'envers les
particuliers, en abusant de leur confiance ; les
autres, parce qu'une liberté indéfinie dans leur
exercice, pouvoit être funeste à l'ordre social, à
la sûreté et à la santé des citoyens.

Nous allons donner quelques notions à ce
sujet, moins dans la vue de présenter un travail
complet sur un point qui n'a que des rapports
éloignés avec la jurisprudence commerciale, que
pour faire connoître l'esprit dans lequel ces
obligations particulières sont imposées.

99. L'existence de certains établissemens
commerçiaux dans le voisinage des frontières,
pouvant procurer à ceux qui les habitent ou les
exploitent des moyens de violer les lois qui pro-
hibent l'importation ou l'exportation de diverses choses, les art. 37, 41 et suiv. du tit. 13
de la loi du 22 avril 1791, et la loi du 12 mars
1803 (21 ventôse an 11), ne permettent pas
d'établir de manufactures, fabriques, magasins
ou entrepôt, dans la distance de deux lieues des
frontières de terre [1]. Le décret du 30 octobre
1805 (10 brumaire an 14) [2], applique cette
mesure même aux moulins.

Des règles semblables sont quelquefois adop-

---

[1] Bulletin des lois, 3.e série, n. 2466.
[2] Bulletin des lois, 4.e série, n. 1095.

tées pour prévenir les fraudes à la perception
de certaines contributions locales, comme on le
voit dans le décret du 11 janvier 1808 [1], relatif
aux constructions, près les murs de clôture de
Paris.

100. La facilité avec laquelle les acheteurs de
bijoux ou autres ouvrages d'or, d'argent, pier-
reries, etc., etc., pourroient être trompés par
les vendeurs, sur la qualité des matières, a fait
établir une marque de garantie, que des préposés
spéciaux du gouvernement apposent auxdites
matières, avant qu'elles soient livrées au commerce. La loi du 9 novembre 1797 (19 brumaire an 6) [2], contient toutes les règles à ce
sujet. Les mêmes motifs, ont dicté la disposition
de l'art. 4 de la loi du 22 germinal an 11, qui
permet au gouvernement d'accorder à chaque
fabrique ou manufacture, une marque qui garantisse la qualité des produits, et le décret du
22 décembre 1812 [3], qui a réglé d'une manière
uniforme comment cette faveur devoit être
accordée; le décret du 12 avril 1803 (20 floréal
an 13) [4], sur la fabrication des étoffes d'or et
d'argent; ceux des 21 septembre 1807 et 9 dé-

---

[1] Bulletin des lois, 4.ᵉ série, n. 2928.
[2] Bulletin des lois, 2.ᵉ série, n. 1542.
[3] Bulletin des lois, 4.ᵉ série, n. 8563.
[4] Bulletin des lois, 4.ᵉ série, n. 735.

cembre 1810, sur la fabrication des draps destinés au commerce du Levant [1]; ceux du 1.er avril et 18 septembre 1811 [2], sur la fabrication des savons, etc.

Il faut encore mettre au même rang, les obligations imposées, aux entrepreneurs de voitures N. 1785. publiques, d'avoir des registres particuliers, pour inscrire les objets qui leur sont confiés; aux commissionnaires de transports, de transcrire sur C. 102. un registre les lettres de voitures des objets qui leur sont adressés directement ou en *transit;* aux personnes qui tiennent des maisons de prêt sur Pen. 411. gage, d'avoir également des registres pour inscrire ce qui leur est donné en gage.

101. Il importe à l'état que la liberté de faire, en pays étrangers, des établissemens de commerce, soit restreinte, s'il en résulte quelque préjudice à l'industrie nationale; ainsi, un arrêté du 23 juin 1803 (4 messidor an 11) [3], interdit cette faculté aux Français qui n'ont pas rempli certaines conditions et obtenu l'autorisation du gouvernement.

La fabrication des médailles, qui pourroit n'être qu'un prétexte pour les contrefacteurs de la monnoie, est assujettie à des règles parti-

---

[1] Bulletin des lois, 4.e série, n. 2807 et 6146.
[2] Bulletin des lois, 4.e serie, n. 6591 et 7258.
[3] Bulletin des lois, 3.e série, n. 2886.

culières par les arrêtés du 24 mars 1801 (3 germinal an 9) [1], et 26 mars 1804 (5 germinal an 12) [2]. Il en est de même du commerce des armes à feu qui fait l'objet des décrets des 22 décembre 1805 (2 nivôse an 14) [3], 12 mars 1806 [4], et 14 décembre 1810 [5], et de celui de la poudre à tirer, sur lequel statuent la loi du 30 août 1797 (13 fructidor an 5) [6], et le décret du 12 février 1085 (23 pluviôse an 13) [7].

102. La crainte que des réunions de citoyens assistant à des lectures, déclamations ou représentations de pièces de théâtre, ne soient entraînés par le jeu des acteurs, et la communication des sentimens si prompts dans une grande assemblée, à des actes contraires à l'ordre public, a fait décider qu'aucun théâtre ne seroit établi sans l'autorisation spéciale du gouvernement ; c'est l'objet du décret du 8 juin 1806 [8]. Le même but, a fait astreindre l'exercice des professions d'imprimeurs, de libraires, de graveurs, à des précautions qu'exigeoit le maintien des lois et

---

[1] Bulletin des lois, 3.e série, n. 597.
[2] Bulletin des lois, 3.e série, n. 3737.
[3] Bulletin des lois, 4.e série, n. 1185.
[4] Bulletin des lois, 4.e série, n. 1379.
[5] Bulletin des lois, 4.e serie, n. 6241.
[6] Bulletin des lois, 2.e série, n. 1386.
[7] Bulletin des lois, 4.e série, n. 529.
[8] Bulletin des lois, 4.e série, n. 1763.

des mœurs; elles sont contenues dans le décret du 5 février 1810 [1].

Il en est de même, lorsque la salubrité commune et la santé des citoyens sont intéressées. Ainsi, quoique l'apprentissage ne soit pas exigé pour l'exercice du commerce, la loi du 11 avril 1803 (21 germinal an 11) [2], astreint à certaines conditions, à des études et des examens préalables, l'admission à l'exercice de la profession de pharmacien, et oblige ceux qui y sont admis, à des précautions qui empêchent l'abus que la malveillance pourroit faire des substances vénéneuses. Ainsi les décrets des 14 juin 1805 (25 prairial an 13) [3] et 18 août 1810 [4], défendent le débit des remèdes secrets. Un décret du 15 octobre 1810 [5], et une instruction du ministre de l'intérieur, du 22 novembre suivant, contiennent des règles sur l'établissement des manufactures et ateliers qui répandent une odeur et des exhalaisons insalubres.

C'est encore dans la même vue, que sont faits certains règlemens qui assujettissent ceux qui exercent la profession de boucher et de boulanger, à un apprentissage et à des conditions par-

---

[1] Bulletin des lois, 4.e série, n. 5155.
[2] Bulletin des lois, 3.e série, n. 2676.
[3] Bulletin des lois, 4.e série, n. 813.
[4] Bulletin des lois, 4.e série, n. 5874.
[5] Bulletin des lois, 4.e série, n. 6059.

ticulières. Plusieurs décrets ont été rendus à cet
égard, pour quelques grandes villes de l'empire,
et par-tout ailleurs les administrations locales,
chargées de veiller à ce qui intéresse la sûreté
et la salubrité des citoyens, prennent des arrêtés
conformes à ces principes.

TITRE CINQUIÈME.

DES INSTITUTIONS CRÉÉES POUR L'UTILITÉ PARTICULIÈRE DU COMMERCE.

103. CES institutions dans lesquelles nous ne
comprenons pas les tribunaux chargés de juger
les procès qui s'élèvent à l'occasion des actes de
commerce, parce que nous en parlerons dans
la sixième partie, ont pour objet, les unes, de
mettre le gouvernement à portée de connoître
les besoins du commerce en général, de le diriger
vers l'utilité de l'état, d'aider et d'encourager le
développement de l'industrie et des spéculations
utiles; les autres, de faciliter entre les particuliers
les opérations commerciales.

CHAPITRE PREMIER.

Rapports du Commerce avec le Gouvernement.

104. Nous plaçons au premier rang le ministre du commerce et des manufactures, à qui le décret du 16 janvier 1812 [1] attribue : 1.º la direction et l'administration du commerce, de son mouvement dans les ports et dans les diverses places de l'intérieur, des manufactures et des règlemens de police qui y sont relatifs, la nomination des commissaires, courtiers et agens de change; la formation et l'administration des manufactures de produits indigènes, l'examen des divers procédés d'amélioration des fabriques; 2.º la surveillance de l'administration des douanes, le personnel de cette administration, la proposition des tarifs et de tous les règlemens relatifs à cet objet; 3.º la surveillance relative aux approvisionnemens généraux de l'empire, aux mouvemens, à l'entrée et à la sortie des denrées; 4.º la correspondance avec les consuls près des puissances étrangères, sur les affaires relatives au commerce; 5.º le rapport de toutes les affaires soumises ou à

---

[1] Bulletin des lois, 4.e série, n. 7605.

soumettre au conseil des prises, et dont il y a lieu de rendre compte au gouvernement.

105. Auprès du ministre, est établi un conseil général de commerce, que les art. 10 et suiv. de l'arrêté du 25 décembre 1803 (3 nivôse an 11)[1], avoit créé. Ce conseil est une réunion de commerçans, nommés par le gouvernement, sur la liste des candidats que lui présentent les chambres de commerce, pour donner au ministre tous les renseignemens et tous les avis qu'il leur demande, ou que ce conseil croit utile de lui adresser.

106. Le même arrêté a créé des réunions connues sous le nom de chambres de commerce, dont les art. 2, 3, 6, 7 et 8 règlent le mode et les conditions d'élection. Elles ont pour fonctions, conformément aux art. 4 et 5, de présenter des vues sur les moyens d'accroître la prospérité du commerce; de faire connoître au gouvernement les causes qui en arrêtent les progrès, d'indiquer les ressources qu'on peut se procurer; de surveiller l'exécution des travaux publics relatifs au commerce, tels que le curage des ports, la navigation des rivières, et l'exécution des lois et arrêtés concernant la contrebande : elles correspondent directement avec le ministre.

---

[1] Bulletin des lois, 3.ᵉ série, n. 2225.

107. Pour assurer à toutes les professions dont se compose le commerce, les moyens de se faire entendre du gouvernement, l'art. 1.er de la loi du 12 avril 1803 (22 germinal an 11) a établi des chambres consultatives des arts et manufactures, à qui le tit. 1.er de cette loi, et l'arrêté du 28 juillet suivant (10 thermidor)[1], attribuent les fonctions de faire connoître au gouvernement les besoins et les moyens d'amélioration des des manufactures, fabriques, arts et métiers. Dans les lieux où il n'existe pas de chambre consultative, ces fonctions sont exercées par les chambres de commerce.

108. Enfin des conseils de prud'hommes, dont nous n'indiquons ici les pouvoirs que sous les rapports administratifs, sont chargés par la loi du 18 mars 1806, et par le décret du 3 août 1810[2], de constater par des procès-verbaux, d'après les plaintes qui leur sont rendues, et par des visites qu'ils font chez les fabricans, chefs d'ateliers, ouvriers et compagnons, avec l'assistance d'un officier public, les contraventions aux lois et réglemens concernant les fabriques, les soustractions de matières faites par les ouvriers, et les infidélités commises par les teinturiers.

---

[1] Bulletin des lois, 3.e série, n. 3016.
[2] Bulletin des lois, 4.e série, n. 5843.

Ils sont également chargés de veiller à l'exécution des mesures conservatrices de la propriété des marques empreintes sur les différens produits des fabriques et des dessins des étoffes, suivant les principes, que nous donnerons dans la deuxième partie.

Chaque conseil des prud'hommes tient un registre exact du nombre des métiers existans, et du nombre d'ouvriers de tout genre employés dans les fabriques de l'arrondissement, d'après les déclarations que les propriétaires d'ateliers sont tenus de leur donner, et les visites et inspections qu'ils sont autorisés à y faire, deux fois l'an, pour cet objet exclusivement : il doit communiquer ces renseignemens à la chambre de commerce.

La police municipale est en conséquence tenue de leur fournir tous les renseignemens et toutes les facilités qui sont en son pouvoir, pour effectuer leur inspection.

109. Pour protéger les Français qui, sans renoncer à leur patrie, ont formé des établissemens de commerce en pays étranger, et ceux que le goût des voyages ou le désir de s'instruire y conduit, le gouvernement a établi des agens diplomatiques, connus sous le nom de *consuls*.

Parmi les nombreuses attributions administratives de ces agens, quelques-unes ont rapport au commerce maritime ; nous les indiquerons dans la troisième partie.

L'art. 8 de la loi du 1.ᵉʳ octobre 1795 (10 vendémiaire an 4) [1], et le décret du 19 janvier 1812 , les mettent, pour ce qui concerne leur nomination et leurs fonctions, dans la dépendance du ministre des relations extérieures et de celui du commerce. Quelquefois ils rendent la justice, et l'appel de leurs jugemens est porté à la cour impériale la plus voisine, lorsque le titre de leur établissement n'en a pas désigné une autre.

CHAPITRE II.

Institutions pour faciliter aux particuliers les transactions commerciales.

110. Ces institutions sont principalement l'uniformité des poids et mesures, les foires et marchés, les agens de change et courtiers.

SECTION PREMIÈRE.

Des Poids et Mesures.

111. L'uniformité des poids et mesures a été établie et ordonnée par la loi du 1.ᵉʳ août 1793 ;

---

[1] Bulletin des lois , 1.ʳᵉ série , n. 1153.

les dénominations, divisions ou subdivisions de chacune des unités principales ont été successivement changées ou modifiées.

Enfin les unités ont été déterminées définitivement, par la loi du 10 décembre 1799 (19 frimaire an 8)[1]. Le décret du 12 février 1812[2], ordonne qu'elles seront seules reconnues, enseignées dans les écoles, employées dans les administrations, halles, foires, marchés et dans toutes les transactions commerciales, particulières. Ce décret charge le ministre de l'intérieur de faire confectionner, pour l'usage du commerce, des instrumens de pesage et mesurage qui présentent soit les fractions, soit les multiples desdites unités le plus en usage et accommodés au besoin du peuple, et qui portent sur leurs diverses faces la comparaison des divisions et des dénominations légales, avec celles qui existoient anciennement.

Le ministre de l'intérieur a publié, en conséquence, le 30 juillet 1812, une instruction sur cet objet.

Pén. { 424.
479.

112. Ceux qui feroient usage d'autres poids et mesures, sont punis de la même peine que ceux qui vendent ou livrent à faux poids et à fausse mesure. Cependant, par une juste con-

---

[1] Bulletin des lois, 2.e série, n. 3456.
[2] Bulletin des lois, 4.e série, n. 7691.

séquence des principes que nous donnerons dans le titre I.er de la seconde partie, sur l'effet des conventions contraires aux lois, toute action est deniée à celui qui, ayant acheté à condition d'être livré à des poids et mesures autres que ceux que la loi a établis, prétendroit avoir été trompé par le vendeur.

Ces dispositions pénales ne nous semblent concerner que l'usage des poids et mesures autrefois employés dans les parties du territoire qui composent l'empire français; et l'on ne pourroit les appliquer à la vente qui seroit énoncée en mesures légales d'un pays étranger, dans lequel naissent ou sont fabriquées, ou duquel ont été expédiées les choses vendues. A cet égard, la foi des conventions doit être respectée comme nous le verrons relativement aux paie-mens stipulés en monnoie étrangère.

113. Une inspection et vérification des poids et mesures a été établie par arrêté du 18 juin 1801 (29 prairial an 9) [1], et le mode en a été réglé par diverses instructions du ministre de l'intérieur, dont les principales sont celles des 5 août et 13 septembre 1801 (17 thermidor et 28 fructidor an 9), 10 février et 10 décembre 1806. L'objet de ces vérifications et inspections, est de s'assurer de l'état des poids et mesures dont se

---

[1] Bulletin des lois, 3.e série, n. 698.

servent les commerçans, et de leur conformité avec les *étalons prototypes*.

114. La nécessité de terminer les contestations possibles entre ceux qui livrent des choses susceptibles de pesage et de mesurage, et ceux qui les reçoivent, a fait établir des bureaux publics où tous les citoyens peuvent faire peser, mesurer et jauger leurs marchandises par des préposés, commissionnés et assermentés, moyennant une rétribution juste et modérée, fixée par des tarifs locaux. Les arrêtés des 29 octobre 1800 (7 brumaire an 9) [1], et 24 décembre 1803 (2 nivôse an 12) [2], la loi du 19 mai 1803 (29 floréal an 10) [3], l'intruction du ministre de l'intérieur du 25 mai suivant (15 prairial), contiennent des principes généraux que les règlemens rendus pour certaines villes, restreignent ou étendent suivant les localités.

Les vendeurs et acheteurs, peuvent consommer leurs transactions sur leur foi mutuelle, sans l'intervention d'un préposé public. Mais cette intervention est nécessaire dans tous les cas de contestations, et par conséquent les tribunaux ne peuvent, sans violer les lois et règlemens précités, admettre d'autres preuves

---

[1] Bulletin des lois, 3.ᵉ série, n. 374.
[2] Bulletin des lois, 3.ᵉ série, n. 3505.
[3] Bulletin des lois, 3.ᵉ série, n. 1605.

entre des parties qui ne sont pas d'accord sur les quantités, que le certificat ou bulletin d'un préposé, ni ordonner de pesage, jaugeage et mesurage par des personnes non commission-nées.

C'est encore une conséquence de ces lois et règlemens, que le bulletin du préposé fasse foi en justice, jusqu'à l'inscription de faux. Sans ce caractère particulier, le titre délivré par cet of-ficier public n'auroit rien de plus authentique, ni pour les parties, ni pour les tribunaux, que les certificats délivrés par les peseurs que l'ad-ministration n'auroit point avoués; et l'objet de la loi, celui d'offrir une garantie au commerce, seroit manqué. Il suit de-là que le préposé qui seroit convaincu d'avoir trompé dans son bul- Pén. 146. letin, seroit puni comme faussaire.

Les halles, les marchés, les ports, les places et champs de foire étant des domaines commu-naux, dont la location, aux termes de l'art. 7 de la loi du 1.er décembre 1798 (11 frimaire an 7) [1], fait partie des revenus municipaux, le pesage, mesurage et jaugeage, n'y peuvent être exercés que par les agens commissionnés.

Ainsi les droits exclusifs des préposés publics, lorsque les règlemens locaux n'y ont pas donné plus d'extension, sont bornés, 1.º aux cas de contestation dans lesquels ils ont seuls droit

---

[1] Bulletin des lois, 2.e série, n. 2220.

d'être crus en justice, sur leurs certificats; 2.° à l'exercice, dans tous les lieux que l'administration compétente a déclaré être marchés, halles, ports, places ou champs de foire.

SECTION II.

Des Foires et Marchés.

115. Il n'est personne qui ne sache en quoi un marché diffère d'une foire, quoique l'un et l'autre se ressemblent dans ce point, qu'ils ont pour but commun de faciliter le rapprochement des vendeurs et des acheteurs. Un marché n'est, en général, établi que pour une étendue de pays circonscrite et limitée; il est borné à la seule vente des denrées, ne dure pas ordinairement au-delà d'un jour, et tient périodiquement à certains jours de la semaine ou du mois, tandis qu'une foire appelle les commerçans éloignés, même ceux des pays étrangers, admet les marchandises de presque toutes les espèces, n'a lieu qu'à certaines époques de l'année, et souvent est composée de plusieurs jours.

116. L'objet des foires et marchés étant d'attirer aux lieux destinés les denrées et les marchandises, pour la commodité des vendeurs et des acheteurs, les diverses considérations qui peuvent porter à en établir, doivent être envisagées avec

une grande attention, et les divers intérêts locaux
être sagement ménagés et balancés. Voilà pourquoi, l'établissement des marchés et foires appartient à l'état. Non-seulement des citoyens
ne peuvent se réunir dans un même lieu, pour y
tenir un marché ou une foire, sans encourir les
peines prononcées contre les réunions illégales; Pén. 291.
mais encore les administrateurs locaux ne peuvent
établir des marchés ou foires, en supprimer, ni
changer les jours ou la durée de ceux qui ont
été légalement établis. Ces principes sont consacrés par la loi du 9 octobre 1793 (18 vendémiaire an 2).

Les autorités locales, n'ont que le droit de
déterminer les emplacemens où se tiennent
lesdits marchés et foires, conformément à l'art. 7
de la loi du 1.er décembre 1798 (11 frimaire
an 7), et celui de faire les règlemens qui en assurent le service et la sûreté, conformément à
l'art. 3, du tit. 11 de la loi du 24 août 1790.

117. C'est, en usant de ce droit, que, dans
les lieux où les marchandises sont amenées, en
une sorte d'entrepôt, pour être dirigées vers
leur destination, et où des constructions et locations de magasins et chantiers seroient trop
difficiles et trop onéreuses, l'administration établit des préposés, sous le nom de *garde-ports* ou
autres semblables, dont les fonctions, l'autorité
et la responsabilité sont toujours déterminées

par les arrêtés qui créent leurs places, ou par l'acte qui les institue.

SECTION III.

Des Bourses de Commerce.

118. Un grand nombre d'opérations commer-ciales, qui ne sont pas de nature à se passer dans les marchés ou foires, et sur-tout la négociation des papiers de crédit ou des effets publics, rendent nécessaire le rapprochement prompt et fréquent de ceux qui désirent s'y livrer.

C. 71.   On donne à cette réunion et au lieu où elle se fait le nom de *Bourse de Commerce.*

L'art. 1.er de l'arrêté du 16 juin 1802 (27 prai-rial an 10) [1], déclare que l'entrée en est laissée libre à tous les citoyens et même aux étrangers;

C. 614. les faillis non réhabilités en sont seuls exclus. L'art. 3 du même arrêté défend à qui que ce soit, de faire ou proposer des négociations ailleurs qu'à la bourse, sous les peines que nous verrons plus bas être portées contre ceux qui s'immiscent dans les fonctions d'agens de change, sans titre légal.

Les magistrats auxquels est confiée la police locale, sont chargés de prendre les mesures suf-fisantes pour prévenir toute réunion contraire à cette prohibition.

---

[1] Bulletin des lois, 3.e série, n. 1740.

119. L'établissement des bourses est assujetti aux mêmes règles que celui des foires et marchés. La loi du 19 mars 1801 (28 ventôse an 9)[1], donne au gouvernement seul le droit : 1.° d'en établir par-tout où il le juge utile, droit qui s'étend jusqu'à supprimer celles qui lui paroîtroient inutiles ; 2.° de désigner les locaux où ces réunions doivent être faites, et s'il ne s'en trouve point, d'en provoquer et diriger la construction. Dans l'un et l'autre cas, il pourvoit à la réparation et entretien de ces édifices et au service intérieur, par une contribution imposée sur certaines classes de commerçans, dont l'arrêté du 3 novembre 1802 (12 brumaire an 11)[2], a déterminé le mode de perception et d'emploi.

L'arrêté du 19 avril 1801 (29 germinal an 9)[3], et celui du 16 juin 1802 (27 prairial an 10), sont les principaux réglemens relatifs aux bourses. L'art. 19 de ce dernier, en confie la surveillance, à Paris, au préfet de police ; dans les autres villes, aux commissaires généraux de police ; et lorsqu'il n'en n'existe pas, aux maires. Il autorise, en outre, ces fonctionnaires à fixer les heures d'ouverture et de clôture, et à faire les réglemens locaux qu'ils jugent nécessaires.

Le service en est fait par les agens de change

---

[1] Bulletin des lois, 3.ᵉ série, n. 592.
[2] Bulletin des lois, 3.ᵉ série, n. 2111.
[3] Bulletin des lois, 3.ᵉ série, n. 642.

et courtiers, dont nous parlerons dans la section suivante.

120. La concurrence et la réunion des personnes qui ont besoin de traiter, et les prix dont elles conviennent, servent à former les

C. 72. divers cours du change, des marchandises, des assurances, du fret des navires, du prix des transports par terre et par eau, etc.

On sent combien il est utile de les rendre publics, ne fût-ce que pour régler les marchés qui se font sans désignation de prix, et pour servir de guide aux tribunaux dans un grand nombre de circonstances. Les agens de change

C. 73. et courtiers sont chargés de constater ces divers cours dans les formes que prescrivent les lois des 12 et 20 octobre 1795 (20 et 28 vendémiaire an 4) [1], et les art. 24, 25 et 26 de l'arrêté du 16 juin 1802 (27 prairial an 10). Les certificats qu'ils donnent, font foi en justice comme nous l'avons vu n.° 114.

Section IV.

Des Agens de change et Courtiers.

C. 74. 121. Les agens de change et courtiers, sont des intermédiaires établis pour les actes de commerce. L'exercice de leurs fonctions est soumis à

---

[1] Bulletin des lois, 4.° série, n.°s 1164 et 1183.

des règles communes; il en existe aussi de particulières pour chacune de ces professions Ainsi,
nous diviserons cette section en trois paragraphes.

§. I.er

Règles communes aux Agens de change et Courtiers.

122. Les agens de change et courtiers sont
établis et nommés par le Gouvernement, dans les
formes que détermine l'arrêté du 19 avril 1801 (29
germinal an 9). L'art. 7 déclare inadmissibles à
ces fonctions, les individus qui ne jouissent pas
des droits de citoyen français, et par-là décide
implicitement qu'un mineur, même émancipé,
ne peut y être appelé. Une semblable exclusion
est prononcée contre ceux qui, ayant fait faillite,   C. 84.
cession ou attermoiement, ne sont pas réhabilités, et contre ceux qui auroient été destitués
de ces mêmes fonctions pour être contrevenus
à la défense qui leur est faite d'exercer des
actes de commerce; enfin, l'art. 5 de l'arrêté du
27 prairial an 10 déclare indignes d'être nommés, ceux qui se sont rendus, par récidive,
coupables d'exercer illégalement ces fonctions
dans lieu où elles ne sont permises qu'aux personnes nommées par le Gouvernement.

Les agens de change et courtiers sont les seuls   C. { 74.
intermédiaires que la loi reconnoisse dans les   { 75.
villes où il existe une bourse.

123. Les agens de change et courtiers ainsi commissionnés ne peuvent entrer en fonctions sans avoir prêté serment devant le Tribunal de commerce du lieu où ils doivent exercer, et donné un cautionnement qui est fixé par l'acte de leur établissement, d'après les bases contenues dans l'art. 9 de la loi du 19 mars 1801 (28 ventôse an 9). L'art. 12 de l'arrêté du 19 avril (29 germinal) suivant, affecte le cautionnement à la garantie des condamnations qui pourront être prononcées contre eux par suite de l'exercice de leurs charges. La manière de fournir ce cautionnement ou de le compléter, lorsqu'une condamnation ou toute autre cause l'a diminué, ou de le retirer à la cessation des fonctions de ces agens, est fixée par les art. 13 et 17 de l'arrêté du 16 juin 1802 (27 prairial an 10).

124. L'art. 21 de cet arrêté établit pour la police des agens de change et courtiers, des syndics et adjoints dont il règle le mode de nomination. Ces syndics et adjoints donnent leur avis motivé sur les listes des candidats présentés au Gouvernement pour les nominations qu'il doit faire, et veillent principalement à l'exécution des réglemens généraux et particuliers sur leur profession.

225. Il est défendu par l'art. 4 de l'arrêté du 16

juin 1802 (27 prairial an 10), à toutes autres
personnes que les agens de change et courtiers
ainsi nommés, d'en exercer, sous quelque
prétexte que ce soit, les fonctions, soit à
l'intérieur; soit à l'extérieur de la bourse, et à
tout commerçant de confier ses négociations,
ventes et achats, ou de payer, sous le nom
de commission ou courtage, des rétributions
pour lesdites négociations, à d'autres qu'auxdits
agens de change et courtiers, à peine de nullité
et d'une amende égale au sixième du cautionnement fourni par les agens dont les fonctions
ont été usurpées. Les art. 4, 5 et 6 de cet arrêté,
et l'avis du conseil d'état, approuvé le 17 mai
1809 [1], chargent les fonctionnaires investis de
la police locale, et les syndics et adjoints des
agens de change, de constater les contraventions;
le ministère public doit même les poursuivre,
d'office, devant les tribunaux correctionnels.
Le consentement qu'auroit donné un courtier,
tacitement ou par une signature de complaisance, n'excuseroit pas; ce seroit seulement, de
la part de cet agent, un délit particulier, prévu
par l'art. 10 de l'arrêté précité.

Il ne faut pas toutefois perdre de vue la distinction que nous avons faite n. 43, entre le
courtage et la commission. Si cette distinction
est peu importante dans les lieux où la profession

---

[1] Bulletin des lois, 4.ᵉ série, n. 4392.

d'agens de change ou de courtiers est permise à quiconque veut l'entreprendre, elle est nécessaire dans les lieux où le Gouvernement nomme à ces fonctions.

Il ne faut pas aussi en conclure qu'il soit interdit à un vendeur ou à un acheteur de contracter directement et sans intermédiaires. L'intention de la loi est seulement que nul autre que les agens qu'elle reconnoît, ne puisse aller, au nom d'un vendeur, faire des propositions à C. 76. un acheteur, et réciproquement : c'est ce que détermine le Code par ces mots, *pour le compte d'autrui*. L'art. 8 de la loi du 19 mars 1801 (28 ventôse an 9) s'en explique encore plus expressément.

126. Une des premières obligations imposées aux agens de change et courtiers, est celle de consigner sur des carnets, les opérations qu'ils ont consommées, et de se montrer respectivement cette mention, conformément aux art. 11 et 12 de l'arrêté du 16 juin 1802 (25 prairial an 10). Ils sont en outre tenus de transcrire chaque jour, sur un livre coté et paraphé comme ceux des C. 84. commerçans , et par ordre de dates, sans ratures, interlignes, transpositions, abréviations ni chiffres, toutes les conditions des ventes, achats, assurances, négociations faites par leur ministère, et en général toutes leurs opérations. Ces livres et carnets doivent être présentés aux tri-

bunaux lorsqu'ils le requièrent, et en conséquence les surcharges ou substitutions, qui y
seroient commises, devroient être considérées
comme des faux en écritures publiques.

Nous parlerons dans la deuxième partie, de la
foi qui est attribuée aux bordereaux qu'ils ré-
digent.

Ils ne peuvent refuser aux particuliers qui les
emploient, des reconnoissances des effets ou
marchandises qui leur sont confiés. Ils répondent de l'identité des personnes avec qui ils
annoncent avoir traité, et non de leur solvabilité, sauf l'exception relative aux agens de
change, que nous indiquerons, n. 132 ; mais
l'art. 18 de l'arrêté du 16 juin 1802 (27 prairial an 10) leur défend de négocier les effets ou
de vendre les marchandises des personnes qui
sont en faillite.

L'infraction de leurs obligations donne lieu,
indépendamment des amendes, à une respon- C. 87.
sabilité, tant en faveur de ceux pour qui ces
agens ou courtiers ont opéré, que de ceux
avec qui ils traitent, et leur cautionnement y
est affecté.

127. Les salaires et émolumens que les agens
de change ou courtiers ont droit de recevoir ou
d'exiger pour leur ministère, sont déterminés
par des tarifs locaux. L'art. 20 de l'arrêté ci-
dessus leur défend de rien demander, ni rien

accepter au-delà, sous peine de concussion. Il veut qu'ils se fassent payer, soit après la consommation de chaque négociation, soit sur des mémoires qu'ils doivent fournir à leurs commettans, de trois mois en trois mois; cependant il ne prononce pas une prescription contre ceux qui ne se feroient pas payer dans ce délai.

128. Nous avons vu, n. 74 et 122, que ces agens ne peuvent se livrer à aucune opération commerciale, la loi en conclut qu'ils ne peuvent jamais faillir par l'effet de spéculations imprudentes ou malheureuses. En conséquence, en cas C. 89. de faillite, ils sont poursuivis et punis comme Pen. 404. banqueroutiers frauduleux.

129. Les fonctions des agens de change et celles C. 82. des courtiers sont distinctes. Elles peuvent cependant être cumulées, lorsque l'acte du Gouvernement qui les institue en contient l'autorisation. A plus forte raison les personnes qui n'ont qu'une de ces fonctions dans les lieux où les autres ne sont pas exclusivement attribuées à des agens commissionnés, peuvent-elles joindre à leurs fonctions celles dont l'exercice est libre à tous les citoyens. C'est ce qu'a décidé un avis du conseil d'état, du 23 mai 1802 (3 prairial an 10).

§. II.

Des Agens de change en particulier.

130. Nul ne peut être présenté à la nomination du Gouvernement comme agent de change, s'il ne justifie qu'il a antérieurement exercé cette profession, ou qu'il a travaillé dans une maison de banque ou de commerce, ou enfin qu'il a été clerc chez un notaire de Paris pendant quatre ans. Cette condition est expressément exigée par l'art. 6 de l'arrêté du 19 avril 1801 (29 germinal an 9).

Les fonctions des agens de change sont de faire le courtage, vente et achat des matières métalliques, des lettres de change, billets et tous papiers commerçables pour les particuliers qui ne traitent pas directement entr'eux. Mais leur entremise est nécessaire lorsqu'il s'agit de négocier les effets publics ou autres susceptibles d'être cotés. L'art. 8 de l'arrêté du 16 juin 1802 (27 prairial an 10), qui est le seul règlement relatif à la police de ces sortes de négociations, assimile aux effets publics les actions émises par les compagnies de banque ou de commerce, et par conséquent interdit aux administrateurs de ces établissemens le droit de vendre ou négocier leurs effets par eux-mêmes, comme le peuvent les particuliers.

C. 76.

Ils ont enfin le droit de constater seuls le

Tome I.   8

cours de toutes les matières et effets particuliers ou publics dont la négociation doit être faite par leur ministère.

L'art. 9 de l'arrêté précité enjoint aux agens de change de garder le plus inviolable secret aux parties qui ne consentent pas à être nommées; et l'obligation dont nous avons parlé n. 126, dans laquelle ils sont de tenir un registre, ne paroît pas déroger à ce règlement, puisque ce registre n'est destiné qu'à paroître devant les juges lorsqu'ils le requièrent.

132. Les agens de change devant avoir reçu de ceux par qui ils sont chargés, les effets qu'ils vendent, ou les sommes nécessaires pour payer ceux qu'ils achètent, l'art. 13 du même arrêté les rend responsables, à l'égard des personnes avec qui ils traitent, de la livraison et du paiement de ce qu'ils ont vendu et acheté, même à crédit. Il s'en suit naturellement que, par une modification nécessaire des principes usuels sur la procédure, ils sont recevables à former directement les demandes en livraison et paiement des achats ou ventes faits par leur ministère, quand les parties ne veulent pas les former elles-mêmes.

C'est aussi d'après l'esprit de ces règlemens qu'il faut entendre, comme nous l'avons dit n. 74, la défense faite à ces agens de recevoir et payer pour le compte de leurs commettans.

133. Ils sont civilement responsables de la vérité de la |signature des lettres de change ou autres effets qu'ils négocient. Assez souvent ils garantissent cette vérité par leur signature, qu'on nomme improprement *aval*, et que l'art. 10 de l'arrêté du 16 juin 1802 (27 prairial an 10), leur permet de donner sur les effets de commerce qu'ils vendent. Cette garantie réduite seulement à l'objet que nous venons d'indiquer, n'a, comme on voit, rien de contraire à la défense qui leur est faite, de se rendre responsables des marchés ou négociations consommés par leur entremise.

Lorsqu'il s'agit de rentes sur l'état, l'art. 16 les rend de plus responsables, pendant cinq ans, de l'identité du propriétaire vendeur, de la vérité de sa signature et de celle des pièces produites.

134. La confiance dont les agens de change sont investis, étant personnelle, l'art. 28 du même arrêté, ne leur permet de signer pour leurs collègues, qu'en vertu d'une procuration. Ceux de Paris sont néanmoins autorisés à se faire remplacer dans quelques-unes de leurs fonctions, par un commis principal agréé par la compagnie, et révocable à la volonté tant de l'agent qui l'a nommé, que de cette même compagnie. Ce commis opère au nom et sous la signature de l'agent de change qui l'a préposé; en cas d'absence ou de maladie de celui-ci, il transmet

8*

chaque jour les ordres qu'il reçoit des particuliers, à l'agent de change que son maître a fondé
de procuration ; mais il ne peut faire aucune négociation, ni signer aucun bulletin, ni bordereau.
Ces règles devroient sans doute être observées
dans les lieux où les agens de change, recevroient
l'autorisation de se faire ainsi remplacer.

§. III.

Des Courtiers en particulier.

135. Il existe diverses espèces de courtiers ;
C. 77. ceux de marchandises, ceux d'assurances, les
courtiers-interprètes et conducteurs de navires,
les courtiers de transports par terre et par eau.

    Les courtiers de marchandises ont seuls le
C. 78. droit de faire le courtage des marchandises, d'en
constater le cours, et d'exercer, concurremment
avec les agens de change, le courtage des matières et espèces métalliques, mais sans en pouvoir constater le cours.

    Nous ferons connoître, dans la cinquième
partie, quelques attributions qui leur ont été
données relativement à la vente du mobilier des
faillis.

    Les courtiers d'assurance sont établis pour
C. 79. négocier, entre les personnes qui ne traitent pas
directement, les conventions d'assurance, attester par leur signature la vérité des actes qui
les constatent, nommés *polices*, quand les

parties les ont faits par écrits privés, et recevoir concurremment avec les notaires, ceux des parties qui ne savent ou ne peuvent écrire. Quoique cet article ne leur accorde pas ces droits exclusivement, l'art. 4 de l'arrêté du 16 juin 1802 (27 prairial an 10), en défendant à qui que ce soit de s'immiscer dans les fonctions de courtiers, le décide clairement. Ces courtiers certifient en outre le taux des *primes* ou coûts d'assurances pour tous les voyages de mer ou de rivière.

Les courtiers-interprètes et conducteurs de navires négocient, entre ceux qui ne traitent pas directement, les conventions relatives aux locations de navires, connues sous les noms de *frétement* ou *affrétement*, ou *nolissement*, et constatent seuls le cours du prix de ces locations, connu sous le nom de *fret* ou *nolis;* ils ont encore le droit exclusif de traduire les actes de commerce produits en justice, et de servir d'interprètes aux étrangers, capitaines de navires, gens d'équipage, commerçans, ou autres personnes de mer, dans les contestations qui s'élèvent devant les tribunaux. Lorsque les individus que nous venons de désigner, sans même qu'il s'agisse d'affaires contentieuses, ont à faire des déclarations aux douanes ou devant les autorités publiques, ces courtiers ont seuls le droit d'être employés pour servir d'interprètes à ceux qui ne peuvent s'exprimer en

C. 80.

français, ou pour représenter ceux qui ne com⸗
paroissent pas en personne, quand même ils
voudroient envoyer leurs déclarations rédigées
en langue française.

C. 82.   Les courtiers de transports par terre ou par
eau, ont le droit de négocier les entreprises et
conventions de ce genre de commerce. Ces
fonctions de courtiers de transports, ont cela de
particulier, qu'elles ne peuvent jamais être unies
à aucune espèce de courtage, même dans les cas
que nous avons prévus n. 129.

SECONDE PARTIE.

DES ENGAGEMENS DE COMMERCE.

---

136. LE Code de Commerce, qui sembloit, par son titre et son objet, devoir contenir toutes les règles sur les transactions commerciales, n'offre N. 1107. point, dans la réalité, cette réunion si désirable. Un avis du conseil d'état, du 22 novembre 1811, reconnoît et déclare formellement que les Tribunaux doivent, dans le silence de ce Code, juger d'après les principes du droit commun. Les jurisconsultes et les magistrats sont donc forcés de recourir aux lois civiles lorsqu'il s'agit d'appliquer à des engagemens de Commerce, non-seulement les règles communes à toutes les obligations, mais encore en particulier celles de chacun des contrats sur lesquels les lois commerciales, tant celles qui composent le Code, que celles qu'il a laissé subsister, n'ont pas de dispositions précises.

Le premier titre de cette partie fera connoître comment les règles ordinaires sur la formation des obligations et sur leurs effets, s'appliquent aux engagemens commerciaux; le

deuxième, traitera de la preuve en matière
commerciale; le troisième, de la vente; le quatrième, des opérations de change; le cinquième,
du prêt; le sixième, du dépôt; le septième,
du louage d'ouvrages et d'industrie; le huitième, de la commission; le neuvième, du
nantissement.

TITRE PREMIER.

APPLICATION A LA JURISPRUDENCE COMMER-
CIALE DES PRINCIPES DU DROIT CIVIL SUR
LA FORMATION ET L'EFFET DES OBLIGA-
TIONS.

137. LES obligations naissent des engagemens.
Les engagemens se forment par des conventions.
On nomme en général *créancier* celui qui a
droit d'exiger qu'une obligation soit accomplie,
et *débiteur* celui qui est tenu de l'accomplir.

138. Il semble résulter de cette définition
que tout engagement doive désigner le nom du
créancier, c'est-à-dire, de celui au profit de qui
il est contracté. Mais l'utilité du commerce a
fait inventer des obligations dont l'exécution
peut être demandée par le simple porteur du

titre, sans qu'il soit tenu de prouver comment la créance lui appartient. Avant le Code de Commerce, les lois du 25 thermidor an 3 [1] et 15 germinal an 6 [2] avoient consacré la liberté de souscrire des engagemens dans cette forme. Ce droit n'étant point aboli, et même étant reconnu par quelques articles du Code, C. { 35. 281.

nous donnerons les règles sur les obligations de cette espèce dans le titre cinquième.

139. Si les engagemens payables au porteur offrent quelques avantages en permettant de les céder avec promptitude et sans frais, leur usage a aussi des inconvéniens qui ont quelquefois attiré l'attention des législateurs. Les commerçans, ingénieux dans la recherche et l'invention des moyens propres à faciliter le mouvement et la disposition des capitaux, ont imaginé un autre genre d'obligations dans lesquelles le créancier est dénommé, et le débiteur promet de payer non-seulement à ce créancier, mais encore à ceux à qui il transmettra ses droits.

On les nomme obligations à *ordre*, parce que le débiteur y exprime le consentement dont nous venons de parler, en insérant la clause qu'il payera la somme ou qu'il livrera la chose à un *tel* ou *à son ordre*. Nous examinerons dans

---

[1] Bulletin des lois, 1.re série, n. 1027.
[2] Bulletin des lois, 2.e série, n. 1795.

le chap. VI du tit. III si toute obligation commerciale, quelle qu'elle soit, est susceptible d'être rédigée dans cette forme : il suffit qu'il en existe pour que nous en fassions connoître les principes généraux.

En vertu de cette clause, qui rend l'obligation payable *à l'ordre* du créancier, celui-ci peut, par une simple déclaration de volonté, qu'il écrit au dos de l'effet, et qui prend, comme nous l'avons dit n. 26, le nom d'*endossement*, transporter ses droits sans que le cessionnaire soit tenu, envers le débiteur cédé, d'autres charges que celles qui dérivent de la nature ou des conditions exprimées dans l'engagement, sans autres conditions que celles qu'il auroit volontairement souscrites, et sans que le transport ait besoin d'être signifié ou accepté, de manière qu'en définitif la créance semble n'avoir jamais appartenu qu'à celui qui en est propriétaire à l'instant de l'échéance.

140. De quelque manière que les engagemens soient formés, on les distingue par des caractères qu'il est important de ne pas confondre; non pas en ce sens que deux caractères différens ne puissent se rencontrer dans un seul et même engagement, mais en ce sens que chacun de ces caractères a ses règles propres, qui doivent être combinées avec celles d'un autre, lorsqu'un même engagement en réunit plusieurs.

Ces caractères sont au nombre de six : *sy-nallagmatiques, unilatéraux, commutatifs, aléatoires, de bienfaisance, à titre onéreux.*

Dans l'engagement synallagmatique, appelé aussi *bilatéral,* les contractans sont récipro- N. 1102. quement débiteur et créancier l'un de l'autre.

Dans l'engagement *unilatéral,* une personne est obligée envers une autre, sans que celle-ci N. 1103. contracte d'obligation.

Dans l'engagement *commutatif,* ce que chaque obligé promet de livrer ou de faire, consiste N. 1104. en une chose certaine qui n'est point subor- donnée aux chances du hasard.

Dans l'engagement *aléatoire,* les effets, quant aux avantages et aux pertes, soit pour tous les contractans, soit pour un ou quelques-uns N. 1964. d'entr'eux, dépendent d'un événement incer- tain.

Dans l'engagement de *bienfaisance,* celui qui N. 1005. s'oblige ne le fait que dans la vue de pro- curer à l'autre un avantage purement gratuit; en général, cette qualité ne se présume pas dans les obligations que produit le commerce.

Dans l'engagement *à titre onéreux,* chacun des contractans s'oblige à une chose, ou se soumet à N. 1106. quelque chance, censée, à l'égard de chacun d'eux, être l'équivalent de ce à quoi l'autre s'oblige.

141. Les conventions sont la source la plus

féconde des obligations, parce que le nombre
en peut être varié à l'infini, sous les seules

N. { 6.
1133.
1172.

restrictions commandées par l'ordre public, la
morale et l'intérêt des tiers ; et ce que nous
avons à dire dans les chapitres suivans s'y applique plus spécialement.

On peut les contracter expressément ou tacitement. Les conventions *expresses* sont celles
dans la formation desquelles les parties se sont
expliquées soit par signes, soit verbalement,
soit par écrit.

Les conventions par signes sont très-rares,
et par cette raison les lois ne s'en sont pas
occupées. Cependant il ne seroit pas impossible
que dans le commerce on en vît des exemples.
Nul doute qu'une convention dans laquelle le
consentement auroit été ainsi exprimé, ne fût
obligatoire.

Les conventions *tacites* sont très-fréquentes.
Elles résultent d'un fait auquel concourent
deux ou plusieurs personnes ; d'où naît la
présomption d'un consentement réciproque,
quoique non exprimé : c'est ce caractère qui
les distingue essentiellement des quasi-contrats.
On en peut donner pour exemple, pris dans

C. 292. le Code de Commerce, le cas où le capitaine
d'un navire se trouveroit avoir des marchandises qui ne lui auroient point été déclarées.
S'il n'use pas du droit qu'il a de les faire
mettre à terre au lieu du chargement, il est

présumé s'être tacitement engagé à les conduire à la destination du navire ; à son tour, le chargeur est censé s'être obligé à payer le frêt, que la loi fixe au plus haut prix de celui des marchandises de même nature. L'enlèvement d'une chose après qu'elle a été marchandée, quand même il n'y auroit eu que des pourparlers, ou la réception du prix d'une chose dans les mêmes circonstances, seroient aussi la preuve d'une vente tacite, puisque la conduite des parties annonceroit la volonté certaine de vendre et d'acheter.

142. Les engagemens qui se forment sans convention, résultent, les uns de l'autorité de la loi seule, sans qu'il intervienne aucun fait ni de la part de celui qui s'oblige, ni de la part de celui envers lequel il est obligé ; les autres, du fait d'une personne dont il résulte une obligation de la part de cette personne envers une autre, et quelquefois même une obligation respective des deux. Ils diffèrent des conventions tacites en ce que celles-ci n'ont lieu qu'autant que tous les obligés ont concouru au fait qui les produit. On voit un exemple de la première sorte de quasi-contrats dans la disposition qui veut que dans les cas où le sacrifice de partie d'un chargement est nécessaire pour conserver le navire et le reste des marchandises, les objets conservés contribuent à indemniser les

N. 1370.

C. 410 *et suiv.*

propriétaires des choses sacrifiées pour le salut

C. 407 et suiv. commun. Relativement au second, on peut indiquer les dispositions sur l'abordage des navires.

Il faut enfin ne pas perdre de vue une chose fort importante, et qui recevra fréquemment son application dans cette partie, c'est la différence extrême qui existe entre ce qui est de l'essence de tout contrat, et ce qui est de l'essence d'un contrat particulier.

Si un engagement manque de ces premières conditions, il est sans effet. S'il manque seulement d'une des qualités propres à une espèce de convention particulière, il n'est pas nul, il ne fait que changer de nom et d'effet.

Le change nous en offrira un exemple bien remarquable; nous verrons que l'écrit qui n'a pas toutes les conditions pour être *lettre de change*, s'il offre ce qui est essentiel pour former une obligation quelconque, a les effets de cette obligation; ce que la loi appelle être C. 112. réduit à la qualité de simple promesse.

143. Nous diviserons ce titre en six chapitres.

Le premier traitera de la manière dont se forment les engagemens commerciaux;

Le deuxième, des choses qui peuvent en être l'objet et la matière;

Le troisième, des principes particuliers au commerce sur la cause de ces engagemens;

Le quatrième, de l'effet desdits engagemens tant entre les parties qu'envers les tiers ;

Le cinquième , des diverses modifications dont ils sont susceptibles ;

Le sixième, de leur extinction.

CHAPITRE PREMIER.

Comment se forment les Engagemens commerciaux.

144. Le droit commercial n'a rien de particulier sur ce qui peut vicier les engagemens en général. Ainsi l'erreur portant sur ce qui fait la substance d'une convention commerciale seroit une cause de nullité. Par exemple , *Pierre* vend de l'*indigo*, nom qui ne s'entend que de l'indigo colonial; il offre de l'*indigo-pastel* : l'acheteur pourra justement prétendre qu'il y a eu erreur, sauf aux tribunaux à apprécier les circonstances, telles que le prix, le fait que la loi ne permettroit pas le commerce de l'indigo colonial. Mais *Pierre*, libraire, annonce tel *Traité* comme un livre excellent, et sur cette annonce, son correspondant en demande cent exemplaires : dans le fait, le livre est si mauvais, qu'il n'y a pas débit; l'erreur alléguée par l'acheteur ne fera pas rescinder la vente, parce

que c'est bien réellement le livre demandé qui lui a été envoyé.

Souvent l'erreur sur la personne avec qui l'on traite a peu d'importance ; cependant le commerce peut, plus que toute autre matière, présenter l'occasion d'appliquer la règle du N. 1110. droit civil qui l'admet comme cause de nullité, lorsque la considération de la personne a été le principal motif de l'obligation. Par exemple, *Pierre* fait marché pour la fabrication d'une mécanique à filer le coton, avec un mécanicien qui n'est pas celui avec qui il croyoit traiter : l'erreur bien démontrée fera annuller la convention, parce que le talent, et quelquefois même, à égalité de talent, le nom de l'artiste sont d'une grande influence pour accréditer les produits d'une fabrication faite par le moyen de telle ou telle machine. Sans doute si le mécanicien, trompé par les apparences et n'ayant pas découvert l'erreur de *Pierre*, faisoit des avances pour exécuter son engagement, les tribunaux lui accorderoient des dommages-intérêts. Si même l'ouvrage entier étoit fait, ils condamneroient *Pierre*, qui doit s'imputer son erreur, à prendre livraison, N. 1382. parce que tout fait de l'homme qui nuit à autrui oblige celui par la faute de qui il est arrivé à le réparer ; mais *Pierre* ne seroit pas tenu de payer cette mécanique au prix qu'il a promis, dans l'opinion que celui avec qui il traitoit étoit

l'artiste qu'il avoit en vue; des experts détermineroient la valeur de l'ouvrage.

Il en est ainsi des cas où une obligation est
fondée sur une erreur de motif. De même que
dans le droit civil, cette erreur deviendroit une
cause de nullité, si le faux motif étoit commun
aux deux parties. C'est le fondement des demandes en restitution de sommes indûment
payées, réparation d'erreurs, omissions ou
doubles emplois des comptes. Mais il n'en seroit pas de même si le motif erroné étoit
personnel à un seul des contractans. Si *Pierre*,
qui croit que les sels chargés sur *tel bateau*
ont péri, en achète d'autres pour effectuer une
livraison à laquelle ces sels étoient destinés,
le fait que la perte n'est pas arrivée n'empêchera
pas son achat de subsister.

145. Nous ne pourrions, sans nous étendre
outre mesure, montrer comment s'appliquent au
droit commercial les règles sur le défaut de consentement causé par la violence ou le dol.
Il suffit de remarquer : 1.° que les principes du
droit civil qui font quelquefois céder la liberté
dans les conventions, au service public ou à N. 545.
la nécessité, ne sont point étrangers au commerce ; parmi plusieurs exemples que nous
verrons dans la suite, nous nous bornons à in-
diquer le droit qu'a le capitaine d'un navire C. $\begin{cases} 249. \\ 298. \end{cases}$
de disposer des marchandises chargées ou des

Tome I.   9

vivres de quelques passagers, lorsqu'il en a fait constater le besoin : 2.° que la lésion qui n'est pas admise, même par le droit civil, en matière mobiliaire, n'est pas, à plus forte raison, une cause de rescision dans les conventions commerciales. Nous verrons cependant qu'elle est admise dans l'apprentissage.

146. Les conventions peuvent intervenir entre *présens* ou entre *absens*.

Nous appelons conventions entre absens, toutes celles qui se traitent et se concluent par correspondance, suivant les principes que nous développerons dans le titre suivant.

Nous entendons par conventions entre présens, non-seulement celles que négocient les contractans directement en personne, mais encore celles qu'ils stipulent par l'entremise d'agens de change ou courtiers, ou même représentés par des fondés de pouvoirs, en un mot, toute convention dans laquelle le consentement des parties intervient par un autre mode que par la correspondance.

147. En principe général, une convention n'est parfaite que lorsque les parties sont d'accord sur tout ce qui est essentiel pour la composer, et tout contrat étant intéressé dans le commerce, on peut dire que ces points essentiels sont la *chose* et le *prix*.

Cet accord a lieu, entre présens, par un consentement qui résulte de paroles données et acceptées respectivement. La preuve en est établie par les divers modes que nous indiquerons dans le titre suivant. A cet égard toute la question se réduit nécessairement en fait, et les circonstances où les expressions des parties peuvent seules empêcher de confondre une convention avec un pour-parler. Quand l'un a dit : *je veux vendre mon café 6 francs la livre*, et que l'autre a répondu : *je veux bien l'acheter pour ce prix*, il s'est formé entr'eux un engagement mutuel. Mais si l'un ou l'autre ne s'est exprimé qu'en termes vagues ou conditionnels : *je voudrois bien ; il pourroit se faire ; peut-être que je me déciderois*, etc. ; ou si l'on a seulement proposé de vendre ou d'acheter, sans dire à quel prix, il n'y auroit aucune obligation véritable.

Ce que nous venons de dire est principalement relatif aux engagemens synallagmatiques. On sent que pour la validité de la reconnoissance d'un débiteur au profit de son créancier, le concours de ce dernier est absolument inutile, puisque, même dans le droit civil, où les formes sont plus rigoureusement N. 1331. observées, les papiers domestiques font foi contre celui qui les a écrits s'ils énoncent soit un paiement reçu, soit un engagement formel de payer.

9*

148. La nature d'un grand nombre d'opérations commerciales et la rapidité qu'elles com-
mandent exigent que les règles du droit civil
N. 1119. sur la stipulation ou l'engagement pour autrui
soient modifiées, lorsqu'il s'agit de décider comment les commerçans sont obligés, ou ac-
quièrent des droits par leurs préposés.

En général, les préposés des commerçans
connus, ainsi que nous l'avons dit n. 40, sous
les différentes dénominations de facteurs, commis, même leurs apprentis et quelquefois leurs
domestiques, contractent valablement pour eux.
Ils les engagent pour tout ce qu'ils font dans
l'ordre des pouvoirs que supposent leurs fonctions, ou la confiance dont ils ont habitude
de jouir; et par une raison corrélative, les engagemens contractés envers ces préposés dans les
mêmes circonstances, sont obligatoires en faveur
de leurs maîtres, et irrévocables, sans qu'il soit
nécessaire qu'ils les acceptent ou déclarent en
profiter.

149. Lorsque le maître ne s'en est point
expliqué, ou ne manifeste point un changement
de volonté, l'étendue et la durée des pouvoirs de
ces préposés sont déterminées soit par le genre
de leurs occupations habituelles, soit par ce
qu'il est d'usage de confier à ceux qui ont de
semblables emplois, soit par la loi elle-même
dans certains cas particuliers.

Ainsi le facteur préposé, en termes généraux, à un établissement commercial, est autorisé à tout ce que rend nécessaire la direction qui lui est confiée.

Le commis voyageur annoncé avec cette qualité aux divers correspondans, ou muni de pouvoirs qui la lui attribuent expressément, est présumé autorisé à vendre, à acheter, à recevoir commission, selon le genre des opérations du commerce de celui qui l'a envoyé voyager. Celui qui va dans les marchés et foires pour y effectuer de simples achats et ventes, n'oblige son maître que relativement à ceux des actes sans lesquels il n'auroit pu remplir son mandat : et par exemple, il ne peut, sans autorisation spéciale, faire des emprunts.

Les simples commis ou apprentis préposés au débit, dans des boutiques ou magasins, sont réputés avoir le droit de vendre les marchandises, en recevoir le montant et en donner quittance. Mais ils ne sont pas autorisés à emprunter, à tirer des lettres de change, à les accepter, endosser, à faire des achats, etc. ; il ne peut leur être fait de paiemens valables ailleurs qu'aux magasins et boutiques, à moins qu'ils n'aient été eux-mêmes porteurs soit de la marchandise, soit des lettres de change, billets ou factures dont on leur compte le montant.

En général, ni la mort du maître, ni son remplacement par un héritier, ne révoquent de plein droit les pouvoirs de ces préposés ; tant que la gestion sur laquelle la présomption de leur mandat est fondée, n'a pas été confiée à d'autres. Une révocation expresse n'anéantiroit les actes postérieurs qu'autant que celui avec qui ils auroient traité l'auroit connue.

150. Lorsque des préposés de commerçans font connoître, par leurs signatures, qu'ils agissent au nom de leur maître, ou que le genre de l'opération le prouve évidemment, ils ne s'engagent point personnellement, si cela ne résulte d'une stipulation formelle, de la volonté expresse de la loi, ou d'un usage constamment admis dans le commerce. C'est contre le maître que peut se pourvoir la personne qui prétend quelques droits en vertu de ces engagemens ; et lors même que le préposé s'est obligé personnellement, le maître est débiteur accessoire C. 216. et solidaire. Il n'y a d'exception que dans le commerce maritime, relativement à certains faits du capitaine d'un navire ou des gens de l'équipage dont l'armateur ne répond que d'une manière limitée.

Peu importe, dans ces diverses circonstances, que ces commis ou préposés aient abusé de la confiance de leur maître et appliqué à leur usage ou profit personnel les sommes qu'ils ont reçues ou empruntées, les marchandises qu'ils

ont achetées, etc., l'obligation du maître subsiste toujours.

151. Mais elle se borne aux actes du préposé, et ne s'étend pas aux engagemens contractés par ceux qu'il auroit pu se substituer.
Ce principe n'est modifié que dans le commerce maritime, ainsi que nous le ferons remarquer.

Cette responsabilité des commerçans s'étend
jusqu'aux effets civils des délits et quasi-délits
commis par leurs préposés dans les mêmes circonstances. Ainsi la confiscation encourue par
le facteur, commis, serviteur, pour contravention aux lois sur les douanes, octrois et
autres droits dus au trésor public, frappe son
maître.

Il importe peu, au surplus, que par eux-
mêmes ces préposés ne soient pas capables de
s'obliger; on peut entrer dans cette considé- N. { 1312.
ration lorsqu'il s'agit de juger quelle garantie   { 1990.
le maître exercera contre son commis; mais elle
ne peut modifier l'engagement ou la responsabilité de ce maître envers les tiers.

Si le commis n'a d'autorisation ni expresse,
ni tacite, de manière que la personne qui a
traité ne puisse faire juger le maître engagé, le
commis l'est seul, quand même il auroit signé
pour son maître, ou n'auroit pas déclaré qu'il
s'oblige, etc.

152. Tout ce que nous venons de dire s'applique aux engagemens ou faits de la femme qui se mêle du commerce de son mari, bien différente de la femme qui exerce pour son propre compte un commerce séparé. Le mari est engagé comme il le seroit par un facteur ou commis dans tout ce qu'il a coutume de lui permettre. Il importe peu, dans ce cas, que les engagemens de la femme ne soient signés que d'elle seule et n'indiquent aucune autorisation. Ce qu'elle fait n'est point considéré comme acte qui l'oblige personnellement, mais comme un acte du commerce auquel elle est préposée ; elle engage son mari, sans avoir besoin d'autre autorisation que celle qui résulte de sa qualité.

153. Ces principes ne doivent point s'appliquer aux non-commerçans, même pour des actes de commerce qu'on prétendroit avoir été faits en leur nom par des personnes à leur service, ni aux commerçans pour des engagemens qui ne seroient point à leur égard des actes de commerce. Si quelquefois on peut être engagé par sa femme, ses enfans, ses domestiques envers des fournisseurs, c'est par l'effet de certaines considérations qui n'ont de commun avec la jurisprudence commerciale que la nécessité où se trouvent les juges de se décider par les présomptions ou les circonstances de bonne ou mauvaise foi des parties, plutôt que par la rigueur du droit.

Dans la règle, le fournisseur qui délivre des marchandises soit à des domestiques, soit à des artisans qui se présentent au nom de quelqu'un, le fait à ses propres risques, s'il ne prouve pas que ces domestiques ou artisans agissoient du consentement exprès ou tacite de celui à qui il en demande le paiement.

Le consentement exprès, s'il n'est restreint qu'à une fourniture, n'autorise pas à de subséquentes; s'il n'y a pas de limitation, soit pour le nombre, soit pour la qualité des objets, le fournisseur qui a continué de livrer peut contraindre le maître au paiement, à moins que les circonstances ne prouvent qu'il a agi avec mauvaise foi.

L'autorisation peut être tacite lorsqu'on laisse à sa femme, à ses enfans, ou même à des domestiques, une certaine partie d'administration. De même, lorsqu'on tient avec un fournisseur un livret commun destiné à inscrire les fournitures, ou une *taille*, tout porteur du livret ou de l'*échantillon* est réputé suffisamment autorisé.

Mais si une personne a autorisé ses domestiques ou quelqu'artisan à prendre en son nom des fournitures chez *tel* ou *tel*, ce n'est pas une présomption en faveur d'autres de la même profession pour en faire de semblables sans un ordre exprès.

CHAPITRE II.

De l'Objet et de la Matière des Engagemens commerciaux.

154. Tout engagement doit avoir pour objet une *chose* proprement dite, c'est-à-dire, un corps, un droit utile que le débiteur s'engage à livrer, ou dont il assure la propriété, l'usage, quelquefois même la seule détention ; ou bien un fait auquel le débiteur s'oblige, qu'il consente souffrir ou dont il s'engage à s'abstenir.

Il faut que cette chose soit possible et permise. Nous allons donc examiner, dans les deux sections suivantes : 1.° la nature des choses qui peuvent faire l'objet des conventions commerciales ; 2.° celles qui ne doivent pas en être l'objet.

Section première.

Nature des Choses qui peuvent être l'objet des Engagemens commerciaux.

155. Nous avons expliqué dans le n. 10 que les seules choses mobiliaires étoient la matière des engagemens de commerce. Il ne reste qu'à faire connoître comment elles doivent être déterminées pour que la convention soit régulière et que l'exécution en soit possible : ce sera l'objet

du premier §. de cette section. Mais comme
nous avons ajouté n. 11, que parmi ces choses
étoient comprises les productions de l'esprit,
qui, dans tout pays civilisé, sont une sorte
de richesse, et que cette propriété, soit en
elle-même, soit dans la manière de la conserver et de la transmettre, est soumise à des
règles spéciales, nous en ferons l'objet d'un
second §.

§. I.

Comment l'Objet doit être déterminé.

156. L'objet d'un engagement peut être déterminé de plusieurs manières.

Il peut être tellement désigné par des caractères d'individualité qu'il soit facile à distinguer
non-seulement des choses de nature différente,
mais encore de celles de la même espèce. Ainsi
Pierre promet de livrer, de louer, de donner en gage son cheval gris; le cheval ainsi
déterminé est le seul qui doive et qui puisse
être exigé par le créancier et offert par le débiteur.

L'objet peut être à la fois désigné par son
espèce, qui le distingue de tous les objets
d'une espèce différente, et par l'indication
d'un certain nombre, ou d'une certaine partie
de choses de cette espèce; par exemple, si *Pierre*
promet de livrer, de louer, ou de donner en gage

un cheval de ses haras. Cette indétermination
peut être d'autant plus restreinte, qu'elle se
rapproche plus de la détermination d'individualité. La chose ainsi déterminée est dûe
tant qu'il en existe de son espèce dans le
nombre ou la partie que le débiteur a indiqué.

L'objet peut enfin n'être déterminé que par son
espèce ; c'est l'indétermination la plus étendue
qui puisse être tolérée. Ainsi on ne pourroit pro-
mettre *quelque chose*, puisque l'impossibilité de
connoître l'espèce de la chose promise ne permettroit d'en désigner aucune comme devant
être offerte par le débiteur ou pouvant être
exigée par le créancier. Lors même que la chose
n'est déterminée que par son espèce, il faut que
la convention offre un principe de détermination auquel, en cas de débat, le juge puisse s'atta-
cher pour déclarer ce que doit le débiteur, et
ce que peut exiger le créancier. Ainsi l'obligation
de *livrer du blé* ne peut avoir d'effet, puisque
depuis quelques grains jusqu'à des milliers de
sacs, il y a une indétermination qui ne permet
point aux juges de voir ce que les parties ont
entendu. Il faut donc ou que la quantité
soit énoncée, ou que l'acte offre des moyens
de la déterminer. Dans cette troisième classe,
il n'y a aucune des choses de l'espèce désignée
que le créancier ait droit d'exiger par préférence ; il n'en est aucune aussi que le débiteur

puisse, avant les offres de paiement, prétendre être l'individu qu'il doit.

157. Tous ces principes du droit civil si importans à connoître lorsqu'il s'agit de l'effet, de l'exécution, ou de l'extinction des obligations, loin d'être restreints dans la jurisprudence commerciale, y reçoivent une fréquente application ; et même, comme les opérations de commerce sont bien souvent mêlées de stipulations aléatoires, on y est moins sévère sur ce qui concerne la nécessité de trouver dans l'acte des bases pour lever l'indétermination de la chose promise. On se décide souvent par les circonstances, la position respective des parties et la considération que leur engagement est ou n'est pas une spéculation aléatoire.

Si un boulanger s'est obligé de fournir à un chef d'atelier le blé ou le pain pour la nourriture de ses ouvriers, l'incertitude sur le nombre desdits ouvriers, qui dès-lors rend incertain le nombre de rations que le boulanger aura à fournir, n'empêchera pas l'obligation d'être valable. Si l'entreprise est *à forfait,* les parties seront, à défaut de plus ample explication, présumées avoir entendu parler de la nourriture d'un nombre d'ouvriers n'excédant pas celui qui existoit lors de la convention ; si l'entreprise est à tant la ration, l'entrepreneur ne pourra refuser tout ce qui lui sera demandé, à moins qu'il ne paroisse évidemment que le créancier abuse de son droit dans un moment de renchérissement extraordinaire. A cet égard, les tribunaux se décideront par les circonstances. Ces règles recevront leur application dans le chap. III du tit. III de cette partie.

158. Une autre distinction qui peut recevoir son application dans la jurisprudence commerciale, est celle qui a lieu entre les choses *fongibles* et les choses *non fongibles*. On nomme *fongibles*, les choses qui n'ont pas un caractère *d'individualité*, et qui étant destinées ou à se consommer, ou à sortir des mains par l'usage qu'on en fait, sont toujours susceptibles d'être représentées par des choses de même espèce, et font ainsi, en quelque sorte, fonction l'une pour l'autre. Les choses non fongibles ont un caractère *d'individualité* qui les distingue de celles de la même espèce, tellement qu'elles ne peuvent être représentées par d'autres de cette espèce.

§. II.

Des Productions de l'Esprit.

159. Sous la dénomination générique de *production de l'esprit*, nous comprenons : 1.º les découvertes de l'industrie; 2.º les ouvrages de littérature, sciences et beaux-arts.

Ces deux sortes de propriété ne sont pas soumises aux règles communes. Les lois de tous les peuples civilisés, unanimes dans la protection absolue qu'elles assurent aux propriétés ordinaires, semblent s'accorder à ne pas donner une faveur aussi étendue à celle des productions de l'esprit.

Cette différence est fondée sur des principes que nous ne devons pas discuter ici; il nous suffit de remarquer que les règles sur cette partie de la jurisprudence étant toutes de droit positif, l'équité naturelle ne peut point être invoquée pour modifier ce qu'elles pourroient avoir de trop rigoureux. Nous allons faire connoître l'état de la législation sur ces matières, en observant la distinction que nous avons indiquée.

ARTICLE Ier *Des Découvertes de l'Industrie.*

160. La loi du 7 janvier 1791 a consacré le principe qu'une découverte ou nouvelle invention dans tous les genres d'industrie est la propriété de son auteur; que tout moyen d'ajouter à quelque fabrication que ce puisse être un nouveau genre de perfection, doit être regardé comme une invention, et que quiconque apporte le premier en France une découverte étrangère a droit aux mêmes avantages que s'il en étoit l'inventeur.

Mais l'exercice exclusif de cette propriété n'est garanti qu'à ceux qui ont rempli certaines conditions que cette loi leur impose ; cette garantie n'est le plus souvent que pour un certain temps, et ce temps écoulé, la découverte est une propriété commune.

Afin d'assurer à tout inventeur cette propriété temporaire, le Gouvernement lui délivre un acte appelé *brevet d'invention*, de *perfectionnement* ou *d'importation* dont l'arrêté du 27 septembre 1800 (5 vendémiaire an 9) [1] détermine le mode de concession. Ce brevet est pour cinq, dix ou quinze années, au choix du demandeur, mais ce dernier terme ne peut être prolongé sans un décret particulier, et l'exercice d'un brevet accordé pour une découverte importée d'un pays étranger ne peut s'étendre au-delà du terme fixé dans ce pays à l'exercice du premier inventeur. L'art. 2 de l'arrêté précité déclare que ces brevets ne sont point, de la part du Gouvernement, une garantie ni de la priorité, ni du mérite, ni du succès d'une invention.

161. Celui qui veut obtenir un brevet est tenu, conformément aux lois des 7 janvier et 25 mai 1791 : 1.º de s'adresser au secrétariat de

---

[1] *Bulletin des lois*, 3.ᵉ série, n. 343.

la préfecture de son département, et d'y déclarer par écrit si l'objet qu'il présente est
d'invention, de perfection ou seulement d'importation ; 2.° de déposer sous cachet une
description exacte des principes, moyens et
procédés qui constituent sa découverte, ainsi
que les plans, coupes, dessins et modèles qui
pourroient y être relatifs, pour, ledit paquet,
être ouvert au moment où l'inventeur recevra
son titre de propriété.

Par suite de ce dépôt, le ministre du commerce et des manufactures délivre un certificat
de demande, qui, aux termes du décret du
25 janvier 1807 [1], établit en faveur du demandeur, à compter de la date de ce certificat,
une jouissance provisoire qui compte dans la
durée que le brevet détermine en définitif.

Dans le cas de contestation entre deux bre-
vetés pour le même objet, la priorité est acquise à celui qui, le premier, a fait le dépôt
des pièces au secrétariat de la préfecture.

162. Pendant la durée du brevet, celui qui
l'a obtenu a le droit de former dans toute
l'étendue du territoire soumis aux lois fran-
caises, des établissemens pour l'application et
l'usage de ses moyens et procédés, et de pour-

---

[1] Bulletin des lois, 4.ᵉ série, n. 2188.

suivre les contractans ou débitans de choses contrefaites, comme nous le verrons dans la section suivante. Il est libre de disposer de son brevet comme d'une propriété mobiliaire ; il peut en céder le droit exclusif ou l'usage concurrent soit avec lui, soit avec d'autres cessionnaires, ou même s'obliger à n'employer ses procédés qu'en faveur de telle personne ou de tel établissement, sous la seule condition, s'il s'agit d'une cession de propriété, d'en faire enregistrer l'acte authentique au secrétariat de la préfecture, conformément à l'art. 15 de la loi du 25 mai 1791. Ce défaut d'enregistrement rend la cession sans effet, de manière que celui à qui elle auroit été faite ne pourroit invoquer contre les tiers les droits que la propriété auroit pu lui donner.

163. A l'expiration du temps pour lequel un brevet d'invention a été accordé, la découverte appartient à la société ; la description du procédé est rendue publique, et l'usage en devient permis, de manière que tout citoyen puisse librement l'exercer et en jouir sans opposition de la part de l'inventeur, à moins qu'un décret n'ait prorogé l'exercice de son droit, ou n'ait ordonné que les procédés seroient tenus secrets.

On peut encourir la déchéance de cette concession dans certains cas que les lois précitées ont déterminé : 1.° si celui qui l'a obtenu est convaincu d'avoir dissimulé ses véritables moyens d'exécution, ou d'exécuter par des moyens qu'il auroit découverts depuis, et dont il n'auroit pas fait de déclaration additionnelle; 2.° s'il est prouvé que sa prétendue découverte étoit déjà consignée et décrite dans des livres imprimés et publiés; 3.° si dans les deux ans de l'obtention du brevet il n'a pas mis sa découverte en activité et n'a pas fait approuver, par le Gouvernement, les causes de son inaction; 4.° si sa découverte est jugée par les tribunaux être contraire aux lois, aux mœurs, à la sûreté publique; 5.° s'il a obtenu un brevet ou privilège pour sa découverte en pays étranger; 6.° s'il n'acquitte pas la taxe à laquelle l'obtention de ce brevet est soumise.

164. Une garantie à peu près semblable a été établie en faveur de l'invention ou du perfectionnement de la partie de la fabrication des étoffes qui appartient à l'art du dessin. Conformément aux art. 15 et suivans de la loi du 18 mars 1806, tout fabricant qui veut conserver la propriété d'un dessin d'étoffes est tenu de déposer au secrétariat du conseil des prud'hommes, dont nous avons parlé n. 108, un échantillon plié sous enveloppe, revêtue de ses cachet et signature, et sur laquelle est également apposé le cachet du conseil. Il doit déclarer s'il entend se réserver la propriété

10 *

exclusive, à perpétuité, ou pendant un temps; et lorsque la réserve n'a été que temporaire, à l'expiration du délai, le paquet est ouvert et l'échantillon réuni à la collection publique de dessins existante dans le lieu, dont chacun a droit de faire licitement usage.

ART. II. *Productions de Littérature, Science et Beaux-Arts.*

165. La loi du 19 juillet 1793 et l'art. 39 du décret du 5 février 1810 assurent aux auteurs d'écrits en tout genre, compositeurs de musique, peintres et dessinateurs qui font graver des tableaux ou dessins, en un mot, à tous ceux à qui appartient la première conception d'un ouvrage de littérature, science et beaux-arts, le droit exclusif, pendant leur vie, et pendant celle de leurs veuves, si les conventions matrimoniales de celles-ci leur en donnent la jouissance, de vendre, faire vendre, distribuer leurs ouvrages dans le territoire français, et d'en céder la propriété en tout ou en partie. Les enfans le conservent encore vingt ans après la mort de leurs pères ou mères; les autres héritiers et les cessionnaires ne le conservent que dix ans après la mort de l'auteur. Ces délais écoulés, chacun est libre d'en faire l'impression et le débit en se conformant aux règlemens particuliers sur la police de l'imprimerie et librairie.

Conformément au décret du 21 mars 1805 (1.ᵉʳ germinal an 13) ¹, les propriétaires d'un ouvrage posthume, ont les mêmes droits que l'auteur, à la charge d'imprimer ces ouvrages posthumes séparément et sans les confondre dans une nouvelle édition des ouvrages déjà publiés et devenus propriété publique. Enfin, un décret du 28 du même mois ² rend ces principes applicables aux ouvrages qui appartiennent à l'Etat, à ceux d'instruction religieuse publiés par les ministres des religions et adressés à leurs disciples ; et la même règle s'appliqueroit aux discours que des fonctionnaires, orateurs ou professeurs publics liroient, prononceroient ou publieroient pendant l'exercice de leurs fonctions, quoique ces lectures ou discours soient faits précisément pour acquitter les devoirs de leur place.

Les auteurs étrangers qui font paroître en France des ouvrages non encore publiés, peuvent, suivant l'art. 4 du décret du 5 février 1810, comme les auteurs nationaux, invoquer le bénéfice de ces lois ; et le même droit appartient à leurs cessionnaires.

166. Un brevet d'invention ou autre acte semblable du Gouvernement n'est point nécessaire

---

¹ Bulletin des lois, 4.ᵉ série, n. 647.
² Bulletin des lois, 4.ᵉ série, n. 658.

pour assurer ce droit de propriété. Toute personne qui veut exercer les droits exclusifs qui
en résultent, est seulement obligée de déposer
à la préfecture de son département, et à Paris,
à la préfecture de police, cinq exemplaires de
chaque ouvrage, conformément au décret impérial du 5 février 1810; et, par ce moyen, elle
acquiert le droit de poursuivre, ainsi que nous
le dirons dans la suite de ce titre, les contrefacteurs, quand même la contrefaçon seroit antérieure à ce dépôt.

SECTION II.

Quelles Choses ne peuvent ou ne doivent pas
être l'Objet des Conventions.

167. Ce qui fait l'objet de la convention
doit être existant, ou avoir une existence future
possible, et doit être dans le commerce.

La nécessité que la chose qui fait l'objet de la
convention existe ou puisse exister, a principalement lieu quand l'engagement est commutatif.
Ainsi, lorsque le propriétaire d'un navire le
vend tandis qu'il est en voyage, il n'y a point
de vente si ce navire n'existe plus, ou s'il ne
paroît pas que les parties aient prévu la possibilité de la non existence, et entendu faire
une convention aléatoire. Alors même le principe reçoit son application de la manière qui

convient au caractère particulier de l'engagè-
ment : si l'on vend le produit éventuel d'un
coup de filet, il faut que le pêcheur jette le
filet de la manière et au temps convenus ; si
l'on assure un navire, il ne faut pas que l'as-
sureur sache ou même soit présumé savoir
l'arrivée heureuse, ni l'assuré la perte du navire ; si l'on vend des marchandises en route
que l'on ait fait assurer, le droit qui résulte
de l'assurance est censé vendu quoiqu'on ne
s'en soit pas expliqué.

168. Nous avons dit qu'il faut que la chose
existe ou puisse exister : quoiqu'une loi du 20
août 1795 (3 fructidor an 3) [1] ait défendu de
vendre ce qu'on n'a pas, le véritable principe du
droit est que les choses dont l'existence future est N. 1130.
possible, sont susceptibles de faire l'objet des
conventions. Ainsi la vente de la récolte entière
de tel fonds dont les fruits ne sont pas nés, seroit
valable ; elle pourroit, suivant les circonstances, être considérée comme une sorte de
location du fonds pour en percevoir les fruits
de l'année, ou comme une convention aléatoire que ne rescindroit pas l'événement de
force majeure qui détruiroit la récolte. Une
promesse de livrer telle quantité de blé ou de
vin, provenant de tel champ ou de tel clos,

---

[1] Bulletin des lois, 1.re série, n. 1104.

est valable par les mêmes principes; seulement elle n'obligeroit, pour toute la quantité énoncée, que si le champ ou le clos la produisoit.

A plus forte raison peut-on valablement souscrire l'engagement de faire un prêt ou des avances quelconques, et acquérir pour cette obligation future des droits présens et même des hypothèques, qui, se rangeant alors dans la classe des droits subordonnés à une condition, ont effet si ces avances sont effectuées, et prennent leur date du jour que l'hypothèque a été inscrite, quoiqu'antérieurement à la réalisation du prêt; c'est sur cette règle qu'est fondée la sûreté des crédits ouverts dans le commerce.

A la vérité, quelquefois des lois de police rurale défendent de vendre certaines productions de la terre avant qu'elles soient recueillies. On a vu les décrets des 24 juin et 11 juillet 1795 (6 et 23 messidor an 3) [1] remettre en vigueur les anciennes lois sur la prohibition de la vente des grains en vert et pendans par les racines. D'autres fois, des lois spéciales défendent que de certains profits espérés soient la matière de vente, ou de toute autre convention intéressée. Ainsi la loi du 1.er octobre 1793, art. 46, et l'art. 110 de l'arrêté du 22 mai 1801 (2 prairial an 11) défendent de vendre le produit

N. { 1179. 1180. 2132.

---

[1] Bulletin des lois, 1.re série, n.os 928, 948.

futur d'une prise maritime ; on ne peut ni emprunter à la grosse sur des produits futurs
et éventuels, ni les faire assurer. Mais ce sont
des exceptions à la règle générale, qui doivent
être prononcées textuellement.

C. $\begin{cases} 318. \\ 347. \end{cases}$

169. Nous avons ajouté que les choses doivent
être *dans le commerce*, c'est-à-dire qu'il ne
faut pas que leur nature ou la disposition de la
loi s'oppose à ce qu'elles soient susceptibles
de propriété ou d'usage individuel.

N. 1128.

Une chose est hors du commerce par sa nature, quand elle ne peut être l'objet d'un droit
exclusif sans nuire à l'intérêt général, ou qu'elle
ne peut être mise à prix sans violer les convenances sociales. Ainsi les choses qui font partie
du domaine public ne peuvent être acquises
par aucune convention, et même par prescription ; ainsi nul ne peut vendre le droit de porter
son nom ; ainsi une faveur du Gouvernement
ne peut être la matière d'une obligation, et
l'utilité du commerce ne modifie pas ce principe. Mais il faut l'appliquer avec discernement.
Lorsque certaines opérations commerciales ne
peuvent être faites qu'avec une autorisation du
Gouvernement, celui qui voit qu'un concurrent
redoutable pour ses projets forme une demande semblable à la sienne, peut stipuler
avec lui qu'il s'abstiendra de solliciter cette autorisation, et même qu'il se joindra à lui pour

N. 2226.

assurer les succès de sa demande ; et pour prix de cette renonciation ou de ce que leurs efforts communs lui ont fait obtenir ce qu'il désiroit, il peut lui souscrire un engagement pécuniaire. Celui qui a obtenu une licence de faire un commerce d'exportation ou importation de certaines marchandises, ou une spéculation qui ne doit avoir lieu qu'en vertu d'autorisation, peut vendre ce droit à un autre, quand le Gouvernement n'en a point interdit la cession.

Une chose est hors du commerce par la disposition de la loi, lorsque les prohibitions prononcées ou les conditions imposées par les lois ne permettent pas qu'elle soit l'objet de négociations ou d'opérations commerciales, ou qu'elle le soit sans quelques restrictions. Ainsi l'art. 4 de la loi du 28 mars 1793 défend d'acheter des effets militaires sous les peines qu'elle prononce ; ainsi des règlemens de police ne permettent pas d'acheter ou de recevoir d'une manière quelconque des effets mobiliers offerts par des personnes inconnues ; ainsi les boissons falsifiées, les comestibles avariés de manière à nuire à la santé des hommes et des animaux, les objets qui, suivant certaines règles que l'administration détermine, sont suspects de contenir quelques germes de peste ou d'autres maladies contagieuses, les images, gravures, livres ou autres écrits contraires aux lois, aux

Pén. 475, 6.ᵉ al.

mœurs, au respect que tout citoyen doit à la Pén. 287.
religion, à la réputation d'autrui, etc., ne
peuvent être l'objet d'engagemens commerciaux.

170. Mais indépendamment de ces interdictions ou restrictions spéciales ou locales que
l'usage peut seul faire connoître, il y a des
dispositions bien plus générales dans les lois
sur la prohibition des marchandises étrangères,
ou dans les règlemens sur les douanes. La
violation de ces prohibitions se nomme *contrebande.*

Si l'importation des marchandises provenant
de l'étranger, ou l'exportation de celles du
territoire national, si la circulation dans l'intérieur ou l'introduction dans certains lieux sont
assujetties à l'acquittement d'impositions indi-
rectes ou à l'observation de certaines formalités, la violation des lois ou règlemens sur
cette matière prend plus particulièrement le
nom de *fraude.*

Nous n'avons point l'intention d'entrer dans
le détail de ce qui concerne ces prohibitions ou
conditions; il nous suffit de présenter quelques
règles qui se rattachent plus particulièrement
à notre sujet.

Toute négociation relative aux marchandises
prohibées est nulle : 1.º parce qu'elle a pour
objet des choses que la loi a mises, en quelque

sorte, hors du commerce; 2.° parce qu'elle est illicite. Aucun des contractans ne peut exciper de sa bonne foi, puisque la loi qui prohibe la vente de la chose, en prohibe implicitement l'achat.

Par une modification que la saine raison indique nécessairement, les négociations et conventions relatives aux marchandises dont l'importation ou l'exportation ne sont assujetties qu'à certaines conditions, ou à l'acquit de certains droits, ne sont nulles que si les contractans étoient tous de mauvaise foi, si tous savoient, ou du moins si tous sont présumés n'avoir pu ignorer, l'un qu'il vendoit, l'autre qu'il achetoit des choses introduites, exportées ou circulant en fraude. Hors ce cas, celui qui seroit à l'abri de tout soupçon de complicité pourroit obtenir contre l'autre les dommages-intérêts résultans de l'inexécution de la convention.

La contrebande et la fraude sont des délits que les circonstances dont ils sont accompagnés peuvent quelquefois mettre au rang des crimes. Lors même qu'elles n'ont pas tous les caractères requis pour être considérées comme des délits, elles ne sont pas moins des actions défendues, parce que la loi oblige en conscience, indépendamment de toute sanction pénale.

Il semble même qu'aux yeux de la probité elles ne sont pas seulement illicites en tant qu'elles violent les lois de l'Etat dont le commerçant est membre, le droit naturel ne permettant pas de faire chez d'autres nations des opérations ou des entreprises qui aient pour objet de violer les lois commerciales auxquelles elles sont soumises.

Cependant il paroît que l'usage des différens peuples, relativement à ce qu'on nomme le commerce *interlope*, s'est écarté de cette règle de droit naturel.

171. Parmi les choses dont l'importation en général n'est ni prohibée ni soumise à des taxes, il en est dont certaines raisons de convenances ont fait défendre l'achat : par exemple, il n'est pas permis d'acheter des objets que l'ennemi auroit, par l'effet de la guerre maritime, pris à des Français. Ces choses fussent-elles du nombre de celles dont non-seulement l'entrée en France n'est pas prohibée, mais dont au contraire elle est encouragée, leur origine est le seul motif de la prohibition, parce que ce seroit favoriser et encourager les ennemis que de leur procurer un débouché prompt et sûr des marchandises qu'ils auroient prises aux Français. La déclaration du 22 septembre 1638, qui prononce cette prohibition, autorise le Français que l'ennemi a dépouillé à revendiquer sa propriété entre les mains de l'acheteur. Quelquefois même les traités étendent cette disposition aux propriétés des sujets de puissances amies,

172. De même qu'on ne peut faire porter les conventions commerciales sur des marchandises prohibées, de même elles ne peuvent avoir pour objet des spéculations défendues ou nuisibles à la société, ni en interdire que l'intérêt public rendroit nécessaires.

Pén. 412. Ainsi la loi défend et punit les conventions pour ne point enchérir des choses exposées en vente publique, afin de les faire tomber à un prix au-dessous de la valeur qu'auroit procurée la liberté des enchères.

Pén. 414 *et suiv.* Il en est de même des coalitions entre ceux qui font travailler des ouvriers, tendantes à ne point les occuper, ou à offrir de ne les occuper qu'à un certain prix, afin de produire l'abaissement des salaires; et de celles des ouvriers pour suspendre et empêcher leurs travaux, de manière à en faire hausser le prix.

Pén. 419. Elle interdit de même tous *accaparemens* et tous les moyens qui pourroient être employés pour parvenir au *monopole*. Elle défend et punit les manœuvres de l'agiotage tendantes à opérer la hausse et la baisse des denrées ou des marchandises, ou des papiers et effets publics au-dessus ou au-dessous des prix qu'auroit déterminés la concurrence. Elle prononce les

Pén. 475, 11.ᵉ *al.* mêmes défenses contre les stipulations par lesquelles on s'engage à donner ou à prendre les espèces nationales pour une valeur autre que celle qui leur est attribuée par l'autorité légitime.

Par suite des mêmes principes, il est défendu sous des peines plus ou moins graves,
suivant les circonstances, de trahir ou de surprendre les secrets de l'industrie d'autrui, pour
en faire usage ou les communiquer à d'autres.

Pén. $\begin{cases} 417. \\ 418. \end{cases}$

173. L'exercice, par quelque moyen que ce
soit, de l'espèce d'industrie pour laquelle un brevet a été accordé, l'impression ou gravure des ouvrages dont l'auteur ou l'éditeur a conservé ses
droits par les moyens que nous avons indiqués
n. 161 et suivans, et même le débit ou introduction dans le territoire français des choses
faites ou des exemplaires imprimés au préjudice du droit de ces personnes, sont également
interdits ; c'est ce qu'on nomme *contrefaçon*.
Il n'est pas même nécessaire qu'il y ait une
partie plaignante ou poursuivante pour que
le ministère public poursuive ce délit.

Pén. 425 *et
suiv.*

Mais comme ces avantages ne peuvent être
réclamés que par ceux qui sont véritablement
auteurs, par ceux auxquels appartient la première conception d'une découverte de l'industrie, ou d'un ouvrage de littérature, science
et arts, les tribunaux devant qui est portée la
demande du prétendu lésé, doivent juger l'exception de celui qui prétend qu'avant le brevet
dont on excipe, il étoit en possession d'employer les procédés dont on veut le faire
juger contrefacteur. Le législateur, en voulant

favoriser l'industrie, n'a pu avoir l'intention
d'assurer à l'un l'usage exclusif d'un procédé qui
appartenoit déjà à l'autre, puisque d'un côté
les brevets d'invention ne sont soumis à aucune contradiction légitime, et que de l'autre
le Gouvernement y déclare expressément qu'il
ne garantit point la priorité de l'invention.
L'art. 11 de la loi du 14 mai 1791 en ce
qui concerne les brevets d'invention, l'art. 17
de la loi du 18 mars 1806, pour ce qui concerne la propriété des dessins des étoffes, ne
laissent aucun doute que les juges de paix au
premier cas, les prud'hommes au second, ne
puissent admettre la preuve testimoniale de
cette exception. C'est d'ailleurs ce que commande en quelque sorte la nature des choses,
puisqu'il s'agit d'un fait que le défendeur n'étoit
obligé par aucune loi de constater par preuve
écrite.

Il n'est pas possible de donner des règles
aussi précises sur ce qui concerne les productions littéraires; les juges ne peuvent se décider
que par la comparaison des ouvrages ou par
les rapports des savans qui, dans ce cas, sont
en quelque sorte les véritables experts. C'est
ce qui rend toujours si problématiques les contestations dans lesquelles une partie accuse
l'autre non pas d'avoir imprimé textuellement
le livre dont elle est auteur, car ce seroit une
contrefaçon, mais de s'être emparée de ses

idées en ne conservant qu'une foible partie des expressions, ce qu'on nomme *plagiat* : délit méprisable ; mais difficile à constater, puisqu'il n'est pas impossible que deux auteurs conçoivent de bonne foi, chacun de leur côté, un plan semblable, surtout s'il s'agit d'un ouvrage didactique sur quelque science dont les principes sont connus et généralement admis ; puisqu'il y a des idées et des notions en quelque sorte appartenant à tout le monde, qui ne peuvent être rendues que par l'emploi des mêmes mots et des mêmes expressions.

174. Enfin, comme la réputation est souvent attachée soit au nom d'un commerçant, soit à la désignation d'un établissement ; soit aux enseignes, soit aux marques distinctives des fabrications ; elles sont protégées contre les entreprises d'autrui.

Quiconque est en possession de la dénomination d'une entreprise ou d'une enseigne, a donc le droit de s'opposer à ce qu'elle soit adoptée par un voisin de la même profession. Cette prohibition s'étend jusqu'aux désignations ou enseignes, qui, sans être absolument pareilles, offriroient cependant une ressemblance capable de faire prendre le change au public. C'est encore aux juges à vérifier les fondemens de la possession prétendue, la situation respective des deux établissemens, les rapports

antérieurs qui ont existé entre les deux concur-
rens : par exemple, si ayant été associés, l'établissement reste à un seul, et que l'associé retiré
en forme, tout auprès, un nouveau avec une
enseigne semblable ou presque semblable ; ou
si l'auteur du nouvel établissement qui adopte
ou imite l'enseigne d'un plus ancien, a été
commis du maître de celui-ci. Les faits, leurs
circonstances, la qualité des parties, sont les
seules bases des décisions qui doivent être rendues dans cette matière.

Nul ne peut donner à des étoffes ou à des
objets de fabrication quelconque les marques
qu'un autre a adoptées pour distinguer ses productions. En général, les art. 5 et suivans du
décret du 11 juin 1809 [1] décident que celui
qui a l'intention de s'assurer la propriété de sa
marque doit l'établir d'une manière distincte
de celle des autres marchands ou fabricans, en
déposer un modèle ou la faire empreindre sur
des tables destinées à cet objet et placées dans
le secrétariat du conseil des prud'hommes. Les
mêmes articles assurent à celui qui a rempli
ces formalités, le droit, en exhibant l'expédition du procès-verbal de ce dépôt, d'intenter
une action en contrefaçon de sa marque, rendent
les prud'hommes médiateurs dans les discussions qui s'élèvent relativement à la similitude

---

[1] Bulletin des lois, 4.e série, n. 5254.

de ces marques, et veulent qu'en cas de contestation, le tribunal de commerce prononce,
après avoir vu leur avis.

175. Il seroit superflu d'entrer dans d'autres
détails. Le Code pénal, les lois relatives aux
douanes, aux divers impôts indirects, à la surveillance, à la garantie du commerce et de
l'industrie, définissent les crimes, les délits,
les contraventions dont on peut se rendre coupable à cet égard, et, par une juste conséquence,
proscrivent les conventions commerciales qui
auroient pour objet de commettre ces actions
défendues ou d'en profiter. Cependant nous ne
devons pas manquer d'observer que la convention qui porteroit à la fois sur des choses
hors du commerce d'après les principes que
nous avons donnés, et sur des choses susceptibles d'être l'objet de convention licite, ne
seroit nulle qu'en ce qui concerneroit les premières, à moins que la manière dont le contrat
seroit conçu ne fût indivisible, et ne permît
pas l'exécution partielle de la convention.

CHAPITRE III.

De la Nécessité que les Engagemens commerciaux aient une Cause valable.

176. Il ne doit point y avoir d'obligation

N. 1131. sans cause, c'est-à-dire, sans que celui qui s'engage y soit porté par un motif juste et raisonnable. Dans le commerce, où tous les contrats sont intéressés, la cause de l'obligation de l'une des parties est ce que l'autre donne ou s'engage à donner, fait ou s'engage à faire ou à ne pas faire, ou bien enfin le risque dont elle se charge.

Mais ce principe incontestable dans la théorie, donne lieu, dans la pratique, à des difficultés

N. 1132. assez fréquentes sur la question de savoir si une obligation dans laquelle il ne se trouve pas de cause exprimée, est valable. De quelque manière que cette question soit susceptible d'être envisagée dans le droit civil, nous n'hésitons point à croire que dans le droit commercial le défaut d'expression de la cause d'un engagement n'empêche pas qu'il ne soit obligatoire; et que, dans le doute, il faut se décider contre l'obligé en présumant l'existence et la validité d'une cause, parce que sa reconnoissance parle contre lui, qu'il n'est pas censé l'avoir donnée sans

raison, et qu'enfin elle doit avoir au moins
l'effet d'une présomption de droit qui fait preuve
jusqu'à ce que le contraire soit justifié.

177. Mais il ne faut pas appliquer cette règle
aux conventions dans lesquelles la loi exige que
la cause soit exprimée et désignée, comme nous
le verrons pour les lettres de change, les billets
à ordre, les transports par voie d'endossement
des effets de commerce. Les raisons particulières qu'a eues le législateur dans la vue de
prévenir des fraudes, ne permettent pas de
s'écarter de sa volonté, sous quelque prétexte
que ce soit.

N. 1352.

Ce n'est pas que ces obligations soient radi-
calement nulles lorsqu'on n'y trouve pas cette
expression de cause ; elles perdent seulement
les avantages que leur perfection leur eût
assurés, et rentrent dans la classe des obligations ordinaires, lorsque la loi n'a pas déterminé spécialement quel caractère elle leur
attribuoit, comme nous le verrons pour les
endossemens irréguliers, qu'elle ne considère
que comme de simples procurations.

C. 138.

178. Lors même que la cause exprimée d'une
obligation se trouve n'être pas véritable, il ne
faudroit pas en prononcer la nullité si le créancier contre qui cette preuve de fausseté est
faite, prouvoit à son tour qu'il existoit une autre

cause licite dont les parties ont eu quelques motifs non coupables de déguiser la vérité. Du reste, une convention ne peut avoir de cause N. { 6. ni contenir de condition contraire aux mœurs, 1133. à l'ordre public, aux lois; ainsi une associa- 1172. tion pour faire la contrebande, pour prêter sur gage sans que l'établissement soit autorisé par le Gouvernement, conformément à la loi du 16 pluviôse an 12 [1], seroit nulle.

Cette nullité de l'engagement ne donne pas toujours au débiteur qui l'a exécuté le droit de répéter ce qu'il a payé indûment. Il faut distinguer si la cause n'est illicite que de la part de celui qui a reçu, ou si elle l'est également de la part de celui qui a promis et payé. Au premier cas, la répétition peut avoir lieu; au second cas, la demande en seroit non-rece-vable. Mais dans l'un comme dans l'autre, si le paiement n'est pas encore effectué, il ne peut pas être exigé.

CHAPITRE IV.

De l'Effet des Engagemens commer-ciaux.

179. S'il est vrai de dire que toutes conventions doivent être exécutées de bonne foi, c'est

---

[1] Bulletin des lois, 3.ᵉ série, n. 3567.

principalement dans le commerce que cette
règle doit être plus sacrée. C'est là que, pour
nous servir des expressions de la première loi
qui ait créé en France des juges de commerce
(l'édit de 1563), il faut n'avoir égard ni aux
subtilités, ni aux rigueurs du droit, mais à
l'intention, à la bonne foi, à l'équité.

La conséquence de ce principe, est qu'une   N. 1134.
convention ne peut être révoquée que du consentement des parties qui l'ont formée, à moins
que la loi n'autorise cette résiliation à la volonté d'un seul des contractans, comme les
louages maritimes nous en fourniront des
exemples.

Mais cette faculté même de résoudre des
engagemens par le concours des volontés qui
ont servi à les former, est quelquefois interdite, par cela seul, qu'il seroit possible
d'en abuser pour tromper les tiers. Nous en
verrons l'application, relativement aux endossemens d'effets de commerce, et acceptations
de lettres de change, qui ne doivent plus être
révoqués une fois qu'ils sont écrits.

180. Nous avons remarqué n. 5, que toutes
les obligations commerciales se réduisoient à
deux classes générales, savoir : les obligations   N. 1126.
de livrer, les obligations de faire ou de ne pas
faire. Elles ne doivent pas être confondues,
et la liberté dont jouit le commerce, ne va

pas jusqu'à leur faire perdre la nature que leur attribue le droit civil.

Pour bien connoître l'effet d'une obligation de livrer, il faut distinguer si la chose promise est ou n'est pas déterminée. Dans le premier cas, il faut même encore distinguer si cette chose quoique déterminée, étoit ou n'étoit pas, au moment de la promesse, dans la propriété du promettant.

N. $\left\{ \begin{array}{l} 1138. \\ 1302. \\ 1583. \\ 1585. \end{array} \right.$ L'effet de l'obligation de livrer un corps certain et déterminé, dont le promettant étoit propriétaire lorsqu'il a contracté, est de transférer la propriété de cette chose, à celui à qui elle a été promise, et de la mettre à ses risques du moment où est intervenu le consentement des parties qui rend la convention parfaite, à moins qu'elle ne dépende d'une condition suspensive.

Mais il ne faut pas étendre ce principe à l'obligation de livrer une chose, dont le promettant n'étoit pas propriétaire lors de la convention, soit que ce corps ait été désigné individuellement, soit qu'il ait été indiqué à prendre dans tout ce qui est de cette espèce, ou dans un certain nombre de choses de cette même espèce.

Cette distinction qui pourroit ne pas paroître offrir une grande importance, lorsqu'on ne considère que l'engagement en lui-même, parce qu'il n'en est pas moins valable, ainsi

que nous l'avons dit n. 157, est indispensable
pour déterminer quand l'obligation a donné au
créancier un droit réel sur la chose, en vertu
duquel il puisse se faire autoriser à l'enlever, N. 1610.
ou quand il n'a acquis qu'une action personnelle qui se résoud simplement en dom- N. 1611.
mages-intérêts, à défaut d'exécution. Nous développerons ces notions dans le titre III.

Les principes qui règlent l'effet des obligations de faire ou de ne pas faire, ne sont
point aussi modifiés dans la jurisprudence commerciale. Tout ce que l'on peut observer,
c'est que dans cette matière comme dans ce
qui tient aux arts et à l'industrie, l'obligation
de faire, doit être rigoureusement renfermée
dans ses termes, ou limitée aux personnes qui
ont été désignées, et que les équivalens et
les remplacemens ne peuvent que difficilement
être accueillis.

L'obligation de ne pas faire, doit également
être exécutée avec une grande et scrupuleuse
exactitude, sans égard aux limites qu'elle sembleroit apporter à la liberté naturelle que chacun a d'exercer ses talens. Il faudroit qu'une
telle convention fût bien évidemment contraire
aux lois ou à la morale, pour qu'on pût en
empêcher l'exécution.

181. Quant à l'application des principes du
droit civil sur les dommages-intérêts, pour N. 1146.

inexécution des obligations, il existe des règles particulières à certaines conventions que nous aurons soin de faire connoître en traitant des contrats auxquels elles s'appliquent.

Dans le droit civil, l'intérêt de sommes, de denrées, ou autres choses mobiliaires, prêtées, n'est dû qu'en vertu de convention N. 1153. ou par forme de dommages-intérêts, résultant de l'inexécution des engagemens, et en général il ne court que du jour de la demande. Mais dans le commerce, où la privation de l'argent est, pour celui qui l'a déboursé, la cause d'une perte évidente, et lui fait manquer un gain qu'il eût fait légitimement, en consacrant ses fonds à ses affaires, on a dû admettre des règles différentes, principalement en ce qui concerne les avances par compte courant, commission, etc, entre commerçans : l'intérêt des sommes qu'ils se doivent réciproquement, court donc de plein droit, et continue ainsi jusqu'au paiement effectif, ou en effets négociables.

Il n'en est pas tout-à-fait de même des prêts ou autres engagemens, constatés par des factures, billets ou simples reconnoissances. Il faut, si la stipulation n'est pas expresse, qu'elle soit présumée par la correspondance, la nature, N. 1160. l'espèce de la négociation ou l'usage des lieux qui supplée à la convention dans certaines circonstances.

Dans tous ces cas, l'intérêt ne peut excéder six pour cent par an, sans retenue, conformément à la loi du 3 septembre 1807 [1]. La sévérité avec laquelle les art. 3 et 4 de cette loi répriment la perception d'un intérêt plus considérable, nous porte à croire qu'on doit regarder comme illicites, les négociations dans lesquelles celui qui prête, retiendroit, sur la somme comptée à l'emprunteur, l'intérêt légal par avance; parce que l'intérêt n'étant que le prix de l'usage, et en quelque sorte le fruit civil de l'argent, ne peut être dû d'avance; parce que d'ailleurs un simple calcul suffit pour prouver qu'à l'aide d'une telle opération, on excéderoit le taux fixé par la loi, en paroissant s'y conformer extérieurement. Si ces principes ne sont pas observés dans les escomptes volontaires des factures, c'est qu'ils sont moins considérés comme une diminution des intérêts qu'auroit produits le titre escompté, que comme une composition particulière entre le vendeur et l'acheteur. Nous ajouterons quelques développemens à ces principes, en traitant du paiement.

182. Du reste nous trouverons de fréquentes occasions d'appliquer les autres principes généraux du droit civil, sur l'effet des engagemens, tels que celui qui déclare que les N. 1165.

---

[1] Bulletin des lois, 4.ᵉ série, n. 2740.

conventions des parties ne peuvent nuire aux tiers, d'où dérivent les conséquences que nous avons indiquées n. 139, et que nous développerons dans la suite, relativement aux effets payables soit au porteur, soit à l'ordre de son créancier.

Oiminiu.

N. 1166.

Pr. $\begin{cases} 557. \\ 822. \end{cases}$

N. 1167.

C. 196.

Il en sera du principe qui permet aux créanciers d'une personne d'exercer ses droits, et de saisir et arrêter les sommes qui lui sont dues, ou les marchandises qui lui appartiennent, ou d'attaquer les actes faits en fraude, ou au préjudice de ce qui leur est dû. Indépendamment des exemples que nous en offrira la partie des faillites, nous en ferons connoître un particulier, relatif à la vente volontaire des navires, que les créanciers du vendeur peuvent attaquer pour cause de fraude.

N. 1156 *et suiv.*

183. Les règles d'interprétation des conventions commerciales, ne sont point autres que celles qu'admet la jurisprudence civile, pour toutes les conventions en général. Mais il peut y avoir des cas où la nécessité de cette interprétation naisse de la diversité des lois qui régissent chaque état. Ce cas se présente plus fréquemment en matière commerciale qu'en toute autre.

En général, l'intérêt d'un gouvernement est de faire respecter, en faveur du sujet d'un autre, lorsqu'il est traduit devant les tribunaux de son territoire, les lois sur la foi desquelles cet étranger a contracté, et même de ne pas tolérer qu'il se soustraie, en changeant de juridiction, aux lois qui règlent sa capacité, et auxquelles le soumet, quelque part qu'il habite, la fidelité qu'il doit à son souverain. Sans cela ce Gouvernement exposeroit ses propres sujets à ce que les autres les traitent avec la même injustice, en usant de ce qu'on nomme droit de *rétorsion* ou *représailles.*

Les principes de cette matière ne peuvent être éclaircis que par des exemples que nous présenterons plus utilement, quand la totalité du droit commercial aura été passée en revue. Nous en ferons un titre particulier dans la sixième Partie.

CHAPITRE V.

Des diverses Modifications dont les Engagemens de Commerce sont susceptibles.

184. Les distinctions du droit civil entre les N. 1168 *et suiv.* diverses espèces d'obligations sont entièrement applicables aux engagemens commerciaux. C'est même dans ces sortes de transactions, que les combinaisons sont si variées, qu'il n'est pas

toujours facile de les distinguer avec précision. Il nous seroit impossible, sans entrer dans des détails tout-à-fait étrangers au commerce, d'examiner les différentes modalités sous lesquelles les obligations peuvent être contractées. Nous ne nous occuperons que de l'application des règles du droit commun sur les obligations conditionnelles, à termes et solidaires, ce qui sera l'objet des trois sections suivantes.

SECTION PREMIÈRE.

Des Conditions dans les Obligations commerciales.

185. Il ne faut pas confondre les engagemens conditionnels avec les contrats aléatoires, les uns et les autres dépendent d'un événement incertain. Mais la différence qu'il est bien intéressant de faire, résulte de ce que, dans le contrat aléatoire, quel que soit l'événement, il n'influe pas sur son existence, mais décide seulement en faveur de quelle partie sera le profit; dans les engagemens conditionnels, au contraire, l'événement de la condition influe sur l'existence du contrat.

Les principes qui distinguent la condition suspensive de la condition résolutoire, n'éprouvent point de changement dans la jurisprudence commerciale.

La convention à laquelle les parties ont

apposé une condition suspensive, ne produit
les effets qui lui sont propres, que lorsque l'événement de la condition est arrivé. Mais jusque-là
elle a une existence contingente, puisque, d'un
côté, chacun peut, en vertu de la convention,
requérir l'autre, soit d'exécuter sa promesse
après l'événement, soit de concourir à cet
événement, lorsque la nature de la condition
la rend en partie dépendante de sa volonté
ou de son intervention; et que de l'autre,
chacun peut aussi faire des actes conservatoires, qui n'auroient aucun fondement, s'il
n'existoit point d'obligation.

N. { 1181.
{ 1182.

N. { 1180.
{ 2132.

L'événement de la condition résolutoire opère
la révocation de la convention qui y étoit
soumise; mais à la différence de la condition
suspensive, la convention a les effets qui lui
sont propres dès l'instant du contrat, et ce
n'est que pour l'avenir et autant que la nature
des choses le rend possible, que les parties sont
remises au même état que si la convention
n'avoit jamais existé.

N. 1183.

Au surplus, il faut bien remarquer la différence entre la clause résolutoire stipulée, et
la clause résolutoire sous-entendue, par la
nature de la convention. La première est
rigoureuse, et aucune considération n'en peut
empêcher l'effet; la seconde n'ôte pas au juge le
droit d'accorder un nouveau délai au débiteur.

N. 1657.
N. 1188.

Du reste, nous aurons occasion de faire aux

divers contrats, l'application des règles générales sur les conditions suspensives et résolutoires; et cette application sera plus utile et plus facilement sentie alors, que par une exposition de principes abstraits.

Section II.

Du Terme dans les Engagemens commerciaux.

186. La fidélité avec laquelle les engagemens doivent être exécutés, exige que l'échéance du terme suffise pour mettre en demeure celui qui s'est obligé. Cependant le droit civil exige une sommation, s'il n'en a été autrement convenu. Dans le commerce, la nature de la convention et les usages peuvent seuls déterminer les modifications dont cette règle est susceptible.

N. 1139.

C'est encore d'après ces mêmes usages qu'il faut décider de quel délai doit jouir, pour exécuter son engagement, celui qui n'en a stipulé aucun. S'il est vrai, dans la rigueur, que lorsqu'une convention est faite sans jour ni condition, le créancier peut exiger sur-le-champ qu'elle soit accomplie; les circonstances, la qualité des contractans, la nature de la négociation et l'usage des lieux, doivent y apporter des modifications dans le commerce.

187. Suivant le droit civil, le terme de

paiement d'une dette est présumé en faveur du débiteur, qui peut obliger le créancier à recevoir avant l'échéance ce qui lui est dû. Mais comme les commerçans, ne font souvent des opérations que dans l'intention d'être payés ou livrés à des époques certaines, pour lesquelles ils se tiennent prêts, le terme de paiement ou d'exécution de leurs engagemens, est présumé stipulé en faveur du créancier, autant qu'en faveur du débiteur. La loi l'a expressément dé- C. 146. cidé dans certains cas; et l'on ne peut croire qu'elle ait voulu exclure les autres. L'intérêt du commerce exige que cette présomption existe sans distinction, de telle manière que ce ne soit point au créancier qui refuse, mais au débiteur qui veut anticiper le paiement, de prouver ou qu'il a été dérogé à la règle par une convention, ou que l'usage l'y autorise; et même cette preuve ne seroit point admise, si quelqu'article positif de la loi défendoit d'anticiper.

188. Les parties pouvant renoncer au bénéfice des lois qui leur sont favorables, rien ne s'oppose à ce que le créancier reçoive valablement ce qui lui seroit offert par anticipation. Cette sorte de paiement est souvent le résultat d'une négociation connue sous le nom d'*escompte*, par laquelle le créancier, comme nous l'avons dit n. 30, reçoit son remboursement, sous une déduction proportionnée au taux de

Tome I.   12

la perte que les papiers de commerce éprouvent
contre l'argent comptant, ou, s'ils sont au pair,
au taux de l'intérêt légal.

Mais ce qu'il importe de remarquer, c'est que
le débiteur qui veut anticiper le paiement quand
la faculté ne lui en est pas interdite, ne peut
contraindre le créancier à consentir cet escompte, à moins d'une convention expresse ou
N. 1160. d'un usage qui en soit considéré comme le supplément.

Quel que soit le motif qui ait occasionné ce
paiement par anticipation, celui qui l'auroit fait
N. 1186. ne pourroit plus répéter ce qu'il auroit compté,
ni par conséquent, prétendre que ce qu'il a payé
ainsi doit donner lieu à une restitution d'intérêts,
ou dans le cas de quelque mutation monétaire
dont il auroit pu profiter, réclamer une indemnité.

189. A cette condition, qui ne regarde que
celui qui reçoit, il faut quelquefois en ajouter
d'autres en faveur des tiers. Celui qui paie un
effet de commerce avant l'échéance, est respon-
144.
C. { 446. sable de la validité du paiement, s'il survient
447. quelque opposition ou quelque contestation sur
la propriété de la personne qui a reçu, ou si
elle fait faillite avant l'échéance conventionnelle.
Nous donnerons les règles sur le premier cas,
en parlant du paiement des lettres de change,
et sur le second, en traitant, dans la cinquième

partie, des actes faits en fraude des créanciers. Il suffit de remarquer ici que la loi, dans ces cas, n'annulle pas les paiemens de plein droit, parce qu'il est possible que le débiteur, en se libérant, ait agi de bonne foi; mais nous verrons qu'elle est plus sévère contre le créancier qui reçoit par anticipation, et, qu'en cas de faillite de son débiteur, une présomption légale l'oblige à rapporter ce qu'il a reçu dans les dix jours qui en ont précédé l'ouverture. C. 446.

Section III.

De la Solidarité dans les Engagemens commerciaux.

190. Le Code de Commerce ayant pris soin de prononcer, dans certains cas, la solidarité entre les divers obligés à un même engagement, il sembleroit naturel de croire que, dans les autres, les principes du droit commun sont maintenus; et par conséquent, la solidarité paroîtroit ne devoir exister de plein droit et sans stipulation; qu'entre associés, ou entre les divers signataires d'un effet de commerce. C. $\begin{cases} 22. \\ 140. \end{cases}$

Cette conséquence seroit contraire à l'intention du législateur, qui a voulu maintenir les usages du commerce, lorsqu'il n'a pas expressément déclaré qu'il les abrogeoit.

Ainsi, nous ne faisons aucun doute qu'une stipulation expresse ne soit point nécessaire pour

12 *

que plusieurs personnes qui se sont obligées à
l'exécution d'un engagement commercial, par
elles-mêmes ou par un préposé qu'elles ont
nommé en commun, soient solidaires. D'ailleurs,
leur union établit une association qui les rend
solidaires, suivant les principes particuliers dont
nous donnerons le développement en parlant
des sociétés en participation, dans la quatrième partie.

N. 1216.

Peu importe que l'obligation qu'une personne
contracte conjointement avec une autre, concerne seulement l'intérêt de cette dernière, de
façon que le cobligé ne soit en quelque sorte
que sa caution. C'est la nature de l'engagement
principal qui doit décider, et d'ailleurs, cette
considération ne peut point valoir contre le
créancier.

N. 1203.

191. Mais la solidarité n'a pas des effets
égaux dans toutes les obligations. Si, comme
nous venons de l'observer, les résultats sont les
mêmes à l'égard du créancier envers lequel
chaque cobligé solidaire est tenu pour la totalité, ils sont extrêmement différens entre les
cobligés.

Quelquefois la solidarité dérive d'une dette
qu'ils ont contractée en commun et dont ils sont
obligés principaux et directs. Dans cette circonstance, l'obligation se divise entre les co-
débiteurs et ils ne sont tenus respectivement,

lorsque l'un satisfait le créancier commun, que chacun pour sa part et portion.

D'autres fois, chacun de ceux qui sont obligés ne l'est pas comme ayant eu une portion des avantages de la dette, mais par suite d'une garantie successive.

C'est cette espèce de solidarité que produit la négociation des effets de commerce. La garantie ordinaire que tout cédant doit à son cession-naire, étendue jusqu'au point que chacun des cédans successifs réponde de la solvabilité des cédans qui le précèdent et de celle du débi-teur de la créance, réunit ces contractans dans un commun engagement envers le dernier pro-priétaire de cette créance ; il peut donc agir, non-seulement contre celui qui lui a cédé, mais encore, en exerçant les droits de ce cédant immédiat, contre celui qui le précède, et même par une représentation graduelle qui dérive de la faculté qu'a tout créancier d'exercer les droits de son débiteur, contre ceux qui pré-cèdent celui-ci.

N. $\left\{\begin{array}{l} 1603. \\ 1625. \\ 1693. \end{array}\right.$

N. 1167.

192. Les motifs qui nous portent à admettre la solidarité de plein droit, entre les diverses personnes qui sont obligées à l'exécution d'un engagement commercial, nous conduisent à la même décision sur la solidarité entre les créan-ciers. Lorsqu'une obligation commerciale a été souscrite au profit de plusieurs personnes, celle

qui a le titre entre les mains nous paroît fondée
à recevoir et libérer par remise ou par toute
autre convention, le débiteur commun.

CHAPITRE VI.

De l'Extinction des Obligations commerciales.

193. Les divers modes d'extinction des obligations en général, s'appliquent à celles qui résultent des engagemens commerciaux. Mais les principes du droit civil y sont encore modifiés.

Dans ce chapitre, nous allons donner les notions les plus applicables aux matières commerciales sur le paiement, la novation, la remise, la compensation, la confusion, la perte de la chose due, la prescription. Nous ne dirons rien de la nullité ou rescision, ni de l'effet de la clause résolutoire, parce que les principes généraux à cet égard ont déjà été expliqués dans les chapitres précédens, et qu'en traitant des contrats qui en sont susceptibles, nous aurons soin d'en faire connoître l'application.

Section première.

Du Paiement.

194. Nous diviserons cette section en neuf paragraphes. Dans les six premiers, nous ferons

connoître quand le paiement doit être fait ; par
qui il doit être fait ; quand il doit être fait ; dans
quels cas il peut être arrêté par des oppositions ;
comment il doit être fait ; où il doit être fait ;
dans le septième, nous traiterons de la subrogation ; dans le huitième, des imputations de
paiemens ; dans le neuvième, des offres réelles
et de la consignation.

§. I.

Par qui le Paiement doit ou peut être fait.

195. Dans la règle, une obligation doit être acquittée par le *débiteur*, et c'est dans les principes,
sur chaque contrat en particulier, qu'on peut
voir comment cette qualité est établie, ainsi que
l'étendue des obligations qu'elle impose. Il suffit
de rappeler la nécessité de bien distinguer les
obligations de livrer des obligations de faire,
parce que, dans les cas où un tiers veut exécuter N. 1327.
un engagement de cette dernière espèce, en l'acquit du débiteur, même sans requérir ni obtenir
de subrogation, le créancier est autorisé à s'y
refuser. Cette règle du droit civil n'est pas moins
importante en matière commerciale, et l'on doit
considérer comme *tiers*, non-seulement une
personne qui n'est point intéressée à l'exécution
de l'engagement, mais encore toute autre personne que le débiteur principal. Ainsi, lorsqu'un mécanicien a entrepris de construire une

filature ou autre machine semblable, et a donné une caution pour sûreté de son engagement, cette caution, quoique intéressée à l'acquittement de la dette, ne seroit pas admise à offrir une machine fabriquée par elle. Cette restriction pourroit même s'étendre jusqu'à permettre au créancier de refuser l'exécution offerte par un co-débiteur solidaire, s'il s'agissoit d'une chose dans laquelle le talent ou la réputation d'un des coobligés, spécialement désigné, auroit été pris en considération par le créancier.

Lorsqu'il ne s'agit que du paiement de choses fongibles, ou de prestations que le créancier n'a aucun intérêt de recevoir exclusivement de son débiteur, la question de savoir si celui qui n'a point intérêt à la dette peut l'acquitter, n'est plus à considérer que dans l'intérêt du débiteur principal, en ce qui concerne la subrogation ou les droits que ce paiement fera acquérir contre lui au tiers qui l'effectue. Nous en traiterons dans le §. septième.

§. II.

A qui le Paiement doit, ou peut être fait.

N. 1241. Les principes du droit civil qui ne considèrent pas comme valable le paiement fait à un créancier incapable de recevoir, sont suivis dans la jurisprudence commerciale sous les seules modifications que l'équité commande, lorsque l'obligé, qui auroit traité avec une personne alors capable de recevoir, lui fait un paiement de bonne foi, et dans l'ignorance de son changement d'état.

Mais ce que nous avons dit n. 148 de l'étendue des pouvoirs que sont présumés avoir reçu les facteurs ou autres préposés des commerçans, ne doit pas être perdu de vue dans l'application de cet autre principe du droit, qu'on ne peut N. 1239. valablement payer qu'au créancier, ou à quelqu'un ayant pouvoir de lui. Lors même que par le genre des fonctions qui leur sont confiées, ces personnes n'ont pas le mandat tacite d'aller faire les recouvremens chez les débiteurs, si elles se présentent porteurs de factures quittancées, reconnoissances ou autres titres de créances commerciales, celui qui leur paie de bonne foi est valablement libéré. Le maître doit s'imputer l'excès de la confiance dont ils abuseroient, puisque s'il ne les autorise pas à toucher, il ne doit pas placer ou laisser tomber entre leurs mains le titre de la créance.

Souvent aussi, l'usage ou la nature de la convention attribue à l'intermédiaire qui a opéré une négociation commerciale, le droit d'en recevoir le prix. Nous en avons donné un exemple pour les agens de change, n. 132. On en verra d'autres dans le contrat de commission.

196. A plus forte raison ne peut-il y avoir aucun doute sur la validité d'un paiement fait

à celui que le créancier a chargé de recevoir, soit par le titre constitutif de la dette, soit par un pouvoir postérieur; et même la minorité de la personne indiquée, qui la met à l'abri d'une responsabilité envers son commettant, n'est point un obstacle à ce qu'elle reçoive valablement.

La faculté du créancier, de révoquer le pouvoir, dépend de la nature de la convention, et de l'intérêt que peut avoir le débiteur à ce qu'on ne lui enlève pas un mode de libération, sur la foi duquel il a pu s'obliger, et qu'il peut vouloir maintenir. C'est encore d'après les principes du droit civil qu'on devra décider la validité du paiement reçu par le mandataire, depuis la révocation de ses pouvoirs, faite soit expressément par écrit, soit par la mort, soit par la faillite du commettant. Le jugement des contestations à cet égard, dépend toujours de la bonne foi de celui qui a payé, et des preuves qu'on a que la révocation expresse ou tacite lui a été connue avant de payer, ou qu'il l'a ignorée.

N. 2009.

197. Mais quelque favorable que soit la libération en elle-même, et quelqu'utile que soit la célérité des affaires de commerce, ces considérations ne vont pas jusqu'à tolérer que la seule possession d'un titre de créance, sans aucune des circonstances que nous venons d'indiquer, donne

droit de recevoir le paiement, et de libérer le débiteur. Ce n'est pas dans ce sens que peut être entendu le principe qu'un paiement fait de bonne foi à celui qui est en possession de la créance est valable. Ainsi, dans la règle, on doit s'assurer, lorsqu'on paie, si celui qui se présente est bien la personne désignée dans le titre comme créancier, ou dans l'acte de cession, comme cessionnaire de la créance, ou bien, s'il est le fondé de pouvoir de l'un ou de l'autre, d'une manière expresse ou tacite.

N. 1240.

198. Ces principes doivent toutefois être combinés avec ce que nous avons dit des différentes formes dans lesquelles peuvent être souscrites les obligations commerciales. Lorsqu'elles sont purement et simplement au profit d'un créancier dénommé, c'est alors que les précautions dont nous venons de parler sont principalement nécessaires et même indispensables.

Lorsque le débiteur s'est engagé à payer non-seulement au créancier, mais encore à tous ceux à qui ce créancier aura transporté ses droits par voie d'ordre, le paiement fait à l'échéance et sans opposition, à celui au profit duquel le dernier ordre est passé, fait *présumer* la libération, quand même ce dernier ordre ne réuniroit pas les conditions requises pour transmettre au porteur la propriété de cet effet, parce qu'il est du moins mandataire, et réputé indiqué par le

C. { 144. 145.

véritable créancier, pour recevoir. Le paiement
fait dans ces circonstances seroit présumé valable quand même le dernier porteur d'ordre se
trouveroit posséder le titre par suite de quelque
vol ou de quelque faux. A la vérité, cette *présomption* n'exclut pas les exceptions qui résulteroient d'une imprudence ou d'une faute grave,
et à plus forte raison d'une connivence entre
celui qui a reçu et celui qui a payé. Le débiteur à qui le porteur d'un effet de commerce
s'adresse, est donc intéressé à s'assurer de sa
qualité, en vérifiant s'il y a un endossement
quelconque fait à son nom. Il peut lui refuser le
paiement s'il n'en a point, s'il n'est que porteur
physique, ou si l'ordre passé à son nom, exclut
formellement la faculté d'exiger le paiement. Il
n'a pas moins le droit de s'assurer que celui qui
se présente est bien réellement celui que désigne le dernier ordre, et puisque le paiement
n'est qu'une *présomption* de libération, et qu'une
erreur l'exposeroit au moins à des contestations, il peut demander que ce porteur fasse
connoître son identité. A plus forte raison il a
droit d'assurer la preuve de sa libération, en
exigeant que le porteur lui remette l'effet revêtu de son *acquit*. Celui-ci ne peut s'en dispenser sous aucun prétexte. Une quittance séparée n'auroit aucune valeur contre le tiers qui
se présenteroit porteur du titre passé à son
ordre, et le seul fait que le débiteur auroit

son obligation entre ses mains, ne seroit pas une preuve de libération.

Nous avons vu qu'il y avoit une troisième sorte d'obligations purement payables au porteur. Le débiteur ne peut se permettre de contester les droits de celui qui se présente à l'échéance, avec le titre même : la nature des choses exige que, dans ce cas, la possession fasse présumer la propriété de la créance.

§. III.

Quand doit ou peut être fait le Paiement.

199. Ce que nous avons dit n. 187 sur le terme dans les engagemens de commerce, établit suffisamment qu'on doit payer le jour de l'échéance. Le Code de Commerce, en abro- C. 13?. geant tous les délais de faveur et d'usage pour le paiement des lettres de change et billets à ordre, n'a fait qu'appliquer la règle générale à une matière dans laquelle on s'en étoit autrefois N. $\left\{\begin{array}{l} 1134. \\ 1186. \end{array}\right.$ écarté. L'époque d'exécution qu'indique une convention doit être rigoureusement observée, puisque c'est la loi que les parties se sont faites.

Mais si le débiteur ne peut se fonder sur l'usage, pour exiger que son créancier attende le paiement au-delà du terme convenu, il ne lui est pas toujours interdit de demander un délai de grâce aux tribunaux. Ils peuvent user modérément du droit d'en accorder, en conciliant

à la fois la justice due au créancier, et l'indulgence dont le débiteur a besoin, dans tous
les cas où la loi ne leur ôte pas cette faculté,
comme dans les lettres de change et billets
à ordre.

N. 1244.

C. 157.

200. Il arrive souvent que des commerçans
dont les affaires sont considérables, indiquent
dans leurs obligations une certaine heure du
jour, à laquelle se font leurs paiemens. Lorsque
l'obligation a été reçue par le créancier, avec
cette indication, ni lui ni ses cessionnaires,
ne sont fondés à exiger qu'on les paye à une
autre heure. Mais, hors ce cas, le débiteur
ne peut contraindre à revenir, un créancier qui
se présente à des heures et des jours que l'usage
ou la loi n'ont pas exclus des affaires.

§. IV.

Des Oppositions au Paiement.

201. Le paiement fait par le débiteur à son
créancier, au préjudice d'une saisie ou d'une opposition, n'est pas valable à l'égard des créanciers
saisissans ou opposans : ceux-ci peuvent, selon
leur droit, le contraindre à payer de nouveau,
sauf, en ce cas seulement, son recours contre
le créancier. La faveur du commerce, ne va
pas jusqu'au point d'empêcher l'application de
ces principes du droit civil; mais il faut encore
faire attention à l'espèce de la créance.

N. 1242.

Si elle est au porteur ou à ordre, il ne peut être formé d'opposition, que pour des causes personnelles à ceux qui en sont propriétaires à l'instant de l'échéance. Quelque sujet que l'opposant puisse avoir d'agir contre les précédens propriétaires, la cessation de leurs droits a fait également cesser celui de former des oppositions ou saisies-arrêts sur eux. On ne pourroit en faire avec fondement, qu'autant qu'on prouveroit, par l'application des principes particuliers que nous donnerons sur la transmission de ces sortes d'effets dans les titres IV et V, que celui qui se dit propriétaire de l'effet au moment de l'échéance, ne l'est pas réellement, et que dans la réalité, ou d'après la présomption de la loi, le porteur précédent n'a pas cessé d'en être propriétaire.

§. V.

Comment le Paiement doit ou peut être fait.

202. Un créancier ne peut contraindre son débiteur à se libérer d'une autre manière qu'il n'a été stipulé par le contrat, quand même un changement dans les circonstances ou dans le genre de son commerce, lui rendroient totalement inutiles les choses promises, à moins que le débiteur n'étant constitué en demeure, le créancier ne refuse alors de recevoir la chose N. 1610. promise en se bornant à des dommages-intérêts.

N. 1243. De son côté, le débiteur ne peut contraindre son créancier à recevoir une chose autre que celle qui a été promise, quand même la valeur de la chose offerte seroit égale ou plus grande. Cette règle du droit civil a même été appliquée par une disposition spéciale, aux lettres de change et billets à ordre,

C. 143. que le débiteur est tenu de payer en la monnoie convenue.

Si toutefois il ne s'agissoit que du choix entre les monnoies nationales, les tribunaux pourroient, d'après l'état de la législation existante, apprécier les motifs d'intérêt que le créancier auroit pour que l'obligation fût exécutée à la lettre.

Une telle convention pourroit en effet violer indirectement les lois de police ; par exemple, s'il existoit, en concurrence avec le numéraire métallique, un papier monnoie que le créancier auroit voulu interdire au débiteur d'employer dans son paiement. Il faudroit vérifier si, lors de la convention, la loi permettoit ou prohiboit de stipuler que le paiement ne pourroit être fait qu'en telles ou telles espèces.

203. Cependant le débiteur, même dans le silence de la convention, n'est pas maître de donner en paiement celles des monnoies locales qu'il lui plaît ; ce droit se borne au choix entre la monnoie d'or et celle d'argent, ou les

papiers que l'autorité légitime y auroit substi-
tués. Les pièces dites de *cuivre* ou de *billon*,
ne peuvent, conformément au décret du 18
août 1810 [1], être employées dans les paiemens,
si ce n'est de gré à gré, que pour l'appoint
de la pièce de cinq francs. A plus forte
raison, le débiteur ne peut contraindre son
créancier à recevoir une traite, une délégation,
ou billet à vue, sur un commerçant quelque
solvable qu'il soit, pas même les billets d'une
banque autorisée par le gouvernement, lorsque
la loi n'attribue pas à ces billets la qualité
de monnoie. Un avis du conseil d'état, approuvé
le 21 décembre 1805 (30 frimaire an 14) [2],
l'a décidé relativement aux billets de la banque
de France. Au surplus le débiteur doit faire
l'appoint et supporter les frais du paiement, dont
font partie les coûts de quittance, même nota-
riée, sans pouvoir exercer aucune retenue sous
le nom de *passe de sacs*, que celle qu'autorise
le décret du 1.er juillet 1809 [3], cette espèce
de dépense faisant plutôt partie des frais d'en- N. 1609.
lèvement que de ceux de délivrance.

204. Si la stipulation porte sur des monnoies
étrangères, par exemple, si un engagement

---

[1] Bulletin des lois, 4.e série, n. 5870.
[2] Bulletin des lois, 4.e série, n. 1244.
[3] Bulletin des lois, 4.e série, n. 4475.

est payable en une certaine quantité de
piastres, aucune considération d'intérêt public
ne peut priver le créancier du droit d'exiger
l'exécution rigoureuse de la convention. Ainsi,
quoique *telle* pièce d'or d'Espagne soit, suivant
la loi de cet État, l'équivalent de *tant* de
piastres, le débiteur qui a promis *telle* somme
en piastres, ne doit pas être admis à se libérer en pièces d'or; il donneroit une chose
pour une autre, parce que la convention des
parties fait leur loi, et que ces piastres n'étant
point marquées du sceau de l'autorité publique de France, sont dans toute l'acception
du mot, une marchandise.

Il semble naturel de conclure de ce principe,
que le débiteur ne peut donner en monnoie
française, l'équivalent de ce qu'il a promis en
monnoie d'Espagne.

Mais puisque la monnoie étrangère ainsi promise n'est qu'une marchandise, et que dans ce
cas, l'obligation est de livrer des objets que
l'acheteur ne peut, par la nature des choses,
se faire autoriser à enlever, cet acheteur n'a,
comme nous l'avons dit n. 182, d'autre ressource que de demander une condamnation
N. $\begin{cases} 1147. \\ 1611. \end{cases}$ en paiement du prix de cette marchandise,
avec dommages-intérêts, résultant du défaut
de livraison, et cette condamnation ne pourroit
être liquidée par les juges, et exécutée par
les officiers ministériels de France, qu'en une

certaine quantité de monnoie française, à laquelle seroit évaluée la monnoie d'Espagne promise et non livrée. Ce que les juges feroient en condamnant le débiteur, a paru, dans l'intérêt du commerce, pouvoir lui être permis sans qu'une condamnation fût nécessaire. L'usage général est donc que le débiteur d'une obligation payable en monnoie étrangère, puisse offrir une somme que le cours du change ou un *arbitrage*, dont le mode est bien connu dans le commerce, sert à déterminer, sauf les dommages-intérêts, si quelques circonstances prouvoient suffisamment que le créancier avoit stipulé dans l'intention d'être réellement payé en cette monnoie étrangère, et que le défaut d'exécution rigoureuse de cette obligation, l'expose à une perte véritable.

205. Les variations survenues dans les monnoies entre l'époque à laquelle une somme a été promise, et celle du paiement, peuvent aussi donner lieu à des questions importantes.

Si l'engagement a été formé entre deux sujets du même Gouvernement, par une présomption qui existe toujours dans le silence de la convention, le paiement est censé stipulé en monnoie de ce gouvernement, et à moins d'une stipulation qu'aucune loi n'auroit ni interdite, ni annullée, le paiement doit être fait et reçu en la monnoie qui a cours au

13 *

moment qu'on l'effectue, quand même, ainsi que nous l'avons observé n. 22, la pièce de métal qui se nommoit *cinq francs*, lors de la convention, seroit appelée *six francs* lors de l'échéance. Nous en avons eu un exemple récent dans les décrets des 18 août et 12 septembre 1810 [1], qui ont diminué la valeur pour laquelle les pièces de monnoies frappées en livres tournois, avcient jusqu'alors été admises en paiement, d'après la loi du 6 mai 1799 (17 floréal an 7) [2].

Il importeroit peu que ce changement fût arrivé entre le jour de l'échéance et celui de la présentation du créancier; la même raison de décider subsiste, puisque si la mutation monétaire se trouve causer de la perte au créancier, il a pu l'éviter, en exigeant son paiement; que si elle est onéreuse au débiteur, il a pu faire des offres et consigner.

206. Cependant la différence que nous avons déjà indiquée entre les divers titres de créance, nous semble commander une distinction. Si le titre est un effet négociable, un bon à vue ou au porteur, ou tout autre dont le débiteur né puisse connoître le véritable possesseur, il est juste que la diminution soit aux

---

[1] Bulletin des lois, 4.e série, n. 5370 et 5942.
[2] Bulletin des lois, 2.e série, n. 2878.

risques du créancier, lorsqu'elle est postérieure
au jour qu'il auroit dû se présenter. Ce principe avoit été consacré par les déclarations
des 16 mars 1700, 28 novembre 1713, et 20
février 1714, rendues à l'époque de plusieurs
variations importantes dans la fixation de valeur
des monnoies françaises. Mais si le débiteur,
à l'instant qu'on viendra exiger le paiement
de l'effet élève des difficultés qui supposent
qu'il n'a pas les fonds entre ses mains, ou
demande du délai, comme alors il sera évident
que ce n'est pas l'impossibilité de connoître
son créancier qui l'a empêché d'aller lui faire des
offres à l'échéance, il ne peut plus réclamer
l'exception que nous venons d'indiquer. C'est
par cette raison, que l'art. 24 de la loi du 9
février 1799 (16 nivôse an 6)[1], avoit déclaré
que les fonds qu'un débiteur, par compte
courant, devoit à son correspondant, avoient
péri ou s'étoient dépréciés pour le compte
de ce dernier, si le débiteur les avoit tenus sans
aucun obstacle à sa disposition; mais qu'au cas
contraire, le risque avoit été pour le débiteur.

Lorsque les titres de créance sont directs, et
ne permettent pas que le débiteur ignore où est
son créancier pour lui faire des offres réelles, la
perte est pour ce débiteur; on rentre dans la
règle, puisqu'il n'y a plus de raisons d'exception.

---

[1] Bulletin des lois, 2.ᵉ série, n. 1650.

207. Ces principes ne s'appliquent point à l'obligation de payer une certaine quantité de la monnoie d'un Etat étranger : peu importent les variations qu'elle a éprouvées; cette monnoie n'ayant pu être considérée que comme des lin-

N. 1967. gots, le débiteur doit payer des pièces du poids et de la qualité qui existoient à l'époque de la convention, sinon, être condamné à des dommages-intérêts, comme nous l'avons vu. Il importe peu, à cet égard, que le débiteur soit ou non sujet du Gouvernement dont la monnoie a été promise, et même que le paiement doive être effectué dans le territoire de ce Gouvernement.

Par exemple, *Pierre*, Espagnol, promet de payer à *Paul*, qui est Français, 500 piastres. *Paul* a entendu recevoir une certaine quantité de pièces ayant *tel* poids, et contenant *telle* portion d'argent, *telle* autre d'alliage, et son calcul n'a pu se fixer que sur les pièces qui existoient lors de la convention. Il ne doit pas fidélité au Gouvernement d'Espagne, et ne peut être tenu de croire, sur l'ordre de ce Gouvernement, que le papier imprimé, portant les mots : *Bon pour* 500 *piastres*, les vaut réellement. La présomption est qu'il veut employer son argent hors d'Espagne, où le papier-monnoie sera sans valeur.

A la vérité, si *Paul* est obligé de poursuivre *Pierre* en Espagne, les tribunaux espagnols ne pourront accueillir ces raisons, parce que la loi qui les a instituées ne le permet pas.

Mais alors il usera du droit qu'il a d'appeler son débiteur devant les tribunaux français, N. 14. où l'Espagnol sera certainement condamné, conformément aux principes que nous avons établis, à payer, en monnoie française, une somme égale à la valeur de la matière que contiendroient les 500 piastres promises, suivant leur titre et poids au temps de la convention. A la vérité, si cet Espagnol n'a pas de biens en France, le jugement ne produira aucun avantage, car lorsqu'on ira en Espagne pour le faire exécuter, on rejugera de nouveau la cause, et le tribunal espagnol déclarera que le papier vaut de l'argent.

Un premier remède à cet inconvénient est dans l'usage où les Gouvernemens sont de stipuler que les jugemens de commerce seront réci- Pr. 546. proquement exécutoires, de même que s'ils étoient rendus par leurs propres tribunaux. A défaut d'une telle stipulation, le citoyen à qui un jugement étranger cause ainsi préjudice, porte ses plaintes à son Gouvernement, qui, s'il en a la force, et s'il croit que sa politique ne s'y oppose pas, fait demander réparation de la lésion au Gouvernement dont le débiteur est sujet. S'il ne l'obtient pas, il délivre au créancier des lettres de *représailles*, c'est-à-dire, une autorisation de prendre où il pourra une propriété appartenant à un sujet du Gouvernement qui a refusé la réparation demandée. C'est en quelque sorte une guerre privée, qui amène quelquefois une véritable guerre.

Le plus souvent, le Gouvernement qui n'a pas d'abord accordé justice, cède à de nouvelles représentations, ou à la crainte, et fait alors soit des conventions politiques, soit des lois d'exception, relativement aux rapports commerciaux avec les nations étrangères. Nous en avons eu un exemple récent dans la loi du 19 janvier 1796, (29 nivose an 4)[1], sur les lettres de change tirées de l'étranger.

Ces règles sont les mêmes lorsque le titre de créance est un effet négociable. Ainsi, en continuant l'hypothèse ci-dessus, le porteur qui n'aura pu être payé en Espagne qu'en une monnoie affoiblie ou de simple confiance, valant, par exemple, vingt pour cent moins que celle qui a été promise, constate ce fait de la manière qui lui est possible, eu égard à la législation espagnole : il exerce ensuite son recours contre ses cédans, de la même manière que le porteur à qui l'on ne paie qu'un à-compte. Les cédans ainsi poursuivis, ne peuvent éviter d'être condamnés à payer le supplément, puisqu'ils ont vendu une certaine quantité de lingots qu'ils ont garantis, lesquels lingots ne sont pas livrés à l'échéance à l'acheteur, tels qu'ils existoient

---

[1] Bulletin des lois, 2.ᵉ série, n. 126.

lors de la vente, et s'ils ont mis en cause le débiteur principal, ils obtiennent un recours contre lui. A la vérité, il se trouve, par l'événement que, s'ils ne sont pas soutenus par leur Gouvernement, comme nous l'avons dit au numéro précédent, ils subiront une garantie dont ils ne pourront peut-être pas se faire indemniser. Mais l'injustice n'est qu'apparente ; ce sera la conséquence d'un principe vrai et invariable, que le vendeur d'une créance, quoiqu'il n'ait aucune ressource en définitif contre ses cédans ou contre le débiteur, n'en doit pas moins garantir le transport qu'il a fait avec la clause de fournir et faire valoir.

208. En thèse générale, le débiteur ne peut N. 1244, se libérer par portions, et ce ne peut être que l'autorité du juge qui y déroge, soit pour quelques créances particulières, dans les cas où la loi ne lui interdit pas d'accorder de terme, soit par une mesure générale, lorsqu'il homologue un acte d'atermoiement qui permet au débiteur de se libérer par portions. Cependant, on a cru que, dans le commerce, cette règle devoit fléchir lorsque le titre de créance étoit un effet négociable par endossement, dont le porteur avoit des recours à exercer contre ses garans, et se trouvoit en quelque sorte leur mandataire pour agir contre le débiteur principal. Il a droit, sans doute, de refuser terme à ces garans

pour la partie de la dette que le débiteur n'acquitte pas à l'instant; il peut et doit même
constater son refus, mais il ne peut refuser les
à-comptes offerts, sauf à continuer ses pour-

C. 156. suites, et à exercer ses recours pour le restant dû.

209. Ce que nous avons dit dans les numéros précédens, est principalement applicable
au paiement d'une certaine quantité de monnoies.
Lorsque la chose due consiste en denrées ou
autres marchandises, il y a quelques règles différentes à suivre que nous ferons connoître au
titre de la vente, en parlant de l'obligation
dans laquelle est le vendeur de délivrer la chose
vendue.

210. La jurisprudence commerciale ne peut

N. 1238. pas admettre, dans toute sa rigueur, la disposition du droit civil, qui ne met à l'abri de la
répétition celui qui a reçu en paiement une
chose d'une personne qui n'en étoit pas propriétaire, qu'autant que cette chose est fongible, et
qu'il l'a consommée de bonne foi avant la répétition. Si quelqu'un ayant en dépôt les marchandises ou les effets de commerce d'un autre,
les employoit à remplir une obligation de livrer
des marchandises de même espèce qu'il auroit
vendues, ou endossoit au profit de ses créanciers, les effets qu'il est chargé de vendre ou
de recouvrer, le légitime propriétaire ne seroit

point admis à répéter ces marchandises ou effets, quoique celui qui les auroit reçus ne les eût pas consommés. La foi du commerce doit l'emporter sur toute autre considération, le déposant ayant à s'imputer d'avoir accordé sa confiance à un homme qui en étoit indigne. Nous donnerons les développemens de ce principe en traitant du dépôt.

§. VI.

Où le Paiement doit être fait.

211. A défaut de convention particulière, expresse ou présumée entre les contractans, le lieu où doit être délivré un corps certain, est celui où il étoit au temps de l'obligation. Si l'objet n'existoit pas encore, ou du moins s'il n'étoit pas dans la propriété ou possession du vendeur, c'est le lieu que la convention, et à son défaut l'usage, ne manquent jamais de déterminer; et s'il y a incertitude absolue, c'est le lieu où demeuroit le débiteur à l'époque de la convention. S'il s'agit de payer des sommes de monnoie, c'est le domicile du débiteur, à moins que la somme due ne soit pour prix d'une vente ou d'une transaction de cette nature, car le lieu du paiement seroit alors celui où la délivrance doit, a été ou a dû être faite, suivant les règles ci-dessus.

N. {1247. 1609.

N. 1651.

212. Quand cette désignation de domicile
est faite expressément par les contractans, à qui
la liberté la plus absolue, tant pour le choix
que pour la manière de l'exprimer, est accordée,
le créancier n'est plus le maître de ne s'y pas
adresser, ni le débiteur de le changer; il faut
qu'en tout temps le sort de l'un ne puisse être
aggravé par le fait de l'autre.

C'est surtout en matière de commerce que ces
principes doivent être observés scrupuleusement. Celui qui a pris ses précautions pour payer
dans une ville, ne doit pas s'attendre qu'on lui
demandera dans une autre l'acquittement de
son obligation. Il suffit d'observer que lorsqu'un
domicile, pour l'acquittement d'un engagement
commercial, est indiqué, soit par la nature de
la convention, soit par une stipulation spéciale,
ni la mort, ni la faillite du débiteur, ne peuvent
contraindre le créancier à s'adresser à un autre
lieu, ni à poursuivre le paiement devant un autre
tribunal, sous prétexte qu'il seroit celui de la
succession ou de l'ouverture de la faillite.

Lorsqu'un engagement est souscrit au nom
d'un établissement de commerce tenu en so-
C. 22. ciété, quoique chaque associé soit obligé à tout
ce qui est contracté sous la raison sociale, le
créancier doit s'adresser au lieu où se tient l'établissement, ou à l'individu qui en est le direc-
C. 42. teur. Tout acte de société devant être publié, il
ne sauroit s'excuser sur son ignorance. Il seroit

injuste d'aller attaquer un associé qui, placé loin de l'établissement dans lequel il est intéressé, pourroit refuser sans mauvaise intention.

213. Mais lorsque, dans l'absence de toute convention ou circonstance, on rentre dans le principe général, que le paiement se fait au domicile du débiteur, il peut y avoir encore quelque difficulté. En général, les règles du droit civil servent à déterminer ce domicile. N. 102 *et suiv.* Cependant si le débiteur se trouve en avoir à l'échéance un différent de celui qu'il avoit au moment où l'obligation a été souscrite, il est encore nécessaire de rappeler la distinction que nous avons souvent faite entre les obligations négociables, et celles qui ne sont transmissibles que par la voie ordinaire du transport. Les obligations négociables étant, comme nous le verrons dans la suite, assujetties à des conditions extrêmement rigoureuses sur les délais, pour constater le refus, il est naturel et même indispensable pour le commerce, que le lieu où le débiteur demeuroit au moment qu'il a souscrit l'obligation, soit réputé le domicile élu pour le paiement, puisque les recherches que le créancier se trouveroit obligé de faire, lorsqu'en s'y présentant il apprendroit que le débiteur habite une autre ville, absorberoient le temps qui lui est accordé pour se mettre en règle, et éviter la déchéance.

§. VII.

De la Subrogation.

214. Le droit commercial ne s'est point, en
N. { 1236. général, écarté des règles du droit civil qui re-
{ 1250. fusent la subrogation de plein droit à celui qui
acquitte une dette sans autre intérêt que de se
substituer au créancier; mais ces mêmes règles
sont modifiées en ce qui concerne les effets négociables par voie d'endossement. Lorsque le
refus de paiement du débiteur a été constaté
par un acte qu'on nomme *protêt*, toute personne peut rembourser le créancier; et sans
aucune stipulation elle est subrogée à ses droits,
comme nous le dirons au titre IV, en traitant du
paiement par intervention des lettres de change.

Du reste, le principe du droit civil qui
N. 1251. accorde la subrogation à celui qui acquitte une
dette dont il étoit tenu avec d'autres ou pour
d'autres, loin d'être modifié dans la jurisprudence commerciale, s'applique de la manière
la plus étendue, non-seulement au codébiteur,
à la caution, mais encore au commissionnaire,
C. 91. qui, suivant ce que nous avons dit n. 42, agit
en son propre nom, quoique pour le compte
d'un commettant, et aux préposés qui, dans certains cas, peuvent être poursuivis directement.
C. 634. Par cela seul qu'il y auroit de la part du créancier quelqu'action contre eux, il est juste qu'en

payant, même sans poursuites commencées, ils soient légalement subrogés à ses droits.

Il est toutefois bien important de remarquer que la seule confiance qui porte souvent un correspondant à payer la dette de son correspondant, sans que celui-ci lui en ait donné l'ordre, n'est pas un motif pour obtenir la subrogation légale. Lorsque le correspondant qui agit ainsi n'est pas dans un des cas que nous venons d'indiquer, un tel paiement n'assureroit à celui qui l'a fait, que les droits qui résultent du quasi-contrat de gestion d'affaires. N. 1382.

§. VIII.

Des Offres réelles.

215. Les principes du droit civil sur l'effet des offres réelles et de la consignation, pour libérer un débiteur quand le créancier refuse de recevoir, sont également admis dans la jurisprudence commerciale. Les conditions requises pour la validité de ces offres, sont que celui à qui on les fait soit capable de recevoir le paiement suivant les règles que nous avons indiquées n. 195, et d'un autre côté que celui à la requête de qui sont faites les offres soit capable de payer; que le terme, lorsqu'il est en faveur du créancier, ou la condition, s'il en a été apposé une, soient échus. Le lieu où le paiement doit être fait, d'après les règles

N. $\begin{cases} 1258. \\ 1259. \end{cases}$

que nous avons indiquées n. 211 , n'est pas
toujours celui où doivent être faites les offres
réelles. S'il n'y a pas de convention spéciale
sur le lieu du paiement, les offres doivent être
faites à la personne ou domicile soit réel', soit
conventionnel du créancier. Le débiteur ne
pourroit, sous prétexte qu'à défaut de clause
ou de présomption déduite de l'objet de la
convention , le paiement doit être fait à son
domicile , y faire également les offres. Dans ce
cas , s'il s'agit d'une somme d'argent, il faut
que les offres soient faites au domicile du
créancier, sauf à retenir les frais d'envoi ou
transport des fonds.

N. 1268.

216. Lorsque des offres faites dans les circonstances que nous venons d'indiquer n'ont
point été acceptées par le créancier, le débiteur peut, sans qu'une autorisation de justice
soit nécessaire , faire la consignation dans la
caisse d'amortissement à Paris, ou, en province, chez les receveurs généraux ou d'arrondissement, qui sont ses préposés conformément
à la loi du 18 janvier 1805 (28 nivôse an 13) [1],
s'il s'agit d'une somme d'argent. S'il s'agit de
corps certains , par exemple , de diamans ,
lingots, effets de commerce, actions au porteur, marchandises, le débiteur peut demander

---

[1] Bulletin des lois, 4.e série , n. 474.

l'autorisation d'en faire la consignation en tel dépôt qu'il plaira au tribunal d'indiquer.

Cependant la nature des choses exige que ces principes soient modifiés quand il s'agit de les appliquer aux engagemens soit payables au porteur, soit négociables par voie d'endossement. Il peut arriver qu'une variation importante dans la valeur des espèces ou toute autre cause rende le porteur d'un tel effet intéressé à ne pas venir en réclamer le paiement le jour de l'échéance, tandis qu'au contraire le débiteur sera très-intéressé à se libérer. Les règles à suivre dans ce cas sont tracées par la loi du 24 juillet 1795 (6 thermidor an 3) [1], qu'aucune autre postérieure n'a abrogée. — En voici le texte :

« Tout débiteur de billet à ordre, lettre de
» change, billet au porteur ou autre effet né-
» gociable dont le porteur ne se sera pas pré-
» senté dans les trois jours qui suivront celui de
» l'échéance, est autorisé à déposer la somme
» portée au billet dans les mains du receveur de
» l'enregistrement (actuellement la caisse ou
» les préposés de la caisse d'amortissement,
» conformément à un avis du conseil d'état du
» 13 octobre 1809) [2] dans l'arrondissement
» duquel l'effet est payable. L'acte de dépôt
» contiendra la date du billet, celle de l'échéance

---

[1] Bulletin des lois, 1.re série, n. 974.
[2] Bulletin des lois, 4.e série, n. 4759.

» et le nom de celui au bénéfice duquel il aura
» été originairement fait. Le dépôt consommé,
» le débiteur ne sera tenu que de remettre
» l'acte de dépôt en échange du billet. La
» somme déposée sera remise à celui qui re-
» présentera l'acte de dépôt, sans autre for-
» malité que celle de la remise d'icelui et de
» la signature du receveur. Si le porteur ne
» sait pas écrire, il en sera fait mention sur
» les registres. »

La seule différence qui se trouve entre les
formes déterminées par cette loi et celles que
nous avons indiquées ci-dessus, consiste en ce
que le débiteur n'est point obligé de faire
d'offres réelles au créancier; mais la nature des
choses ne le permet pas, puisque le dernier
porteur ou cessionnaire étant le créancier au
domicile duquel, suivant les principes généraux, les offres devroient être faites, l'ignorance dans laquelle le débiteur est et doit nécessairement être de ce nom et de cette demeure,
rend cette condition impossible à remplir.

217. Tout ce qui vient d'être dit s'applique
aux créances de sommes d'argent ou d'objets mobiliers susceptibles, soit d'après la convention,
soit d'après l'usage, d'être exhibés, désignés
dans un procès-verbal, offerts et déposés de cette
manière. Lorsque la chose due est un corps
N. 1264. certain qui doive être délivré dans le lieu où

il se trouve, au créancier qui est tenu de l'enlèvement, le débiteur doit faire à ce créancier une sommation d'enlever la chose, au même domicile que celui où les offres doivent être faites. Cette sommation tient lieu d'offres et de consignation; elle met la chose aux risques du créancier, si déjà elle n'y étoit pas par l'effet de la convention; si même le débiteur a besoin de la libre disposition du local dans lequel cette chose se trouve, il peut se faire autoriser par justice à la faire déposer dans un lieu indiqué, aux frais et risques du créancier.

§. IX.

De l'Imputation des Paiemens.

218. Les règles que nous avons données sur le droit d'un débiteur d'offrir, et sur celui d'un créancier de refuser des paiemens à-compte, n'ont leur application que lorsque le débiteur n'a qu'une seule dette envers son créancier. Mais lorsqu'il lui doit en vertu d'obligations ou pour des causes différentes, les imputations de paiement font naître des questions difficiles sur lesquelles l'équité, l'intention expresse ou présumée des parties sont presque toujours les seuls guides que les tribunaux puissent adopter.

En principe général, c'est au débiteur à déclarer, lorsqu'il fait un paiement, quelle est la

14 *

dette qu'il entend acquitter. Cependant l'intérêt du créancier restreint quelquefois cette
faculté; ainsi, lorsque le débiteur veut imputer
son paiement sur une créance plus considérable
que la somme qu'il paie, le créancier peut s'y
refuser puisqu'il ne peut être contraint de re-
N. 1244. cevoir partiellement, si le titre de créance ne
lui en impose la loi; ainsi, lorsque la créance
produit des intérêts, soit par l'effet de la convention expresse ou tacite des parties, soit par
suite de condamnations, le débiteur n'a pas
N. 1254. droit de diriger l'imputation par préférence sur
le capital, quand même le titre de la créance
lui permettroit de se libérer partiellement, parce
qu'il n'est pas fondé à diminuer d'autant un capital productif, en laissant subsister une dette
d'intérêts, qui est pour le créancier une valeur
morte.

A l'exception des cas que nous venons de prévoir ou autres semblables, le créancier ne peut
refuser de faire l'imputation que lui indique
le débiteur, quand même la dette que celui-ci
préféreroit d'acquitter ne seroit pas échue, sauf
toutefois si le terme étoit en faveur du créancier.
Peu importeroit la circonstance que d'autres
dettes fussent échues, le créancier ne pourroit
refuser l'imputation, puisqu'il lui resteroit le
droit de poursuivre le débiteur.

219. Lorsqu'au moment du paiement, le

débiteur n'indique pas la dette qu'il veut acquitter par préférence, l'imputation que le créancier fait dans la quittance qu'il donne, et que le débiteur accepte est irrévocable, à moins que ce dernier ne prouve qu'elle a été l'effet du dol ou de la surprise.

N. 1255.

La quittance peut ne contenir aucune indication. Ce cas se présente fréquemment dans le commerce, où tant de paiemens se font par des remises de fonds à réaliser, de billets ou autres créances à recouvrer. Les règles du droit civil qui veulent que l'imputation soit faite sur la créance que le débiteur avoit le plus d'intérêt à acquitter, doivent encore recevoir leur application. Si parmi les différentes obligations d'un commerçant, il en est qui aient trait à son commerce, et d'autres qui y soient étrangères, l'imputation devra porter sur les premières; en effet, la plupart des dettes commerciales donnent lieu à la contrainte par corps, et même en supposant que celles-là n'y soient pas soumises, l'inexécution des engagemens commerciaux a des suites plus fâcheuses que le non-paiement des dettes civiles, puisqu'elle peut faire constituer en faillite. Si parmi les dettes purement commerciales, les unes dérivent d'effets de commerce dont le non-paiement donne lieu à des poursuites que les juges ne peuvent suspendre, et les autres de simples engagemens pour l'exécution desquels les juges

N. 1256.

peuvent accorder un sursis, l'imputation se fera
sur les premiers. Enfin, à égalité de conditions,
l'imputation semble devoir être faite sur la
dette la plus anciennement échue, quelle que soit
d'ailleurs la date à laquelle elle a été créée. Car,
à vrai dire, le retard pour le créancier n'a commencé qu'à l'échéance; c'est à compter de ce
jour-là seulement que le créancier a souffert,
et l'ancienneté du titre ne lui est pas aussi
dommageable que l'ancienneté de l'échéance.

Toutes ces règles ne dérogent point à ce que
nous avons dit. n. 208, qu'un créancier n'est
pas tenu de recevoir des à-comptes sur ce qui
lui est dû, quand le titre de la créance ne l'y
oblige pas. Ainsi, dans la règle, le créancier
de plusieurs sommes peut refuser un paiement
indéfini et exiger que l'imputation soit deter-
minée à l'instant même, de manière qu'il ne
coure pas le risque de morceller une de ses
créances. Mais s'il n'a pas usé de ce droit, s'il
a reçu le paiement d'une somme sans autre désignation, il n'est plus admis à rendre la partie
de ce qu'il a reçu, qui formeroit un à-compte
sur une des dettes, afin que son capital reste
entier. Il est censé avoir dérogé à la faculté
qu'il avoit de refuser des paiemens partiels.

Section II.

De la Novation.

220. Il existe deux espèces de novation, dont les effets ne doivent pas être confondus : la novation de créance et la novation de titre.

La novation de créance, a lieu ordinairement par une substitution de personnes ; lorsqu'un nouveau débiteur est substitué à l'ancien, qui est déchargé par le créancier, ou lorsqu'un nouveau créancier est substitué à l'ancien, envers lequel le débiteur cesse d'être obligé. N. 1271, 2.ᵉ et 3.ᵉ al.

Souvent dans le commerce, un débiteur donne à son créancier une somme à prendre sur une personne qui lui doit; c'est la théorie d'un grand nombre d'opérations de banque, nommées *viremens de parties*, ou simplement *viremens*, par l'effet desquelles une somme est transportée du crédit d'une personne à qui elle appartenoit, et inscrite au crédit d'une autre, dont la première étoit débitrice. Ces sortes de délégations s'opèrent d'autrefois par des mandats simples ou négociables, qu'un débiteur donne à son créancier pour qu'il se fasse payer d'une personne dont, à son tour, l'auteur de ce mandat est créancier. Nous en parlerons dans le titre V.

Les paiemens faits par *viremens* opèrent en

général, une novation complète. Les mandats
sont plus souvent considérés comme une sorte
de procuration que le créancier reçoit pour se
faire payer par le débiteur de son débiteur, sous
la réserve tacite de revenir contre ce dernier,
si le mandat n'est pas acquitté.

Dans tous ces cas, les règles du droit civil
N. $\left\{\begin{array}{l} 1275. \\ 1277. \end{array}\right.$ reçoivent leur application sans aucune restriction, et la novation n'est jamais présumée ;
mais elle n'a pas besoin d'être expresse, et
l'intention des parties se manifeste par l'opération et les effets que l'usage y attribue.

La novation de titre a lieu, lorsque le dé-
N. 1271, 1.er al. biteur contracte envers son créancier une nouvelle dette, qui est substituée à l'ancienne, laquelle est éteinte. Cette seconde espèce de novation peut, dans le commerce, se présumer encore
plus aisément que la première par les circonstances, et sans que les parties s'en expliquent.
Par exemple, un fabricant vend à un débitant
des marchandises pour le paiement desquelles
il auroit, en vertu de ses livres ou de toute
autre preuve admise dans le commerce, une
action dont la durée seroit de trente ans ;
il fait souscrire à son profit des billets à
ordre, dont l'action se prescrit par le seul
laps de cinq ans, comme nous le verrons
dans la suite, il devient extrêmement important de connoître s'il y a eu novation.

Il faut pour cela considérer si le nouvel

engagement que sa forme particulière soumettra à des conditions ou à des règles spéciales de prescription, a été donné pour remplacer ou seulement pour corroborer le titre du créancier en facilitant la perception de ce qui lui est dû, ou la négociation de sa créance. Au premier cas, le fabricant qui a laissé prescrire son droit d'exiger le paiement des billets à ordre, ne seroit plus admis à former une demande fondée sur la preuve qu'il administreroit de la vente des marchandises par lui faite. Dans le second cas, la novation ne devroit point être présumée.

En général, les circonstances du fait et des négociations entre les parties, doivent être pesées avec beaucoup d'attention, et le plus souvent la preuve de la novation consiste dans la manière dont le titre primitif a été conçu. Si l'acte qui constate la vente, tel que la facture, est quittancé, si la convention a été formellement que la marchandise seroit payée en effets de commerce, en un mot, s'il apparoît que le créancier n'a pas voulu une double sûreté, et n'a entendu prendre d'autre titre, que celui qui étoit soumis à la prescription de cinq ans, la novation sera réputée avoir éteint la première dette, dont la prescription eût été plus longue, et y avoir substitué la dette prescriptible par un temps plus court.

Mais il est de principe qu'on doit donner

le moins d'extension possible à une présomption. La novation sera donc restreinte, dans
ce cas, à ce qui est une conséquence nécessaire
du titre que le créancier a pris en échange
de sa créance. Ce mode de règlement, qu'on
peut supposer être l'effet de sa convenance
et de son choix, le soumettra, comme nous
l'avons vu, à la prescription spéciale pour le
titre qu'il se sera fait donner, mais ne changera
pas l'origine et la cause de la dette. Ainsi
nous verrons que le paiement de marchandises en effets de commerce, n'empêche pas
le vendeur d'exercer sa revendication dans les
cas et les circonstances où le vendeur non
payé est admis à revendiquer ce qu'il a vendu;
qu'il ne lui fait perdre aucun des privilèges
de gage, nantissement, cautionnement ou autre
qu'il a pu stipuler à défaut de paiement, parce
que la délivrance d'effets de commerce par un
débiteur n'est pas un mode de libération, et
que le créancier ne les reçoit, suivant le langage de la banque, que *sauf encaissement.*

Dans d'autres circonstances, la novation du
titre, sans rien changer à l'origine et à la
cause de la dette, sans en affoiblir les priviléges et les sûretés, en proroge la prescrip-
tibilité. Ainsi un jugement de condamnation,
obtenu par celui à qui étoit due une créance
susceptible d'être éteinte par une prescription
d'un, trois ou cinq ans, ne permet plus

qu'elle soit prescriptible par un autre laps de temps, que celui qui éteint les droits résultant des jugemens, c'est-à-dire, trente ans.

Il en est de même de la reconnoissance de la dette, ou de son placement dans un article de compte courant; elle proroge le droit de demander le paiement pendant tout le temps accordé pour l'exercice des actions qui ne sont pas soumises à des prescriptions spéciales.

221. Il arrive quelquefois que, sans qu'il y ait de réelle novation dans les rapports entre le créancier et le débiteur, les tiers soient admis à prétendre qu'elle existe en leur faveur; c'est lorsque le créancier s'est mis hors d'état de pouvoir subroger à ses droits et priviléges dans la même étendue qu'il les auroit pu exercer, le N. 2037. coobligé ou la caution qu'il poursuit pour obtenir le paiement : ces personnes se trouvent dégagées envers lui, puisque, par son fait, les choses sont dans un état tel, qu'elles ne pourroient plus obtenir la garantie sur laquelle elles ont dû compter, et sur la foi de laquelle elles se sont engagées.

SECTION III.

De la Remise.

222. On peut définir la remise, le consentement que le créancier donne librement et

volontairement de ne point exiger le paiement
de ce que lui doit son débiteur. Elle n'a pas
toujours besoin d'être écrite; elle peut résulter
expressément d'un fait qui ne laisse aucun
doute. Le créancier, qui, sans tirer de *récé-
cépissé* ou d'écrit qui lui conserve quelques
droits, se dessaisiroit de son titre sous signature privée, anéantiroit sa créance, par
l'impossibilité de l'exercer. L'existence de ce
titre, entre les mains du débiteur, feroit preuve
de sa libération, tant que le créancier ne prouveroit pas que c'est par un délit ou par un
accident, qu'il s'en trouve dépossédé contre sa

N. 1283. volonté. Ce principe ne seroit modifié que dans
les cas où le titre de créance, quoique sous
signature privée, est susceptible d'être délivré
en plusieurs exemplaires, comme nous le verrons
à l'égard des lettres de change.

La remise n'est pas moins expresse, quoique
le créancier qui l'a souscrite ne se soit pas
dessaisi de son titre, lorsque l'écrit qui la
contient, fournit une exception au débiteur
contre toute prétention ultérieure de ce créancier. Mais si l'obligation étoit payable au
porteur ou à l'ordre du créancier, le débiteur
ne pourroit opposer utilement cette remise
faite par un acte séparé, à celui qui se présenteroit à l'échéance, pour être payé, muni
du titre original, ou en vertu d'un endossement régulier, quoique postérieur à la

remise. Les principes particuliers sur la négociation des effets de commerce, que nous
avons développés n. 139, ne permettent pas
que la quittance ou remise, même ayant date
certaine, puisse faire obstacle aux droits qu'a
le tiers porteur légitime, de s'en faire payer le
montant à l'échéance. Le débiteur doit s'imputer de n'avoir pas suffisamment pris ses
précautions, et n'auroit qu'un recours contre
le créancier auteur de la remise. Il auroit ce
droit, quand même la remise auroit été faite
par donation, parce que le donateur est
garant de ce qu'il a donné, en ce qui touche
son fait personnel.

223. La remise devant être volontaire, cette N. 128⅔.
qualification ne pourroit être donnée à celle que
feroit le créancier d'un failli, qui ne recevroit
qu'une portion de sa créance, par l'effet d'un
accord, que la majorité légale des créanciers
auroit consenti. Il ne seroit pas exclu du
droit de demander le paiement du reste aux
autres obligés. De même, il faut bien se
garder de prendre pour une remise tacite, la
conduite du porteur d'un effet de commerce,
ou de tout autre titre de créance, contre
plusieurs coobligés, qui ne s'adresseroit qu'à
celui des débiteurs solidaires qu'il jugeroit à
propos de choisir, et n'exerceroit point de
recours contre tel ou tel d'entr'eux. La loi

qui lui donne une action solidaire, ne prononce point de peine contre lui, à défaut de les avoir tous poursuivis, sauf les cas où par l'inobservation de certaines obligations que la loi lui imposoit, il auroit privé quelques-uns de ses codébiteurs de leurs recours contre d'autres.

Il importe peu de quelle manière la remise est faite; et toutes les règles que nous donnons sur les preuves en matière de commerce sont admises, parce que, encore bien que la remise soit le plus souvent une libéralité, elle n'est point assujettie à la forme ni aux conditions des donations. Nous examinerons, dans le titre II, l'effet de celle qui seroit accordée par correspondance.

224. La remise est, en général, présumée faite à tous les coobligés, à moins de réserve expresse. Mais ce principe du droit civil est encore modifié par ce que nous avons dit sur la nature particulière de la solidarité existante entre les diverses personnes qui figurent dans la négociation d'un effet de commerce, transmissible par voie d'endossement. S'il est vrai que tous les signataires soient engagés solidairement envers le créancier, il est constant qu'ils ne sont entr'eux que des garans successifs; et par conséquent, les effets de la remise faite à l'un des obligés, doivent être aussi différens que les diverses qualités dans

N. 1285.

C. 140.

lesquelles ils ont pris part aux négociations. Si la remise est faite au débiteur principal, à celui qui doit garantir chacun des autres obligés, ceux-ci sont libérés ; si elle est faite à l'un des obligés, ceux à qui il doit une garantie sont libérés, mais ceux qui le précèdent dans l'ordre des négociations, ne le sont pas : en un mot, la règle véritable, et qui ne peut dans aucun cas être modifiée, est que la remise faite à l'un, libère tous ceux dont celui-ci étoit garant, mais ne libère pas ceux qui lui devoient garantie, sauf le cas de négligence dans nous avons parlé au numéro précédent.

Section IV.

De la Compensation.

225. La compensation dont l'effet est d'opérer la libération réciproque de ceux qui sont N. 1289. en même temps créanciers et débiteurs l'un de l'autre, est un mode de paiement qui peut souvent recevoir son application dans le droit commercial.

Quelquefois elle a lieu par la seule force de la loi, et d'autres fois elle doit être requise par la partie intéressée. Les effets de ces deux modes de compenser sont trop différens pour que nous manquions de les faire remarquer.

226. Lorsque la compensation est *de droit*, c'est-à-dire, lorsqu'elle résulte du concours des circonstances auxquelles la loi attribue l'effet d'éteindre deux dettes réciproques, sans la volonté ni la demande des intéressés, les parties cessent

N. 1290. d'être débiteur et créancier, à l'instant même que ces deux qualités se rencontrent; et peu importe l'inégalité des deux créances, la plus forte est éteinte jusqu'à concurrence du montant de l'autre, sans que le créancier de la dette la plus considérable puisse prétendre que son débiteur n'avoit pas droit de se libérer partiellement.

227. La compensation de droit n'a lieu qu'autant que les créances et dettes réciproques sont personnelles aux deux parties entre lesquelles on prétend qu'elle a dû s'opérer; ainsi, le syndic d'une faillite, investi par cette qualité, du droit de recevoir une somme due au failli, ne pourroit pas offrir de compenser cette créance avec une dette dont il seroit tenu personnellement envers le débiteur de la faillite. Par le même

N. 1294. motif, le codébiteur solidaire ne peut prétendre s'acquitter de sa portion dans la dette par la compensation de ce que le créancier devroit à son codébiteur, au-delà de la portion de celui-ci. De même encore, le débiteur principal d'une dette garantie par un cautionnement, ne peut prétendre que cette dette a été compensée avec ce que le créancier devoit à la

caution. Il en est autrement de celle-ci ; car puisqu'elle ne peut être tenue de payer qu'autant
que le débiteur ne s'est pas libéré, elle ne fait
pas, en invoquant la compensation, autre
chose qu'exciper d'un paiement fait par ce débiteur.

Lorsqu'il s'agit d'appliquer ces principes, il
ne faut pas perdre de vue ce que nous avons
déjà fait remarquer sur la qualité des divers signataires d'un effet de commerce ; quoique coobligés solidaires envers le créancier, ils sont créanciers les uns des autres pour la garantie à laquelle
donne lieu la différence de leurs qualités : chacun,
à l'égard de ceux qui le précèdent dans l'ordre
des négociations, a les droits d'une caution, et
par conséquent, la compensation qui s'opère du
chef de l'un d'eux, doit profiter, non-seulement
à lui-même, mais encore à ceux à qui il doit
garantie. Les autres obligés qui seroient ses garans, sont seuls inadmissibles à l'invoquer.

C'est encore une conséquence de ces principes,
que le débiteur auquel a été signifié le transport
de la créance dont il étoit débiteur, ou qui a accepté ce transport, ou enfin, entre les mains de
qui les sommes qu'il doit sont saisies et arrêtées,
ne puisse prétendre que la compensation s'est
opérée entre ce qu'il doit, et des créances qu'il
auroit acquises sur celui dont il étoit débiteur
depuis la signification soit du transport, soit
de la saisie-arrêt, ou depuis l'acceptation, ni

même que déjà sa dette étoit éteinte par la
N. 1295. compensation, lorsqu'il a accepté le transport
purement et simplement.

On peut voir, par ce que nous avons dit,
n. 139 comment ces principes s'appliquent aux
effets négociables par voie d'endossement. Une
signification ou une acceptation de transport
n'est point nécessaire, ou plutôt le débiteur
est présumé, d'après la promesse qu'il a faite
de payer à quiconque seroit porteur ou cessionnaire par endossement, selon la forme qu'il a
donné à son engagement, avoir accepté d'avance
le transport que feroit le créancier.

228. La compensation n'a lieu de plein droit
que lorsque les deux dettes sont d'une somme
d'argent ou d'une certaine quantité de choses fongibles de la même espèce. Ainsi, entre deux parties débitrices, l'une envers l'autre, de six barriques de vin, sans autre qualification, ce qui
ne peut s'entendre que de vin de qualité ordinaire, la compensation s'opère de plein droit.
Si l'un doit du vin, l'autre du vin de Bordeaux,
ou même si les deux dettes sont de vin de
Bordeaux, mais de qualités différentes, les
choses n'étant plus de la même espèce, il n'y
aura pas de compensation. Chacun des contractans devant à l'autre cent aunes de drap de Sedan,
la compensation s'opérera. Si l'un doit du drap
bleu et l'autre du drap noir, il n'y aura pas de

compensation; si l'un doit telle pièce de drap noir qui a été individuellement désignée et marquée, et l'autre simplement une pièce de drap noir génériquement désignée, il n'y aura pas de compensation, quoique, dans le fait, la pièce marquée ne soit pas d'une autre qualité et prix que la pièce génériquement promise.

229. Il faut que les deux créances soient *également* liquides, c'est-à-dire, que les dettes et leur quotité soient bien constantes : mais cela doit s'entendre uniquement de la certitude des dettes et de leur montant, et non pas de l'égalité du titre et de l'estimation de la chose.

Ainsi, une créance fondée sur un titre exécutoire, peut être compensée par une créance qui est justifiée par un titre non exécutoire; une dette emportant contrainte par corps pour vente de marchandises, avec le prix d'un immeuble; une simple créance avec le montant d'un effet de commerce.

230. Les dettes respectives doivent être *exigibles*. Ce n'est pas que celui à qui est due une somme échue ne soit fondé à déclarer qu'il ne veut pas recevoir son paiement, et qu'il entend compenser avec une somme qu'il devra dans quelques mois. Mais c'est une compensation facultative, assujettie à d'autres règles dont nous parlerons plus bas.

15*

L'exigibilité présente ne suffit même pas toujours pour opérer la compensation; il faut que la cause qui a rendu l'une ou l'autre dette exigible, n'ait pas en même temps l'effet d'invalider le paiement effectif volontaire qu'en auroit fait le débiteur. Par exemple, au moment où *Paul* est tombé en faillite, *Pierre* étoit son débiteur d'une somme échue : de son côté, *Paul* failli, doit à *Pierre* des sommes payables à une époque qui n'est pas encore arrivée à l'instant de l'ouverture de la faillite. *Pierre* ne sera pas fondé à exciper des principes qui rendent exigibles toutes les dettes de son débiteur, pour opposer la compensation. Ce qui lui est dû n'est plus précisément ce qu'il pouvoit demander à *Paul*, en vertu du titre constitutif de la créance; il n'a plus droit qu'à une quotité de cette créance, proportionnelle à ce que les autres prendront aussi dans la masse, suivant les règles particulières aux distributions entre les créanciers d'un failli. S'il pouvoit, par l'exception de compensation, éteindre la totalité de sa dette, il obtiendroit le paiement de la totalité de sa créance, et alors il seroit mieux traité que les autres créanciers; or, il est de principe que la compensation ne peut avoir lieu au préjudice des tiers. D'ailleurs, cette compensation lui procureroit un paiement par anticipation, qu'annullent les lois sur les faillites, et comme le même événement qui rend sa créance exigible est celui qui ne

N. 1188.
C. 448.

N. 1298.

C. 446.

permet plus que le failli fasse volontairement
des paiemens, il en résulte l'inadmissibilité de
la compensation.

231. Lorsque deux personnes sont respectivement débitrices et créancières de sommes qui
ne réunissent pas les conditions ci-dessus, la com
pensation ne s'opère pas *de plein droit;* mais si
l'une des parties peut, en renonçant à une faculté
qu'elle seule avoit droit d'invoquer, donner aux
deux créances les qualités requises pour opérer
la compensation, l'extinction des deux dettes a
lieu, et c'est ce qu'on appelle *compensation facultative.* Il n'est pas nécessaire, dans ce cas,
que les créances réciproques soient personnelles
aux deux parties; celui qui devroit une somme
à *Pierre* qui ne lui devroit rien, mais qui seroit
débiteur de *Paul*, pourroit, en signifiant un
transport que *Paul* lui feroit de sa créance, déclarer à son créancier qu'il entend compenser,
et celui-ci ne seroit pas fondé à s'y refuser. On
en voit des exemples fréquens dans le commerce,
et c'est la théorie des paiemens qu'on appelle
viremens de parties, dont nous avons parlé
n. 220.

Lorsque les deux dettes consistent en
choses fongibles, il n'est pas indispensable
qu'elles soient de même espèce, si celui qui
avoit intérêt à exciper de cette différence y
renonce. Ainsi, quoique *Paul* qui doit six

barriques de vin de Bordeaux à *Pierre*, ne puisse prétendre que la compensation doive s'opérer avec la dette que ce dernier a contractée envers lui de lui livrer six barriques de vin ordinaire, *Pierre* sera maître de demander la compensation, puisque c'est dans son intérêt seulement, qu'existeroit le droit d'exiger la stricte exécution de l'engagement pris envers lui, le vin ordinaire étant inférieur en qualité et en prix à celui de Bordeaux.

2З2. De même il n'est pas indispensable, lorsque la compensation est invoquée devant le juge, que la créance sur laquelle on la fonde soit absolument liquide. Il ne seroit pas interdit à ce juge, si la dette opposée en compensation donnoit lieu à une contestation de sa compétence, d'ordonner que l'adversaire s'expliquera sur le montant ou la légitimité de la dette, et de prendre des mesures pour s'assurer si elle peut être liquidée promptement, mesures parmi lesquelles se range naturellement un interlocutoire, qui ordonneroit, soit au demandeur, d'avouer ou de contester la dette, soit au défendeur, d'en représenter sur-le-champ le titre justificatif. Mais il ne doit user de cette faculté qu'autant qu'il seroit possible d'instruire et de juger l'exception dans un bref délai, et sans retards préjudiciables au créancier. Ce qu'il est important de remarquer, c'est que la qualité du titre, sur lequel une demande est fondée, peut rendre les juges d'autant plus difficiles à écouter une exception de compensation, qui ne seroit pas à l'instant prouvée avoir toutes les conditions requises.

233. Il en est de même relativement à la nécessité que les deux dettes soient exigibles. Lorsqu'il s'agit d'une compensation facultative, on doit entendre par dette exigible, non-seulement les dettes échues, mais encore celles que la partie intéressée à opposer la compensation, a droit de rendre échues, telle qu'est une dette payable à un certain terme, stipulé seulement en faveur du débiteur. Comme elle seroit maîtresse de renoncer à cet avantage, en offrant de payer avant l'échéance, elle a le même droit d'offrir en compensation de ce qu'on lui doit, le paiement fictif qu'elle pourroit faire plus tard; seulement cette compensation n'a pas lieu de plein droit, puisqu'il ne dépend que de sa volonté de l'opposer, et que le créancier n'avoit pas les moyens d'exiger le paiement, ni de deviner l'intention du débiteur.

Mais alors, il faut que la personne à qui la compensation est opposée, soit libre de recevoir son paiement par anticipation. Ainsi *Pierre* est créancier de 1000 francs de *Paul*, qui vient de faillir, et doit à ce même *Paul*

1000 francs, payables dans six mois; *Pierre* ne pourra déclarer que, renonçant au terme, il veut compenser, parce que ce n'est plus au failli qu'il devra dans six mois, mais à la masse de la faillite; le failli n'étant plus maître de sa fortune, aucun paiement ne peut plus lui

N. 1298. être fait au préjudice de la saisie-arrêt légale que prononce la loi, en le dessaisissant de l'ad-

C. 442. ministration de ses biens, et en ne permettant plus de payer à d'autres qu'aux administrateurs qui sont nommés. *Pierre* entrera dans la faillite, pour recevoir le dividende proportionnel de sa créance, et lorsque sa dette échoira, il devra la payer en entier à la masse. C'est la con-séquence de ce que nous avons dit n. 230.

234. La compensation facultative ne pouvant être invoquée par un débiteur dont la dette n'est pas encore exigible, qu'autant que le terme seroit en sa faveur, on ne pourroit l'appliquer à des effets de commerce payables au porteur ou à ordre. Nous avons vu n. 227, qu'il étoit de l'essence de ces sortes d'engagemens, qu'une fois mis dans la circu-lation, ils ne fussent susceptibles de saisie-arrêt ou de compensation, que du chef de celui qui s'en trouve propriétaire à l'instant de l'échéance, et non de ceux qui ont été momentanément propriétaires par l'effet des endossemens. Celui qui s'est obligé de payer

à l'échéance, a accepté la cession que le créancier feroit de ses droits à des tiers, et a
renoncé, par là, à opposer au cessionnaire une
compensation du chef du cédant. La compensation capable d'éteindre la créance qui
résulte de ces sortes de titres de créance, ne
peut être que celle que produisent les qualités respectives de débiteur et de créancier,
dans celui à qui le paiement de l'effet est
demandé, et dans celui qui a droit de l'exiger.

235. Lors même que des dettes réciproques
réunissent les différentes conditions requises,
pour qu'il y ait lieu à la compensation *de*
plein droit, ou à la compensation *facultative,*
la qualité particulière de l'une d'elles, peut N. 1293.
empêcher qu'elle ne s'opère; ainsi, une dette
pour cause d'alimens déclarés insaisissables par
la loi, ou par le donateur ne peut être l'objet
d'une compensation avec des dettes d'une
autre nature, si celui qui prétend la compensation n'est pas du nombre de ceux à
qui l'insaisissabilité ne peut être opposée;
ainsi celui qui est condamné à restituer une
chose dont il avoit injustement dépouillé le
propriétaire, ou qui a emprunté une chose à
usage, n'est pas recevable à prétendre que le
prix qu'il est tenu de payer pour cette chose,
s'il ne peut la rendre en nature, doit être la
matière d'une compensation. Le dépositaire ne

peut prétendre que son obligation de restituer, a été compensée avec une créance qu'il auroit contre le déposant, autre que celles pour les-quelles nous verrons que la loi lui donne un droit de privilège et de rétention.

Cependant les règles que nous avons données dans les numéros précédens reçoivent de fré-quentes modifications dans le commerce, relati-vement aux comptes courans entre commerçans.

236. La compensation doit être de bonne foi; ainsi l'on ne pourroit trouver ce caractère dans la conduite d'un créancier qui acheteroit chez son débiteur des marchandises qu'il feindroit de vouloir payer comptant, et qui, après en avoir fait l'enlèvement, n'effectueroit pas le paiement, mais viendroit exciper de la com-pensation. Il en seroit de même de celui qui emprunteroit comme pour un besoin extrê-mement pressé, une somme qu'il promettroit de rendre incessamment, et qui refuseroit ensuite d'exécuter cet engagement, sous prétexte que le prêteur est son redevable. Ces sortes de ruses sont indignes de la bonne foi du com-merce; le créancier doit agir directement, et les tribunaux n'accorderoient point, dans ce cas, un succès qui n'auroit été préparé en quelque sorte que par un abus de confiance.

Section V.

De la Confusion.

237. Les principes sur la compensation s'appliquent en général à la confusion. La première anéantit la dette, lorsque celui qui est créancier d'une personne se trouve d'un autre côté être son débiteur; la seconde opère le même effet, par la réunion sur une seule tête, des qualités de créancier et de débiteur.

N. $\begin{cases} 1289. \\ 1300. \end{cases}$

La conséquence de ces principes est qu'une dette éteinte par la confusion, ne peut être l'objet d'aucune négociation; et, par exemple, si un commerçant qui a dans les mains d'un autre des fonds que celui-ci a reçus, et qui lui doit de son côté une somme quelconque, tiroit sur son débiteur, et au profit de ce débiteur, une lettre de change, dont ces mêmes fonds seroient la provision, cette opération deviendroit un mode de paiement réciproque, qui anéantiroit la lettre tirée, à l'instant même, de manière qu'il ne pourroit plus en être fait de transport. Nous verrons l'application de ce principe dans le titre IV.

Mais dans tout autre cas, l'intérêt des tiers et des négociations commerciales, veut que l'on applique à l'extinction par confusion des effets de commerce, les principes que nous avons donnés dans la section précédente. Si donc

l'accepteur d'une lettre de change se trouvoit
en devenir propriétaire par quelque négociation, tant que l'échéance ne seroit pas
arrivée, il pourroit la faire sortir de ses mains
par endossement, sans qu'on eût à opposer
aux tiers de bonne foi, qu'ils n'ont pu devenir
propriétaires d'une créance éteinte par la force
de la confusion.

Section VI.

De la Perte de la Chose.

238. La perte du corps certain et déterminé
qu'un débiteur étoit obligé de livrer, le libère de
cette obligation dans le droit commercial, de la
même manière que dans le droit civil. Nous
aurons occasion d'appliquer ce principe dans le
titre III, en traitant de la vente. Il suffit de remarquer : 1.° qu'il faut que la chose due soit un
corps certain et déterminé individuellement, et
non une chose fongible ou déterminée seulement
par son espèce ; 2.° que cette perte n'éteint
que l'obligation de livrer la chose périe, et par
conséquent si la promesse de cette chose avoit
été l'équivalent d'un autre engagement quelconque, celui qui auroit pris cet engagement,
n'en seroit pas moins tenu de l'exécuter. L'événement qui dégage l'une des parties ne libère pas
l'autre dans ce cas. C'est en quoi la perte de la
chose due, en vertu d'une convention pure et

N. 1302.

simple, diffère de cette même perte, lorsqu'elle
arrive avant l'événement de la condition suspensive apposée à une convention, car, dans ce cas,
comme nous l'avons vu n. 185, la convention
elle-même est éteinte.   N. 1182.

C'est une sorte d'extinction de la chose due,
que l'impossibilité résultant d'une force majeure,
qui empêche de faire ce qu'on avoit promis
ou qui met dans la nécessité de faire ce qu'on
s'étoit interdit par une convention. Nous en offrirons des exemples en traitant du louage de
services. Mais, dans ce cas, ce n'est pas simplement l'obligation de celui qui devoit faire ou ne
pas faire, qui est éteinte, c'est ia convention
elle-même. Ainsi, lorsque la matière fournie à
un ouvrier pour lui donner une forme ou une
qualité nouvelle, vient à périr, autrement
que par son vice propre, ce qui retomberoit
alors sur le propriétaire qui a engagé l'ouvrier,
ou autrement que par la faute de l'ouvrier, ce   N. 1790.
qui l'exposeroit aux dommages-intérêts du propriétaire, l'engagement est dissous sans dommages-intérêts de part ni d'autre. Ainsi, dans
les contrats maritimes, nous verrons plusieurs
exemples de louages, annullés sans indemnité
ni répétition de part ni d'autre, quand une force
majeure empêche de les exécuter.

Section VII.

De la Prescription.

239. Les transactions commerciales sont trop variées, le degré d'intérêt de chacune d'elles trop différent, pour qu'on ait pu les assujettir à une prescription unique dans sa durée comme dans ses effets. Nous ne pouvons donc donner ici que quelques règles, indépendantes de ce que nous aurons à remarquer à l'égard de certains contrats, sur le temps et les conditions exigés pour que la prescription éteigne les actions qui en résultent.

Il existe dans le commerce deux sortes de prescriptions trop différentes dans leurs effets pour qu'elles puissent être confondues. Les unes anéantissent le droit, et ne permettent pas qu'il fasse l'objet d'une action ; on peut les qualifier *présomptions légales absolues*, contre lesquelles la loi n'admet aucune voie, pas même le droit de celui à qui elles sont opposées, d'exiger l'affirmation de son adversaire.

N. { 1648. / 2277.
C. { 64. / 105. / 435.

N. 2271.
C. { 189. / 431.

Les autres font simplement présumer le paiement ; on peut les nommer *présomptions légales simples*, contre lesquelles les tribunaux ne peuvent admettre que certains moyens spécialement déterminés par la loi. Ceux à qui on les oppose peuvent déférer le serment à leurs adversaires, et même, jusqu'à un certain point, à leurs héritiers; mais le juge ne peut l'ordonner d'office.

Ces deux espèces de prescriptions s'écartent de la règle générale qui ne répute les actions personnelles prescrites que par le laps de trente ans; il ne faut pas les étendre aux cas pour lesquels la loi ne les a pas spécialement établies. Ainsi, lorsqu'elle déclare prescrites par un an les créances des *marchands,* expression qui est synonyme de *commerçans,* cette prescription ne peut être opposée à un particulier qui, n'exerçant pas la profession habituelle de commerçant, en auroit fait quelqu'acte isolé. Lorsqu'elle établit cette prescription en faveur des non-commerçans, contre les commerçans, elle ne s'applique pas aux actions de commerçant à commerçant. Le droit accordé au non-commerçant contre les commerçans cesse s'il s'agit d'autres choses que de *marchandises;* par exemple, d'objets qui ne seroient pas la matière du commerce du demandeur. Enfin toutes ces prescriptions particulières au commerce, courent même contre les mineurs, les interdits.

N. 2262.

N. 2273.

240. Parmi les prescriptions dont nous venons de parler, il en est qui sont, s'il est permis de s'exprimer ainsi, d'un seul moment. L'action est perdue si on ne la conserve pas par une protestation; mais elle n'en doit pas moins être intentée dans les délais particuliers que la loi a

C. $\begin{cases} 105. \\ 106. \\ 435. \end{cases}$

déterminés. La protestation n'a pas pour objet
d'en changer la nature ou d'établir un autre mode
de prescription, et par conséquent, de la suspendre ou de l'interrompre, mais d'annoncer
qu'on entend user de ses droits; et lors même
que cette protestation a été faite, une demande
judiciaire est nécessaire pour éviter la prescription que la loi a établie.

N. 2274.
C. { 189.
{ 434.

L'interruption de la prescription se fait par
cédule, expression qui comprend toute sorte
d'écriture privée, de quelque manière que soit
exprimé l'aveu de la dette; par arrêté de compte,
ou par acte devant notaires. Cette reconnoissance
de la dette opère une novation dans le titre,
ainsi que nous l'avons dit n. 220, et ne permet
plus que le droit conservé soit prescrit par un
délai plus court que celui des actions ordinaires. L'interruption peut encore être judiciaire, c'est-à-dire, résulter d'un acte de
poursuite en justice; car une réquisition ou interpellation par lettre ne seroit pas suffisante.

Mais lorsque l'interpellation judiciaire a eu
lieu, son effet est-il de rendre l'action perpétuelle
jusqu'au jugement définitif, ou jusqu'à péremption de la procédure, ou bien n'est-il que de faire
disparoître la prescription écoulée pour donner
naissance à une nouvelle action qui dure autant
que la première, et ne puisse être prescrite que
par le même laps de temps? En général, la solution de cette difficulté dépend de la question

de savoir si l'on peut invoquer en matière commerciale la péremption d'instance.

Il semble que l'esprit du Code est de ne point appliquer ici les règles de la procédure ordinaire. Il s'en est expliqué formellement au sujet des lettres de change et billets à ordre, en disant que la prescription capable d'éteindre les actions qui y sont relatives, court du jour de la dernière poursuite. A la vérité, les autres articles qui ont établi des prescriptions, ne s'expliquent pas de la même manière. Cependant nous sommes portés à croire que la règle doit être générale, et que, dans toutes les actions commerciales que la loi a soumises à des prescriptions particulières, l'interpellation judiciaire fait revivre l'action, mais seulement telle qu'elle étoit, et susceptible d'être de nouveau éteinte par la prescription qui lui est propre, et dont le délai compte à partir des dernières poursuites.

C. 189.

TITRE SECOND.

DE LA PREUVE DES ENGAGEMENS ET DES LIBÉRATIONS EN MATIÈRE COMMERCIALE.

241. Il est peu de matières plus importantes dans la jurisprudence commerciale, que ce qui

concerne la preuve des engagemens ou des libérations. Les principes du droit civil y sont
encore plus modifiés que dans les parties que
nous venons de parcourir.

C. 109.   Les engagemens et les libérations sont susceptibles d'être prouvés indistinctement : par actes
publics, par actes sous signature privée, par
bordereaux ou arrêtés d'agens de change ou
courtiers, dûment signés par les parties, par
factures acceptées, par la correspondance, par
les livres des parties, par la preuve testimoniale, dans les cas où les tribunaux croient devoir
l'admettre.

Il faut y joindre les autres espèces de preuves
qu'autorise le droit civil, tels que les papiers domestiques, parce qu'ils rentrent dans la classe
des livres, ainsi que les tailles, qui sont une espèce de registre symbolique, et les présomptions
de toute espèce.

Nous ne saurions toutefois dissimuler que le
Code de Commerce semble n'avoir donné de
règles sur la preuve, que relativement aux *achats
et ventes;* mais il ne seroit pas raisonnable d'en
conclure que la preuve des autres conventions
commerciales ne puisse être faite par l'une des
voies que nous venons d'indiquer. Lorsque la
loi garde le silence, il faut se décider par analogie de ce qu'elle prononce dans les cas prévus.

Ainsi, à moins qu'une disposition textuelle des
Codes, n'exige un genre particulier de preuves

pour justifier une convention commerciale, comme nous en verrons des exemples relativement à la société, au change, au prêt sur nantissement, à plusieurs espèces de contrats maritimes, tout ce qui est contesté dans le commerce, peut être prouvé suivant les modes que nous avons indiqués. Mais ce qu'il ne faut pas perdre de vue, c'est la distinction que nous avons faite dans la première partie, entre les diverses personnes intéressées dans un engagement qui a trait au commerce; ce n'est que contre celui des contractans, de la part duquel l'engagement est un fait de commerce, que ces preuves étrangères au droit civil peuvent être admises, et encore, si quelqu'une de ces preuves dépend uniquement de la qualité de *commerçant,* que ne donnent pas un seul ou quelques actes isolés de commerce, on ne peut les invoquer contre des *non-commerçans.*

Nous diviserons ce titre en huit chapitres, dans la distribution desquels nous suivrons l'ordre que nous venons d'indiquer.

CHAPITRE PREMIER.

Des Actes publics.

242. Nous n'avons rien à dire qui s'éloigne des principes généraux, relativement aux preuves

16*

que peuvent faire, en matière de commerce, les
actes publics, leurs expéditions ou copies. Toutes
les règles du droit civil, sur la forme de ces sortes
d'actes en général, et sur la foi qui leur est due,
doivent y être appliquées sans autre modification, que ce que nous avons dit n. 198, des quittances séparées, données pour des créances
résultant d'effets négociables.

Il suffit d'observer que, d'après l'esprit des
Codes français, tout acte passé en pays étranger,
avec les formes requises pour qu'il soit authentique est également réputé authentique en
France, c'est-à-dire, qu'une fois que l'observation
des formes est avouée ou reconnue par justice,
l'un des contractans ne peut demander la vérification des écritures, mais qu'il n'est pas pour
cela exécutoire : on connoît aussi, dans le droit
civil, des actes qui sont authentiques, quoiqu'ils n'aient que la force d'obligation privée.
Nous examinerons dans la sixième partie,
jusqu'à quel point les tribunaux de commerce
peuvent juger les questions relatives à la validité des actes authentiques dont on excipe
devant eux.

N. $\begin{cases} 47. \\ 170. \\ 999. \end{cases}$

Pr. 54.

CHAPITRE II.

Des Actes sous Signature privée.

243. Dans le droit civil, un acte synallagma-   N. 1325.
tique, fait sous signatures privées, doit être rédigé en autant d'originaux qu'il y a de parties
ayant un intérêt distinct, à peine de nullité,
qui ne peut être couverte que par l'exécution
volontaire donnée à la convention. Cette forme
n'est exigée dans le droit commercial, qu'au-   C. 39.
tant qu'une loi spéciale l'a prescrite. Du reste,
puisque la correspondance, des factures dont
l'acceptation ne paroît pas exigée par écrit, des
bordereaux revêtus d'une simple signature, des
témoins même sont admis pour faire preuve, il
est suffisant que l'acte synallagmatique constate, soit signé des parties, quoiqu'il ne soit
pas rédigé en autant d'originaux qu'il y a d'intéressés.

On ne doit pas même distinguer, entre les
engagemens synallagmatiques, relatifs au commerce, souscrits par les commerçans, et ceux que
souscrivent momentanément des non-commerçans : c'est l'opération, et non la personne, que
l'on doit considérer.

244. Il ne nous paroît pas qu'on puisse en dire
autant de la disposition du droit civil qui, en   N. 1326,

exigeant que l'approbation de la somme ou quantité due, soit écrite par le débiteur lui-même,
quand le corps de l'acte n'est pas de sa main,
excepte les billets des commerçans. Ce ne sont
pas les actes ayant le commerce pour objet, qui,
dans ce cas, sont affranchis de la nécessité d'une
approbation, ce sont les écrits des commerçans;
ce ne sont pas les choses que l'on considère, ce
sont les personnes. D'ailleurs, lorsque le Code
de commerce exige que certaines énonciations
soient écrites de la main de l'obligé, il s'en expli-
C. 284. que formellement, comme on le verra relativement au connoissement.

De ce principe, sort la conséquence que, si
un engagement commercial est souscrit, même
solidairement, par deux personnes, dont une
seule est commerçante, s'agît-il même d'une
femme, qui s'obligeroit avec son mari commerçant, la somme à payer, ou la quantité de choses
fongibles à livrer, doit être écrite de la main
du non-commerçant, sinon, il peut exciper de
la nullité en ce qui le concerne.

245. Ce que nous venons de dire suppose
qu'au moins, les engagemens dans lesquels l'approbation en toutes lettres n'est pas indispensable, sont revêtus de la signature de l'obligé.
Celui qui ne sauroit pas écrire son nom, ne peut y
suppléer par quelque signe distinctif, tel qu'une
marque, une croix. Cependant, on voit dans

quelques villes de commerce, des bons signés simplement d'une lettre initiale, d'un paraphe : il n'est pas douteux que si celui qui auroit émis des reconnoissances de cette sorte, refusoit de les acquitter, sous le prétexte qu'elles ne sont pas revêtues de sa signature, les tribunaux ne pussent, suivant l'usage et les circonstances, l'y condamner.

246. Il ne faut pas appliquer, sans modification, à la jurisprudence commerciale, le principe N. 1328. qu'un acte qui n'a point acquis de date certaine, ne fait pas foi contre les tiers ; la célérité des affaires commerciales ne pourroit s'accommoder de ces formalités. Ainsi, une lettre de change, un billet à ordre, un endossement, font foi de leur date sans autre secours ; c'est par ce motif que l'antidate en est punie comme un faux. Il C. 139. existe, d'ailleurs, dans le commerce, des moyens particuliers de s'assurer de la véritable époque à laquelle un engagement a été contracté ou exécuté ; c'est la mention qui en est faite sur les livres.

Les tribunaux peuvent seuls, d'après les circonstances, appliquer les modifications au principe général, que suggèrent l'équité et l'intérêt du commerce, et surtout, n'admettre à exciper du défaut de date certaine, contre les actes produits, que ceux qui ont un véritable intérêt, tels que les créanciers dans une faillite, ou tout

autre tiers fondé, par sa qualité, à critiquer la
date de l'acte. Mais celui qui est obligé envers
une personne, lorsqu'il est poursuivi par le cessionnaire de cette personne, en vertu d'une
cession qui n'auroit pas de date certaine, ne
devroit pas être admis à exciper de ce défaut,
à moins que ce ne fût pour lui un moyen de
défense à la demande; par exemple, s'il op-
posoit quelque compensation du chef du cédant,
ou que la cession lui causât quelque tort.

CHAPITRE III.

Bordereaux et Arrétés des Agens de Change ou Courtiers.

247. Le troisième genre de preuve admis dans
le commerce, sont les bordereaux et arrêtés dres-
sés par les agens de change ou courtiers, et signés des parties. Lorsqu'on fait valoir ces actes
contre des non-commerçans, ils ne peuvent invoquer ce que nous avons dit n. 244 de la nécessité d'une approbation. C'est une exception
à la règle que nous avons donnée; mais elle nous
paroît fondée sur le caractère public des agens
de change ou courtiers qui font, en quelque
sorte, l'office de notaires.

De ce que cet article exige la signature sur les
bordereaux, il ne faut pas conclure qu'il rende

inutile la disposition que nous avons expliquée
n. 126, qui astreint les agens de change et
courtiers à tenir des livres, et par là, suppose
qu'il y aura des occasions où ces livres pourront être représentés en justice. Cette représentation, les inductions que les juges peuvent
tirer des mentions qui y sont faites, rentrent
dans la classe des preuves testimoniales ou des
présomptions, et par conséquent, sont étrangères aux bordereaux signés qui font pleine foi.

CHAPITRE IV.

Des Factures acceptées.

248. Les factures sont un quatrième genre de
preuve. On nomme *facture* un état détaillé des
marchandises vendues ou envoyées, soit en commission, soit en dépôt, indiquant leur nature,
quantité, qualité et prix.

Une facture ne fait preuve contre une personne, qu'autant qu'elle est acceptée par elle;
mais il ne nous paroît pas nécessaire que l'acceptation soit écrite. L'acceptation écrite rentreroit dans la classe des actes sous signature
privée, et la loi suppose une différence entre
ces deux sortes de preuves, puisqu'elle les désigne séparément. Cette acceptation peut être
établie par témoins, et, dans ce cas, les règles

que nous donnerons sur la preuve testimoniale, doivent être suivies; elle peut être simplement présumée par les circonstances, par exemple, par le silence gardé après l'envoi de la facture et l'arrivée des marchandises, par les indices qui peuvent porter à croire que cette facture a été reçue sans réclamation, présomptions que la loi laisse à l'arbitrage du juge.

Dans l'usage du commerce, une facture est souvent considérée comme un titre parfait à la propriété des choses qu'elle désigne; la plupart du temps, on fait les ventes sur facture, c'est-à-dire, qu'on vend les objets y énoncés tels qu'ils sont, et que la remise de la facture équivaut à N. 1616. une délivrance de ces mêmes objets, jusqu'au C. 577. point d'ôter tout moyen de revendication au vendeur primitif non payé. Ce transport se fait quelquefois par voie d'endossement, lorsque la facture a été rédigée avec la clause dont nous avons expliqué les effets n. 139.

CHAPITRE V.

De la Correspondance.

249. La correspondance est le cinquième genre de preuves commerciales. La loi, en ordonnant comme on l'a vu n. 88, aux commerçans la

tenue d'un registre, sur lequel ils copient toutes les lettres qu'ils écrivent, et la conservation de toutes celles qu'ils reçoivent, assure les moyens à l'aide desquels cette preuve peut être faite facilement.

La preuve par correspondance s'applique à toutes sortes d'engagemens synallagmatiques ou unilatéraux, à la seule exception des cas dans lesquels la loi exige la rédaction d'écrits dans une certaine forme qu'elle détermine. Mais la nature des choses, et l'extrême différence qui existe entre les contrats synallagmatiques et les contrats unilatéraux, sous le rapport de la perfection de l'engagement, mérite d'être remarquée, lorsqu'il s'agit de considérer les effets de la preuve par correspondance.

Il est de principe qu'un engagement synallagmatique n'est formé, et ne devient irrévocable, que lorsque le consentement des contractans sur un même objet, a été donné réciproquement. Mais il n'est pas toujours facile de reconnoître à quel moment précis ce concours de volontés respectives s'est trouvé avoir lieu, et l'on doit distinguer l'espèce de convention qu'il s'agit de prouver. Dans les unes, ce concours de deux volontés doit être exprimé formellement; telle est la vente : dans les autres il existe, lorsqu'à la volonté exprimée par l'une des parties, se joint l'exécution que l'autre a donnée par le fait; tel est le mandat.

250. Lorsqu'il s'agit de ventes ou de conventions de ce genre, il faut que la volonté de la personne qui a écrit à une autre, pour lui proposer un marché, ait persévéré jusqu'au temps où cette personne aura reçu la lettre, et déclaré qu'elle acceptoit.

Toutefois ce principe, vrai en lui-même, n'est pas toujours d'une application bien facile. Dans la règle, la volonté de celui qui a proposé, est présumée avoir persévéré, tant qu'il ne paroît rien de contraire. Mais si avant que celui à qui il a proposé, ait pu recevoir sa lettre, il change ou devient incapable de contracter, le concours nécessaire pour former la convention ne se trouve plus exister. Par exemple, si un commerçant de Paris, après avoir demandé à un autre de Bordeaux, s'il vouloit lui vendre deux milliers de café de telle espèce et qualité, à tel prix, ou à celui du cours, écrit à ce même correspondant le lendemain, le surlendemain, en un mot, avant que la lettre de demande ait pu parvenir, qu'il ne veut plus de cette emplette, ou bien s'il meurt, le commerçant de Bordeaux qui, au reçu de la première lettre, ignorant le changement de volonté ou d'état de l'auteur de la demande, a fait réponse qu'il acceptoit le marché proposé, ne pourra en exiger l'exécution. Il ne sera intervenu aucun contrat de vente; car la volonté du commerçant de Paris, ne subsistoit plus au moment auquel celui de Bordeaux a reçu sa lettre, et accepté la proposition qu'elle contenoit. Seulement si la demande avoit occasionné quelques dépenses à celui qui l'a reçue, s'il avoit fait quelques préparatifs d'expédition, ou si, de toute autre manière il éprouvoit quelque tort par le changement de volonté du proposant, sans qu'on pût l'accuser de précipitation, de mauvaise foi, l'auteur de la proposition seroit tenu de l'indemniser.

Mais quel est le moment précis où le consentement est censé s'opérer ? Est-ce celui où la proposition est reçue, est-ce celui où la proposition est acceptée, est-ce celui où la réponse contenant cette acceptation arrive à l'auteur de la proposition ? Ce que nous venons de dire, montre que ce n'est pas l'instant où la lettre contenant proposition, arrive à celui à qui elle est faite; de même que dans une convention entre présens, l'offre que l'un fait à l'autre, ne constitue pas un engagement, tant qu'elle n'est pas acceptée.

D'un autre côté, on sent qu'il n'est pas nécessaire que la réponse portant acceptation, ait été reçue par l'auteur de la proposition, car dès qu'à une interrogation claire et précise, il a été fait une réponse qui ne laisse point d'incertitude sur l'objet et les conditions essentielles de la convention, l'engagement

existe, sans que l'auteur de la proposition ait
besoin de s'expliquer de nouveau. La lettre dont
s'est dessaisi celui qui l'a écrite, en la remettant
soit au préposé de la personne à qui il répond,
soit à la poste, n'est plus à son auteur, elle appartient à celui à qui elle est adressée.

Il est donc assez naturel de décider en
thèse générale, que si l'auteur d'une proposition d'achat ou de vente, etc., ne l'a point
révoquée avant le jour auquel celui qui l'a reçue,
lui a répondu qu'il l'acceptoit, la convention
est devenue irrévocable pour l'un et pour l'autre,
du moment que l'acceptant s'est dessaisi de la
lettre qui contient sa réponse.

Il peut se faire toutefois que le seul envoi
d'une réponse, quoique portant acceptation ne
suffise pas pour la formation d'un contrat qui
oblige les deux correspondans l'un envers l'autre.
La demande peut être telle, qu'elle suppose la
nécessité d'une nouvelle déclaration de volonté de sa part, lorsque la réponse lui sera
parvenue; et c'est par les circonstances et les
expressions des lettres, qu'il faut alors se décider.

251. Lorsqu'une demande a été faite, non
dans les termes d'une simple proposition,
mais dans ceux d'un ordre formel et précis,
d'envoyer *telles* marchandises à *tel* prix, soit
que celui à qui la lettre est adressée doive

fournir ces marchandises, soit qu'il doive
les acheter, il s'agit moins de la formation
d'une convention de vente, que de celle d'un
mandat; et comme le mandat contenu dans une
lettre devient parfait, non-seulement par l'ac- N. 1985.
ceptation expresse de la personne à qui il
est adressé, mais encore par l'exécution qu'elle
y donne, sans autre déclaration de volonté,
ce que nous avons dit plus haut n'est pas
nécessaire. Le commerçant qui, à la réception
d'une telle demande, s'est mis en disposition de
l'exécuter, soit en achetant les choses indiquées
qu'il n'avoit pas, soit en les faisant préparer
pour les expédier s'il les avoit, a, par cette
exécution, opéré le concours de volontés suffisant pour former le contrat.

252. A l'aide de ces principes on peut résoudre la question que nous avons indiquée
n. 223, relativement aux cas où la remise d'une
dette est faite par correspondance.

La remise de la dette étant l'effet d'une
convention, ne devient valable qu'au moment
où elle est acceptée par le débiteur. Elle
demeureroit donc sans effet, si le créancier ou
le débiteur décédoit avant que le titre original
renvoyé, ou l'écrit qui contient la décharge,
fussent partis à l'adresse de ce dernier; ses
héritiers ne pourroient en prendre droit.

Mais si *Pierre*, débiteur de *Paul*, lui écrivoit

pour lui demander une remise sur sa dette, et que *Paul* répondît qu'il la lui accorde, la mort de *Pierre* survenue pendant que la réponse étoit en route, n'empêcheroit pas ses héritiers d'en profiter.

253. Ce n'est pas seulement par des lettres, ou par des réponses à des lettres qu'on s'engage; souvent le silence produit le même effet. Si un commerçant avoit reçu la proposition formelle d'un marché, dans laquelle on lui diroit soit expressément, soit implicitement, mais toutefois d'une manière précise, qu'on ne disposera pas des choses qu'on lui offre sans son refus, ou que, de toute autre manière, le défaut de réponse sera considéré comme acceptation, les tribunaux pourroient voir dans son silence un acquiescement à la proposition faite, surtout s'il paroissoit qu'il ne se refuse à l'exécuter, que parce que des événemens ont rendu désavantageux le marché qui, lorsque la proposition lui est parvenue, avoit des avantages réels.

A plus forte raison, la faveur du commerce exige que le commettant, qui ne répond point à la lettre dans laquelle son commissionnaire lui a expliqué ce qu'il a fait, soit censé approuver sa conduite. Cette réception de la lettre, non contredite, devient un acte positif d'approbation et un consentement à ce que le commettant propose de faire, ou annonce avoir fait au-delà de son mandat.

254. Il y a moins de difficulté pour déterminer les effets d'un engagement unilatéral par correspondance; il suffit d'en apprécier les termes.

La lettre d'un commerçant, non-seulement l'oblige, mais elle l'interpelle en quelque sorte de satisfaire à l'obligation qu'il reconnoît, et le constitue en demeure.

255. Au surplus, il est important de bien examiner, quelle a été l'intention de celui qui écrit une lettre, et cette intention ne se juge pas moins par la qualité des personnes, leurs rapports et les circonstances, que par les termes même de sa rédaction. Cette règle s'applique surtout à ce qu'on nomme dans le commerce *lettres de recommandation* ou *lettres de crédit*, dont nous parlerons dans la suite de cette partie, en traitant du cautionnement considéré dans ses rapports avec le commerce.

Il ne faut pas non plus perdre de vue que l'auteur d'une lettre, doit, en général, être jugé par l'intention que démontrent les circonstances, quand même les termes ne seroient pas assez positifs, parce que les lettres s'écrivant en l'absence de celui qui les auroit pu et dû contredire; il est juste que l'interprétation soit faite en sa faveur.

Tome I. 17

256. Mais, ce que nous venons de dire, est plus particulièrement applicable aux commerçans, parce qu'ils sont astreints à tenir des livres. On ne peut l'invoquer contre les non-commerçans, même dans des contestations relatives à des actes de commerce qu'ils auroient faits, qu'autant que les lettres qui leur sont attribuées, seroient précises et formelles, ce qui les feroit rentrer dans la classe des actes sous signature privée. Du reste, elles ne formoient qu'une présomption nécessairement laissée à l'arbitrage du juge.

CHAPITRE VI.

Des Livres.

257. La preuve qui résulte des livres est fort importante, mais il faut, pour qu'elle soit admissible, que la contestation s'élève entre C. 12. commerçans, c'est-à-dire, que le commerce soit la profession habituelle de l'une et l'autre des parties, conformément aux règles que nous avons données n. 77 et suiv. Ainsi, une opération, même commerciale par sa nature, intervenue entre un commerçant et un non-commerçant, ne seroit pas susceptible d'être prouvée par le premier, d'après la seule énonciation de ses registres : on rentre dans le

droit commun, qui ne permet pas qu'on se
crée un titre à soi-même, et qui ne veut pas
que les registres des commerçans fassent, contre N. 1329.
les non-commerçans, preuve des fournitures qui
y sont portées.

A la vérité, même dans ce cas, la faveur
du commerce a établi que, lorsque les livres
sont bien en règle; qu'ils sont écrits de jour
à jour sans aucun blanc; que le commerçant
a la réputation de probité; que ce qui résulte
des livres est fortifié par d'autres indices, par
exemple, si le défendeur avoit coutume de
se fournir chez lui et d'acheter à crédit; que
les fournitures ne montent pas à une somme
considérable, et n'ont rien que de vraisem-
blable; qu'enfin la demande est formée dans
l'année de la fourniture, ils établissent une présomption qui décide les juges à faire droit sur
les demandes du commerçant, en prenant son N. $\left\{\begin{array}{l}1329.\\1367.\\2272.\end{array}\right.$
serment pour suppléer ce qui manque à la
preuve qu'il fait résulter de ses livres.

258. Entre commerçans, les livres régulièrement tenus, peuvent être admis pour faire C. 12.
preuve de faits de commerce. Ainsi, une condition nécessaire, c'est que la chose à prouver
soit un fait de commerce. Mais il n'est pas indispensable, lorsqu'il intervient entre deux commerçans, que l'engagement appartienne aux opérations de leur commerce respectif. Par exemple,

17*

si un fabricant de soie, propriétaire de vignes, vendoit son vin à un commerçant en vins, cette vente, qui n'est acte de commerce que de la part de l'acheteur, seroit susceptible d'être prouvée par les livres, puisque nous avons vu n. 87, que les registres d'un commerçant devoient contenir mention, même de ce qu'il fait d'étranger à son commerce.

Les livres que la loi admet à servir de preuve, ne sont pas seulement les trois dont nous avons indiqué l'objet n. 85 et suiv., il suffit que ce soit *des livres régulièrement tenus*, ce qui n'en exclut aucun, parce que les commerçans ne sont pas obligés à ne tenir que les livres désignés par le Code, mais à tenir nécessairement ceux-là, indépendamment des autres usités qui seulement sont déclarés n'être pas indispensables. Il est néanmoins bon de ne pas perdre de vue que si un commerçant n'a pas ces livres indispensables, ou si ces livres ne sont pas tenus régulièrement, il ne sera pas admis à en produire d'autres qui, n'étant qu'auxiliaires, ne peuvent suppléer à l'existence ou à la régularité de ceux qui sont requis, et ne doivent servir qu'à en expliquer ou en développer les énonciations.

C. 8.

259. En aucun cas, un commerçant ne peut se refuser à représenter ses registres, quand même il ne les emploieroit point et se fonderoit

sur une promesse écrite de la main de celui à qui les marchandises ont été livrées, parce qu'il n'est pas impossible qu'il y ait une mention de paiement. Le refus de les représenter, si les dix ans pendant lesquels ils doivent être conservés, n'étoient pas écoulés, pourroit C. 9. faire suspecter sa bonne foi. Il en est de même des héritiers d'un commerçant.

La communication, c'est-à-dire, la remise de ces livres à l'adversaire pour être feuilletés par lui, ne peut être ordonnée en justice C. 14. que dans les affaires de succession, communauté, partage de société, et en cas de faillite. Dans le cours d'une contestation particulière, C. 15. la simple représentation de ces livres au tribunal peut être ordonnée, soit sur la réquisition de l'une des parties, soit d'office par les juges, seulement à l'effet d'en extraire ce qui concerne le différend, et sans que l'on puisse prendre communication du surplus. Lorsque les livres ne se trouvent pas à proximité de la ville où siége le tribunal saisi de C. 16. l'affaire, la vérification se fait par le tribunal de commerce du lieu, auquel une commission rogatoire est envoyée, ou par le juge de paix que le tribunal commet.

Cette représentation n'a pas uniquement pour objet de décider des contestations dans lesquelles celui dont les registres sont vérifiés, seroit partie. Elle peut encore être ordonnée pour servir à un tiers; par exemple, pour justifier d'un paiement fait par l'entremise d'un banquier, ou de tout autre commissionnaire.

260. On voit par l'exposé de ces principes, que quand un commerçant forme contre un autre quelque demande, il peut se présenter deux positions différentes; le demandeur peut être le seul qui ait des livres en bonne forme, le défendeur peut en avoir pareillement. Au premier cas, le défendeur étant en faute, tout est en faveur du demandeur, et s'il est d'une bonne réputation, ses livres étant en règle, écrits de sa main ou de celle de son commis, la condamnation avec ou sans son serment supplétoire ne doit pas souffrir de difficulté. Il y en a davantage dans le cas où le défendeur auroit également des registres en bonne forme qui porteroient la suite de ses négociations, sans rien qui pût établir la créance du demandeur. Dans la règle, les livres de l'un n'ont pas plus de droit que ceux de l'autre à la préférence. On sent qu'il est impossible d'avoir une base de décision certaine, que les circonstances, les renseignemens, les présomptions laissées à l'arbitrage des juges, la correspondance, la preuve testimoniale, viennent plus ou moins à l'appui de l'une des deux parties.

Aussi doit-on remarquer que la loi n'attribue

pas aux livres la force de faire preuve par eux-mêmes; ils *peuvent* seulement être admis; la disposition n'est que facultative. Elle ne donne point à ces registres, même lorsqu'ils semblent condamner le commerçant qui les tient, la qualité de faire foi en justice, sans qu'une preuve contraire puisse être admise; elle n'interdit pas la preuve de l'erreur ou de la rectification d'une énonciation, par circonstances ou des présomptions, que les juges ont droit d'évaluer. C. 12.

Quant aux non-commerçans qui les invoquent, le principe du droit civil, qui veut que les registres d'un commerçant fassent preuve contre lui, n'est point modifié. On ne peut exiger des non-commerçans qui les invoquent, un rapport de registres qui puisse donner matière à comparaison, puisqu'ils ne sont point obligés d'en avoir, mais il faut que les livres du commerçant soient pris sans division et sans modification pour ce qu'ils énoncent. N. 1330.

261. Il arrive assez fréquemment que des détaillans tiennent, soit entr'eux, soit avec de simples particuliers, des livrets dont un double sert de contrôle à l'autre, où ils inscrivent soit les marchandises livrées, soit les paiemens effectués. Ce livret établit contre celui qui en est porteur, quel que soit son état, une preuve complète, quoique les mentions soient

écrites de la main de son adversaire, s'il n'a pas réclamé dans un très-bref délai contre l'inexactitude qu'il prétendroit avoir été commise.

N. 1333. Dans les mêmes circonstances, les tailles tiennent lieu d'écritures pour certains marchands en détail, pourvu qu'elles soient *corrélatives à leurs échantillons*, mais lorsque l'échantillon n'est pas représenté, il paroît naturel de s'en rapporter à la taille que représenteroit le demandeur.

CHAPITRE VII.

De la Preuve Testimoniale.

262. La plupart des engagemens, notamment ceux qui se font dans les foires et marchés, ne peuvent être prouvés que par témoins, et l'on détruiroit tout moyen de réclamation, en n'admettant la preuve testimoniale, que lorsqu'il y auroit un commencement de preuve par écrit. Cependant il est certains cas dans lesquels le Code exige des écrits, ou veut qu'on remplisse des conditions qui ne supposent pas la possibilité de les constater autrement que par écrit. Il est clair qu'alors la preuve testimoniale n'est point admissible.

Au surplus, lorsqu'il n'est pas interdit aux juges, soit expressément, soit implicitement, d'admettre cette preuve, ils ne doivent pas perdre de vue qu'elle offre des dangers, puisqu'il n'est pas moins à craindre qu'on administre de faux témoins dans les affaires commerciales, que dans les affaires ordinaires où elle est interdite. Ils doivent donc user avec discernement du pouvoir que la loi leur confie; s'ils admettoient ce genre de preuve sans y être déterminés à l'avance, soit par la qualité et la bonne ou mauvaise renommée des personnes, soit par quelques autres adminicules, il y auroit de leur part un mal jugé qui, dans les cas où ils ne prononcent pas en dernier ressort, pourroit donner lieu, à la cour impériale, de réformer leurs jugemens. Mais cette autorité discrétionnaire laisse également voir que leurs jugemens ne peuvent jamais, pour ce motif, être sujets à cassation, puisqu'ils ne contiendroient jamais une violation de la loi.

263. Cette faculté d'admettre la preuve testimoniale, s'applique non-seulement aux engagemens et autres obligations, mais encore à la preuve d'une libération, lors même qu'il s'agiroit d'une créance établie par écrit. On sait que les commerçans donnent assez souvent des écrits portant *valeur reçue*, sans autre assurance que des paroles ou des ordres, et cette manière de négocier est l'âme du commerce

de toutes les nations. Il peut donc être indispensable d'admettre la preuve que l'argent énoncé dans ces titres, n'a pas été compté, ou que les marchandises n'ont pas été délivrées quoique payées.

Mais on ne pourroit admettre cette preuve pour établir la libération de condamnations prononcées par des jugemens, même en matière de commerce, parce qu'un jugement n'est jamais, quel que soit son objet, ce qu'on peut appeler un engagement de commerce.

On sent bien que, lorsqu'il s'agit de prouver le fait ou l'habitude de se livrer à des engagemens commerciaux, qui peuvent attribuer à quelqu'un la qualité de commerçant, la preuve testimoniale est le seul moyen offert aux tribunaux pour décider les contestations à cet égard. Il en est de même chaque fois que la chose à prouver consiste plutôt dans un fait que dans une convention ; les faits étant rarement susceptibles d'être constatés par écrit, et l'interdiction ou le refus de la preuve testimoniale n'étant, en général, qu'une espèce de punition envers celui qui ne s'est pas précautionné d'une preuve écrite.

CHAPITRE VIII.

Des Présomptions.

264. Les présomptions sont des conséquences que la loi ou le magistrat tire d'un fait connu N. 1349. à un fait inconnu. Ainsi, une personne tombe en faillite le 1.er janvier ; elle a payé, le 25 décembre précédent, une dette qui n'étoit pas encore échue ; le fait connu, c'est le paiement : a-t-elle été de bonne foi, et celui qui recevoit l'a-t-il été lui-même ? voilà le fait inconnu. Mais comme en général on n'anticipe pas ses paiemens dans le commerce, sans de fortes raisons d'utilité, comme celui qui fait faillite peu de jours après avoir ainsi payé un créancier par anticipation, n'a pu avoir d'autre motif que d'avantager celui-là aux dépens des autres, comme enfin, c'est ne faire tort à personne que de laisser chacun dans la position où il eût été naturellement, si les règles ordinaires sur les paiemens avoient été observées, la loi déclare ce C. 446. paiement nul.

Cependant si, le 25 décembre, la créance étoit échue, le créancier a-t-il eu tort de recevoir ? Ici l'ordre naturel des choses est en sa faveur, car il a reçu ce qui lui étoit dû à l'échéance. Mais convaincu de l'insolvabilité de son débiteur, il

s'est fait donner des marchandises en paiement;
il les a enlevées la nuit, plutôt avec les précautions d'un homme qui prend la chose
d'autrui, qu'avec la publicité qui convient à
celui qui ne fait rien que de légitime ; plusieurs autres circonstances semblables tendent
à établir que, lorsque ce créancier recevoit
ainsi des marchandises en paiement, il savoit
que son débiteur ne payoit pas ses autres dettes,
qu'il alloit déclarer sa faillite ; chacune de ces
circonstances, prise séparément, ne formeroit
qu'une présomption de fraude insuffisante : leur
réunion peut paroître au magistrat assez forte
pour annuller le paiement comme fait en fraude
C. 447. des créanciers.

265. Il existe deux sortes de présomptions.
N. 1350. Les unes sont établies par la loi; il n'appartient
pas aux juges d'en créer d'autres pour leur attribuer les mêmes effets : les autres sont abandon-
N. 1353. nées aux lumières et à la prudence du magistrat,
sans autre restriction que de ne pouvoir les admettre dans les cas où la loi interdit la preuve
testimoniale, à moins qu'il ne s'agisse de fraude.
Les deux exemples que nous venons de donner
présentent chacun une de ces sortes de présomptions.

Nous avons vu n. 239, que les présomptions
légales pouvoient se subdiviser en présomptions
légales *absolues* et présomptions légales *simples*,

La différence entre l'une et l'autre espèce est essentielle.

Les présomptions *légales absolues* excluent toute preuve contraire. Telle est l'autorité de la chose jugée, lorsqu'elle est invoquée contre celui N. 1351. qui a déjà succombé dans une demande qu'il formoit pour le même objet et la même cause, entre les mêmes parties et en la même qualité; le serment, c'est-à-dire, la déclaration par la- N. 1357 *et suiv.* quelle une partie, soit à la demande de son ad- versaire, soit à la réquisition que le juge lui en fait d'office, prend Dieu à témoin de la vérité de ce qu'elle dit, en observant les formes détermi- nées par la religion qu'elle professe, ou celles qu'a prescrites la loi de l'Etat; l'aveu qu'une N. 1354 *et suiv.* partie capable de s'engager fait en justice; l'an- N. 1352. nullation de certains actes par leur seule qualité; la dénégation d'une action utile pour réclamer une chose ou un paiement, fondée sur certaines des circonstances dont la loi fait dériver la pro- priété ou la libération.

Les présomptions *légales simples* ont de com- mun avec les *présomptions légales absolues*, qu'elles dispensent de preuve celui qui les a en N. 1352. sa faveur, mais elles n'excluent point la preuve contraire : ainsi nous avons vu que l'exception de prescription pouvoit être combattue par la preuve de reconnoissance de la dette.

Nous nous bornons à ces énonciations, le droit commercial n'ayant point, à cet égard, des règles différentes de celles qu'offre le droit civil. D'ailleurs, c'est dans la suite de cet ouvrage que nous les appliquerons comme déjà nous avons eu occasion de le faire.

TITRE TROISIÈME.

DE LA VENTE.

266. La vente, dans la définition la plus étendue que donne le droit civil, est une convention par laquelle l'un des contractans s'oblige à livrer une chose, et l'autre à la payer.

N. 1582.

Ce paiement peut être stipulé, soit en monnoie du pays où il sera effectué, soit en denrées, marchandises, monnoies étrangères au pays où le paiement doit être fait, ou autres choses susceptibles d'évaluation.

C'est dans le premier cas, que la convention prend particulièrement le nom de *vente*; dans le second cas, elle porte le nom de *troc* ou *échange*.

N. 1732.

267. Cette dernière espèce de négociation est plus fréquente encore dans le commerce, que dans le droit civil; on peut dire même, en

général, que toute vente dont le prix doit
être payé par l'habitant d'un pays, à l'habitant
d'un autre, est un véritable échange, puisque,
suivant les principes que nous avons développés
n. 204 et suiv., la monnoie dans laquelle cet
acheteur aura droit de se libérer, n'est, à l'égard
du vendeur, qu'une marchandise à laquelle
celui-ci met arbitrairement une évaluation
qu'il ne lui seroit pas permis de mettre à la
monnoie du pays dont il est sujet.

Indépendamment de cette considération sur
laquelle est fondée la théorie des opérations
du change, que nous avons déjà expliquée
n. 25 et suivans, l'échange est le seul moyen
de commerce avec des pays dans lesquels la
civilisation n'a point encore porté le perfectionnement des institutions sociales, et les lois
commerciales ont eu besoin de prévoir ce cas,
pour donner les bases d'après lesquelles devoit
être fixée l'estimation de marchandises assurées
que l'acheteur avoit acquises dans un pays C. 340.
où le commerce ne se fait que par échange.

Tous les principes de la vente proprement
dite, s'appliquant à l'échange, dans lequel N. 1707.
chacun des contractans est vendeur de ce
qu'il livre ou s'oblige à livrer, et acheteur de
ce qui lui est livré ou promis, nous ne consacrerons point de titre particulier à l'échange.

268. La définition que nous avons donnée

de la vente proprement dite, embrasse trois espèces de conventions bien distinctes : 1.º la vente de corps certains et déterminés; 2.º la vente des choses déterminées, seulement par leur espèce; 3.º les entreprises de fournitures que nous avons vu être des opérations commerciales.

Dans la première, le vendeur est, au moment de la convention, propriétaire de la chose, ou du moins il passe pour tel dans l'opinion de l'acheteur; dans la seconde, les deux contractans savent, ou sont présumés savoir, que la chose n'appartient pas encore au vendeur; dans la troisième, l'indétermination s'étend quelquefois jusqu'à la quantité de choses vendues, et comme nous l'avons observé n. 157, ces sortes de conventions sont souvent mêlées de quelque chose d'aléatoire.

Ce titre sera divisé en six chapitres. Le premier traitera des principes communs à toutes les ventes commerciales; le second, des ventes conditionnelles; le troisième, des entreprises de fournitures; le quatrième, de la convention par laquelle une personne vend à une autre, moyennant un certain prix, un objet ou des marchandises, avec la clause que le bénéfice de la revente sera partagé entr'elles, que nous nommerons vente à *profit commun*; le cinquième, des règles particulières aux ventes que les auteurs font du droit de publier les productions de leur esprit ; le sixième , de la cession et du transport des créances ou tous autres droits semblables.

CHAPITRE PREMIER.

Principes généraux sur la Vente commerciale.

269. Les règles générales sur la forme des conventions , la capacité requise dans ceux qui s'obligent, et les choses qui peuvent en faire l'objet, étant communes à la vente de même qu'à tout autre engagement, nous nous bornerons à examiner comment s'appliquent au commerce les principes du droit civil : 1.º sur la détermination du prix dans la vente, 2.º sur la transmission de propriété du vendeur à l'acheteur ; 3.º sur les risques de la chose vendue ; 4.º sur les promesses de vendre ; 5.º sur la vente de la chose d'autrui ; 6.º sur les obligations du vendeur ; 7.º sur celles de l'acheteur.

SECTION PREMIÈRE.

Du Prix des Choses vendües.

270. On ne peut appliquer sans modification à la vente commerciale , les règles du droit

N. 1592. civil sur le sort de la vente, lorsque le prix a été laissé à l'arbitrage d'un tiers. Il arrive fréquemment que des marchandises sont vendues au prix qu'un courtier désignera, ou que tel arbitre choisi déterminera, qu'elles sont enlevées, employées et quelquefois même revendues par l'acheteur, sur la foi de cette fixation prévue; l'arbitre désigné ne pouvant ou ne voulant exécuter la mission qui lui a été donnée, les choses ne sauroient être remises au même état qu'avant la convention, il est indispensable de se faire régler par des experts, ou par le cours, s'il en existe un.

Il en est de même lorsque l'on achète sans fixer de prix, ou lorsque les parties, sans nier la vente, ne sont pas respectivement d'accord sur la fixation du prix, et que la correspondance ou les autres preuves admises, ne peuvent éclairer les magistrats.

On peut, à plus forte raison, vendre des marchandises pour ce qu'elles seront estimées par experts, dont les parties se réservent de convenir; de même, la vente qu'une personne fait d'une chose pour le prix qu'on lui en en offrira est valable, non pas précisément en ce sens, que l'acheteur sera obligé de payer au vendeur le prix que celui-ci prétendra lui avoir été offert, ou même que telle ou telle personne indiquée par lui déclareroit lui offrir, mais en ce sens que le vendeur, s'il n'a pas

encore livré la chose, ne sera libre de la vendre
à un autre, qu'après avoir dénoncé à l'acheteur
qu'on lui offre tel prix, et l'avoir sommé de
la prendre à ce prix, ou de lui laisser la liberté d'en disposer. Si, par suite d'une telle
convention la chose avoit été livrée, en cas
de débat sur la fixation du prix, des experts
le détermineroient, parce que l'intention commune n'a pu être de laisser le sort de l'acheteur
à la discrétion du vendeur.

On peut aussi vendre au prix que d'autres
propriétaires d'une semblable marchandise la
vendront dans un certain temps déterminé par
la convention ou l'usage ; car le prix, quoiqu'incertain lors du contrat, deviendra certain par la vente que feront ces derniers, quand
même ils vendroient à différens prix : les
parties sont censées alors être convenues du
prix moyen.

271. Quoiqu'en général, la liberté de vendre
et d'acheter au prix qu'on juge à propos de demander ou d'offrir, ne soit pas limitée, et même
que, ni l'excès, ni la vilité de prix, ne soient
un motif de restitution, sauf les cas de dol,
erreur ou autres semblables, quelquefois il n'est
pas libre aux contractans de convenir d'un prix
supérieur à celui qui est fixé par l'autorité légale.
Les administrations ont assez généralement le
pouvoir de taxer le pain et la viande, et tout

débitant qui vendroit ces objets dans un lieu
soumis à un règlement semblable, au-dessus de
la taxe, seroit puni.

Le Gouvernement peut même, dans des circonstances critiques, par une mesure que le
salut public autorise, taxer des marchandises de
première nécessité, quand il a un juste sujet de
craindre que la pénurie du peuple n'excite la
cupidité des vendeurs.

SECTION II.

Quand la Propriété est transmise du Vendeur à l'Acheteur.

272. Nous avons fait remarquer, n. 180, l'importance de bien connoître si ou non, la chose
qui faisoit la matière d'une convention, étoit
un corps certain et déterminé, dans la propriété ou possession du vendeur, au moment de
la convention.

Cet examen est indispensable, soit pour décider
entre plusieurs acheteurs qui prétendroient que
la même personne s'est engagée à leur livrer
une chose dont ni l'un ni l'autre n'a été mis en
possession; soit pour juger le mérite de la demande, que celui à qui une chose a été promise
et non livrée, pourroit former contre la masse
de son vendeur, tombé en faillite, tendante à ce
que cette chose soit distraite de l'actif, et lui
soit remise.

On voit que l'utilité de cette distinction ne se fait bien sentir, que lorsque le vendeur n'exécute pas, ou n'a pas de quoi exécuter tous ses engagemens; mais précisément, ce n'est jamais que dans de telles circonstances qu'il y a lieu à recourir aux tribunaux, et matière à discuter le texte ou l'esprit de la loi.

Un exemple rendra cela plus sensible : un commerçant qui a du blé dans ses magasins, en vend, le 1.ᵉʳ janvier, 50 muids à *Pierre* : le 10 janvier, il vend ces mêmes cinquante muids à *Jacques*; il fait faillite. *Pierre* et *Jacques* qui, par des motifs quelconques, par exemple, un renchérissement considérable arrivé depuis la vente, ont intérêt à se faire livrer ce blé, se disputent à qui des deux il appartiendra, et ni N. 1141. l'un ni l'autre ne peut exciper de la préférence accordée à l'acheteur mis le premier en possession.

Il n'est pas douteux que *Pierre* doit être préféré. La propriété que le vendeur avoit sur le blé qui a fait l'objet certain et déterminé de leur convention, lui a été transmise par cette convention; le vendeur n'a pu transmettre à N. 1138. *Jacques* ce qu'il n'avoit plus, et l'on doit décider ainsi, soit que la livraison des 50 muids vendus à *Pierre* dût être faite par un mesurage, soit que la vente lui eût été faite en bloc; car cette circonstance qui, comme nous le verrons, rend la N. 1585. vente imparfaite, sous le seul rapport des risques,

ne change rien aux autres effets de l'obligation de livrer.

Par suite de cette solution, les syndics de la
masse du failli ne pourront s'opposer à ce que
Pierre enlève le blé qu'il prouve être celui que

N. 1610.   le vendeur avoit lors du contrat, et qui a fait
l'objet individuel de la convention.

Mais un commerçant qui n'a point de blé
dans ses magasins, en a vendu 50 muids à *Pierre*;
quelques jours après, il en a vendu 50 muids à
Jacques, etc. Ce vendeur voulant se mettre en
mesure d'exécuter ses engagemens, achète du
blé, l'emmagasine; au cours de ces achats, il fait
faillite, ayant déjà amassé dans ses magasins
60 muids de blé. *Pierre*, le premier acheteur
de 50 muids, enlèvera-t-il cette quantité, ne
laissant que dix muids à *Jacques*? partageront-
ils les 60 muids au *prorata*? Nous croyons que
ni l'un ni l'autre n'aura lieu. Les 60 muids qui
se trouvent chez le failli ne sont point ceux
que *Pierre* et *Jacques* ont achetés individuellement; le vendeur n'en étant pas propriétaire,
n'a pu donner de droits dessus. Ce blé n'ayant
été livré à personne, il n'est pas plus précisément qu'un autre, le blé que *Pierre* ou
Jacques a acheté.

Par suite de ce principe, ni l'un ni l'autre de
ces acheteurs n'aura, à l'égard de la masse de
la faillite, le droit de demander que ce blé soit
distrait comme dans l'hypothèse précédente,

parce que la distraction n'est que le résultat de Pr. 608.
la propriété sur *tel* corps certain.

Leurs droits contre la masse ne pouvant donc
avoir pour but que d'exiger l'exécution d'une
convention, comme nous l'avons vu au n. 180,
ils n'ont, l'un et l'autre, qu'une simple action
qui, par la nature des choses, ne se résoudra
qu'en une condamnation pécuniaire, et les
rendra simplement créanciers de la masse.

273. Il suit de là une conséquence générale,
que l'acheteur de choses déterminées, seulement
par leur espèce, ne peut jamais prétendre que
la propriété lui en ait été transmise par la seule
convention, et, à faute de délivrance, enlever
celle qu'il lui plairoit, puisque rien ne prouve
ni ne sert à établir qu'elle est individuellement celle qu'il a droit de réclamer. Il ne peut
même demander que la justice l'autorise, dans
ce cas, à acheter, aux dépens du vendeur, une
quantité de marchandises égale à celle qui lui
a été vendue; c'est en cela que les obligations de
livrer, diffèrent des obligations de faire. Tout
son droit se réduit à des dommages-intérêts,
pour la fixation desquels les juges peuvent
prendre en considération la bonne ou mauvaise
foi du vendeur, le gain dont l'acheteur est privé,
ou la perte qu'il éprouve.

Cependant, si cette faculté d'acheter des
choses semblables à défaut de livraison, ne peut

être accordée par les juges, qui ne doivent que
prononcer des dommages-intérêts purement pécuniaires de leur nature, rien n'empêcheroit
qu'elle ne fût valablement stipulée, et que
l'acheteur, une fois que le vendeur seroit constitué en demeure, ne pût réclamer la stricte exécution de cette clause devant les tribunaux dont
le droit se borneroit à prévenir l'abus qu'il voudroit faire de la convention.

274. Nous avons vu que la vente d'un corps
certain dont le vendeur a la propriété ou possession, par exemple, de tel cheval ou de telle
balle de coton, dépouilloit entièrement le vendeur de sa propriété, à l'instant que la convention étoit conclue, et rendoit l'acheteur propriétaire au point de pouvoir demander que la
justice l'autorise à se mettre en possession.

Si l'acheteur manque à son obligation de payer,
il ne reste au vendeur que les droits de rétention sur l'objet vendu, s'il ne l'a pas livré, ou
de revendication, après qu'il l'a livré, dont
nous parlerons dans la cinquième partie.

N. $\begin{cases} 1612. \\ 1613. \end{cases}$

C. 576.

Par la même raison, la masse des créanciers
ordinaires ne pourroit prétendre que la simple
convention, avant toute livraison, n'a pas trans-
féré à l'acheteur la propriété de choses vendues
par leur débiteur, et, à moins que ces créanciers
n'articulassent une fraude, la vente est valable
contre eux.

On peut même, dans un grand nombre de
circonstances, appliquer ces principes aux ventes
de choses qui, sans être individuellement désignées, sont à prendre dans un certain nombre
de choses de la même espèce, dont le vendeur
a la propriété ou possession ; par exemple, à la
vente que Pierre feroit d'un cheval de son haras, d'une balle de coton de son magasin, il
existe alors une vente alternative qui comprend
dans l'obligation, toutes les choses de l'espèce N. 1196.
de celle qui est promise.

275. Mais c'est principalement à l'égard du
vendeur, de ses héritiers ou de ses ayans-cause,
que cet effet est si absolu : l'intérêt des tiers
exige quelquefois qu'on suppose que la propriété
n'a pas changé de main. Ainsi, lorsque le vendeur d'un corps certain le vend à un second acheteur de bonne foi, et lui en fait livraison, ce
second acheteur est préféré, quelqu'ancienne N. 1141.
et même authentique que soit la première vente.
Ainsi, quoique la vente d'un navire ait été faite,
et que l'acheteur en ait bien réellement acquis
la propriété à l'égard du vendeur, il n'est à l'a- C. { 193.
bri des poursuites des créanciers de celui-ci, { 196.
qu'après une tradition réelle, et constatée autant
que le permet la nature des choses. Ainsi, lorsque des marchandises voiturées ont été vendues, la transmission de propriété que le contrat
opère, n'enlève point au voiturier ou capitaine N. 2102.

de navire, son privilège, pour être payé du trans-
C. 307. port ou du fret, tant que ces marchandises ne
sont point passées en main-tierce.

Section III.

Quand la Chose est-elle aux Risques de l'Acheteur?

276. On ne doit pas perdre de vue la distinction que nous avons faite de la vente entre les
corps certains et les choses indéterminées. Lorsqu'il s'agit d'un corps certain, il peut se faire ou
que l'acheteur doive l'enlever lui-même, ou qu'il
doive être transporté par le vendeur, soit chez
l'acheteur, soit dans un lieu convenu.

Au premier cas, il peut se faire qu'on n'ait pas
stipulé quand l'acheteur fera l'enlèvement, alors
il a droit de requérir la chose quand il lui plaît;
car nous avons vu n. 186 que ce qui est dû sans
terme est exigible à tout instant opportun. Le
N. 1137. vendeur n'étoit tenu que de la garde d'un bon
père de famille; la chose a dû être livrée par
N. 1138. lui à tout moment, et dès-lors elle a été aux
risques de l'acheteur. On peut avoir stipulé que
la chose seroit enlevée tel jour; les principes
sont les mêmes; car le seul effet du terme est de
N. 1185. retarder l'exécution d'une obligation, mais il
n'empêche pas qu'elle soit parfaite.

Au second cas, c'est-à-dire, lorsque le vendeur s'est chargé de transporter la chose au

domicile de l'acheteur, ou au lieu par lui indiqué, ces principes ne sont point modifiés. A la vérité, il est important d'observer la manière dont
les parties ont fait cette convention, ou dont elle
est entendue dans l'usage. Si le vendeur s'est
chargé, ou s'il est censé s'être chargé des risques,
la chose périt pour son compte; mais alors, ce
n'est point une dérogation à la règle, c'est tout
simplement l'effet d'un contrat particulier d'assurance, dont le vendeur s'est chargé, et dont
auroit pu se charger de même toute autre personne qui auroit entrepris et garanti le transport
ou la garde de la chose.

277. Lorsque le vendeur est en demeure d'exé-
cuter son obligation, le risque de la chose retombe   N. 1302.
sur lui. Mais ce n'est point encore une dérogation
au principe; c'est un mode de dommages-intérêts, et, dans ce cas même, la perte ou la détérioration seroit supportée par l'acheteur, si
l'événement qui l'a causée, étoit tel que la chose
eût également péri ou été détériorée chez lui, à
moins que quelque convention d'assurance ne
l'eût chargé des cas fortuits.

Le vendeur peut être en faute dans un sens
tout opposé : par exemple si, avant que le
terme d'enlèvement de la chose fût arrivé, ou,
s'il n'en a point été stipulé, avant d'avoir mis
l'acheteur en demeure par une sommation, le
vendeur, pour s'en débarrasser, l'envoyoit chez

ce dernier, la perte arrivée, même fortuitement
dans cet envoi prématuré, seroit au compte du
vendeur, à moins qu'il ne soit prouvé qu'elle
seroit également périe chez lui.

278. On voit comment ces principes doivent
être modifiés lorsqu'il s'agit de la vente d'une
chose qui n'est déterminée que par son espèce. La
convention n'ayant pu porter sur des objets individuellement désignés et connus des contractans, on ne peut dire que la perte ou détérioration arrivée à *tels* ou *tels*, soit arrivée à ceux qui
ont été vendus. La vente, dans ce cas, ne donnant
pas un droit de propriété sur certains corps déterminés, mais seulement une action pour demander une livraison de choses de l'espèce convenue, il ne peut y avoir de perte pour le compte
de l'acheteur, que lorsque les choses ont été
individualisées pour devenir sa propriété.

Un exemple fera mieux entendre ces principes qui, tout conformes qu'ils soient au droit
universel, ne sont pas toujours familiers aux
commerçans. *Pierre* écrit à son correspondant
de Marseille, de lui envoyer vingt caisses de savons, ou cinq milliers d'huile : *Pierre* ne lui a
pas demandé *telles* caisses, *telles* barriques
d'huile qu'il auroit déjà vues, qu'il auroit marquées, qu'il lui désigneroit individuellemment ;
car si ce cas infiniment rare avoit lieu, les règles
sur les risques des corps certains et déterminés

y seroient applicables. Le correspondant qui se
prépare à exécuter cet envoi, fait mettre à part
de ses autres marchandises les quantités que
Pierre lui a demandées, et les tient à la disposition du voiturier que celui-ci a annoncé devoir
les enlever : rien n'établit encore, d'une manière
contradictoire avec *Pierre*, que ces choses soient
sorties de la classe des espèces pour devenir des
individus à ses risques. Si donc ces caisses pé-
rissent par force majeure ou sont volées, ce ne
sera point pour le compte de l'acheteur, quand
même l'époque désignée pour l'enlèvement seroit venue.

Il n'y a, dans ces cas, qu'un moyen non
suspect de prouver que telles caisses, telles
barriques sont bien celles que *Pierre* a achetées. C'est, indépendamment des offres réelles
dont nous avons parlé n. 217, qui peuvent être
faites quand l'époque d'enlèvement est échue,
leur sortie du magasin du vendeur. Alors, C. 100,
seulement, elles sont aux risques de l'acheteur, à moins qu'il n'y ait eu de convention
différente.

Section IV.

Des Promesses de vendre.

279. Les principes du droit civil, qui ne
donnent plus à la promesse de vendre ou d'acheter que les effets de la vente, et qui exigent en

N. 1589. conséquence qu'on soit d'accord sur la chose et
sur le prix, ne sauroient, sans de graves inconvéniens, être appliqués à la jurisprudence commerciale.

Les commerçans envoient souvent des circulaires, des notes du prix courant de diverses
marchandises, qui font l'objet des opérations de
la place qu'ils habitent, en offrant de fournir et
expédier celles qui leur seront demandées. Les
tribunaux peuvent seuls apprécier par les circonstances, quand la personne qui a reçu ces
annonces et qui a sur-le-champ accepté les propositions, est admissible à invoquer les principes
que nous avons donnés n. 251, sur les conventions qui se forment par lettres. C'est également
d'après les circonstances qu'ils peuvent décider
si celui qui a offert peut être tenu de livrer la
totalité de ce qu'on lui demande, et statuer sur
les difficultés qui pourroient s'élever relativement à la qualité. On doit dire en général que,
lorsque les offres sont faites par des circulaires,
catalogues ou autres annonces qui s'envoient
indistinctement, et sans qu'il y ait eu de relations
premières entre les parties, les offres sous-
entendent toujours la condition que celui qui les
fait ne s'engage à fournir, qu'au cas où il n'auroit
pas vendu à d'autres les choses offertes, s'il s'en
est dit propriétaire, ou qu'autant qu'il s'en trouvera sur le lieu, s'il n'a fait que des offres de
fournir par commission : qu'au contraire, lorsque

les offres sont en quelque sorte individuelles, et plutôt une véritable proposition de vendre à cette personne, qu'une offre faite à quiconque recevra la circulaire, celui qui fait la proposition ne peut refuser de livrer, si la demande lui est adressée immédiatement après la réception de sa lettre.

Section V.

De la Vente de la Chose d'autrui.

280. C'est encore à l'aide de la distinction que nous avons faite entre les ventes de corps certains et celles de choses indéterminées, qu'on peut voir si la règle du droit civil, qui déclare nulle N. 1599. la vente de la chose d'autrui, est applicable au commerce, et comment elle pourroit y être appliquée.

La possession valant titre en fait de meubles, N. 2279. on ne peut refuser de regarder comme valable la vente de la chose d'autrui, que celui qui en est détenteur, fût-ce même à titre de dépôt, dont il abuseroit, feroit à un acheteur de bonne foi. Peu importe même que l'acheteur n'ait pas ignoré que le vendeur n'étoit pas propriétaire et qu'il promettoit de livrer une chose dont il n'avoit que la possession, ou même une chose dont il auroit fait connoître qu'un autre avoit la possession et la propriété à la fois. L'acheteur a pu avoir

juste sujet de croire que le vendeur prendroit
les moyens nécessaires pour se la procurer, parce
que, dans le commerce, tout est spéculation, et
qu'il n'est pas nécessaire de détenir la chose que
l'on vend. Ce principe n'est modifié que dans le
cas où la loi, par des raisons de police, défen-
droit de vendre ce qu'on n'a pas. On en a un
exemple dans la loi du 12 octobre 1795 (20 vendémiaire an 4); le Code pénal en donne un
Pén. 422. autre pour les effets publics.

SECTION VI.

Obligations du Vendeur.

281. Le vendeur est obligé : 1.º de livrer la
chose qu'il a vendue au temps convenu; 2.º de
la livrer dans la quantité et la qualité promises.
Nous allons développer ces obligations dans les
deux paragraphes qui suivent.

§. I.ᵉʳ

Livraison au temps convenu.

282. L'obligation que la vente impose au
vendeur de livrer la chose, consiste à laisser à
l'acheteur la faculté d'en faire l'enlèvement qui,
N. 1608. sauf convention contraire, est à sa charge. L'a-
cheteur, en cas d'inexécution, a droit de se faire
N. { 1609. mettre, par justice, en possession de cette chose,
  { 1610. lorsqu'elle consiste en un corps certain déterminé

qui étoit dans la propriété ou possession du
vendeur à l'instant de la convention, sans préjudice des dommages-intérêts, pour le tort que
le retard lui auroit fait éprouver. Si la chose
n'est déterminée que par son espèce, l'acheteur
a seulement le droit d'exiger les condamnations
qu'entraîne l'inexécution de toute obligation de
livrer, comme nous l'avons vu ci-dessus. Quelquefois cette inexécution donne droit à l'acheteur de
demander l'annullation de la vente, sans qu'il
puisse être forcé de se contenter d'une exécution
tardive. A cet égard, le droit commercial a nécessairement des principes plus rigoureux que
le droit civil. L'importance d'être livré à telle
époque est très-grande : on sait que souvent
le moment décide la revente plus ou moins
avantageuse des choses, et qu'un seul jour de
retard rend inutiles et même onéreuses, des marchandises qui, si elles étoient arrivées ou avoient
été livrées le jour convenu, eussent procuré des
bénéfices considérables.

Le jugement des difficultés qui peuvent naître
dans ce cas, est presque toujours subordonné
aux circonstances et à la nature de la convention :
ainsi, le vendeur qui auroit promis d'expédier
des marchandises de manière qu'elles arrivent à
telle époque, ne répond que de son expédition ;
c'est-à-dire, qu'il a dû prendre ses mesures pour
que le délai, à compter de son expédition, fût
suffisant, selon l'état des routes et de la saison

Tome I.   19

pour l'arrivée du voiturier. Mais, du reste, il n'est pas responsable des retards, lorsque la marchandise ne voyage pas à ses risques, soit par les clauses ou la nature de la convention, soit par la qualité particulière d'entrepreneur du transport de la chose vendue, qu'il pourroit réunir à sa qualité de vendeur : il lui suffit de prouver qu'il a expédié, à une époque telle, que ce qui restoit de temps suffisoit pour le voyage.

283. Les règles sur l'extinction des obligations par la perte de la chose due, doivent être N. 1302. suivies, lorsque l'objet vendu étoit un corps individuellement déterminé, qui a péri par force majeure, ou un objet à prendre dans un certain nombre de choses d'une même espèce, qui toutes ont péri. Nous les avons développées n. 238.

Lors même qu'il n'y a pas, dans la convention, une détermination qui puisse donner lieu d'appliquer ces principes, la nature de l'engagement peut encore servir à décider jusqu'à quel point dans une vente de choses déterminées seulement par leur espèce, la perte de celle que le vendeur destinoit à la livraison, peut, non pas sans doute être au compte de l'acheteur, mais opérer la résiliation du marché en faveur du vendeur. Ce cas peut se présenter lorsque la vente est mêlée d'un louage de travail : par exemple, un entrepreneur a promis de faire une chose dont il s'obligeoit à fournir la matière ; si, par un cas

fortuit, la chose qu'il fabriquoit vient à périr,
la perte est pour son compte à la vérité, mais les   N. 1788.
tribunaux peuvent, dans ce cas et d'après les
circonstances, le dégager de son obligation.

   C'est encore d'après les circonstances, que les
tribunaux doivent fixer le montant des dommages-intérêts. On doit observer seulement que
si les parties ont pris soin de prévoir ce cas et
de déterminer les peines qu'entraîneroit l'inexécution de la convention, il faut s'y conformer,   N. 1152.
et n'y pas substituer des condamnations arbi-
traires.

§. II.

De la *Qualité et Quantité des Choses vendues.*

   284. C'est un principe que la marchandise
doit être de la qualité et quantité convenues
entre les parties. Mais par suite de ce que le
plus souvent, dans le commerce, on ne vend pas
tels corps certains, mais des choses d'une espèce
déterminée, l'application de ce principe est nécessairement soumise à des règles particulières.

   Les tribunaux, lorsqu'ils ont à décider, peuvent principalement considérer s'il s'agit d'une
vente entre présens ou entre absens. Entre
présens, les choses sont ordinairement vérifiées
par l'acheteur, qui les marque ou qui, de toute
autre manière usitée, annonce qu'il les agrée;
il ne pourroit y avoir de difficulté, qu'en cas de

substitution frauduleuse de choses d'une qualité
inférieure. Cependant il peut se faire que l'acheteur ait été trompé par l'apparence, et que
l'erreur ne se manifeste qu'après l'enlèvement.
La manière dont la vérification de qualité a été
faite avant la vente et les usages peuvent seuls
servir à résoudre les difficultés qui naîtroient
dans ce cas. Si l'achat n'a été fait que sur des
échantillons offerts par un courtier ou par le
vendeur, et que l'acheteur n'ait point été vérifier
lui-même ou par ses préposés, la qualité des
choses, en les comparant à celle des échantillons
montrés, il est évident qu'il peut se plaindre
avec raison si la marchandise est d'une autre
qualité que les échantillons. Mais s'il a pris,
comme cela arrive le plus souvent, les échantillons dans les tas, balles ou barriques des marchandises elles-mêmes, et qu'à la livraison il
découvre qu'il existe un mélange de choses de
qualité inférieure ou même de nature différente,
il ne peut être admis à un recours contre le vendeur, qu'autant que toutes les circonstances serviroient à établir que celui-ci est auteur de l'altération, ou n'a pas dû l'ignorer, ou doit en
répondre, par exemple, si la chose avoit été
fabriquée par lui ou dans ses ateliers. Hors ces
cas, on ne pourroit invoquer les principes qui annullent les ventes pour erreur sur la chose, parce
que la chose qui fait la matière de la vente est
moins ce qui a été dénommé dans la convention,

que ce qui a été vu et vérifié par l'acheteur qui doit s'imputer de l'avoir fait avec précipitation, et sans une attention assez scrupuleuse.

Les usages locaux doivent cependant être considérés : s'il en existoit qui admissent la vérification ultérieure par l'acheteur, et ne se contentassent pas de celle qu'il peut faire, en achetant, il faudroit s'y conformer, et le vendeur, fût-il de bonne foi, seroit tenu de la restitution. C'est en quelque sorte le cas des vices rédhibitoires dont nous parlerons plus bas.

285. Lorsque la vente a été faite par correspondance, il n'y a jamais lieu à appliquer les présomptions qui naissent de la vérification ou de la marque. On achète, dans ce cas, ou sur désignation de qualités, ou sur des échantillons ; la sortie des magasins du vendeur dont le résultat est, comme on l'a vu n. 278, de donner à la chose expédiée une *individualité* qui la fasse considérer comme l'objet spécialement vendu, et de charger l'acheteur de tous les risques du voyage, ne le rend point non-recevable à réclamer contre la qualité de cette chose. Il en seroit de même encore bien qu'elle eût péri en route, si quelque reste ou même des essais et échantillons avoués par le vendeur, étoient reconnus ne pas avoir la qualité convenue. Mais aussi, par une juste conséquence du même principe, la réception

des marchandises sans réclamation, dans les délais que l'usage a établis, rendroit non-recevable à prétendre que cette qualité convenue ne se trouve pas.

Le vendeur étant dépouillé de son droit de propriété sur la chose vendue, n'en ayant plus même la possession matérielle, n'ayant plus ni pouvoir ni moyen de l'inspecter, et de veiller à ce qu'il n'y soit fait aucun changement, il seroit injuste de prolonger sa responsabilité au delà des bornes, que la nature des choses indique elle-même.

286. C'est en cela que les difficultés sur la qualité ne doivent pas être confondues avec la garantie des vices redhibitoires, c'est-à-dire, des défauts cachés de la chose vendue, qui N. 1641. la rendent impropre à l'usage pour lequel on la destinoit, ou qui diminuent tellement cet usage, que l'acheteur ne l'auroit pas acquise ou n'en auroit donné qu'un moindre prix, s'il les avoit connus. Quand il ne s'agit que d'une différence entre les divers degrés de qualité que peut avoir une marchandise, celui à qui elle est adressée, et qui prétend n'y pas trouver la qualité stipulée, doit le faire constater sur-le-champ; une réclamation qui n'est pas faite à l'instant même et qui n'est pas suivie de vérification par experts, nommés sur simple requête, C. 106. par le président du tribunal de commerce, est

sans effet parce que l'acheteur a pu s'en aper-
cevoir. Au contraire, il est de la nature du vice
rédhibitoire de pouvoir être masqué dans les
premiers instans et de ne se manifester qu'au
bout de quelques jours, ou quelquefois au moment où on fait usage de la chose. La vérification
faite par l'acheteur, lors de l'achat, ne peut pas
le rendre non-recevable dans son action, ce
vice pouvant ne pas se manifester de suite,
comme certaines maladies dont sont atteints les
animaux, si le défaut d'avoir aperçu ce vice,
n'est que la conséquence de la manière dont
il a été caché, tels que des trous, des taches
à des étoffes, que l'acheteur ne vérifie ordinairement que chez lui.

La seule règle qu'on puisse donner dans une
telle circonstance, est : 1.º que l'identité des
choses doit être avouée ou constatée ; 2.º qu'on
doit se conformer aux usages locaux, tant sur les N. 1648.
défauts de qualité qui peuvent avoir ce nom,
que sur le délai dans lequel l'acheteur doit
former son action, soit pour obliger le vendeur N. 1644 *et suiv.*
à reprendre la chose, soit pour faire pronon-
cer, à dire d'experts, une diminution de prix ;
3.º que, si dans le bref délai accordé pour faire
la réclamation on constate le vice de la chose, la
présomption est que ce vice existoit au moment de
la vente, sauf au vendeur à prouver le contraire.

287. On peut faire usage de quelques-uns de

N. 1618 *et suiv.*

ces principes, lorsqu'il s'élève une contestation sur la quantité. Quoique les règles du
droit civil sur le défaut de mesure dans les
immeubles, n'ayent qu'une application fort
éloignée à ce qui nous occupe, cependant
rien n'empêcheroit qu'on ne les adoptât, à
défaut d'usage, et surtout dans le silence
des conventions qui doivent être observées.
Il s'en suivroit que, si la vente est à *tant* la
livre, il ne doit rien y manquer, ou ce qui
revient au même, l'acheteur ne doit payer que
le nombre de livres qu'il enlève : s'il est évident
que le poids n'a été énoncé que comme une
indication, mais que la vente est en bloc à
forfait, par exemple, si on a vendu *tant* de
livres ou environ, les tolérances d'usage en
plus ou moins, auront lieu. Ces tolérances
portent principalement sur ce qu'on nomme la
tarre, c'est-à-dire, le poids des vases, vaisseaux
ou enveloppes contenant la marchandise, ou
sur le *déficit* que la compression des matières
ou leur dessication peut occasionner par l'effet
du séjour dans les magasins ou entrepôts, ou
dans la route.

De même que des experts, et principalement des courtiers servent à éclairer les tribunaux sur la qualité, de même des peseurs
ou mesureurs publics, servent à vérifier les
quantités. Nous avons donné sur cet objet
quelques notions n. 114. Il suffit d'observer

ici que les opérations commerciales, se faisant
entre des pays soumis à des lois diverses, la
mesure qui est présumée convenue dans le
silence des parties, ou à défaut d'usages bien
certains, est celle du lieu où doit être faite N. $\left\{ \begin{matrix} 1160. \\ 1609. \end{matrix} \right.$
la délivrance; et que la délivrance étant à la
charge du vendeur, il doit supporter les frais N. 1608.
de mesurage, à moins de convention ou d'usage
contraire, ou de contestation injuste de la part
de l'acheteur.

288. En général, le vendeur qui ne livre pas
les choses conformément à la convention, n'a
pas droit de forcer l'acheteur à les garder
aux offres de l'indemniser. Cependant les tribunaux peuvent, d'après l'usage et les circonstances, lui accorder ce droit quand il n'y a
de différence que relativement à la quantité.

Quant à l'acheteur, s'il a fait constater
ce qui manque sur les quantités, ou lorsque
les choses vendues sont des espèces ou des
individus différens, s'il prétend que certaines
parties des marchandises n'ont pas la qualité
convenue, il semble que rien n'empêche qu'il
ne dispose de ce qui lui a été envoyé, ou
de ce qui se trouve avoir la qualité convenue,
en laissant seulement la partie qu'il rebute au
compte du vendeur.

SECTION VII.

Obligations de l'Acheteur.

289. Ces obligations sont de deux espèces.
Le retirement au temps convenu; le paîment.

§. I.er

Obligation de retirer au temps convenu.

290. En général, la simple expiration du
délai accordé pour le retirement des denrées et
effets mobiliers achetés, n'opère pas la résiliation de la vente de plein droit et sans sommation. Un vendeur, dans le cas où le prix
des choses augmenteroit, pourroit abuser d'un
tel principe, en se disant dégagé, par le seul
fait que l'acheteur n'est pas venu prendre livraison le jour fixé.

Cependant si telle a été la convention des
N. 1657. parties, elle doit être exécutée, de même que
l'acheteur auroit à son tour le droit d'exiger
l'exécution d'une convention qui porteroit que
le marché sera nul, au cas de refus de délivrance ou de livraison à l'époque déterminée;
il est difficile de croire que les tribunaux se
décidassent à modifier l'une et l'autre de ces
dispositions. Aucune condition résolutoire, en
semblable matière, ne pourroit être réputée
comminatoire sans de graves inconvéniens.

291. Lorsqu'il n'y a pas de difficultés sur la détermination du prix ou lorsqu'elles sont terminées, l'acheteur doit payer. Les règles que nous avons données sur le terme et le paiement, doivent être observées.

Le vendeur qui n'a point accordé de terme, peut refuser de livrer si on ne le paie pas, et faire prononcer la résiliation, lorsqu'il n'a pas N. 1612. été stipulé qu'elle auroit lieu de plein droit. Il a la même faculté lorsqu'il y a terme accordé, mais qu'il court les risques de n'être pas payé, l'acheteur étant tombé en faillite, cet acheteur N. 1613. ou la masse de ses créanciers, ne peut être admis à offrir caution, parce que nous verrons que la faillite rend toutes les dettes exigibles. C. 448.

Si la marchandise est livrée, le vendeur non payé, n'a d'autres droits sur la chose, que C. 576. ceux de revendication, dans les cas dont nous parlerons dans la cinquième partie.

CHAPITRE II.

Des Ventes faites sous Condition suspensive.

292. Lors même que la chose vendue et le prix ont été déterminés entre les contractans, d'une manière qui ne présente aucune équivoque, elle peut n'être pas parfaite, si la convention

N. 1584. la subordonne à une condition suspensive. Notre intention n'est pas de prévoir toutes celles que les circonstances, l'intérêt, le caprice peuvent dicter. D'ailleurs, nous avons donné des règles générales à ce sujet n. 185; nous ne parlerons que de celles qui ont fixé l'attention particulière du législateur, et après les avoir considérées dans la première section de ce chapitre, nous examinerons, dans la seconde, comment les règles sur la transmission de propriété et les risques de la chose, s'appliquent à ces sortes de ventes.

SECTION PREMIÈRE.

Quelles Ventes sont réputées conditionnelles.

293. Les ventes de cette espèce, sont 1.º les ventes faites avec condition de mesurage, pesage, etc., 2.º celles faites avec condition de dégustation; 3.º celles faites à l'essai; 4.º celles faites avec arrhes.

§. I.ᵉʳ

Ventes faites à condition de Pesage, Mesurage, etc,

294. Les denrées ou autres choses susceptibles

N. { 1585. \
   { 1586. d'être comptées, pesées ou mesurées, peuvent être vendues en gros ou en bloc, moyennant un seul et même prix, ou sous la condition qu'elles seront pesées, comptées ou mesurées. La

vente en bloc est parfaite, et toutes les règles que nous avons données dans les cinquième et sixième sections du chapitre précédent, y sont applicables.

A la vérité, lorsque la convention ne porte pas *tant* de mesures à *tant* chacune, il peut s'élever quelquefois des incertitudes sur le point de savoir si la vente est ou n'est pas en bloc. La seule règle qu'il soit possible de donner, c'est que les tribunaux doivent considérer comme vente en bloc, toute vente dans laquelle il ne paroît pas évidemment que l'acheteur a entendu acheter un certain nombre de mesures, et ne s'est déterminé par aucune autre considération que celle de la quantité apparente. Ainsi, *Pierre* vend le blé qu'il a dans son magasin, et qu'il montre en annonçant qu'il forme les 100 muids, moyennant 2000 francs ; on ne fait aucune convention d'un mesurage, soit pour augmenter, soit pour diminuer proportionnellement le prix d'achat. Le silence sur ce point, réuni à la circonstance que l'acheteur a vu par lui-même et a dû prévoir la possibilité d'une différence en moins, ne permet pas de croire qu'il ait entendu acheter autrement qu'en bloc. Mais si *Pierre* a vendu 100 muids moyennant 2000 francs, la présomption sera que les parties ont entendu qu'un mesurage eût lieu, et que le prix total n'est que la réunion des prix

individuels de chacun des muids qu'on suppose
exister au nombre de 100, et qu'on veut vérifier.
Les doutes seroient encore moindres, si l'acheteur n'avoit pas été s'assurer avant de conclure,
quelle étoit la quantité apparente, si l'on avoit
stipulé le mode ou l'époque du mesurage, etc.

Lorsque, soit par la convention, soit par
les circonstances, il est reconnu que la vente

N. { 1182. a été faite au compte, au poids ou à la mesure,
{ 1585. cette stipulation est une condition qui suspend
la vente, jusqu'à ce qu'on sache ce qui a été
vendu. Les parties n'ont pas l'intention que cette
vente ait lieu, si cette condition n'est pas
remplie; seulement au lieu d'être casuelle

N. 1170. elle est potestative; chacun des contractans
pouvant exiger que l'autre concourre à son
événement.

§. II.

De la Condition de Dégustation.

295. Lorsque la vente porte sur des choses
qu'on est dans l'usage de goûter avant d'en faire
l'achat, le droit civil ne reconnoît point de

N. 1587. vente, tant que l'acheteur ne les a pas goûtées
et agréées. Il est difficile que cette décision, qui
elle-même est d'une application infiniment
restreinte en matière ordinaire, soit admise
dans toute sa rigueur dans le commerce. La
dégustation convenue ou établie par l'usage,

n'empêche donc pas qu'il n'existe un lien de droit entre les parties, que le vendeur ne puisse contraindre l'acheteur à faire la dégustation, ou que celui-ci ne puisse se présenter pour goûter et enlever la marchandise. Ainsi, le vendeur peut forcer l'acheteur à venir, soit de suite, s'il n'y a pas de terme fixé pour la dégustation, soit à l'époque convenue, faire cette dégustation et se livrer, ou déduire les motifs de son refus, motifs que les tribunaux apprécieroient, parce qu'il ne doit pas y avoir, dans le commerce surtout, de condition qui mette à la discrétion arbitraire de l'un ou de l'autre des contractans, l'exé- N. 1174. cution du contrat. Par les mêmes motifs, l'acheteur a le droit de venir goûter, agréer et enlever les vins en les payant, s'il n'existe aucune fin de non-recevoir contre lui, fondée sur quelque clause résolutoire.

§. III.

Des Ventes à l'Essai.

296. Le droit civil veut que la vente à l'essai soit toujours faite sous une condition sus- N. 1588. pensive. Mais, pour appliquer sainement ce principe au droit commercial, il faut observer qu'on y reconnoît deux sortes d'essais.

Pierre écrit à un fabricant de lui envoyer une pièce d'étoffe de telle espèce, pour s'assurer si elle lui convient ; la vente est faite sous la condition suspensive que *Pierre* agréera la marchandise ; il peut la renvoyer et annuller ainsi la vente. A la vérité, s'il tarde à s'expliquer, les tribunaux pourront décider qu'elle reste à son compte, mais ce sera par une considération d'équité et par forme de dommages-intérêts, ou plutôt par une présomption naturelle qu'il l'a tacitement agréée.

Mais, *Pierre* achète un cheval à condition qu'il pourra le rendre dans le mois, s'il ne lui convient pas. Ce n'est point de cette condition d'essai que nous entendons parler ; une telle clause est tout simplement une condition résolutoire ; et suivant les règles que nous avons données n. 185, si le cheval périssoit chez lui, même par cas fortuit, il ne pourroit dire que son intention étoit de le rendre.

§. IV.

Des Arrhes données ou promises.

297. On appelle arrhes une chose mobiliaire qui, ordinairement, consiste en une petite somme de monnoie que des contractans se donnent ou se promettent, pour assurer l'exécution d'une convention.

Lorsque les arrhes sont données comme le signe d'une vente projetée, comme l'assurance d'une promesse de vendre, l'acheteur qui se

repent et ne veut pas conclure le marché
projeté, perd simplement les arrhes qu'il a   N. 1590.
données, ou s'il les a promises et non payées,
doit les délivrer, et le vendeur n'est tenu
qu'à doubler les arrhes qu'il a pu recevoir,
ou s'il n'a rien reçu, à payer autant qu'on
lui a promis, c'est ce qu'on appelle *dédit*.

Lorsque les arrhes sont données pour gage et
pour plus grande preuve d'un marché conclu,
ou comme à-compte sur la somme convenue,
ce qui arrive surtout entre marchands, et
dans les foires de la campagne, l'acheteur qui
refuse de prendre l'objet vendu, n'en est pas
quitte pour le sacrifice des arrhes; et réciproquement le vendeur qui refuse de livrer
ce même objet, n'en est pas quitte pour la
restitution du double de ce qu'il a reçu. Ce
n'est que lorsqu'il s'agit d'arrhes de la première
espèce, que la vente est présumée faite sous
la condition suspensive qu'il interviendra de
nouveau un consentement entre les parties.

Le signe distinctif de ces deux sortes d'arrhes
n'est pas toujours facile à reconnoître; en supposant que les circonstances, les preuves ou
les témoignages fournis laissent une incertitude
absolue, les juges qui ne croiroient pas devoir
la lever par l'affirmation d'une des parties,
peuvent considérer l'importance des arrhes.
Plus elles sont considérables, et plus il est à
croire qu'elles sont le signe d'une promesse,

Tome I.   20

chacun des contractans ayant naturellement dû
employer les moyens qui lui sembloient les
plus sûrs pour mettre l'autre dans l'alternative
ou de l'exécution de sa promesse, ou d'une perte
considérable. Leur modicité qui ne permet
pas de s'arrêter à cette considération, est au
contraire une preuve que les parties ont réellement conclu, qu'elles n'ont apposé aucune
condition suspensive, et n'ont suivi, en se
donnant des arrhes, qu'un usage presque
sacré dans certaines provinces, d'offrir soit à
la femme, soit aux enfans du vendeur, soit
à lui-même, un léger présent sous le nom
de *pot-de-vin* ou deniers d'*adieu*.

Section II.

Effets des Ventes sous Condition suspensive.

298. La conséquence des principes que nous
avons donnés n. 185, sur l'effet des conditions
suspensives, est que, si l'obligation consiste à
livrer un corps certain appartenant au vendeur,
le créancier acquiert sur ce corps un droit éventuel de propriété qui lui permet d'employer en
N. 1180. attendant l'événement de la condition, tous les
moyens légaux pour assurer ses droits.
Ainsi, en appliquant cette règle aux diverses
espèces de ventes conditionnelles que nous

venons de définir, l'acheteur de 100 muids
de blé existans dans tel grenier, qui lui
avoient été vendus à raison de 200 francs le
muid, pourra, même après la faillite de son
vendeur, former contre la masse une action
en délivrance, exiger qu'il soit procédé au
mesurage, et faire enlever le blé en payant le
prix convenu pour chaque muid. Il aura ce
droit, quand même la totalité du blé contenu
dans le grenier ne lui auroit pas été vendue,
et qu'il n'en auroit acheté que 100 muids,
ou une partie aliquote, un quart, une moitié.
Car il a acheté jusqu'à concurrence de *telle*
quantité, et quoi qu'on ne puisse dire que c'est
telle portion plutôt que *telle* autre qu'il a
achetée, on ne peut nier que ce soit une portion
de ce que contenoit le grenier; il en est devenu
propriétaire par indivis, et la vente d'une part
déterminée et indivise dans un corps certain,
transmet à l'acquéreur la propriété de ce qui lui
est vendu.

L'acheteur de cent barriques de vin existantes
dans tel magasin, qui ne les a pas encore goûtées
au moment où son vendeur tombe en faillite,
pourra venir demander aux syndics qu'ils lui
laissent la liberté de faire cette dégustation, et
si le vin est de la qualité convenue, exiger que
la délivrance lui en soit faite.

L'acheteur d'un cheval, qui est convenu d'un
essai préalable, pourra user du même droit.

Réciproquement, les syndics des créanciers du failli qui trouveroient avantageux pour la masse de forcer l'acheteur à venir se livrer après mesurage, dégustation, ou essai, pourroient l'y contraindre et user contre lui des mêmes droits qu'auroient eus, d'après les règles que nous avons données n. 295, le vendeur pour contraindre l'acheteur.

299. Les principes que nous venons d'exposer sembleroient conduire à la conséquence que si dans l'intervalle de la convention à l'événement, la chose périt ou est détériorée sans la faute de celui qui en a la garde, cette perte ou détérioration est aux charges et risques du vendeur. Mais cette conséquence seroit contraire à la nature de la condition suspensive que nous avons fait connoître n. 185, qui laisse la chose N. 1182. aux risques du vendeur.

On ne peut en donner pour motifs que la propriété n'est pas transférée, car nous venons de voir que l'acheteur avoit réellement acquis ce droit. Mais il en existe d'autres plus conformes à la nature des choses. S'agit-il de la perte entière? Elle doit nécessairement annuller l'obligation par l'impossibilité de l'exécuter de l'une et l'autre part. Le même événement qui met le vendeur hors d'état de livrer, ne permet plus de connoître par le mesurage ce que devra l'acheteur, s'il a acheté à

tant la mesure ; et même lorsqu'il n'a acheté
que *tant* de mesures moyennant un prix unique,
il ne lui est plus possible de s'assurer s'il est
vrai que cette quantité existoit avec la qualité
convenue, et d'obtenir l'exécution de l'engagement que contracte tout vendeur de livrer la chose dans l'état qu'elle étoit au N. 1614.
moment de la vente. Lorsque c'est la dégustation ou l'essai qui forme la condition suspensive, la perte de la chose ne permet plus
d'user de ces deux moyens qui devoient décider si elle étoit de l'espèce ou de la nature que les parties avoient entendue ou qu'elles
étoient présumées avoir entendue. Enfin, dans
le cas d'une promesse accompagnée d'arrhes,
il n'y a plus de chose servant de matière à la
convention qu'il est nécessaire de réitérer.

S'agit-il de la détérioration ? Comme il est
de principe que toute marchandise doit être
de qualité ordinaire et telle qu'on la vend
communément, ce que dans le commerce on
appelle *loyale* et *marchande*, on sent que la
détérioration enlève cette qualité à ce qui fait
l'objet de la vente. Le vendeur ne pouvant
donc livrer la chose telle qu'il l'a promise ou
est censé l'avoir promise, il est juste que l'acheteur soit maître de la refuser, s'il ne croit pas
convenable à ses intérêts de se désister du bénéfice de cette clause sous-entendue dans tout
contrat de vente. Aussi doit-on remarquer que

N. 1182. c'est la détérioration seule, c'est-à-dire, le changement accidentel de qualité, et non la dépréciation qui résulte d'un simple abaissement de prix vénal, sans qu'il intervienne de changement de qualité, qui donne à l'acheteur le droit de résoudre l'obligation, et que s'il ne veut pas la résoudre, il doit l'exécuter sans diminution de prix, quoique la détérioration en ait pu occasionner une.

300. Telles sont les règles générales qu'on peut donner ; mais la nature des choses, les conventions et les usages du commerce les modifient dans plusieurs circonstances. Celui à qui des marchandises sont vendues, peut les faire enlever avant le pesage, la dégustation, l'essai ; il est évident que par là il prend sur lui les risques de la chose. Seulement nous avons vu, n. 285, qu'il ne seroit pas toujours exact d'en conclure que cet enlèvement suppose une renonciation aux vérifications de quantité ou qualité que le pesage, mesurage ou la dégustation ont pour objet d'opérer.

CHAPITRE III.

Des Entreprises de Fournitures.

301. Les entreprises de fournitures dont nous avons donné la définition n. 20 et 157, sont un

genre de vente, et les contractans sont soumis à toutes les obligations des vendeurs et acheteurs. Celui qui s'oblige à procurer à un autre une chose moyennant un certain prix, se nomme *four-nisseur*. Il est de la nature de cette convention, qu'elle ait pour objet des choses que le vendeur n'a pas encore, et qu'il espère ou recueillir, ou fabriquer, ou se procurer, soit par achats, soit de toute autre manière : elle est toujours mêlée de quelque chose d'aléatoire, comme nous l'avons observé n. 157 ; de manière qu'on ne pourroit y appliquer, à la rigueur, tous les principes des engagemens purement commutatifs.

302. Si, par quelques circonstances, la fourniture en général, ou le mode de la faire étoient devenus impossibles, soit relativement au temps et au lieu, soit à cause de tout autre événement de force majeure, les règles ordinaires sur la résolution des conventions et l'affranchissement de tous dommages-intérêts doivent être observées.

Du reste, l'entrepreneur de fournitures ne peut se soustraire à l'obligation qu'il a contractée, quel que soit l'événement qui lui rende l'exécution de cette entreprise plus onéreuse, ni réclamer d'indemnité ou augmentation de prix, si cela n'a été stipulé, ou si du moins cela ne résulte pas de l'intention des parties, déduite de leur convention, ou si la loi ne lui accorde ce droit.

Celui à qui la fourniture doit être faite, n'a pas à son tour le droit de rompre la convention à son gré. Cependant, si, par des changemens de circonstances, la fourniture promise devenoit inutile, ou ne pouvoit absolument servir au but que se proposoit celui qui l'auroit stipulée, il semble juste, qu'il puisse être admis par les tribunaux à faire résilier le marché, tant que l'entrepreneur n'a pas acheté, fabriqué ou réuni les choses promises, en lui donnant une indemnité pour ses peines, soins, déboursés et pour les bénéfices qu'il auroit pu faire.

Mais si le fournisseur a, lors de la rétractation, déjà acquis en tout ou partie les choses commandées, l'auteur de la commande doit l'accepter, ou le fournisseur peut lui en faire les offres comme nous avons dit, n. 215 et suiv., et même peut être autorisé à la faire vendre publiquément aux risques et périls de l'acheteur, qui seroit condamné à lui rembourser la différence.

L'équité nous semble indiquer ces règles, et les tribunaux seuls peuvent, en appréciant les circonstances, y donner une juste application. Il n'est pas douteux qu'elles ne fussent également observées par l'autorité administrative dans les cas où, conformément à l'art. 14 du décret du 11 juin 1806 [1], elle connoît des contestations et demandes relatives aux fournitures

---

[1] Bulletin des lois, 4.ᵉ série, n. 1652.

pour le service du Gouvernement, de la liste
civile, des divers départemens du ministère,
et autres semblables conventions soumises à la
juridiction administrative.

3o3. Nous avons dit, n. 20, que c'étoit dans
la classe des entreprises de fournitures que se
rangeoient naturellement les souscriptions d'ouvrages littéraires. Les principes particuliers à
ce genre de productions, que nous avons fait
connoître n. 159 et suiv., et auxquels nous consacrerons encore le chapitre V de ce titre, nous
semblent devoir apporter quelques modifications
à ce que nous avons dit qu'un entrepreneur de
fournitures ne pouvoit refuser de les continuer
conformément à son engagement. Il nous semble
que celui qui auroit souscrit à un ouvrage ne seroit pas fondé, quelque désagrément qu'il puisse
éprouver de n'avoir qu'un travail incomplet, à
demander des dommages-intérêts au libraire ou
entrepreneur qui n'en continueroit pas la publi-
cation; il ne seroit fondé qu'à réclamer la restitution de ce qu'il auroit payé d'avance au-delà des
volumes ou parties dont il auroit reçu livraison.

De même, l'entrepreneur de la souscription
ne pourroit contraindre à la continuer le souscripteur qui s'y refuseroit; il ne pourroit que
conserver la somme qu'il auroit reçue d'avance
comme une sorte d'indemnité.

CHAPITRE IV.

De la Vente à profit.

304. Nous appelons vente à profit la convention par laquelle une personne donne à une autre des marchandises moyennant un prix, avec la condition que le bénéfice de la revente sera partagé entr'eux. Cette vente n'est point conditionnelle ; l'obligation de partager le profit est une charge, et s'il n'y avoit point de profit, ou si, au lieu de profit, il y avoit de la perte, l'acheteur n'en devroit pas moins le prix d'achat qui auroit été convenu.

Il ne faut pas confondre cette convention avec la commission de vendre. Dans la vente à profit, celui à qui la chose est livrée, quoique dans la vue de revendre pour partager un bénéfice avec le vendeur, devient la propriété de l'acheteur, elle est à ses risques, et si elle périt, il doit en payer le prix convenu ; dans la commission pour vendre, la chose reste toujours la propriété du commettant et périt pour son compte ; les circonstances et même quelquefois la qualité des parties peuvent servir à décider si la convention intervenue entr'elles a été vente ou commission.

Quelquefois on convient que l'acheteur prend

la chose pour un certain prix, et que le bénéfice
sera partagé; mais que si la chose n'est pas vendue
à telle époque, l'acheteur aura la faculté de la
rendre, ou de payer le prix convenu. La vente
est encore parfaite dans ce cas; il existe seulement une condition résolutoire qui est en
quelque sorte au choix de l'acheteur dont
l'engagement de payer le prix convenu ou de
rendre la chose, est un engagement alternatif.
Les principes sur les conditions résolutoires et
sur les obligations alternatives, font connoître N. $\begin{cases} 1183. \\ 1189\ et \\ suiv. \end{cases}$
que, dans une convention de cette espèce, la
perte qui arrive, de quelque manière que ce
soit, est pour le compte de l'acheteur.

CHAPITRE V.

Vente des Productions de l'Esprit.

3o5. Les productions de l'esprit peuvent être
la matière du contrat de vente comme de toute
autre convention; mais la nature particulière
de cette propriété apporte quelques modifications aux principes généraux.

L'auteur d'un livre, de cartes géographiques
ou de plans, d'estampes, de compositions mu-
sicales ou autres semblables, qui vend à quelqu'un le droit d'en faire l'édition, c'est-à-dire,

d'en multiplier des copies par l'impression et
de débiter les exemplaires ainsi produits, ne
faisant point un acte de commerce comme nous
l'avons dit n. 14, la preuve testimoniale ne
peut être admise contre lui par celui qui prétend avoir acquis le droit d'édition.

Cependant le fait que le manuscrit se trouve
dans les mains de cet éditeur, à moins qu'on
ne prouve qu'il le possède indûment, établit en
sa faveur la présomption d'une vente. Mais on
ne doit pas en conclure la libération de ce qui
peut être dû à l'auteur. Celui-ci nous paroît
admissible à prouver la somme qui lui a été
promise, ou à demander que le juge lui en
alloue une à dire d'experts, tant que l'éditeur
ne justifie pas avoir payé.

306. L'effet de la convention est d'obliger l'auteur à remettre dans le temps fixé le manuscrit ou
l'exemplaire destiné à l'impression. Mais s'il s'y
refusoit, ce ne seroit point le cas d'autoriser
l'acheteur à se mettre en possession du manuscrit, comme nous avons vu n. 282, que l'acheteur d'un corps certain pouvoit s'y faire autoriser. Un auteur peut avoir de justes motifs
de ne pas publier son ouvrage : s'il renonce
à ce projet et ne le publie d'aucune manière
directe ou indirecte, il ne doit d'indemnité
qu'autant que l'éditeur auroit fait pour cette pu-
blication des dépenses qui lui resteroient en

pure perte, ou que de toute autre manière il éprouveroit un tort réel.

De son côté, l'éditeur a droit de demander la résiliation de la convention, par cela seul que le manuscrit ou l'exemplaire destiné à l'impression, ne lui est pas remis à l'époque convenue, et même, s'il n'y a pas eu de délai fixé, il peut sommer l'auteur de convenir d'un temps précis, ou de résilier le contrat.

Quoiqu'en général une convention ne doive pas être exécutée par l'une des parties, autrement qu'elle n'a été entendue entr'elles, on ne peut refuser à l'auteur le droit de faire au manuscrit les changemens qu'il juge à propos relativement à l'étendue ou à la disposition des matières; l'éditeur doit y consentir ou renoncer au marché, à moins qu'il ne soit reconnu qu'ils apportent une diminution à ses droits ou à ses espérances légitimes, ou qu'ils l'exposent à des dépenses nouvelles qu'il n'a pas prises en considération lorsqu'il a traité.

307. La vente d'un manuscrit en pleine propriété, et pour un prix à forfait, sans exclusion d'éditions postérieures ni réserves y relatives, n'a pas les mêmes effets que celle des propriétés ordinaires. Elle ne donne pas à l'acheteur le droit de disposer de l'ouvrage de la manière la plus absolue. Il a droit de le publier en tels formats et nombre d'éditions qu'il veut, mais il n'est pas

le maître d'intercaller ou d'opérer des changemens de quelque manière que ce soit, sans le
consentement de l'auteur.

C'est par les termes de la convention, et s'ils
sont obscurs, par les règles ordinaires sur l'interprétation des contrats, qu'on doit décider si
la vente est bornée à une seule édition, ou si le
droit de réimprimer est illimité ; si l'éditeur a ou
non un droit de préférence pour faire les éditions
subséquentes, quand il n'a acheté que la première, en quel nombre d'exemplaires il a pu
tirer, etc.

308. De ce que nous avons dit que l'achat d'un
manuscrit en propriété, ne confère pas, comme
la vente des choses ordinaires, le droit d'en disposer de la manière la plus absolue, résulte la
conséquence que l'acheteur d'un manuscrit,
même après en avoir payé le prix convenu, ne
pourroit le détruire, ou ne pas le publier par
voie d'impression. Lorsque l'auteur a reçu un
prix pour le profit que son ouvrage eût pu lui
procurer s'il l'eût imprimé et débité à son compte,
il n'a pas aliéné l'espérance de la réputation que
la publicité de cet ouvrage peut lui procurer,
parce que c'est une chose inévaluable.

Il s'ensuit que si un libraire, acheteur de la
propriété d'un manuscrit, jugeoit à propos de
ne pas en publier une seconde édition après
l'épuisement de la première, l'auteur pourroit,

après l'avoir mis en demeure, se faire autoriser par le tribunal, qui s'assureroit, par les moyens usités en librairie, si ou non la première édition est épuisée, à traiter d'une seconde édition avec un autre libraire.

309. S'il paroît que la vente n'a concerné qu'une seule édition, l'acheteur qui voudroit faire une réimpression ou une nouvelle édition, doit prendre des arrangemens avec l'auteur ou ses héritiers, tant que les lois sur cette matière leur assurent un droit de propriété exclusive, suivant les règles que nous avons données n. 165. Mais tout vendeur devant garantir la jouissance utile du droit qu'il accorde, l'auteur, lors même qu'il n'a pas aliéné la propriété, ne peut donner une nouvelle édition, tant que celui à qui il a vendu le droit de la précédente, n'en a pas encore débité les exemplaires, à moins qu'il n'offre de lui acheter et payer au cours qui a lieu entre les libraires, ce qui lui reste, ou que la convention n'ait déterminé l'époque à laquelle il seroit libre de faire une réimpression ou nouvelle édition.

Ce n'est pas, au surplus, contrevenir à ses obligations de la part de l'auteur, que de faire emploi de quelques portions peu considérables de son premier ouvrage dans d'autres qu'il publieroit, et les circonstances, ou le rapport de gens instruits, peuvent seuls éclairer les tribunaux sur ce point.

310. Ces principes ne s'appliquent pas au cas où un entrepreneur ayant conçu l'idée et le plan d'un ouvrage, en a confié l'exécution à un ou plusieurs écrivains qui s'en chargent, sans faire de réserve par écrit sur les droits à la propriété ou sur des éditions ultérieures.

Dans ce cas, le droit de propriété appartient, dès l'origine, à l'entrepreneur, et les écrivains rédacteurs une fois payés des honoraires convenus, n'ont plus, sur ce qu'ils ont composé, d'autres droits que ceux que la convention leur réserveroit expressément. Les règles du louage d'industrie s'appliquent à ce cas plus que celles de la vente.

CHAPITRE VI.

Vente de Créances.

311. Les choses incorporelles, du nombre desquelles sont les créances, peuvent être vendues comme les choses corporelles ; mais ces derniers donnent lieu à une appréhension matérielle, à une prise de possession effective, qui est la véritable exécution de la vente. Les choses incorporelles, au contraire, n'en sont pas susceptibles ; la vente qu'on en fait substitue seulement un créancier à un autre ; l'acquéreur ne peut en

N. { 1607. 1689.

prendre possession qu'en faisant connoître ses droits et sa qualité au débiteur de la créance qu'il a acquise. N. 1690.

Dans les principes du droit civil, le transport d'une créance n'est point assujetti à des formes particulières. S'il est le résultat d'une convention qui contienne des obligations respectives, le cédant et le cessionnaire doivent prendre les précautions nécessaires pour que chacun d'eux puisse forcer l'autre à l'exécution de son engagement; mais si le cédant en a touché d'avance ou en touche le prix à l'instant même, rien n'empêche que la cession ne soit constatée par la simple déclaration unilatérale qu'il transporte ses droits à celui qui lui en a payé la valeur. La liberté qu'ont les parties de rédiger leurs conventions de telle manière qu'elles jugent convenable, l'intention du cédant clairement manifestée par l'ordre qu'il donne à son débiteur de payer au cessionnaire, et la déclaration qu'il a reçu le prix de la cession, ne laissent pas le moindre doute sur les droits de propriété de ce dernier. N. 1689.

312. Mais si le droit civil ne s'est point occupé des formes du transport de créances, il a déterminé comment devoit s'opérer, de la part du cessionnaire, cette sorte de prise de possession dont nous venons de parler, qui ne doit plus permettre de considérer la créance comme appartenant au cédant; il exige que le transport soit N. 1690.

signilié au débiteur cédé, ou que celui-ci l'accepte. L'objet de l'une ou l'autre de ces formalités n'est pas de lier irrévocablement le cédant
et le cessionnaire; la convention et la remise du
N. 1689. titre ont tout fait à cet égard; mais d'engager le
débiteur envers le cessionnaire, en le dégageant
de ses obligations envers le cédant, et d'établir
contre les tiers la preuve que le cédant a cessé
d'être propriétaire.

Ce n'est pas assurément que ce mode soit
capable de prévenir toutes les fraudes; car l'acceptation, même par acte authentique que consent le débiteur, ne donne connoissance du
transport aux tiers, que lorsque déjà la cession
est consommée, et qu'ils ont perdu sans retour
le droit de saisir et arrêter sur leur débiteur la
créance qu'il a vendue.

313. Quels qu'en soient l'objet et le résultat, ces formalités entraînent des frais et surtout des lenteurs préjudiciables au commerce.
Nous avons vu n. 138 et 139, comment des
droits de créances pouvoient être transmis, par
la seule tradition du titre, lorsque le débiteur
s'étoit obligé de payer au porteur, ou par l'effet
d'une cession écrite au dos de ce titre, lorsque le débiteur s'étoit obligé de payer à ceux à
qui le créancier transmettroit son droit par
cette voie. Un troisième mode a encore été
autorisé par la législation commerciale. Lorsque

la créance consiste dans une action d'une société anonyme, le transport peut en être fait
par une déclaration inscrite sur les registres C. 36.
de cette société, signée de celui qui fait le
transport ou de son fondé de pouvoir. L'article
IV du décret du 16 janvier 1808 [1], a appliqué
ce mode aux actions de la banque de France.
Déjà le décret du 1er. août 1805, (13 thermidor
an 13) [2], l'avoit admis pour les effets de la dette
publique. Nous avons seulement observé, n. 133,
que, dans ce cas, les négociations ne pouvoient
être faites que par des agens de change qui
attestent l'individualité, la vérité des pièces, et
en restent garans pendant cinq ans.

Ainsi, le seul fait de la remise, pour les effets
au porteur, de l'endossement pour les effets à
ordre, de la déclaration pour les transferts d'action des sociétés anonymes, ou d'inscriptions sur
le grand-livre de la dette publique, font disparoître les droits des précédens propriétaires, et
ne permettent plus de former sur eux d'opposition ou d'invoquer de compensations pour dettes
contractées par eux.

314. Mais une question dont la solution est
d'un grand intérêt, consiste à savoir si l'obligation
qu'une disposition formelle de quelque loi ne

---

[1] Bulletin des lois, 4.e série, n. 2953.
[2] Bulletin des lois, 4.e série, n. 867.

déclare pas cessible par la remise au porteur, ou par endossement, ou par transfert, peut, en vertu d'une clause que le créancier et le débiteur y inscriroient devenir cessible par l'un de ces moyens, sans qu'il soit nécessaire de recourir à la voie de transport accepté ou signifié dont nous avons parlé n. 312.

La négative n'est pas douteuse, pour ce qui concerne le transfert par déclaration sur les registres ; il est évident que ce mode ne peut s'appliquer qu'à des actions de sociétés autorisées par le Gouvernement, puisqu'il en résulte une sorte de foi publique accordée aux registres de ces sociétés.

Mais la loi ayant pris soin de déclarer que certains titres de créances pouvoient être faits payables au porteur, que d'autres pouvoient être faits payables à ordre, le silence à l'égard des autres engagemens doit-il faire conclure que la faculté de les transmettre ainsi soit interdite ? Nous ne saurions le croire, et tout donne à penser que ces dispositions expresses ont eu pour objet, plutôt de lever des doutes, que de créer un droit particulier. Par exemple, les actions des C. 35. sociétés peuvent être faites sous la forme d'effets au porteur ; aucune disposition ne permet de les créer transmissibles par voie d'ordre. Est-il présumable qu'on ait voulu interdire un mode de transport qui a beaucoup moins d'inconvéniens que celui qu'on autorise ?

Si l'on ne s'est occupé que dans le titre des lettres de change, des formes et de l'effet du transport par voie d'ordre; c'est parce que l'endossement est leur moyen exclusif de cession C. 136. et de circulation; mais on n'a point interdit la faculté de l'appliquer conventionnellement à tout autre engagement mobilier, ayant trait au commerce, tels que des factures de marchandises, des soldes et arrêtés de compte, des engagemens pour location de navires, des polices d'asrance. Il y auroit trop d'inconvéniens à soumettre les transactions commerciales à toute la sévérité des règles du droit civil.

Les personnes qui ont des droits contre celui au profit duquel l'obligation ainsi transmissible est souscrite originairement, n'éprouvent aucune injustice. Si leur débiteur n'avoit jamais donné naissance à cette créance à son profit, elles n'y auroient point de droits; elles ne peuvent donc en avoir que de la manière que le permet ce titre.

Mais cette faculté étant une dérogation au droit commun, elle doit être stipulée expressément dans l'acte constitutif de la créance. A la vérité, lors même que l'obligation ne sera point stipulée payable à l'ordre du créancier, le transport fait par un simple endossement obligera bien le cédant et le cessionnaire par ce que nous avons vu, que la seule convention et la remise du N. 1689. titre sont suffisans pour cela. Mais le débiteur

qui n'a pas souscrit son obligation à ordre ou
au porteur, ne deviendra obligé que par la
signification ou par son acceptation. Il n'a pas
entendu que la cession pût avoir lieu à son
insçu, sans qu'il lui fût permis de faire valoir
contre le cessionnaire les exceptions qu'il avoit
contre le cédant, et son créancier ne peut
lui enlever cette faculté malgré lui. De même,
tant que le transport n'aura pas été signifié
au débiteur ou accepté par lui, le cessionnaire ne sera regardé que comme un mandataire, et la créance toujours présumée appartenir
au cédant pourra être arrêtée par ses créanciers.

315. Il reste à savoir si, dans le cas où l'obligation auroit été stipulée transmissible par voie
d'ordre, cette cession produira d'autres effets
qu'un transport ordinaire; si le cédant restera
obligé à la garantie solidaire que nous avons
indiquée, n. 190 et suiv., et dont nous ferons
connoître avec plus d'étendue les effets dans le
titre IV? Nous ne le croyons pas. L'insertion dans
l'obligation, qu'elle sera transmissible par simple
endossement, est une convention licite qui déroge seulement aux règles du droit civil sur le
mode de transport des créances; mais cette
clause ne peut avoir l'effet d'étendre la garantie
au-delà des termes ordinaires et de soumettre
le cessionnaire pour l'exercice de son recours aux
diligences et prescriptions que nous verrons

être établies pour les lettres de change qu'autant qu'il existeroit sur ce point une stipulation expresse, ou qu'un usage constant et capable de supplér au silence des parties l'auroit ainsi établi.

N. 1160.

TITRE QUATRIÈME.

DES OPÉRATIONS DE CHANGE.

---

316. LES opérations de change, introduites par les besoins du commerce, sont devenues un des plus grands moyens de son activité. Elles sont aussi celles qui produisent les obligations les plus strictes, de la part des débiteurs qui sont soumis de plein droit à la solidarité s'ils ne l'ont pas exclue, et de celle des créanciers eux-mêmes, que l'inexécution de ces obligations expose à des déchéances quelquefois irréparables.

C. 140.

Les actes par lesquels ces opérations se réalisent, sont aussi presque les seuls dans le commerce, qui ne jouissent des avantages que la loi leur accorde, qu'autant qu'ils sont revêtus des formes requises, à un tel point qu'on pourroit douter s'il est permis dans cette rédaction d'employer des termes équipollens. A cet égard,

cependant, il nous semble que s'il est important
de s'écarter le moins possible des termes que la
loi a elle-même consacrés, on ne doit pas être
esclave des formules au point de refuser l'exécution à des actes où les parties ont exprimé ce que
la loi exigeoit d'une manière qui ne laisse aucune incertitude.

Mais il faut alors que les termes employés par
équipollence, ne soient pas susceptibles, dans le
langage usuel, d'une acception qui produiroit
des effets tous différens de ceux qu'auroit produit le mot consacré par la loi. Autrement rien
ne servant plus à lever l'incertitude ni à prouver
qu'on a voulu dire ce qu'exigeoit la loi, et non
la chose différente que signifie également le mot
employé, on rentreroit dans la règle générale,
qui veut que le doute soit interprêté en faveur
de l'obligé. Nous aurons occasion d'appliquer
ces principes dans la suite de ce titre.

Ces considérations ont porté plusieurs législa-
tions à limiter à certaines classes de personnes,
le droit de faire des conventions de change. En
France, cette faculté n'est interdite à aucun de
ceux qui, d'après les notions que nous avons
données dans le titre II de la première partie,
sont capables de faire des actes de commerce.

Cependant, par une faveur particulière accordée à la foiblesse des personnes du sexe, les
C. 113. engagemens de change que contractent celles
qui ne sont pas commerçantes, n'ont, à leur

égard, que l'effet de simples promesses, c'est-
à-dire, d'un engagement civil, et ceux des mineurs non-commerçans sont soumis aux règles C. 113.
ordinaires.

317. Nous avons donné dans les n. 25 et
suiv., sur les opérations de change, des notions
qui nous dispensent de définir les mots que nous
employerons en indiquant la division de ce
titre.

Le premier chapitre traitera de la convention
de change; le deuxième, de la lettre de change
par laquelle se réalise le plus ordinairement cette
convention; le troisième, de la négociation de
cette lettre; le quatrième, de l'acceptation que
donne, ou que peut être requis de donner,
celui sur qui elle est tirée; le cinquième, de la
provision; le sixième, de l'aval; le septième, du
paiement; le huitième, des actions que produit
le défaut de paiement; le neuvième, des lettres
de change fausses ou falsifiées; le dixième, des
lettres de change imparfaites.

Nous nous réservons de donner quelques notions sur les lettres de change faites, endossées,
ou payables en pays étranger dans la sixième
partie de cet Ouvrage.

CHAPITRE PREMIER.

Du Contrat de Change.

318. Le contrat de change est une convention par laquelle l'un des contractans s'oblige, moyennant une valeur qu'il reçoit ou qui lui est promise, de remettre à l'autre ou à quelqu'un pour qui cet autre stipule, un écrit revêtu des formes que la loi a déterminées, portant ordre à un tiers de payer une certaine somme de monnoie au porteur légitime de cet écrit, et dans le cas où ce tiers ne paieroit pas, de payer lui-même, pourvu que le porteur se soit présenté pour exiger le paiement, en ait constaté le refus, et exercé son recours à l'époque et dans les formes fixées par la loi du lieu où ce paiement doit être fait.

Nous avons déjà dit que l'écrit ainsi promis, s'appelait *lettre de change*, et que les actes par le moyen desquels on en devenoit porteur légitime se nommoient *endossement*. Quelquefois, cependant, au lieu d'une lettre de change on réalise cette convention par un billet à ordre dont nous ferons connoître les formes et les effets dans le titre cinquième.

On voit par-là qu'il ne faut pas confondre le contrat de change avec les lettres, billets ou endossemens, qui ne sont que l'exécution de la convention. Le plus souvent, il est vrai, cette convention n'existe ou n'est stipulée qu'implicitement, et le fait seul de la délivrance ou de l'endossement d'une lettre de change, constate la stipulation qui l'a précédée ou du moins qui l'accompagne.

Mais quand l'exécution ne suit pas immédiatement ou n'accompagne pas la convention, il est important de savoir quels effets elle produit. Lors même que cette convention est exécutée à l'instant qu'elle est contractée, ce n'est qu'avec le secours des vrais principes sur la nature de la convention de change, qu'on peut déterminer les obligations respectives de ceux entre qui elle est intervenue. Nous allons en faire l'objet des trois sections suivantes.

SECTION PREMIÈRE.

Comment se forme la Convention de Change.

319. Toutes choses ne sont pas indistinctement susceptibles d'être la matière du contrat de change ; cet avantage n'est accordé qu'aux monnoies. Le but d'utilité et d'intérêt commercial qui a fait inventer ce contrat, ne seroit pas rempli s'il avoit pour objet des marchandises ou autres matières susceptibles, soit de détérioration, soit de pertes provenant du vice propre de

la chose, soit de variation dans leur qualité intrinsèque : mais il n'est pas nécessaire que la monnoie, qui fait l'objet de la convention, ait un cours légal dans le lieu où la délivrance doit en être faite, ni même dans celui où l'on stipule; il suffit que ce soit de la monnoie d'un pays quelquelconque.

C. $\begin{cases} 110. \\ 632. \end{cases}$ 320. Il est conforme à la véritable nature de ce contrat que la somme convenue soit payable dans un autre lieu que celui où la lettre de change est tirée; autrement, les risques et autres chances semblables, fondés sur la rareté ou l'abondance de la monnoie, la plus ou moins grande étendue des besoins, les risques plus ou moins considérables dans le transport, que nous avons dit, n. 28, ne former les véritables et principaux élémens du cours du change, n'existeroient plus.

Lors même que la convention est réalisée par un billet à ordre, nous verrons encore que cette condition de remise d'un lieu sur un autre, est indispensable pour qu'il ait les effets attachés aux opérations de change.

321. On peut stipuler que la lettre de change dont on compte ou dont on promet la valeur, sera tirée au profit d'un tiers, lors même qu'on n'est ni fondé de pouvoirs généraux ou spéciaux, ni commis ou autrement préposé de celui au profit

de qui cette lettre est tirée. Il en est, dans ce cas, comme de toute stipulation faite pour autrui, et les règles du droit commun reçoivent leur application sur la manière dont le tiers peut N. 1119. prendre droit d'une telle convention.

Il n'est pas également nécessaire que celui qui s'engage à tirer une lettre de change, opère pour son compte personnel : une lettre peut être tirée par ordre et pour compte d'un tiers, et l'on C. 111. verra dans la suite comment le droit commercial modifie les principes du droit civil sur le mandat.

322. La convention de change peut avoir un terme d'exécution qui soit reculé. Il arrive fréquemment qu'une personne reçoive d'une autre des valeurs pour prix desquelles elle s'oblige de lui fournir, dans un temps déterminé, des lettres de change payables à l'époque et dans le lieu dont elles conviennent, ou que, dans le cas inverse, l'une donne des lettres de change dont celle-ci s'oblige à lui payer le montant à une époque quelconque, ou enfin que l'une s'oblige à fournir des lettres et l'autre à en payer la valeur, toutes deux dans un temps futur.

Ces sortes de conventions et les actes qui les constatent, ne sont assujettis à aucune forme : il faut se reporter, pour tout ce qui les concerne, aux règles ordinaires sur la preuve des engagemens de commerce, et surtout des achats et ventes, avec lesquels les opérations de change ont une grande analogie.

Il suffit d'observer que la convention est parfaite dès que les parties sont d'accord sur ce qu'elles se doivent délivrer respectivement; que le contrat de change est irrévocablement formé par leur consentement respectif, de même que dans toute obligation à terme.

N. 1185.

Section II.

Effets de la Convention de Change.

323. Celui qui s'est obligé de fournir une lettre de change, doit la tirer payable dans le temps, le lieu, par la personne, pour la somme déterminés par la convention, et dans les formes requises par la loi pour qu'elle ait tous les effets dont jouissent les lettres de change régulières.

Il ne peut refuser le nombre d'exemplaires demandé par le preneur, en observant les précautions convenables pour qu'on ne puisse en abuser, ni se dispenser d'y insérer les énonciations que peut rendre nécessaires le but que les parties se proposent.

Il doit envoyer à celui sur qui elle est tirée, et même, si tel est l'usage ou la convention, remettre au porteur, lorsqu'il en exige un double, les lettres d'avis, sans lesquelles le tiré pourroit refuser d'accepter. Quelquefois même c'est lui

qui prend l'engagement de demander l'acceptation et de donner, dans un certain délai au preneur, l'un des exemplaires accepté.

De son côté, celui à qui la lettre de change
est ou doit être livrée, contracte l'obligation
d'en payer la valeur convenue, de la manière et
au temps déterminés; et si l'on n'a rien dit à cet
égard, suivant le cours, et comptant, ou dans les
termes fixés par l'usage.

324. La convention une fois faite est obligatoire, et ne peut être changée que du consen- N. 1134.
tement des parties. La bonne foi ne permet pas
que celui qui trouveroit à traiter à des conditions
plus avantageuses avec quelque autre personne,
puisse se rétracter.

Ainsi, celui qui a promis une lettre de
change, dont il est convenu que le prix lui sera
payé à une certaine époque, n'est pas fondé à la
refuser, sous prétexte que le prix stipulé ne lui
en a pas encore été compté. Réciproquement,
celui qui s'est engagé à payer le prix de la lettre
promise à une époque antérieure à celle où elle
devoit lui être remise, ne peut retarder son paiement sous prétexte qu'il n'a pas encore reçu cette
lettre.

Non-seulement le contrat de change une fois
formé ne doit point être dissous, il ne doit même
recevoir aucune modification sans le consentement des parties. Ainsi, celui qui a promis une

lettre sur telle personne, payable en tel lieu, ne
peut contraindre celui à qui il l'a promise, à
recevoir une autre lettre sur un lieu différent,
ou sur une autre personne. Toutefois, si les
changemens demandés étoient utiles à l'un sans
nuire à l'autre; par exemple, s'il ne s'agissoit
que de donner deux lettres de change de
5000 francs, au lieu d'une de 10,000 francs, promise; si celui sur qui la lettre devoit être tirée
n'existoit plus, on se trouvoit, par les circonstances, hors d'état de remplir l'ordre qui lui
seroit donné, le refus de diviser les lettres, ou de
les prendre sur un autre banquier de la même
ville, pourroit n'être pas accueilli par les tribunaux. Les principes que nous venons d'indiquer
sont subordonnés à cette règle d'équité naturelle,
qu'on doit permettre aux autres ce qui leur est
utile quand on n'en éprouve aucun tort.

Mais de même que celui qui s'est engagé à
faire une chose, ou à livrer un objet, peut refuser d'exécuter son obligation lorsqu'il a juste
N. 1613. sujet de craindre de n'être pas payé, de même
si, depuis la convention, il étoit survenu dans
la fortune de celui à qui la lettre auroit été promise, moyennant un prix payable quelque temps
après la livraison, un changement tel qu'on pût
en conclure qu'il sera dans l'impossibilité de satisfaire à ses engagemens au terme convenu,
celui qui a promis la lettre pourroit refuser de la
tirer. S'il étoit arrivé un changement dans la

fortune de ce dernier, tel qu'on ait à craindre que la lettre, venant à n'être pas payée, il ne N. 1653. puisse en rendre la valeur, celui à qui cette lettre a été promise, seroit fondé à demander caution, et jusque-là refuser de payer. Mais hors le cas d'une faillite déclarée, l'application de ces règles a lieu bien rarement, seulement si les doutes sur la solvabilité sont graves et sérieux, et surtout si ces évènemens n'ont pu être prévus au temps de la convention.

325. Il peut cependant arriver que l'un ou l'autre des contractans veuille se soustraire à son obligation, ou que l'un étant tombé en faillite, les droits et les obligations de l'autre, à l'égard de la masse des créanciers, donnent lieu à quelques difficultés. Il importe donc beaucoup de savoir si le consentement réciproque qui a suffi pour lier les deux parties, a eu pour effet de transmettre à l'instant même de la convention, à celui à qui la lettre est promise, la propriété de la somme dont cette lettre devoit procurer le paiement, et à celui qui s'est engagé à la tirer, la propriété de la valeur promise.

Pour décider ces questions, il est nécessaire de remarquer que le contrat de change n'est pas purement un contrat de vente. Il a sa nature particulière qui, sans doute, lui donne de grands rapports avec la vente, mais qui cependant ne permet pas qu'on les confonde.

L'engagement de celui qui promet de tirer
une lettre de change, n'est réellement qu'une
obligation de faire. S'il refuse, sans motifs légitimes, de l'exécuter, celui à qui la lettre a été
promise, n'a qu'une action pour obtenir des
dommages-intérêts. La nature des choses ne
permet, ni qu'il se fasse autoriser à tirer lui-
même une lettre à son profit, au lieu et place
de celui qui s'y étoit obligé, ni que les tribunaux, en jugeant mal fondé le refus du défendeur, déclarent que leur jugement vaudra lettre
de change.

Il n'en est pas de même de celui qui s'est
obligé de recevoir une lettre de change sur tel
lieu, moyennant telle valeur. S'il refuse d'exécuter son engagement, celui qui a promis cette
lettre, peut la lui offrir, revêtue des formes
N. 1264. requises ou convenues, comme nous avons vu
n. 217, qu'on pouvoit offrir un corps certain,
et obtenir contre lui condamnation de la somme
convenue pour prix de cette délivrance. Il
pourroit même avoir, dans certains cas, des
droits plus étendus, si la lettre avoit été promise pour exécution d'une convention précédente, et d'une autre nature; par exemple,
si *Pierre* avoit acheté de *Jacques* des marchandises pour un prix payable en une lettre
de change, il pourroit, en offrant cette lettre,
se faire autoriser à enlever les marchandises
qui lui ont été ainsi vendues, dans les cas où,

suivant les principes que nous avons donnés
n. 272, l'acheteur a ce droit.

326. De là naissent quelques conséquences
importantes et la solution de quelques difficultés
qui embarrasseroient beaucoup, si l'on ne voyoit
dans la convention de change, qu'une vente
d'une certaine quantité de monnoie.

Lorsque celui qui s'est obligé de tirer une
lettre de change tombe en faillite, les syndics
de ses créanciers ne peuvent être contraints à
la tirer, comme ils seroient contraints de délivrer un cheval, un meuble que le failli auroit
vendu, par acte non suspect de fraude, avant
la cessation de ses paiemens. Celui à qui cette
lettre a été promise, n'a contre la faillite
qu'une action en dommages-intérêts, pour lesquels il ne doit figurer que comme un créancier ordinaire dans la distribution de l'actif
de son débiteur. Quand même il auroit la
preuve que les fonds destinés à payer la lettre
promise existent entre les mains de la personne sur qui elle devoit être tirée, il ne
pourroit dire qu'il en est devenu propriétaire,
parce qu'on ne lui a pas vendu telle créance
déterminée, du droit de laquelle il auroit été
saisi régulièrement, mais qu'on lui a promis de
tirer une lettre en vertu de laquelle il pourroit
aller se faire payer par *un tel*, de la somme y
énoncée.

22 *

Cependant, par une conséquence des mêmes principes, quoiqu'elle semble opposée à ce que nous venons de dire, les syndics de la faillite pourroient contraindre celui à qui la lettre a été promise, à la prendre, et en payer la valeur convenue, car il n'y a pas, dans ce cas, la même raison de décider que dans le précédent. Si celui à qui la lettre a été promise ne peut obliger les créanciers à la lui fournir, ce n'est pas parce que la faillite a changé l'état des choses, puisque nous avons vu qu'il ne pourroit pas davantage y contraindre l'obligé qui seroit resté solvable, et qu'il n'auroit droit contre lui qu'à des dommages-intérêts.

A la vérité, l'offre de ces syndics ne sera admise qu'en donnant par eux caution pour la garantie éventuelle du paiement, conformément à ce que nous dirons dans la cinquième partie, relativement aux obligations éventuelles des faillis.

Lorsque c'est celui à qui une lettre de change a été promise qui tombe en faillite, celui qui s'est obligé à la tirer, n'est pas plus dégagé de son obligation, qu'un vendeur de celle de livrer, parce que l'acheteur ne seroit plus solvable.

Mais, par une juste application des principes que nous avons énoncés n. 324, les syndics ne pourroient exiger qu'il exécute son engagement, sauf à lui à se faire colloquer dans la masse, pour le prix qui lui a été promis, parce qu'il n'a entendu se dessaisir qu'autant qu'il seroit payé, ou s'il a accordé un délai, qu'autant que son débiteur resteroit solvable; nous en développerons les motifs en parlant de la revendication du vendeur non payé dans une faillite.

La faillite de celui sur qui la lettre devoit être tirée, n'apporte point de changement à la validité de la convention entre celui qui a promis de tirer, et celui qui a promis de prendre la lettre de change. Vainement diroit-on que cette faillite s'oppose à ce que cette personne accepte, et paie ensuite la lettre, puisque l'effet de sa faillite est de la dessaisir de ses biens. Celui qui a promis de tirer la lettre, peut avoir, entre les mains de cette personne, un dépôt régulier de valeurs destinées à l'acquitter, de manière que la faillite n'empêche pas qu'elle soit payée, suivant les règles que nous donnerons en parlant de la revendication. D'ailleurs, l'acceptation de cette personne n'est pas une condition d'où dépende la perfection et la validité du contrat de change : ce refus ne donne lieu qu'à un recours du porteur de la lettre de change, contre celui qui l'a tirée; recours qui n'a pas pour objet de faire résilier la convention, mais seulement d'exiger du tireur, ou qu'il acquitte à l'instant la lettre, quoique non échue, ou qu'il donne caution du paiement à l'échéance.

C. 126.

C. $\left\{ \begin{array}{l} 126, \\ 448. \end{array} \right.$

327. Ce qui vient d'être dit, démontre de plus en plus la différence entre les obligations qui naissent de la convention de change, et celles que produisent les actes par lesquels elle se réalise. Cette différence est encore remarquable pour l'extinction de ces obligations par prescription. Le délai de cinq ans qui éteint les actions relatives aux lettres de change, n'éteint pas l'obligation d'en fournir, qui est comme tout autre engagement soumis à la prescription ordinaire.

C. 189.

SECTION III.

Effets de la Délivrance de la Lettre de Change.

328. Nous avons vu, n. 325, que la convention de change obligeoit celui qui avoit promis une lettre, à la tirer, et que cette convention seule ne rendoit pas celui à qui la lettre avoit été promise, propriétaire de la somme ou des valeurs que le promettant auroit entre les mains de celui sur qui la lettre devoit être tirée.

Mais lorsqu'une fois la lettre a été délivrée, cette somme est acquise au porteur. Les principes du droit civil sur les transports de créances et les conditions requises pour la saisine du cessionnaire, ne s'appliquent point aux effets de commerce, comme on l'a vu n. 313. L'effet de l'acceptation, dont nous nous occuperons dans le chapitre quatrième, est de lier le débiteur de

la somme tirée envers le nouveau propriétaire
de la lettre, pour qu'il ne puisse plus se
dispenser de la lui payer, même sous prétexte
qu'il se seroit libéré postérieurement envers le
tireur : elle n'a pour but que d'opérer la saisine, et non de consolider la propriété, dont la
transmission est parfaite par le seul dessaisisse-
ment du tireur. Au reste, il ne faut pas perdre
de vue qu'il ne s'agit ici que de la saisine à l'é-
gard des tiers; car, en ce qui concerne celui sur.
qui la lettre est tirée, les paiemens qu'il feroit
de bonne foi, soit au tireur, soit à toute autre
personne qui auroit ses droits avant que la lettre
fût présentée à l'acceptation, ne pourroient être
contestés qu'autant qu'ils seroient le résultat d'un
concert frauduleux.

De ces principes, il faut conclure que, si
une lettre de change étoit tirée sur un individu
qui ne devroit au tireur qu'une somme incertaine et éventuelle, encore bien qu'on puisse
dire qu'une telle créance n'est point une véritable et suffisante provision, elle n'en seroit
pas moins dévolue au porteur, pour en réclamer le montant, et exercer tous les droits du
tireur, par préférence à tous autres créanciers ;
cette somme ayant cessé d'appartenir au tireur,
dès l'instant même qu'il a délivré la lettre.

329. L'obligation de tirer la lettre étant remplie par celui qui l'a contractée, il lui en reste

une seconde, qui consiste à faire que le tiré l'accepte quand elle lui sera présentée, ou à donner, si l'acceptation est refusée, les sûretés convenables. Enfin, lors même que l'acceptation a eu lieu, il doit encore garantir le paiement : l'acceptation n'est qu'une sûreté de plus pour le propriétaire de la lettre, et non un nouveau contrat qui ait pour objet ou pour résultat de substituer un débiteur à un autre, et c'est en quoi le contrat de change diffère essentiellement de la vente d'une créance.

De son côté, le preneur, lorsqu'il est libéré de son engagement primitif de payer la valeur convenue pour la lettre qu'il a reçue, doit exiger l'acceptation dans les cas et les délais fixés par la loi ou la convention, se présenter pour le paiement à l'échéance et au lieu indiqués, et faire constater le refus de l'un et l'autre dans les formes et les délais spécialement prescrits par la loi, sous peine de perdre son recours contre le tireur.

CHAPITRE II.

De la Lettre de Change.

33o. On peut, d'après les notions que nous avons données, n. 26, définir la lettre de change, un acte rédigé avec les formes spécialement déterminées par la loi, par lequel une personne mande à une autre de payer, soit à celui qui est désigné dans cet acte, soit à son cessionnaire, une somme dont elle reconnoît avoir reçu la valeur. Nous avons indiqué les divers noms des personnes qui intervenoient dans cette négociation.

Les lettres de change sont le plus souvent rédigées par écriture privée; cependant il n'y a aucun motif pour rejeter la rédaction qui en seroit faite par acte authentique. Un tel acte seroit, en quelque sorte, un procès-verbal constatant que la lettre de change a été dictée par le tireur, dont la signature est suppléée par celle du notaire. Au reste, la forme de cet acte, et les frais qu'entraîneroit sa rédaction, ne permettent pas de croire qu'on en fasse souvent usage.

Ce qu'il est important de remarquer, au surplus, c'est que la rédaction écrite est de l'essence de la lettre de change. Si la preuve testimoniale d'un engagement d'en fournir une est admissible, comme celle de toute autre convention de livrer ou de faire, il n'en est pas de même de la preuve qu'on voudroit offrir qu'elle a été souscrite et conçue de telle ou telle manière, parce que la loi, ayant pris soin de déterminer les formes de ces lettres, et les moyens d'en réparer la perte par l'obtention d'un nouvel exemplaire, ne permet pas de supposer qu'on puisse suppléer à leur existence totale ou partielle, par des déclarations de témoins.

331. Une lettre de change doit être tirée d'un
C. 110. lieu sur un autre ; être datée ; énoncer la somme
à payer ; le nom de celui qui doit la payer ;
l'époque et le lieu où ce paiement doit s'effectuer ; la valeur fournie, et la désignation de
l'espèce de valeur ; elle doit être à ordre ; et
lorsqu'il en est tiré plusieurs exemplaires, il doit
en être fait mention.

Aucune de ces conditions ne pouvant être
omise sans que la lettre ne soit, ou sans effet, ou
réduite à des effets moindres que ceux d'une
lettre parfaite, nous allons en donner le développement dans autant de sections différentes.

SECTION PREMIÈRE.

De la Remise d'un lieu sur un autre.

332. La première condition requise pour la
C. 110, 1.er al. validité d'une lettre de change, est qu'elle soit
tirée d'un lieu sur un autre. Nous en avons donné
les motifs n. 320.

Cette nécessité est si indispensable, qu'on
peut douter si l'on doit regarder comme régulière celle qui seroit tirée d'un village sur
une ville limitrophe ou très-voisine. Puisque le
contrat de change n'a été introduit que pour
éviter les transports d'argent, et pour la commodité du commerce, il semble qu'il est peu
raisonnable de tirer des lettres à de petites dis-
tances, et qu'on ne feroit en cela que favoriser

la simulation. Mais si le législateur, qui ne s'est servi que des mots *lieu*, *place*, n'a pas cru devoir déterminer quelle distance étoit requise, c'est que de semblables dispositions auroient eu beaucoup d'inconvéniens, sans écarter les abus. Il n'est pas impossible qu'à la plus petite distance se trouvent placés deux *lieux* où l'on fasse du commerce, et où les besoins de ce commerce exigent qu'on se solde, ou qu'on opère par voie de lettres de change.

En requérant cette condition de remise d'un lieu sur un autre, le législateur n'a pas entendu qu'en définitif une lettre de change ne puisse être acquittée dans le lieu même d'où elle a été tirée, sans perdre à l'instant sa qualité. Rien n'empêche que, postérieurement à la confection de la lettre, un accord entre celui à qui elle appartient, et celui qui est chargé de l'acquitter, ne change le lieu de paiement originairement indiqué, et ne le fixe dans celui même d'où elle a été tirée. La seule condition essentielle, c'est que la rédaction de la lettre, ou les circonstances qui l'ont accompagnée, n'annonce point que le tireur a voulu s'obliger à la payer lui-même dans le lieu d'où il l'a tirée.

Ainsi un domicilié de Rouen peut se trouver momentanément à Paris, et tirer, dans cette dernière ville, une lettre de change sur un particulier de Rouen; en définitif, cette lettre sera payée dans le lieu même où demeure le tireur, mais ce ne sera pas celui où la lettre *a* été tirée. Ainsi un domicilié de Paris peut tirer une lettre de change sur un domicilié de Lyon, que celui-ci acceptera payable dans Paris; et la lettre ayant eu, dans son principe, le caractère de régularité qu'exige la loi, le mode d'acceptation, et tout ce qui est postérieur à la confection de cette lettre, n'y peut rien changer. Ainsi un domicilié de Paris peut tirer une lettre sur un domicilié de la même ville, payable à Marseille; et quand même le tiré n'acceptant pas, le porteur agiroit contre le tireur, la lettre n'en sera pas moins régulière.

Section II.

Date de la Lettre de Change.

C. 110, 2.ᵉ al.   **333.** La lettre de change doit être datée. Cette disposition peut être considérée sous deux rapports : 1.° l'indication du jour; 2.° celle du lieu où la lettre est souscrite. Sous le premier rapport, la date, dont l'omission n'anéantit pas en général les engagemens ordinaires, est requise, non-seulement pour que le tireur ne puisse pas dissimuler l'incapacité dont il seroit frappé, mais encore pour que, dans aucun cas, ce tireur ne puisse, par une fausse date, nuire à ses créanciers, s'il étoit sur le point de faillir. Par

C. 139.   cette considération, l'antidate d'une lettre de change ne nous semble pas moins défendue que celle de l'endossement, dont nous parlerons au chapitre III. Sous le second rapport, la date, en indiquant où la lettre a été tirée, fourniroit le moyen de vérifier si la première condition requise pour la validité d'une lettre de change a été observée; et l'on pourroit même croire cette énonciation d'autant plus essentielle, que la qualité de lettre de change est refusée à l'acte **C. 112.** qui, en ayant le nom, contiendroit supposition de *lieu.* Cependant, quoiqu'on ne puisse être trop rigoureux en cette matière, il ne faut pas se dissimuler que l'acception commune du mot *date,* est de désigner le temps. Il nous paroît donc plus conforme à l'interprétation usuelle de dire, qu'à défaut d'indication de *lieu,* une lettre de change est supposée souscrite dans le domicile du tireur, sauf les preuves de supposition dont nous parlerons dans le chapitre dixième.

Au surplus, aucune présomption ne peut être employée pour couvrir ce vice provenant du défaut de date. Ainsi l'authenticité d'un acte dans lequel cette lettre seroit énoncée, ne pourroit servir à la régulariser en lui donnant la date de cet acte.

On ne peut admettre qu'une seule exception, qui, d'ailleurs, à la bien considérer, n'en est pas une; c'est le cas où la lettre faite par le tireur lui-même, à son ordre propre, ainsi que nous le verrons dans la section neuvième, ne se trouvant pas datée, l'endossement qui la complète, le seroit. On sent les raisons de différence dans ce cas; la lettre et l'endossement sont en quelque sorte un même acte, leur réunion pouvant seule former la lettre de change.

SECTION III.

Énonciation de la Somme à payer.

C. 110, 4.e al. **334.** La lettre de change doit indiquer la somme à payer. Cette énonciation doit être précise, puisqu'autrement la lettre ne présenteroit pas une obligation suffisamment déterminée. La

C. 143. nature et l'espèce de monnoie doit être indiquée, lorsque les parties sont convenues que le paiement sera fait en autre monnoie que celle du lieu ou du temps du paiement. Mais les dispositions du droit civil, sur la nécessité d'écrire en toutes lettres, ou d'approuver l'engagement qu'on n'a pas écrit de sa main, ne s'appliquent point à la lettre de change, quand même la personne qui la tire ne seroit pas commerçante, parce que cette condition n'est point exigée par le Code de Commerce, qui contient seul des règles sur le change, entre quelque personnes que la négociation intervienne.

SECTION IV.

Indication du Nom de celui qui doit payer.

C. 110, 5.e al. **335.** La lettre de change doit indiquer le nom

de celui sur qui elle est tirée. Cette indication
qui, dans l'usage, est mise au bas de la lettre, à
peu près dans la forme d'une adresse, doit être
assez exacte pour qu'il n'y ait d'incertitude, ni
sur la personne, qu'il est prudent de désigner
par ses prénoms ou surnoms, lorsqu'il en existe
plusieurs du même nom dans le lieu sur lequel
on tire, ni sur sa demeure ; car tout ce qui
auroit pu induire en erreur, tourneroit contre
le tireur, qui a été seul maître de la rédaction
à laquelle, par la nature même des choses, le
preneur n'a pu concourir, et contre qui il est N. 1602.
juste que toute obscurité soit interprétée.

Rien ne s'oppose à ce que, par précaution,
le tireur insère dans sa lettre que, faute
d'acceptation ou de paiement de la part de la
personne sur qui elle est tirée, on s'adressera,
pour le besoin, à une autre, dont il indique le C. 173.
nom et la demeure. Cette précaution est utile
et usuelle, et nous aurons occasion de remarquer quelques-uns de ses effets.

Le tireur ne doit pas se désigner lui-même
pour acquitter le montant de la lettre. On ne
pourroit voir dans un acte ainsi rédigé, qu'une
obligation directe, déguisée sous les formes
d'une lettre de change, qui auroit seulement
l'effet des billets dont nous parlerons dans le
titre suivant. Il ne faut pas toutefois en conclure que ce soit tirer sur soi-même, que tirer
sur son commissionnaire, ou même, si l'on a

deux maisons de commerce distinctes, et dans des villes différentes, de tirer de l'une sur l'autre. Mais ce seroit tirer sur soi-même, que de tirer une lettre de change sur son commis ou sur sa femme avec laquelle on est en communauté, quand même on l'auroit autorisée à accepter. C'est par le même principe qu'on doit décider que le tireur n'a pas le droit de tirer sur une personne imaginaire, ainsi que nous le verrons au chapitre dixième.

Section V.

Indication de l'Époque du Paiement.

C. {110, 6.ᵉ al. / 130.}   336. Une lettre de change doit énoncer à quelle époque elle sera payée.

Cette époque peut être indiquée de diverses manières : 1.° la lettre peut être payable à vue, c'est-à-dire à l'instant même qu'elle sera présentée à celui qui doit la payer ; 2.° à l'ex-

C. {129. / 130. / 131.}

piration d'un certain nombre de jours, de semaines, de mois, d'usances de vue, qui commencent à courir du jour qu'elle a été acceptée, ou que le refus en a été légalement constaté ; 3° à un certain jour fixé, soit par la place qu'il occupe dans le mois, soit par la fête

C. 129. civile ou religieuse, soit par l'événement qui sert à le faire connoître ; 4°. à une époque composée de plusieurs jours, telle que peut

C. 133. être une foire, alors le jour du paiement est

l'avant-dernier de ceux dont cette époque se compose; 5°. à l'expiration d'un certain nombre de jours, de semaines, de mois, ou d'usances de date, qui commencent le lende- C. 132. main de la date de la lettre.

Les jours, les semaines, les mois, sont cal- culés conformément au calendrier grégorien, C. 132. admis dans presque toute l'Europe. Ainsi le terme qui commence par tel quantième d'un mois, finit le jour du mois suivant qui précède le quantième correspondant; par exemple, une lettre payable à trois mois, datée du 3 janvier, sera échue le 3 avril; une lettre à deux mois, datée du 29 juin, sera échue le 29 août; car, dans le premier cas, les trois mois commencent le 4 janvier; dans le second, les deux mois com- mencent le 30 juin. Si le mois dans lequel tombe le quantième d'échéance, étant plus court que celui de la date, n'offre pas un jour correspon- dant l'échéance a lieu le dernier jour de ce mois : ainsi la lettre tirée le 31 décembre, à deux mois, écherra le 28 ou le 29 février, selon que l'année se trouvera être bissextile.

Les usances sont une série de trente jours, qui se comptent sans avoir égard à la plus ou moins grande durée des mois dans lesquels elles se trouvent; de manière qu'une lettre à trois usances, datée du 3 janvier, sera échue le 4 avril, dans les années communes, et le 3 avril, dans les années bissextiles; une lettre

Tome I. 23

à deux usances, du 29 juin, sera échue le 28 août.

Le Code qui a indiqué ces diverses énonciations, n'en interdit pas d'autres; rien n'empêcheroit donc qu'une lettre fût tirée à douze ou vingt-quatre heures de vue, qui se compteroient alors de l'heure précise de l'acceptation; à un quart, une moitié d'année, ce qui signifieroit trois ou six mois, etc.; dans le cours de telle semaine ou de tel mois, ce qui reporteroit l'époque du paiement au dernier jour de cette semaine ou de ce mois. Enfin, une lettre

N. 1185. pourroit être stipulée payable après l'accomplissement d'un acte ou d'un événement convenu : ce cas est fréquent dans les emprunts à la grosse dont nous parlerons dans la troisième partie, leur essence étant de n'être payables qu'au cas de l'heureuse arrivée des objets affectés à cet emprunt.

Section VI.

Enonciation du lieu du Paiement.

337. La lettre de change doit indiquer le

C. 110. lieu du paiement. Quelquefois cette indication est dans le corps de la lettre, principalement

C. 111. lorsqu'on la tire payable dans un lieu déterminé, autre que le domicile du tiré, soit qu'on désigne une autre ville, soit qu'on indique dans la ville où il demeure, un autre lieu que sa résidence ; par exemple, une hôtellerie, un bureau d'escompte, un comptoir de banque. Lorsqu'il n'y a pas de désignation spéciale, ce lieu se trouve implicitement énoncé dans l'indication que fait le tireur, du nom et de la demeure de celui sur qui la lettre est tirée, ce qui s'entend du domicile qu'il a au moment de sa confection, comme nous l'avons dit n. 213. D'autres fois il arrive que le lieu du paiement n'est indiqué que par l'acceptation ; c'est même une obligation de l'accepteur, lorsque la lettre doit être payée ailleurs qu'à son domicile. C. 123.

Section VII.

Déclaration de la valeur fournie.

338. La lettre de change doit exprimer que la valeur en a été fournie et en quoi elle l'a été. C. 110, 7.e al. Cette règle n'est qu'une application exacte du principe que tout engagement doit avoir une cause, et une dérogation à celui qui en suppose une, dans ceux qui n'en expriment pas, jusqu'à la preuve contraire.

Par une autre modification des principes du droit commun, on exige que le tireur exprime en quoi cette valeur a été reçue, afin d'empêcher de déguiser d'autres contrats sous le nom de change. Puisqu'il faut énoncer *en quoi*, il est tout simple d'en conclure que les seuls mots *valeur reçue*, sont insuffisans.

23 *

Cette énonciation peut être faite par les mots, *valeur reçue en argent, en marchandises, en compte*, ou de toute autre manière. La variété infinie des opérations commerciales et des causes qu'elles peuvent avoir, laisse à cet égard la plus grande latitude; mais il faut du moins que l'énonciation ne combatte pas la présomption que la valeur a été comptée. Ainsi, l'on considère comme énonciation suffisante, l'expression *valeur reçue comptant*, l'usage l'ayant fait adopter comme équivalent aux mots, *argent* ou *espèces*. Mais l'expression *valeur en moi-même*, ne rempliroit pas toujours le vœu de la loi. Si la lettre de change est tirée par une personne, à son ordre propre, cette expression est effectivement la seule qu'elle puisse employer, puisqu'elle ne peut se compter à elle-même la valeur de cette lettre; mais comme nous verrons que cette espèce de lettre n'est parfaite que lorsque l'ordre en a été passé à un tiers, il faut alors que cet ordre annonce régulièrement la valeur que le tiers a fournie. Si la lettre est tirée à l'ordre d'un autre, les mots *valeur en moi-même* signifient bien que le tireur est créancier de celui sur qui il tire la lettre, et qu'il entend que le montant de la lettre acquittée vienne en déduction de sa créance; mais il n'en résulte pas la preuve qu'il ait été fourni aucune valeur par celui au profit de qui cette lettre est tirée, preuve que la mention exigée a pour objet d'assurer.

C. 137.

L'expression *valeur entendue* sembleroit aussi pouvoir être justement contestée : on peut dire qu'elle annonce l'embarras où les parties étoient d'exprimer la valeur fournie, et qu'elle contient en quelque sorte l'aveu qu'il n'y en a pas eu. Cependant, il ne seroit pas exact de croire que, dans tous les cas, et sans examen, une énonciation de ce genre dût ôter à la lettre son caractère de régularité; elle semble se rapprocher de l'expression qui annonceroit que la valeur a été fournie en une obligation, une reconnoissance, un billet du preneur, énonciations que personne n'a jamais contestées. Les magistrats ont évidemment le droit de juger, d'après les circonstances, si ce que les parties *entendaient entr'elles* étoit une valeur qui pût remplir le vœu de la loi.

Il n'y a aucune raison pour que la valeur ne puisse pas être de quelque chose étrangère aux opérations commerciales, pourvu que cette chose soit appréciable; ainsi, on pourroit tirer des lettres de change dont on reconnoîtroit avoir reçu la valeur en un immeuble, en un retour de partage, en bons offices, parce que rien n'établit la nécessité que le prix donné par le preneur pour la lettre qu'il reçoit, provienne d'une opération de commerce.

Section VIII.

Nom de celui à qui la Lettre est payable.

C. 110, 8.ᵉ al.   339. La lettre de change doit exprimer le nom du *preneur*. Cette condition est tellement essentielle, que si la lettre faisoit simplement mention de celui qui en a compté la valeur, sans contenir mandat de payer le montant à cette personne, on ne pourroit y suppléer par la présomption que le tireur a entendu que la lettre fût payable à cette personne; car nous avons dit n. 321, et il arrive fréquemment que la valeur d'une lettre de change est comptée par un autre que celui au profit de qui elle est tirée. Cette omission seroit une imperfection qui empêcheroit de considérer l'acte comme une véritable lettre de change. Il résulteroit seulement de la manière dont elle seroit rédigée, que celui qui a compté la valeur pourroit contraindre le tireur à lui donner une autre lettre régulière, ou agir contre lui comme nous l'avons vu n. 325, dans le cas d'inexécution de la convention de change. On voit encore par-là qu'une lettre de change ne peut être faite payable au porteur.

Section IX.

De l'Ordre de la Lettre de Change.

C. 110, 8.ᵉ al.   340. La lettre de change doit être à ordre;

jusque-là, fût-elle rédigée avec toutes les formes dont nous venons de parler, elle n'est encore qu'un titre pour se faire payer, que le propriétaire ne peut livrer au commerce : ce n'est que par l'ordre qu'elle acquiert la perfection qui la rend si utile.

Elle peut être à l'ordre du preneur, ou d'un *tiers*, ou du tireur lui-même.

Par *tiers* on ne peut entendre qu'une personne autre que celle dont les noms sont déjà compris dans la rédaction; d'où l'on doit conclure que la lettre tirée sur une personne pour payer à elle-même ou à son ordre, ne seroit pas une véritable lettre de change, puisque cette personne ne seroit pas un *tiers*, et que la confusion anéantiroit la dette à l'instant même qu'elle est créée. Il n'existe d'exception à cette règle que pour les traites faites par les agens du gouvernement sur le trésor public, ainsi que l'a établi le décret du 11 janvier 1808 [1].

Lorsque la lettre est à l'ordre du tireur lui-même, elle n'est réellement parfaite qu'au moment où le tireur l'a transmise par un endossement soit au preneur, soit à un *tiers*. Jusque-là elle n'est pas le résultat du concours de deux volontés essentielles à la formation du contrat de change. Nous avons vu aussi n. 338, que jusque-là il n'y avoit point, à proprement par-

---

[1] Bulletin des lois, 4.e série, n. 2914.

ler, de valeur reçue; c'est l'endossement qui, en mentionnant cette valeur, rend la lettre parfaite.

On doit toutefois en excepter les lettres tirées par une personne à son ordre propre, mais pour le compte d'un tiers; car, dans ce cas, le tireur réunit évidemment les qualités de tireur et de preneur, la première comme mandataire, et la seconde pour lui personnellement.

En exigeant que la lettre soit à *ordre*, le législateur n'a pas entendu sans doute que ce mot seroit si rigoureusement nécessaire qu'aucun équivalent ne pût être employé. Mais il faut, comme nous l'avons expliqué, n. 316, que cet équivalent ne soit susceptible d'aucune acception capable d'exclure l'intention de transférer la propriété. Ainsi le tireur qui manderoit de payer *à un tel ou en sa faveur*, auroit sans doute donné un mandat qui mettroit la personne désignée à même de toucher la somme indiquée; mais ce ne seroit point une lettre de change parfaite que cette personne pourroit ultérieurement négocier par des endossemens, puisque le tiré ne trouveroit dans le contenu de cet écrit qu'un mandat de payer au preneur, et non à celui à qui il en transmettroit l'ordre.

Si au contraire le tireur avoit dit de payer *à un tel, ou à sa disposition*, ces mots, quoique n'étant pas ceux dont la loi s'est servie, en seraient un équivalent qui ne laisseroit aucune incertitude; car transmettre par voie d'endossement est *disposer*, et celui qui ordonne de payer *à la disposition* d'un autre, ordonne nécessairement de payer à celui au profit de qui cet autre *disposera*.

SECTION X.

Des divers Exemplaires d'une Lettre de Change.

341. On a coutume de délivrer plusieurs C. 110, 9.ᵉ al. exemplaires d'une lettre de change, pour pré-venir les inconvéniens qu'entraîne sa perte, et faciliter les négociations en faisant circuler un des exemplaires, tandis qu'on envoie l'autre à l'acceptation. Mais il est nécessaire de men-tionner sur chacun s'il est premier, deuxième, troisième, quatrième, etc., et que le paiement C. 147. de l'un annullera les autres, parce qu'autre-ment, rien ne prouvant qu'un des exemplaires est le double ou le triple des autres, chacun d'eux passeroit dans le commerce pour une lettre originale. Cependant, s'il n'existe qu'un seul exemplaire, aucune indication ne nous paroît né-cessaire. Une lettre de change est nécessairement présumée seule ou première lorsqu'elle n'a point d'autre dénomination : il ne faut pas que l'omis-sion d'une désignation superflue dans ce cas, fournisse un prétexte d'en refuser le paiement : c'est au tireur à prendre ses précautions lors-

qu'il donne plusieurs doubles. La nécessité de cette mention n'est pas indispensable à la validité de la lettre ; mais elle a pour objet d'avertir le tiré, et de le rendre responsable s'il acceptoit ou payoit imprudemment deux exemplaires de la même lettre, ou de faire retomber sur le tireur qui auroit oublié de faire la mention, les suites du paiement que le tiré auroit fait.

Chacun des deuxième, troisième, quatrième exemplaires de la lettre, ne devant faire et ne faisant effectivement qu'un avec le premier, ils doivent être parfaitement conformes. Si toutefois, par inadvertance, l'un d'eux contenoit quelque omission, nous ne faisons pas de doute que la régularité du second ou du subséquent ne fût une rectification suffisante. La volonté du tireur se manifesteroit clairement dans cette circonstance par la régularité des autres et l'on ne pourroit dire que l'imperfection soit réparée dans ce cas par des preuves étrangères à la lettre de change.

CHAPITRE III.

De la Négociation des Lettres de Change.

342. Nous avons fait connoître, n. 25 et suiv., que les besoins de la circulation, et le désir

d'éviter le transport effectif des monnoies, avoient fait inventer les lettres de change. Ce but ne seroit pas rempli, si les personnes, au profit desquelles ces lettres sont tirées, avoient besoin, ou d'aller trouver elles-mêmes les dépositaires ou débiteurs des sommes y exprimées, ou de donner des pouvoirs spéciaux à quelqu'un, pour aller se faire payer à l'échéance.

La nécessité que toutes les opérations de commerce soient faites dans le moindre temps, et les stipulations rédigées avec le moins de mots possibles, a fait chercher des formes plus expéditives. La cession des lettres de change, ou le pouvoir qu'on donne d'en toucher le montant, ont été rédigés en peu de mots, qu'on écrit au dos de l'effet, ce qui a donné à ces actes, le nom d'*endossement;* l'endossement est donc le moyen par lequel les lettres de change sont négociées.

Si la négociation a pour objet de transporter de l'un à l'autre la propriété de la lettre de C. 136. change, il est assujetti à des formes que la loi a déterminées avec d'autant plus de soin, que ce mode de transport est, comme nous l'avons vu n. 313, dispensé de toutes les conditions exigées par le droit civil, pour la validité d'un transport de créances. Nous l'appellerons *endossement régulier.*

Si l'endossement n'a pas les conditions requises pour opérer le transport, il ne dessaisit pas celui qui l'écrit, de la propriété de la lettre, et n'est considéré dans les mains de celui qu'il en a rendu porteur, que comme une procuration ; nous le nommerons *endossement irrégulier.*

SECTION PREMIÈRE.

De l'Endossement régulier.

343. L'endossement régulier est un acte contenant les énonciations spécialement requises par la loi, par lequel le propriétaire, ou celui qui est aux droits du propriétaire d'une lettre de change, la transporte à la personne qu'il dénomme, avec garantie de payer, si le débiteur de cette lettre ne l'acquitte pas à l'échéance.

On peut distinguer dans l'endossement régulier : 1.° la forme requise pour sa validité ; 2.° le temps pendant lequel il peut intervenir ; 3.° ses effets.

Nous en ferons l'objet de trois paragraphes.

§. Ier

Forme de l'Endossement régulier.

344. Une condition essentielle à l'endossement, est qu'il soit écrit sur la lettre elle-même. Celui qui seroit donné par un acte séparé, n'auroit point l'effet de saisir sans signification ni acceptation de transport. Quelque certaine qu'en fût

la date, quand même il seroit signifié au débiteur, il ne pourroit être opposé à celui qui se
présenteroit à l'échéance porteur de la lettre,
en vertu d'un endossement, quoique d'une date
postérieure.

Lorsque la multiplicité des négociations, dont
une lettre a été l'objet, oblige d'y ajouter au
papier connu sous le nom d'*allonge*, pour recevoir les négociations ultérieures, cette *allonge*
est censée ne faire qu'un avec la lettre, et l'usage
seul peut déterminer les précautions à prendre
pour éviter les abus qu'on pourroit faire de ce
moyen.

On voit que, si la lettre de change peut
être faite par acte notarié, il n'en est pas de
même de l'endossement, puisqu'il ne peut jamais
être écrit que sur la lettre. L'endosseur qui ne
sauroit pas signer, n'auroit d'autre ressource que
de faire faire l'endossement par un fondé de
pouvoir.

345. L'endossement doit être daté. Cette pre- C. 137, 1.er al.
mière condition, également exigée pour la lettre
de change, s'applique aux endossemens, dans la
même étendue, et sans aucune modification.
Elle a pour objet d'empêcher les fraudes, telles
que celles d'un endosseur qui, ayant fait faillite,
omettroit de dater les endossemens de lettres
de change qu'il auroit détournées, pour qu'on
ne s'aperçût pas qu'il les a souscrits dans un

temps où il étoit, par le seul fait de cette fail-

C. 442. lite, dessaisi de plein droit de l'administration de ses biens, comme nous le verrons par la suite. Elle a également pour objet d'assurer les dispositions dont nous parlerons plus bas, qui rendent le débiteur d'une lettre de change responsable du paiement qu'il feroit avant l'échéance.

C. 139. La loi a porté si loin les précautions à ce sujet, qu'elle défend d'antidater les ordres, à peine de faux; ce qui ne doit toutefois s'entendre que de l'antidate faite en vue de fraude; car il peut se trouver des cas qui en excluent toute présomption, ne fût-ce que celui de l'inadvertance.

C. 137, 2.ᵉ al. L'endossement doit encore exprimer la valeur fournie. Cette condition est aussi requise pour la validité des lettres de change; la différence de rédaction entre les termes du Code,

C. { 110, 7.ᵉ al. qui exigent la mention de valeur dans la lettre,
{ 137, 2.ᵉ al. et ceux qui l'exigent dans l'endossement, ne peut laisser supposer aucune intention d'établir des règles différentes; l'un s'explique par l'autre.

L'énonciation du nom de celui au profit de qui est fait l'endossement, est exigée par les mêmes motifs que dans la lettre de change. Il en est de même de la déclaration qu'il est à l'*ordre* de cette personne, et les développemens que nous avons donnés n. 340, sont entièrement applicables ici.

346. Ce que nous venons de dire suffit pour
faire connoître qu'une signature en blanc ne
peut transférer la propriété d'une lettre de
change; nous devons même observer que la
loi du 12 octobre 1795 (20 vendémiaire an 4),
qui n'est point encore abrogée, prohibe la négociation des lettres et autres effets, avec de
telles signatures.

Au reste, il n'importe de quelle main l'endossement soit rempli; quand même il le seroit
de la main de la personne au profit de laquelle
il est fait: Celui qui se dessaisit d'une lettre de
change endossée de sa seule signature, ou d'une
signature accompagnée seulement de date, mais
sans aucune des énonciations qui puissent faire
connoître le but qu'il se proposoit, consent que
le porteur remplisse le blanc seing, et s'expose
à un abus de confiance qu'il doit prouver,
s'il prétend que la lettre est demeurée sa propriété. Celui qui a reçu la lettre dans cet état,
a, en sa faveur, la présomption que le propriétaire a consenti qu'il mît au-dessous de sa
signature un transport régulier. La preuve
acquise, l'aveu même du porteur, que la lettre
n'est sortie des mains de l'endosseur qu'avec
une simple signature, sans autres énonciations,
et qu'un transport régulier a été ajouté depuis,
ne suffiroient pas pour en faire prononcer la
nullité.

Mais la fiction ne doit pas aller plus loin que

la vérité. Le porteur, en recevant la lettre dans
cet état, est présumé, sans doute, avoir reçu
l'autorisation de faire ce que le signataire auroit
dû et pu faire. Celui-ci seroit donc admis à
prouver qu'il n'y a pas eu de transport, et que
le porteur a abusé de sa signature. S'il tomboit
en faillite avant que l'endossement fût régu-
larisé, le porteur ne pourroit plus en réparer
le vice, parce que la faillite auroit frappé le
signataire d'une incapacité absolue de faire une
transaction quelconque. Ce qu'il n'est plus
capable de faire, le porteur, qui ne peut, en
cela, être réputé autre chose que son mandataire, ne le peut plus aussi, et par conséquent
ceux à qui l'imperfection de cet endossement auroit pu donner quelques droits pour
revendiquer la lettre, sont fondés à les exercer sans égard à la régularisation qu'ils prou-
veroient n'avoir été faite que depuis la faillite
de l'endosseur.

§. II.

Du Temps pendant lequel une Lettre de Change peut être revêtue d'Endossemens réguliers.

347. Une lettre de change une fois échue, est
irrévocablement dans l'actif de celui qui s'en
trouvoit propriétaire à ce moment. Le sort de
tous ceux qui avoient concouru aux négociations dont elle avoit été l'objet, a été alors

fixé : les uns ont des recours à exercer ; les autres des garanties à donner ; d'autres enfin, des compensations ou des exceptions à faire valoir, suivant les règles que nous ferons connoître. Ces droits dérivent des principes généraux ; ce n'est qu'à l'aide de ces mêmes principes qu'ils peuvent être appréciés ; ainsi toute exception qui les modifioit, doit cesser.

Il faut donc tenir comme un point de droit commercial d'une grande importance, que, du moment qu'une lettre de change est échue, l'endossement, quelque régulier qu'il puisse être, qu'en feroit le porteur, n'empêcheroit ni l'effet des saisies-arrêts de ses créanciers, ni les exceptions que le débiteur auroit personnellement contre lui.

Sans doute cet endossement, s'il exprime suffisamment l'intention du propriétaire de la lettre d'en transmettre la propriété à celui au nom de qui il le souscrit, équivaut à un transport ordinaire ; car nous avons remarqué, n. 311, que les cessions de créances, en général, n'étoient assujetties, entre le cédant et le cessionnaire, à aucune forme spéciale, et qu'il suffisoit que, d'une manière quelconque, leur volonté fût manifestée. Mais il n'auroit pas, entre le cédant et le cessionnaire, les mêmes effets que si la lettre n'eût pas été échue ; il n'assujettiroit point ce dernier aux formalités pour constater le défaut de paiement,

ni aux fins de non-recevoir dont nous parlerons dans la suite. La position des choses
ne le permet pas, et les règles du droit civil
sur les diligences du cessionnaire, sur la garantie du cédant d'une créance ordinaire,
sur les droits des tiers, seroient seules observées.

348. Tant qu'une lettre de change n'est pas
échue, elle peut être cédée par voie d'endossement. Quelque voisine qu'une telle cession fût de l'époque à laquelle le cédant seroit
tombé en faillite, ce ne pourroit être un motif
de l'annuller, quoiqu'on puisse prétendre que,
dès ce temps, le failli, instruit de sa situation,
ne pouvoit diminuer le gage de ses créanciers.
Les présomptions légales de nullité des actes
C. 444. faits par des faillis, ne sont relatives qu'aux
actes translatifs de *propriétés immobiliaires*.
Les autres ne sont annullés qu'autant qu'il
C. 447. est prouvé qu'il y a eu fraude de la part
de ceux qui ont contracté avec le failli.

§. III.

Des Effets de l'Endossement régulier.

349. L'endossement peut être considéré :
1.º entre celui qui le souscrit, et au profit duquel
il est souscrit; 2.º entre celui au profit duquel
il est souscrit, et celui sur qui la lettre de change

est tirée ; 3.º entre celui qui le souscrit , et les autres parties qui interviendront dans les négociations ultérieures de la lettre de change.

Considéré sous le premier rapport, l'endossement est quelquefois un contrat de change pur et simple, quelquefois un composé du contrat de cession-transport , et du contrat de change. Il est contrat de change pur et simple, lorsque le tireur, ayant fait la lettre à son ordre propre , l'endosse au profit du preneur, comme nous l'avons vu dans la section IX du chapitre II. Il est contrat composé de la cession-transport et du change, lorsque, la lettre étant parfaite et tirée d'un lieu sur un autre , celui à qui elle appartient , la cède à quelqu'un qui lui en compte la valeur ; il entraîne alors les obligations du transport de créance avec garantie de la solvabilité future du débiteur. Mais comme il est mêlé du contrat de change, cette garantie ne se borne pas au remboursement du prix reçu par le cédant , l'endosseur cautionne que la somme énoncée dans la lettre , sera payée au jour et lieu indiqués par le tiré, qui devient ainsi son mandataire , et il subit à cet égard toutes les obligations que produit le contrat de change , sauf certaines modifications que nous ferons connoître en indiquant les motifs qui les ont fait admettre.

Considéré sous le second rapport, l'endossement est une cession de créance qui donne au

24 *

cessionnaire la plénitude des droits que le
cédant avoit contre le débiteur principal, et
contre les autres garans, et l'en saisit, à compter de la date de l'endossement, sans qu'une
signification ou acceptation de transport soit
nécessaire.

Enfin, considéré sous le troisième rapport,
l'endossement oblige celui qui le souscrit, envers tous ceux qui, dans la suite des négociations, deviendront endosseurs ou porteurs de
la lettre, à la même garantie de paiement que
celle qu'il contracte envers celui à qui cette
lettre est transmise.

350. Les parties étant libres d'ajouter à leurs
conventions les restrictions que la loi n'interdit pas, l'endosseur pourroit déclarer qu'il
n'entend pas être tenu des garanties que nous
venons d'expliquer, et restreindre son obligation aux seules garanties civiles dont nous
avons fait connoître les règles, n. 311 et suiv.

351. L'endossement est le résultat d'une convention synallagmatique, qui ne peut être dissoute que par un consentement mutuel : ainsi
l'auteur d'un endossement ne peut être admis à
le rayer. La nature de cet acte étant de transférer
la propriété de la lettre sans que le cessionnaire
ait besoin d'exprimer son acceptation, une fois
qu'il a été rédigé valablement, et causé pour

valeur exprimée, celui en faveur duquel il a
été souscrit n'a pu être privé, sans son consentement, de la propriété qui lui étoit acquise.
Lors même que les deux contractans sont d'accord de révoquer l'endossement, ils doivent
prendre des précautions pour que les tiers ne
puissent, ni arguer le changement, ni en abuser. La possibilité que l'on raye, après coup,
un endossement sur la foi duquel la lettre a pu
circuler, ou être prise par des endosseurs
subséquens, ne permettroit d'avoir égard à
cette radiation, qu'autant qu'elle auroit une
fixité de date qui ne laissât soupçonner aucune connivence entre le porteur et celui
dont l'endossement a été rayé, et que l'annullation seroit mentionnée sur la lettre, immédiatement à la suite de l'endossement.

352. Il peut arriver qu'un endossement, quoique régulier, ne soit réellement qu'un mandat,
qui ne rende point propriétaire celui à qui il auroit été donné simplement pour agir dans l'intérêt et pour le compte de l'endosseur. Il peut
arriver aussi que, par suite des conventions ou de
la correspondance des parties, cet endossement
n'ait été souscrit que par un mandataire qui,
après s'être procuré une lettre de change, avec
les fonds et pour le compte de son commettant, la transmette à celui-ci par un endossement régulier, non pas à titre de cession,

puisque nul ne peut acheter ce qui lui appartient, mais pour la placer entre les mains et
à la disposition du véritable propriétaire. Cet
endossement n'a alors, entre les parties, que
l'effet particulier que peut produire la négociation intervenue entr'elles, et, presque
toujours, il est réglé par les principes que
nous donnerons sur le contrat de commission;
mais il ne change point à l'égard des tiers
intéressés qui peuvent agir contre l'endosseur,
sans aucune considération des causes qui changeroient la nature de ses rapports avec celui
au profit duquel il a endossé.

Section II.

De l'Endossement irrégulier.

353. Nous donnons ce nom à tout endossement qui n'a pas toutes les formes déterminées
au §. Ier de la section précédente. Cet endos-
C. 138. sement, quelles que soient les énonciations
qu'il contienne, par cela seul qu'il n'est pas
capable d'opérer un transport, n'a que les
effets d'une procuration. Ce n'est point, à
proprement parler, une négociation, ce mot
désignant une cession à titre intéressé, et
l'on doit en conclure que, si une lettre de
change étoit assujettie par les lois à quelque
formalité, ou à l'acquittement de quelques
droits, avant d'être négociée, on ne seroit

point obligé de les remplir avant d'y apposer un endossement irrégulier.

354. Cette procuration donne au porteur le droit de se présenter à l'échéance pour être payé, et le paiement qui lui seroit fait, est libératoire. A moins donc que celui sur qui une lettre de change est tirée, n'ait des raisons de refus, telles qu'il pût les opposer légitimement à celui qui a donné la procuration, il doit payer au porteur, que la rédaction de cet endossement irrégulier n'exclut pas textuellement du droit de recevoir; il ne seroit pas raisonnable qu'il puisât dans un acte qui lui est étranger, un prétexte pour ne pas s'acquitter, puisque nous avons vu que le paiement fait au fondé de pouvoir du créancier, n'est pas moins valable que s'il l'étoit à lui-même.

Ces principes servent à faire connoître l'effet que doit avoir l'endossement qu'un porteur, simple fondé de pouvoir, feroit à son tour au profit d'une tierce personne. Quoiqu'à suivre la rigueur des principes du droit, on puisse dire que la propriété de la lettre de change n'ayant pas été transférée par l'endossement irrégulier à ce porteur, il ne peut transmettre à un autre une propriété qu'il n'a pas, la jurisprudence commerciale doit être moins sévère. Si les termes de l'endossement irrégulier ne sont pas limités au simple droit de

recevoir, le porteur peut transmettre valablement la propriété de la lettre par endossement
régulier. La loi qui donne à son titre la qualité
de procuration, n'en détermine pas l'étendue,
les effets; mais elle laisse les choses dans les
termes ordinaires. Les pouvoirs des mandataires s'étendent à tout ce qui est relatif à
l'affaire qui leur est confiée pour en assurer
le succès; et quand les termes de la convention ne déterminent point en quoi consiste le
mandat, on y supplée par la nature de la chose.
Or, une lettre de change étant, par sa nature,
un titre de créance destiné à être négocié, la
procuration relative à un tel effet, est censée
avoir tout aussi bien pour objet d'autoriser à le
céder, que de faire les diligences nécessaires
pour en obtenir le paiement.

355. Tels sont les principes les plus certains
du droit sur l'effet des endossemens irréguliers.
S'ensuit-il que l'auteur d'un tel endossement,
qui a reçu la valeur de la lettre, ait la faculté d'abuser d'une irrégularité commise par
lui-même pour prétendre que cette lettre lui
appartient encore, et que le preneur n'est
qu'un mandataire comptable du prix du recouvrement ou de la négociation qu'il fera?
Non sans doute. De deux choses l'une; ou le
prix a réellement été compté par celui au profit
de qui l'endossement irrégulier est souscrit;

ou il ne l'a pas été. Dans le dernier cas, point d'injustice, même suivant le for intérieur. Dans le premier cas, l'endosseur qui demanderait compte du montant de la lettre, sous le prétexte que celui au profit de qui il l'a fait n'a été que son mandataire, serait repoussé par la fin de non-recevoir résultant de la preuve que le preneur, soit pour acquérir la propriété, soit sur la foi du recouvrement qu'il avait l'espérance de faire, a compté tout ou partie de la valeur de la lettre à cet endosseur injuste.

A la vérité, la position de celui qui a reçu la lettre par un endossement irrégulier diffère infiniment de celle du preneur par endossement régulier. Celui-ci n'a rien à prouver, et la présomption légale qu'il a acquis la propriété de la lettre, milite contre l'endosseur et contre les tiers.

Au contraire, le porteur par endossement irrégulier, est obligé de prouver contre l'auteur de cet endossement l'exception à l'aide de laquelle il veut lui attribuer d'autres effets que ceux que la loi détermine. Le droit qu'il peut avoir n'est fondé que sur la seule équité, qui ne permet à personne de s'enrichir aux dépens d'autrui. Il ne s'agit pas d'accorder des privilèges à un imprudent qui devoit savoir à quelle condition l'endossement opère un transport de créance dispensé de toutes les formes du droit civil, et qui, n'étant pas présumé ignorer

la loi, a donné ses fonds en se contentant d'un
endossement imparfait ; on ne lui doit que
d'empêcher qu'il soit volé.

Une telle exception n'est pas de nature à être
opposée aux tiers, qui ont un légitime intérêt à ce que l'endossement reçoive l'effet que
la loi lui attribue. De quelque cause que l'irrégularité provienne, fût-ce d'une simple erreur
démontrée par des registres exacts, par des
actes ayant une date certaine, l'endossement
n'en recevra point le perfectionnement que la
loi exige et qu'il ne se trouve pas avoir ; parce
que le contrat de change est, comme nous
l'avons déjà dit n. 316, un contrat de droit
étroit où la solennité des paroles influe sur l'effet
des engagemens, et qu'on ne peut chercher
la preuve de leur régularité hors d'eux-mêmes.
Toutes ces preuves ne seraient que des contre-
N. 1321. lettres qui ne peuvent jamais être invoquées
contre des tiers.

Ce qu'il est encore extrêmement nécessaire
de remarquer, l'action que l'auteur de l'endossement irrégulier voudroit intenter pour se
faire rendre compte du prix de la lettre,
l'exception du porteur pour le conserver, s'il
en a compté la valeur, ou pour se faire rendre
ce qu'il a payé, si par quelque cause il est dépouillé, ne sont point considérées comme des
dépendances ou des suites d'un contrat de
change, car il n'en intervient jamais entre l'au-

teur d'un endossement irrégulier et celui à qui une lettre de change est transmise par cette voie : elles ne sont que des actions principales ordinaires, fondées sur les seules règles de droit commun, et, par leur nature, exclues de la compétence des tribunaux de commerce, s'il n'y a d'autres circonstances accessoires qui autorisent ces tribunaux à juger.

CHAPITRE IV.

De l'Acceptation.

356. L'acceptation d'une lettre de change est une déclaration par laquelle celui sur qui cette lettre est tirée contracte l'engagement de la payer.

Elle peut être considérée sous plusieurs rapports importans : 1.º l'obligation de la requérir ; 2.º l'obligation de la donner ; 3.º la manière dont elle doit être donnée ; 4.º les effets qu'elle produit ; 5.º les suites du refus d'accepter ; 6.º l'acceptation par intervention.

SECTION PREMIÈRE.

De l'Obligation de requérir l'Acceptation.

357. En général, le droit de requérir l'acceptation est une faculté dont le porteur peut

user autant qu'il le juge convenable. Néanmoins, cette obligation est imposée par la loi, lorsque la lettre n'est point payable à un jour certain, et que le délai ne commence qu'à l'instant qu'elle est *vue*.

Dans ce cas, le porteur a, pour faire cette présentation des délais calculés sur la distance des lieux et la difficulté des communications; l'inobservation de ces délais, qui sont les mêmes que ceux accordés pour demander le paiement, entraîne la même déchéance et produit, au profit des divers obligés à l'acquittement de la lettre, les mêmes fins de non-recevoir. Nous les ferons connoître dans le chapitre du paiement.

Il peut y avoir d'autres circonstances dans lesquelles le porteur soit obligé de requérir l'acceptation. La condition peut lui en avoir été faite lorsque la lettre lui a été négociée; il se trouve alors placé, par la convention, dans la position du porteur, à qui la loi impose ce devoir. S'il n'a pas requis l'acceptation dans le délai convenu, ou, lorsqu'il n'y a pas de délai fixé, dans celui que les circonstances déterminent, et que le tiré ne paie pas, ou élève des difficultés à l'échéance, il peut être condamné à des dommages-intérets envers celui qui lui a imposé cette obligation. Si c'est le tireur, il a pu avoir des motifs fondés de l'instruire du fait de l'acceptation; par exemple, si les valeurs des-

tinées à l'acquit de la lettre étoient un objet
susceptible de contestation entre le tiré et lui,
contestation à laquelle l'acceptation du tiré auroit mis fin, ou que son refus auroit mis le tireur
dans le cas de faire juger à temps utile. Si c'est
un endosseur, il a pu, par de justes motifs de
défiance contre le tireur, avoir intérêt de s'assurer si le tiré en qui il avoit confiance accepteroit, afin d'exercer son recours contre le tireur
en cas de refus, et les retards du porteur ont pu
rendre ce recours sans effet, si ce tireur a failli
depuis cette époque.

Le porteur est, dans tous ces cas, un mandataire intéressé pour son compte à requérir l'acceptation, mais dont la négligence ne doit porter
préjudice qu'à lui seul. A plus forte raison, celui
qui ne seroit que simple mandataire, répon-
droit-il de ses retards dans la demande d'une
acceptation que son commettant l'auroit chargé
de requérir.

Sauf les cas dont nous venons de parler, l'acceptation peut être requise en tout temps, même
la veille de l'échéance. On sent bien que du
moment où ce terme est arrivé, le droit de la
demander se confond avec celui d'exiger le paiement.

358. Mais dans le cas inverse, si un porteur de
mauvaise foi se hâtoit de requérir l'acceptation,
avant que l'avis dont nous avons parlé n. 323 eût

pu parvenir à celui sur qui la lettre est tirée, les tribunaux pourroient, suivant les circons- tances, le punir par la perte des frais qu'il auroit faits. Il faut même admettre, comme une règle
C. 165. fondée sur des raisons d'analogie déduites d'au- tres dispositions de la loi, que le porteur doit, avant de requérir l'acceptation, laisser écouler autant de jours qu'il y a de deux myriamètres et demi (cinq lieues) de distance entre le lieu d'où la lettre est tirée, et celui sur lequel elle l'a été.

359. La lettre doit être acceptée, ou à sa
C. 125. présentation, ou au plus tard dans les vingt- quatre heures.

Les expressions de la loi sont remarquables. Elle se sert du mot de *vingt-quatre heures* et non d'un *jour*. L'emploi de ce dernier mot au- roit forcé à suivre les dispositions du droit com- mun qui, dans les cas même où les délais ne
Pr. 1033. sont que d'un jour, ne compte point celui de la signification et celui de l'échéance. Ici le tiré n'a que *vingt-quatre heures*, qui doivent commen- cer à l'instant de la présentation.

Cette faculté de garder la lettre a évidem- ment pour but de laisser à celui qui est requis d'accepter, le temps de recevoir l'avis que tout tireur prudent doit écrire, non-seulement pour prévenir les faux, mais encore pour instruire le tiré des dispositions qu'il a faites et lui indiquer en quoi consistera la provision de la lettre. Lors même que la lettre de change mande de payer sans autre avis, le tiré a encore besoin de s'assurer s'il a des fonds appartenans au tireur, ou s'il veut accepter pour lui rendre service et lui épargner des frais.

La lettre doit, à l'expiration de ce délai, être rendue, acceptée ou non. Néanmoins le tiré, en la retenant, ne seroit pas présumé avoir accepté; mais il seroit passible des dommages-intérêts que son retard auroit pu causer au porteur. Les tribunaux seuls pourroient déterminer, d'après les circonstances, quand ce retard existe et s'il a été préjudiciable. C. 125.

La lettre de change peut être tirée sur plusieurs personnes; à moins qu'elles ne soient associées, l'acceptation que l'une donneroit n'obligeroit pas les autres; ainsi il faut se présenter à chacune.

360. L'acceptation peut être requise par tout porteur de la lettre, et ce n'est pas le cas d'appliquer ce que nous avons dit n. 198, parce que l'acceptation n'est qu'une simple adhésion au mandat de payer, pour l'exécution duquel l'accepteur pourra sans doute prendre les précautions nécessaires.

C'est au domicile du tiré que l'acceptation doit être demandée, sans considérer dans quel lieu la lettre est payable : ce sont deux choses

qu'il ne faut pas confondre, puisque rien n'em-
C. 123. pêche qu'un mandataire ne s'engage dans un
lieu à exécuter un mandat dans un autre lieu.

Ce que nous avons dit n. 213 sur le domicile
auquel devoit s'adresser le porteur d'un engagement négociable pour en requérir l'exécution,
reçoit ici une application directe.

Section II.

De l'Obligation d'accepter une Lettre de Change.

361. Celui sur qui une lettre de change est
tirée, n'est pas plus obligé de l'accepter qu'on
n'est tenu de s'engager à remplir un mandat que
l'on reçoit. Mais il peut avoir pris cet engagement ; il peut être débiteur de sommes envers le tireur ; dans l'un ou l'autre cas, il est
d'une grande importance de savoir quelles sont
ses obligations. C'est ce que nous allons considérer dans les deux paragraphes suivans.

§. I.er

De l'Engagement d'accepter pris par le Tiré.

362. On n'est pas toujours d'accord sur ce
qu'on doit entendre par engagement d'accepter,
et sur les effets qu'on y doit attribuer. Sans essayer
d'examiner toutes les hypothèques possibles,
nous allons offrir quelques règles générales.

Cet engagement d'accepter peut être pris soit envers celui au profit de qui la lettre est tirée, soit envers le tireur, car nous avons vu ci-dessus, qu'il pouvoit se charger de requérir l'acceptation. Par exemple, *Pierre* est en termes de négociation avec *Paul*, qui lui offre des lettres de change sur *Jean*; *Paul* écrit à *Jean* pour s'informer s'il doit à *Pierre* et s'il acceptera des lettres tirées sur lui; *Jean* répond affirmativement. Quelque précise que soit cette réponse, on ne peut la considérer comme une acceptation, parce que *Jean* n'a pas promis de payer *telle* ou *telle* lettre, ou d'accepter *telle* délégation faite sur lui, et dont on lui donnoit avis. Il a seulement attesté le fait qu'il étoit débiteur, mais il ne s'est pas interdit le droit de se libérer envers son créancier, ou envers tout autre ayant-cause de son créancier. Sa réponse n'a rien signifié autre chose, sinon que, si, à l'époque à laquelle on lui présentera la lettre à l'acceptation, il est encore débiteur et n'a pas des exceptions légitimes, il ne refusera pas cette acceptation.

Mais, si *Pierre*, après avoir reçu dans une négociation avec *Paul*, des lettres tirées sur *Jean*, en donne avis à ce dernier, et lui demande s'il les acceptera lorsqu'elles lui seront présentées, la réponse affirmative de *Jean* devient une véritable acceptation, parce que nous verrons qu'il n'est point de l'essence de cet acte d'être mis sur la lettre de change. Il ne peut plus rien

Tome I.   25

faire au préjudice de cet engagement ; et n'est pas moins lié qu'un vendeur qui, en signant les conditions d'une vente, s'obligeroit à passer contrat devant notaire.

En présentant en opposition l'une et l'autre hypothèse, nous n'avons voulu que montrer la différence de ces deux cas. Rien n'empêche que les termes dans lesquels la réponse a été faite ne produisent, dans le premier cas, une véritable acceptation, ou, dans le second cas, ne forment pas un véritable engagement ; c'est aux tribunaux qu'appartient nécessairement cette interprétation.

On peut en dire autant lorsque c'est envers le tireur que l'engagement est pris. Ainsi, l'autorisation de tirer, la déclaration écrite à une personne qu'on a des fonds à sa disposition et qu'on acceptera les traites qu'elle fera, n'est pas à proprement parler une acceptation. Le porteur de la lettre, tirée d'après un tel engagement, ne pourroit se fonder sur cela pour agir contre le tiré comme s'il étoit accepteur, ni joindre une telle réponse à la lettre pour la négocier comme une lettre véritablement acceptée.

Mais il n'en faut pas dire de même d'une promesse de payer des lettres que le tireur auroit annoncé avoir tirées au profit de telle personne ; cette déclaration seroit une acceptation véritable au profit de celui qui se présenteroit porteur et de ces lettres et de l'engagement y relatif.

Quand même des arrangemens postérieurs entre le tireur et celui qui lui auroit donné cette promesse, auroient pour but de la révoquer, le porteur ne seroit pas moins fondé à la faire valoir, parce que, dans cette seconde hypo-thèse, le tireur ne peut pas être considéré comme ayant voulu obtenir par précaution, seulement, une promesse dont il fût ensuite maître de dégager celui qui l'avoit faite. Ce tireur a été un véritable mandataire du porteur; l'en-gagement pris envers lui est censé pris envers le porteur qui seul a droit d'y renoncer, et qui n'a acheté la lettre que sur la foi de l'acceptation qui lui a été remise.

363. Dans les cas même où l'engagement d'ac-cepter ne peut, suivant les distinctions que nous avons faites, équivaloir à une acceptation, il a des effets. Ainsi, lorsqu'une personne a fait cette promesse, soit par écrit, soit par une convention verbale susceptible d'être prouvée par témoins, soit même implicitement, par exemple, par l'exécution donnée à des opérations commer-ciales qui supposeroient cette acceptation, elle ne peut se dégager de son obligation par cela seul qu'elle n'auroit pas encore accepté de la manière indiquée par la loi, et le tireur peut la poursuivre, en cas de refus, pour obtenir contre elle des dommages-intérêts.

Dans ce cas, comme dans le plus grand nombre

25*

de ceux qui se présentent en fait de commerce, les circonstances doivent décider autant que la rigueur du droit. Sans doute celui qui n'a promis qu'à condition qu'on lui feroit préalablement provision, n'est pas tenu d'accepter, si la présentation de la lettre est faite avant l'arrivée des valeurs ou des fonds annoncés. Son refus n'auroit rien d'injuste, rien qui dût lui faire supporter les frais qui en seroient la suite.

Mais la bonne foi étant l'âme du commerce, s'il a promis d'accepter sans imposer la condition que les fonds nécessaires au paiement lui seroient remis d'avance, il ne peut rétracter sa promesse, à moins qu'un changement notable dans la fortune du mandant ne lui donne un juste sujet d'exiger des sûretés, ou ne motive son refus. Un commerçant qui a un crédit ouvert chez son correspondant, se livre à des opérations de commerce, dans la confiance et l'assurance que celui-ci acceptera ses lettres. Ce crédit est pour lui une nouvelle valeur qu'il rend utile en en disposant ; il doit lui être permis d'en user tant qu'il n'est point absorbé.

§. II.

Du cas où le Tiré a reçu les Fonds suffisans pour acquitter la Lettre.

364. Celui qui n'a point promis d'accepter, peut s'y refuser quand même, depuis la lettre

tirée et avant la présentation, le tireur lui auroit
fait parvenir des remises ou des valeurs quelconques pour servir à la provision ; il est libre de
déclarer qu'il n'entend pas se charger du recouvrement de ces remises ou valeurs. Quelque peu
bienséant que fût ce procédé, on ne pourroit, à
la rigueur, le condamner à supporter les frais
auxquels son refus et sa mauvaise volonté auroient donné lieu. Mais la nature de ses relations
avec le tireur pourroit faire juger qu'il n'a pas
dû se dispenser de cet office, car nous verrons
que souvent les circonstances font présumer la
volonté de se charger d'une commission.

Il en seroit de même encore bien qu'il fût
débiteur du tireur. D'abord, la bonne harmonie
et la bonne foi du commerce ne permettent pas
à un créancier de tirer sans être d'accord en
quelque sorte avec le débiteur, sans lui avoir
envoyé un compte par lequel il soit à même de
vérifier ce qu'il doit. D'un autre côté l'acceptation, rendant l'accepteur débiteur direct de la
lettre, l'expose à des poursuites auxquelles les
dettes ordinaires, même commerciales, ne donnent point lieu ; elle lui ôte l'avantage dont nous
avons parlé n. 199, de recourir à l'indulgence
des juges pour obtenir quelque délai ; une fois
devenu, par son acceptation, débiteur d'une
lettre de change, il n'a plus droit de l'acquitter
avant le terme ; le défaut de paiement de cette
lettre peut le distraire des juges devant lesquels

il auroit été traduit, si une action simple eût été dirigée contre lui; il donne lieu à des rechange et compte de retour plus onéreux que des simples condamnations de dépens. Or le créancier ne peut aggraver le sort, ni changer la condition de son débiteur; ce qui arriveroit cependant s'il étoit libre de tirer sur lui une lettre de change par cela seul que sa créance seroit de nature commerciale.

SECTION III.

Comment l'Acceptation doit être donnée.

365. L'acceptation doit être écrite. La loi le décide explicitement, en exigeant qu'elle soit signée; mais elle n'exige point que la somme pour laquelle on accepte, soit mentionnée; ce n'est qu'une précaution utile pour celui qui craint l'altération du corps de la lettre de change.

Il n'est pas indispensable que l'acceptation soit écrite sur la lettre de change elle-même; rien n'empêche qu'elle ne soit donnée par un écrit séparé. Ce mode n'a en effet aucun inconvénient à l'égard du tireur, qui peut facilement remettre l'acceptation en même temps que la lettre de change, à celui qui lui en compte la valeur. Les endosseurs eux-mêmes ne peuvent être lésés, parce que, s'ils ont mis quelque importance à l'obligation de l'accepteur, ils ont dû exiger la remise de l'écrit séparé

C. 122, 1.er al.

qui la contenoit. La considération qu'un tel écrit peut se perdre ou présenter d'autres inconvéniens, ne sauroit avoir d'autre effet que de rendre plus réservés ceux à qui seroit offerte une telle acceptation, mais ne pourroit empêcher qu'elle produise les droits et obligations résultans de celle qui auroit été donnée sur la lettre elle-même.

366. L'engagement de l'accepteur est énoncé par le mot *accepté;* ce n'est pas toutefois que le remplacement, par une expression équivalente, dût produire la nullité de l'acceptation, et autoriser les poursuites du porteur. La bonne foi ne permet pas de refuser une acceptation, parce qu'elle ne seroit pas rédigée d'une manière que la loi donne plutôt comme exemple, que comme une formule dont on ne puisse s'écarter. Nous en avons donné les motifs n. 316. C. 122, 2.ᵉ al.

L'accepteur qui, au lieu d'écrire *accepté*, écriroit : *je ferai honneur, je paierai, j'acquitterai,* ne seroit donc pas moins engagé que s'il avoit employé le mot consacré par la loi. Mais s'il se servoit d'expressions moins précises; par exemple, du mot *vu*, il ne seroit pas aussi facile d'en conclure qu'il a voulu s'engager. Les expressions, *je ferai honneur,* etc., sont réellement équipollentes au mot *j'accepte,* puisqu'elles ne peuvent pas signifier autre chose; mais le mot *vu*, peut, dans certaines circons-

tances, être écrit dans une toute autre intention. Si la lettre est tirée à un certain nombre
de jours de vue, le porteur peut avoir intérêt
à obtenir, du tiré, le certificat qu'il s'est présenté *tel* jour, afin que le délai de vue commence à partir de ce jour pour exiger le
paiement : il peut donc se faire que le *vu* écrit
par le tiré, n'ait pas pour objet, dans ce cas,
de l'engager au paiement, mais d'attester, sans
frais, un fait qui ne pourroit, sans cela, être
attesté que par un acte extra-judiciaire. Le tiré
qui prétendroit que ce mot n'est pas, contre
lui une preuve d'acceptation, seroit facilement
cru, le porteur ayant à s'imputer de n'avoir
pas exigé une déclaration plus expresse. Le
mot *vu* ne seroit considéré comme équipollent
au mot *accepté*, qu'autant que les circonstances ne permettroient pas d'y donner un
autre sens, et que tel seroit l'usage des lieux.

C. 122, 1.er al. **367.** L'acceptation doit être signée : le seul
mot *accepté*, sans signature, est insuffisant, et
l'usage, quelqu'ancien ou général qu'il soit dans
certaines provinces, doit céder à la volonté expresse de la loi. L'acceptation, quelqu'expresse
qu'elle fût, qui ne seroit pas signée, ne pourroit être considérée comme un équipollent de la
signature qu'exige la loi. Peut-être seroit-il juste
d'admettre comme équivalent à une signature,
le mot *accepté*, accompagné du paraphe; l'usage

des lieux, l'habitude dans laquelle seroit un commerçant de donner ses acceptations de cette manière, seroient d'une grande considération dans ce cas.

368. La date de l'acceptation n'est exigée que dans le cas où la lettre est payable après un certain temps de *vue*, parce que c'est le seul moyen de fixer l'époque de son échéance. Mais l'omission de cette date n'annulleroit point l'acceptation, et ne porteroit point préjudice au porteur de la lettre : cette omission n'étant point son fait, seroit interprêtée ou plutôt supposée en sa faveur. En conséquence, si celui sur qui la lettre est tirée à un délai quelconque de vue, omet de dater son acceptation, il est censé avoir vu et accepté le jour même que la lettre a été tirée sur lui, et le paiement est exigible au terme y exprimé à compter de sa date. C. 122, 3.ᵉ al.

C. 122, 4.ᵉ al.

369. La lettre peut être payable dans un autre domicile que celui du tiré ; le domicile où il faudra que le porteur se présente n'ayant pu, dans ce cas, être indiqué par le tireur dans la lettre elle-même, l'acceptation doit indiquer le domicile où sera effectué le paiement et où seront faites les diligences. Le porteur pourroit refuser comme incomplète celle qui ne les contiendroit pas ; car d'un côté elle n'offriroit point l'indication précise de la maison où il devra se C. 123.

faire payer, et de l'autre, le domicile véritable
de l'accepteur ne seroit pas, d'après la convention
même, ce lieu de paiement.

370. L'acceptation doit être pure et simple;
celui sur qui une lettre de change est tirée, étant
C. 124. un mandataire, ne doit point exécuter son mandat
d'une manière autre qu'il lui a été donné. Ainsi,
dans la rigueur du droit, l'accepteur ne pourroit,
malgré le refus du porteur, insérer dans son
acceptation qu'*au besoin*, il faudra se présenter
chez une autre personne que lui-même pour
toucher le paiement. A la vérité ce refus ne seroit
qu'une pure chicane s'il n'exposoit le porteur à
aucun déplacement onéreux; et s'il n'avoit pas
d'autre raison pour exercer les droits que lui
donne le défaut d'acceptation, les tribunaux
ne devroient pas hésiter à le condamner aux
dépens.

Mais il est évident qu'il seroit en droit de refuser que l'accepteur indique le lieu du paiement
dans une autre ville, si le texte de la lettre ne l'y
autorise. D'un côté, ce seroit changer toutes
les bases et les conditions de la négociation;
celui qui tire une lettre de change de Paris sur
Marseille, ayant eu en vue les chances du change
de l'une sur l'autre ville, et compté qu'en cas de
non-paiement, le rechange seroit calculé de la
même manière : de l'autre, ce seroit forcer le
porteur à prendre ses fonds dans un lieu où ils

ne lui sont pas nécessaires, tandis qu'il a voulu les avoir dans le lieu que déterminoit la convention.

Si toutefois le porteur ne réclamoit point au moment où la lettre lui seroit remise avec les indications ou changemens dont nous venons de parler, ou du moins ne la protestoit pas dans un bref délai, il seroit censé y avoir consenti et devroit s'y conformer à l'échéance. L'acceptation seroit réputée, dans ce cas, avoir modifié les conventions primitives.

371. Une acceptation ne peut être conditionnelle, c'est-à-dire, que l'engagement de l'accep- C. 124. teur ne peut être subordonné à des conditions que le preneur n'auroit pas consenti qu'on insère dans la lettre de change. Ainsi, l'acceptation faite sous la condition que le tireur aura fait provision avant l'échéance, ou sous toute autre semblable, pourroit être refusée par le porteur. Il en est de même de l'acceptation qui changeroit le terme de l'échéance, le mode de paiement, etc. En un mot, la règle est que le porteur ait droit d'exiger l'exécution pure et simple de ce que déclare la lettre. Des conditions ou restrictions qu'on prétendroit avoir été consenties par le preneur, ne seroient d'aucune considération, quelque certaine que fût la date de l'acte où elles seroient contenues, parce que nous avons vu précédemment qu'on ne pouvoit opposer au tiers porteur,

rien de ce que les précédens possesseurs de la lettre auroient consenti, si cette même lettre ne le constatoit pas.

372. Ce principe, que l'acceptation ne peut contenir aucune clause qui restreigne les droits du porteur, doit être sainement entendu. Si cette restriction étoit fondée sur des prétentions particulières que le tiré éleveroit contre le porteur, ce seroit à celui-ci de s'en défendre, s'il ne vouloit pas les consentir. On peut en donner un exemple. *Pierre* tire sur *Paul* une lettre de change payable à l'ordre de *Jean*; celui-ci se présente pour la faire accepter ; *Paul* ne nie pas avoir les fonds nécessaires , mais il est ou se dit créancier de *Jean*, et sur sa lettre, il écrit ces mots *accepté pour payer à moi-même*, ce qui annonce l'intention qu'il a de compenser ce qu'il doit en vertu de la lettre tirée sur lui, avec ce que lui doit le porteur, qui requiert l'acceptation; ou bien il refuse d'accepter en donnant pour motif la compensation qu'il oppose. Ce sera une question susceptible d'être débattue, que celle de savoir si une telle compensation est proposable. Il est clair qu'elle ne seroit admissible que dans le seul cas où la lettre seroit à *vue*, sans autre addition de terme, parce que les deux conditions requises pour que la compensation s'effectue se rencontreroient. Dans tout autre cas, le tiré ne seroit pas fondé à

l'opposer, puisque, quand même sa créance seroit échue, sa dette, résultant de la lettre tirée
sur lui, ne le seroit pas. La réserve qu'il feroit
d'opposer la compensation, si, à l'échéance, la
lettre se trouve appartenir encore à son débiteur, ne seroit qu'une ressource assez insigni-
fiante, dont le porteur éluderoit l'effet par un
endossement qui ne permet jamais de faire
valoir contre des tiers les droits prétendus ou
réservés contre celui qui a présenté la lettre à
l'acceptation.

Mais enfin, quelque puisse ou doive être le
sort des prétentions du tiré, le porteur qui ne
voudroit pas admettre une acceptation dans laquelle seroient insérées des réserves uniquement
dirigées contre lui, ne seroit point admissible à
recourir contre le tireur, ainsi que nous verrons
qu'il a droit de le faire quand il n'obtient pas
une acceptation pure et simple ; car ce ne seroit
par aucun fait imputable au tireur, qui n'a pu
ni voulu s'engager à rien de plus qu'à faire payer
la somme qu'il cédoit, sans aucun obstacle venant de son chef, ou d'une cause dont il seroit
directement ou indirectement responsable.

373. Lors même que l'acceptation contient
des réserves provenant du chef du tireur,
il faut encore distinguer soigneusement quel
peut-être leur résultat définitif, pour décider si
elles empêchent que l'acceptation soit réputée

pure et simple. Ainsi la déclaration d'accepter, *pourvu* que le tireur fasse provision, n'est point une acceptation pure et simple dont le porteur soit tenu de se contenter; mais la déclaration d'accepter sous toutes réserves, contre le tireur, de qui l'accepteur prétendroit n'avoir pas reçu provision, ou envers lequel il dénieroit être débiteur des valeurs que le contenu de la lettre suppose entre ses mains, seroit, à l'égard du porteur, une acceptation pure et simple. L'engagement de l'accepteur ne seroit subordonné à aucune condition, et, quel que soit le sort de ses réserves ou prétentions contre le tireur, elles ne changeroient rien à son obligation de payer la lettre à l'échéance. Il n'y auroit de modification à ce principe, qu'autant que le tireur auroit donné ordre exprès de ne pas consentir de réserves contre lui, et imposé au preneur l'obligation de protester en ce cas.

374. Par la même raison que le tiré n'est pas obligé d'accepter la lettre de change donnée sur lui, il peut vouloir ne l'accepter que pour une somme moindre. Dans la rigueur des principes du droit commun, le porteur pourroit s'y refuser, car tout créancier a droit de refuser que la dette contractée envers lui soit acquittée par portions. Mais par suite de l'exception dont nous avons donné les motifs, n. 208, l'intérêt du commerce a fait admettre les acceptations restreintes, non

pas en ce sens que le porteur doive s'en contenter, mais en ce sens qu'il ne peut refuser celle C 124.
que le tiré donne pour quelque somme que ce
soit, sauf à user de ses droits pour l'excédant.
En cela, le porteur n'éprouve aucune lésion,
puisque l'acceptation restreinte lui donne l'assurance que le tiré s'oblige à payer la somme pour
laquelle il consent d'accepter, et qu'il conserve,
pour le surplus, les mêmes droits que s'il avoit
reçu du tireur une lettre montant à la somme
pour laquelle l'acceptation n'a pas été donnée.

Section IV.

Effets de l'Acceptation.

375. On peut considérer les effets de l'acceptation sous deux rapports, 1.º entre l'accepteur
et le porteur, ou ses ayans-cause; 2.º entre l'accepteur et le tireur.

§. I.er

Effets de l'Acceptation entre l'Accepteur et le Porteur.

376. L'effet immédiat de l'acceptation est d'o-
bliger celui qui l'a souscrite envers le porteur à
payer la lettre, à l'époque, dans le lieu et pour la
somme énoncés, de telle manière que le tireur et
tous ceux qui sont tenus des mêmes obligations
que lui, ne restent plus que garans solidaires
du paiement. Cette acceptation résulte d'un

mandat donné par le tireur, dont le porteur est le représentant ; c'est pourquoi nous avons vu qu'elle ne peut pas contenir de modification. Mais aussi, le porteur étant le représentant du tireur pour demander cette acceptation, il n'est pas douteux que celles qu'il consentiroit seroient valables, sauf sa responsabilité envers son commettant, s'il ne demandoit l'acceptation que comme simple fondé de pouvoir, ou sauf la perte de sa garantie, si la lettre était pour son propre compte.

377. Le contrat qui se forme ainsi, sauf quelques modifications que peuvent apporter les conventions respectives des parties, est un contrat unilatéral. Celui sur qui la lettre est tirée s'oblige seul, et, à proprement parler, l'acceptation ne produit point de réciprocité entre lui et le porteur. Elle est irrévocable, et celui qui l'a donnée ne serait pas libre de la rayer, même du consentement de celui sur la présentation duquel la lettre auroit été acceptée, parce que l'acceptation n'oblige pas simplement l'accepteur envers le porteur ; qu'elle forme également un contrat entre le tireur et l'accepteur ; que les endosseurs qui l'ont négociée, comme il arrive souvent avant l'acceptation, sont fondés à réclamer les effets et l'exécution de celle qui auroit été inscrite ; et qu'enfin cette faculté deviendroit un moyen de fraude et de

collusion entre le porteur, qui pourroit, en la biffant, priver du droit d'agir contre l'accepteur les endosseurs poursuivis en garantie.

Cependant comme la bonne foi doit être avant tout considérée, et que la seule crainte de la fraude ne doit pas empêcher des opérations légitimes, le tiré qui auroit trop précipitamment accepté et voudroit révoquer son acceptation avant que la lettre qui en est revêtue circule, pourroit la ráyer et assurer la date et l'existence de ce changement par un protêt, ou par tout autre acte semblable, qui ne permettroit pas de croire que jamais la lettre ait circulé revêtue de l'acceptation non rayée.

378. L'accepteur n'est point restituable contre son engagement, quand même il seroit prouvé que le tireur auroit failli à son insçu avant qu'il eût accepté ; il doit s'imputer de ne s'être pas assez instruit de l'état des choses. Nous avons vu n. 144, que l'erreur n'est point une cause de nullité des obligations, lorsqu'il y a simplement erreur de motifs.

Il ne pourroit y avoir d'exception que celle du dol et de la fraude, si le porteur de la lettre les avoit employés pour obtenir l'acceptation ; mais de simples présomptions, quelques réticences sur l'état de fortune ou de crédit du tireur ne suffiroient pas. Il faudroit qu'il fût évi- N. 1116. dent que, sans les manœuvres employées par

Tome I. 26

celui qui a présenté la lettre, l'acceptation n'auroit pas été donnée.

L'appréciation de ces circonstances ne sauroit être soumises à des règles certaines.

§. II.

Effets de l'Acceptation entre l'Accepteur et le Preneur.

379. L'acceptation établit entre le tireur et l'accepteur des droits respectifs. Celui qui tire une lettre de change sur une personne lui donne un mandat que celle-ci s'engage à exécuter. Leurs obligations sont donc précisément celles qui dérivent du contrat de mandat; l'accepteur s'oblige à payer, de même qu'un mandataire à faire la chose qui est l'objet du mandat dont il se charge, et par conséquent, le tireur, en qualité de mandant, est obligé de le garantir de tous les effets de son acceptation. Si donc l'accepteur se trouve son débiteur, il ne peut plus exiger de lui le paiement avant l'échéance de la lettre, qu'en lui laissant pour provision une somme suffisante pour la payer, non-seulement parce que cette somme est le gage de l'obligation à laquelle l'accepteur s'est soumis pour lui et sur sa demande, mais encore parce qu'il est à présumer que le tireur n'a pas entendu se réserver la faculté d'exiger tout ce qui lui étoit dû, sans laisser de quoi acquitter la lettre.

Il en seroit de même si, au lieu de sommes

d'argent, le tireur avoit entre les mains de
l'accepteur des marchandises ou des effets dont
il paroîtroit par la correspondance ou toute autre
preuve, que les parties ont entendu appliquer
le prix ou le montant recouvré à l'acquittement
de la lettre.

Dans le cas même de la faillite du tireur, ses
créanciers n'ayant pas plus de droits que leur
débiteur, ne pourroient exiger que sous les
mêmes charges le rapport à la masse des marchandises ou valeurs que l'accepteur a entre les
mains.

Au surplus, comme les principes généraux
du droit peuvent toujours être modifiés par les
conventions des parties, si la lettre indiquoit
des dispositions particulières sur le mode de
de remplir l'accepteur, il seroit censé s'y soumettre en acceptant, à moins qu'il ne fît une
protestation qu'il n'entend pas y adhérer.

38o. Mais l'accepteur ne pourroit prétendre
ni droits ni privilèges sur des meubles et autres
effets non destinés à la vente dont le tireur
l'auroit rendu dépositaire. Il y a plus, celui
qui auroit accepté, sans provision ou sans gage,
une lettre de change que le tireur auroit négociée
avant d'en avoir touché le prix, ne pourroit prétendre de privilège, ni sur ce prix, ni même sur
le billet ou reconnoissance du preneur qui se
trouveroit dans l'actif du tireur tombé en faillite.

26 *

En acceptant sans exiger qu'on lui fasse les fonds ou qu'on lui donne toute autre sûreté, il a suivi la foi du tireur ; d'un autre côté, celui-ci, en négociant la lettre sans en toucher le prix, est devenu créancier du preneur : cette créance n'est point une somme destinée à couvrir l'accepteur, ni à lui servir de provision ; c'est une négociation qui lui est étrangère : il doit à sa lettre, et celui à qui elle a été cédée en doit le prix à la faillite du tireur de qui il l'a achetée. Nous donnerons à cela de nouveaux développemens dans le chapitre suivant, en traitant de la provision.

SECTION V.

Des Suites du Refus d'Acceptation.

381. Lorsque le tiré refuse d'accepter ou qu'il n'accepte que pour partie, le porteur peut constater ces faits par un acte extra-judiciaire qu'on nomme protêt faute d'acceptation. Nous disons, *peut constater*, parce qu'en effet, le plus souvent le porteur n'étant obligé ni par la convention de change, ni par la loi, ni par ses rapports avec le propriétaire de la lettre à requérir l'acceptation, n'est tenu de protester qu'autant qu'il le croit de son intérêt. Mais dans les cas où, suivant ce que nous avons dit plus haut, il est tenu de requérir l'acceptation, il doit aussi en constater le refus.

Le délai dans lequel ce protêt doit être fait, n'est déterminé que dans le seul cas où la loi impose expressément l'obligation de requérir C. 16o. l'acceptation des lettres à vue. Dans les autres il n'y en a point de fixé, et c'est d'après les circonstances que les tribunaux peuvent se décider soit pour prononcer des fins de non-recevoir, soit pour condamner à des dommages-intérêts celui qui auroit négligé de constater le refus de l'acceptation qu'il étoit obligé de requérir.

Nous ferons connoître la forme de cet acte en parlant de la manière dont on constate le refus de paiement par un acte qui porte le nom de *protêt faute de paiement*.

382. Le porteur peut ensuite recourir contre le tireur et les endosseurs qui sont solidairement garans du refus d'acceptation, et leur demander C. 12o. le remboursement du montant de la lettre, des frais de protêt et du rechange, suivant les règles que nous ferons connoître dans le chapitre huitième; il peut, à cet effet, poursuivre collectivement les divers obligés, ou s'adresser indistinctement à celui qu'il lui plaît de choisir, et la personne ainsi poursuivie doit donner caution ou payer. Lorsqu'elle a satisfait à cette réquisition en remboursant, elle n'a pas droit de déduire sur la somme qu'elle paye un escompte pour ce remboursement anticipé, cette retenue

n'étant jamais, comme nous l'avons vu n. 188, fondée que sur la convention des parties.

Lorsque cette personne donne une caution que le porteur accepte ou que le tribunal déclare valable, le porteur n'est pas fondé à demander aux autres signataires un semblable cautionne- ment; parce que l'obligation étant alternative de payer ou de donner caution, le débiteur étoit libre de choisir le mode d'exécution qui lui convenoit, et qu'ayant fourni la caution, il a acquitté la dette et par conséquent éteint l'obli- gation.

N. { 1189. 1190. 1196. }

Si le porteur s'est adressé à un endosseur, celui-ci a droit d'agir contre ceux qui le précèdent et contre le tireur, car ils sont tenus respecti- vement les uns envers les autres, et à cet égard, l'exercice de leurs actions suit les règles sur la garantie et la solidarité que nous avons données dans les titres précédens.

C. 120.

La caution étant ainsi fournie, le porteur ne peut plus exiger le paiement avant l'échéance. La loi a seulement eu la précaution de déclarer que le cautionnement étoit solidaire ; mais cette solidarité ne s'étend pas au delà de l'obligation que la caution a pu et doit être présumée avoir voulu contracter ; en conséquence, elle n'oblige que conjointement avec celui qui est cautionné.

C. 120, 2.e al.

Section VI.

Acceptation par Intervention.

383. Lorsqu'une lettre de change a été pro- C. 126.
testée, un tiers peut l'accepter par intervention.

Si quelqu'un promettoit de payer une lettre
de change non acceptée avant que le refus du
tiré fût constaté, cet engagement, dans quelques
termes qu'il fût conçu, ne pourroit pas être
considéré comme une acceptation par intervention. Ce seroit une sorte *d'aval* dont nous
parlerons plus bas.

Nous avons parlé du droit qu'avoit le tiré
de déclarer en acceptant qu'il faisoit toutes
réserves, et d'annoncer qu'il ne croit pas
devoir la somme tirée, ainsi que la lettre le
suppose, qu'il se réserve de se rembourser sur
le tireur par une voie quelconque, et qu'en
conséquence, il accepte pour l'obliger. Il ne
nous semble pas qu'une telle déclaration puisse
être considérée comme une acceptation par
intervention, qu'elle soit assujettie aux mêmes
formes, qu'elle produise les mêmes effets.
Une acceptation de cette espèce n'est point
une simple gestion d'affaires, c'est l'exécution
du mandat donné par le tireur, et par conséquent, il n'est pas nécessaire qu'un protêt
préalable en constate la nécessité. Aussi le Code
ne permet-il qu'à des *tiers* d'accepter par inter-

vention, et par ce mot on doit entendre quiconque n'a pas reçu le mandat direct d'accepter. Il en est de même de l'acceptation que donneroit une personne avec qui le tireur auroit pris des arrangemens pour qu'elle accepte au lieu et place du tiré qui, depuis la délivrance de la lettre, seroit mort ou tombé en faillite.

384. L'acceptation par intervention peut être faite pour le tireur. Elle peut l'être pour l'un des endosseurs; puisqu'ils sont également garans de l'acceptation, il leur importe beaucoup que leur obligation soit exécutée. Dans ce dernier cas, elle peut être donnée non-seulement par un autre que le tiré, comme nous l'avons dit au numéro précédent, mais encore par celui-ci, qui, n'étant point chargé par les endosseurs du mandat d'accepter, est, sous ce rapport, un tiers à leur égard.

C. 126, 2.ᵉ al.   385. L'acceptation par intervention doit être signée par l'intervenant. A cet égard, il y a même motif que pour l'acceptation ordinaire. La déclaration que l'officier instrumentaire feroit dans son protêt, qu'un *tel* est intervenu et a déclaré accepter, ne seroit d'aucune considération. On ne s'est pas plus occupé dans ce cas que dans ceux d'endossement, de prévoir la possibilité qu'un commerçant ne sût pas signer, parce qu'il est rare, et que celui qui se trouve dans cette impossibilité, peut y remédier en donnant un pouvoir général à un commis de signer toutes acceptations, de quelqu'espèce qu'elles soient.

386. L'intervenant est tenu de notifier sans délai son acceptation à celui pour qui il est in- C. 127. tervenu. C'est la conséquence du principe que tout gérant doit agir pour le plus grand avantage de celui pour qui il gère. Le tireur, ignorant que sa lettre n'a pas été acceptée par le tiré, pourroit lui envoyer la provision nécessaire ; l'avertissement de l'accepteur par intervention, peut seul lui faire connoître le véritable état des choses. Il est donc juste que, si le tireur éprouve quelque dommage par le défaut de cet avertissement, l'accepteur le supporte.

On sent bien qu'un tel avertissement n'est imposé qu'à celui qui n'a point été chargé par le tireur d'accepter la lettre. Car, lorsque le tiré l'accepte, de quelques réserves contre le tireur que soit accompagnée son acceptation, elle est l'exécution du mandat qui lui a été donné, il n'est pas dès-lors nécessaire qu'il donne un avertissement qui, dans l'esprit de la loi, n'est exigé que de celui qui, sans mission expresse, s'immisce dans la gestion des affaires d'autrui.

Plusieurs personnes peuvent se présenter pour

accepter une lettre par intervention. Il est évident que celle dont l'acceptation éteint le plus
d'engagemens doit être préférée.

387. Les effets de l'acceptation faite par un
tiers intervenant, ne sont pas à beaucoup près
semblables à ceux que produit l'acceptation de
celui sur qui la lettre est tirée : c'est une conséquence naturelle des principes généraux sur les
obligations. Celui qui donne la lettre indiquant
sur qui elle est tirée, s'oblige nécessairement
à la faire accepter par ce dernier ; c'est sur
cette acceptation qu'a dû compter celui avec
qui il contracte, et nous avons vu que tout
changement auquel il ne consentiroit pas, ne doit
pas avoir lieu. Or la substitution de l'accepteur
intervenant, à celui qui avoit été désigné, est
un changement dont il a droit de ne pas se
contenter ; ainsi, nonobstant l'acceptation par
intervention, le porteur de la lettre de change

C. 128. conserve contre le tireur et les endosseurs, à
raison du défaut d'acceptation par celui sur qui
la lettre étoit tirée, les droits que nous venons
de faire connoître. Ce qu'il importe de remarquer, c'est que ce droit n'appartient au porteur
qu'autant que la lettre est acceptée par un autre
que par le tiré ; si elle est acceptée par celui-ci,
avec quelque réserve que ce soit contre le tireur,
quand même l'accepteur emploieroit les mots

d'*intervention*, il n'y auroit pas lieu à donner
cette caution, puisque le porteur auroit obtenu
tout ce à quoi il avoit droit.

Il nous semble toutefois que cette liberté
d'exiger une caution en cas d'intervention d'un
tiers doit être renfermée dans des bornes rai-
sonnables, et que celui qui seroit assigné pour
rembourser ou donner caution, pourroit éviter
l'effet de cette demande, en justifiant que la
personne qui a accepté pour lui ou pour un
signataire qui lui doit garantie, a la solvabilité N. 2019,
suffisante pour être réputée caution commerciale.

CHAPITRE V.

De la Provision.

388. On appelle provision de lettre de change
la somme ou les valeurs appartenant au tireur de
cette lettre ou à celui pour compte de qui elle
est tirée, destinées à servir au paiement.

On voit par cette définition que l'existence
de la provision intéresse celui sur qui la
lettre est tirée, et celui à qui la lettre appartient; nous allons la considérer sous ce double
rapport.

Tout ce qui sera dit dans les deux sections
suivantes, ne concerne que les lettres que le

C. I-II. tireur tire pour son propre compte. Nous
avons vu qu'on pouvoit en tirer pour le compte
d'un autre; lorsque celui de l'ordre duquel la
lettre a été tirée ne désavoue pas le tireur,
ou, lors même qu'il le désavoueroit, lorsque le
mandat par lui donné est suffisamment justifié, il est évident qu'il est tenu aux mêmes
obligations que s'il avoit tiré lui-même. Mais
nous examinerons dans le titre de la commission
quels sont, les obligations du commissionnaire
qui tire de l'ordre et pour le compte d'autrui.

Section première.

De la Provision dans l'intérét de celui sur qui la Lettre est tirée.

389. Le tireur d'une lettre de change étant,
à l'égard du tiré, un commettant qu'il charge
d'exécuter son mandat, est tenu de le garantir
de toutes les obligations que celui-ci contracte,
et de le rembourser de ses avances.

S'ensuit-il que celui qui a accepté une lettre
de change, sans avoir fait préalablement la condition au tireur qu'il autorisoit à tirer sur lui,
de faire provision avant l'échéance, ou sans
réserve de l'exiger, pourroit contraindre le
tireur à lui remettre entre les mains les fonds
nécessaires ? Cette question doit se présenter
rarement, parce que les parties ne tirent ou

n'acceptent que lorsqu'elles sont d'accord sur les suites de ces actes.

Cependant, puisqu'elle peut s'élever et que les tribunaux auroient à la décider, il nous semble, qu'à moins de circonstances particulières, l'accepteur ne peut exiger que la provision lui soit faite. Il étoit maître de ne point se charger du mandat; dès qu'il l'a fait, il doit l'exécuter, et ce n'est qu'après cette exécution qu'il peut, suivant les principes que nous avons donnés n. 364, réclamer ses avances, l'intérêt et son salaire.

N. $\begin{cases} 1999. \\ 2081. \end{cases}$

390. Nous avons dit, n. 270, qu'il ne falloit pas appliquer ces principes dans toute leur étendue, lorsqu'au moment où il tire sa lettre, le tireur a des valeurs entre les mains du tiré, et l'on a vu dans quelles circonstances elles pouvoient ou devoient être considérées comme servant de provision. C'est ici le lieu d'examiner quel est le sort de ces valeurs dans l'intervalle entre l'époque à laquelle la lettre est tirée et celle de l'échéance.

Lorsque la provision résulte des sommes que celui sur qui la lettre est tirée devoit au tireur, quels que soient les événemens qui puissent causer la perte de ces valeurs, ce dernier en est responsable, parce qu'il n'est point un simple dépositaire, mais un débiteur que la perte de sa fortune ne libère pas de ses dettes.

Si la valeur a été mise entre ses mains, spécialement pour acquitter la lettre tirée, la nature de ces valeurs donne lieu à des résultats différens.

Si c'est une somme d'argent, elle périt pour son compte, lorsque, par stipulation ou par la nature de la négociation, il en paie l'intérêt, ou même qu'il en fait usage à son profit. Elle n'est plus alors un dépôt proprement dit; c'est ou un prêt qui lui transfère la propriété de cette somme, à la charge d'en rendre une égale au temps convenu, ou un dépôt à usage dont nous parlerons dans le titre sixième, qui met l'objet déposé aux charges et risques du dépositaire, sans le dispenser toutefois de le rendre en mêmes espèces qu'il l'a reçu.

S'il s'agit de marchandises confiées à vendre ou de créances à recouvrer, il ne répond que des pertes causées par sa faute ou sa négligence, comme tout commissionnaire ou mandataire, suivant les principes ordinaires.

Dans tous les cas, au surplus, le tireur conserve les droits de propriété sur la provision; il peut la retirer et en disposer à son gré. Mais cette faculté doit être sainement entendue. Tant que la lettre n'est pas acceptée, il a sans doute ce droit, parce que, d'un côté, le tiré est sans intérêt à s'y refuser, puisqu'il n'a pas pris l'engagement de payer, et que, de l'autre, le porteur de la lettre exercera ses droits particuliers,

C. 171.

si le tiré, qui se trouvera n'avoir plus provision,
n'accepte pas. Mais lorsque le tiré a accepté, il
en est autrement, et il ne peut réclamer ces
valeurs qu'en cas de faillite du tiré ; comme
nous le verrons dans la sixième partie.

Section II.

De la Provision dans l'intérêt du Porteur.

391. Si la convention de change étoit purement une vente d'une créance, qui seroit faite
par le tireur au preneur, le montant de la lettre
devroit se trouver, à l'instant même de la convention, entre les mains du tiré. Mais puisque le
tireur s'engage seulement à faire payer, par l'entremise du tiré, une certaine somme, dans *tel* lieu
et à *telle* époque, la conséquence qui en résulte
est, qu'il suffit qu'à l'échéance, ce mandataire   C. 116.
ait les fonds suffisans pour exécuter son mandat.
C'est en cela que consiste l'obligation de faire la
provision.

Il ne faut pas toutefois en conclure que le preneur n'ait aucun droit de s'assurer si cette provision a été faite. Ce que nous avons dit dans le
chapitre précédent prouve, au contraire, qu'il
peut, quand il le juge convenable, aller demander au tiré si ou non il veut accepter ; mais si cette
acceptation est donnée, elle suppose la provi-   C. 117, 1.er al.
sion, de manière que, jusqu'à l'échéance, le
porteur doit s'en tenir à cette présomption, et

n'a pas le droit d'exiger la preuve qu'elle existe
réellement sauf les cas de faillite.

392. Lorsqu'une fois l'échéance de la lettre est
arrivée, le fait que le tireur l'avoit reçue devient
d'une plus grande importance, parce qu'il influe
extrêmement sur la garantie qui peut être exercée contre le tireur. Il ne peut opposer au porteur qui n'a pas fait les diligences requises, la
déchéance prononcée par la loi, s'il ne lui
C. {117, 3.ᵉ ᵃˡ. prouve, en cas de simple dénégation, que la
    {170. provision existoit.

Nous avons vu, n. 365, qu'une créance, même
commerciale sur une personne, ne donnoit pas
droit de tirer une lettre de change, si elle n'y
avoit pas consenti. Nous avons ajouté, au contraire, que celui qui avoit autorisé à tirer sur
lui, quoiqu'il n'eût pas provision, devoit accepter, ou s'exposoit à supporter des dommages-
intérêts à cause de ce refus.

Ce ne sont point les mêmes règles qui peuvent servir à décider, en cas de dénégation du
porteur, si le tireur est censé avoir fait provision. Quelque promesse que le tiré eût faite d'accepter, eût-il même donné son acceptation qui
le rend véritable et direct débiteur de la lettre,
il n'en résulteroit pas, en faveur du tireur contre
le porteur, une preuve qu'il y eût provision. Si
l'acceptation la suppose, c'est dans le sens seulement que nous avons déjà indiqué n. 391, et

encore dans celui que l'accepteur n'est plus fondé à refuser de payer, sous prétexte qu'il n'a pas reçu les fonds que le tireur lui avoit promis. Mais toute supposition doit cesser lorsqu'il en résulteroit une injustice; le tireur qui n'auroit rien donné pour acquitter la lettre qui est sa dette, commettroit un vol, puisqu'il auroit reçu le prix d'une chose qui n'auroit pas existé, et qu'il ne fourniroit jamais; il est donc juste qu'il soit tenu de prouver cette existence réelle.

Il suffit, pour que cette provision existe, que celui sur qui la lettre est tirée, se trouve devoir C. 116. au tireur, à l'époque de l'échéance, une somme au moins égale au montant de la lettre : ce qui peut se réduire à trois cas principaux; 1.° quand le tireur confie à celui qu'il charge de payer, des lettres de change ou autres titres de créance, exigibles, ou qui le seront à l'échéance, dont il touchera le montant pour acquitter la lettre; 2.° lorsqu'il lui confie des marchandises de quelque nature qu'elles soient, à vendre pour que le prix serve à l'acquittement de la lettre; 3.° lorsqu'il tire sur lui pour solde ou à valoir sur ce dont il peut être son créancier.

393. On voit qu'il n'est pas indispensable que cette provision consiste dans une créance *liquide*, ou provienne d'opérations commerciales.

Le tireur qui établit qu'il lui étoit dû à quelque titre que ce soit, par le tiré, est favorable, parce que, dans tous les cas où il est obligé de prouver la provision, celui qui dénie qu'elle existe a quelque défaut de diligences à se reprocher. S'il n'est pas juste que ce défaut de diligences seul lui fasse tort, il ne l'est pas aussi que le tireur en soit victime, ce tireur n'ayant pu, depuis la délivrance de la lettre, agir directement contre le tiré, son débiteur, puisque précisément il consacroit sa créance à acquitter cette lettre. Mais il est constant que le porteur peut combattre les prétentions du tireur par toutes les exceptions qu'auroit pu faire valoir le tiré.

Nous avons vu , n. 369 , qu'une lettre de change tirée sur une personne demeurant dans un lieu, pouvoit être indiquée payable dans un autre lieu que le domicile de l'accepteur. Lorsqu'il s'agit de prouver l'existence de la provision, le tireur n'est pas obligé de justifier qu'il y avoit, à l'échéance de la lettre, des fonds pour son acquittement dans le lieu que l'accepteur a indiqué pour le paiement. Ce lieu étant indiqué par l'accepteur sans la participation du tireur, exiger de celui-ci l'assurance que l'accepteur y a fait trouver les fonds, seroit lui demander l'impossible. Ce seroit en outre lui demander autre chose que ce qu'il a promis, car il s'est engagé, dans ce cas, non à faire trouver les fonds au lieu du paiement, mais à mettre l'accepteur à même de les y faire trouver : en prouvant qu'il

C. 123.

a fourni à cet accepteur, tout ce qui étoit nécessaire à cet objet, il a rempli son obligation, et
tout ce qu'on exigeroit de lui au-delà, seroit contraire aux termes, comme à la nature de son engagement.

CHAPITRE VI.

De l'Aval.

394. On a vu dans les chapitres précédens que
le paiement d'une lettre de change est garanti
par l'acceptation et par l'endossement. Les effets
de ces engagemens sont connus maintenant. Il
nous reste à parler d'une espèce de cautionnement particuliers aux effets de commerce,
auquel on donne le nom d'*aval.*

L'*aval* ne doit pas être confondu avec le cautionnement ordinaire. Le cautionnement n'entraîne point, par sa nature et de plein droit,
solidarité de la dette : il n'oblige à payer qu'à
défaut du débiteur, à moins d'une renonciation
expresse au bénéfice de division et de discussion;
enfin il peut n'être donné que pour une partie
de la dette.

L'aval, au contraire, emporte par lui-même
une solidarité réelle, qui rejette tout bénéfice
accordé aux cautions, et assujettit celui qui l'a
souscrit à toutes les charges de l'obligation, de

27*

même que s'il l'avoit directement et personnelle-
C. 142. ment contractée, à moins que les parties n'aient
fait une stipulation contraire.

Dans le premier cas, il n'y a de solidarité que
si elle est stipulée ou si la loi la prononce formellement; dans le second cas, elle a lieu de
plein droit, à moins qu'elle ne soit exclue.

395. L'aval peut être donné sur la lettre même
C. 142. dont il a pour objet d'assurer le paiement. Il
arrive plus souvent que, pour ne point inspirer
de défiance sur la solvabilité du tireur, de l'accepteur ou de l'endosseur d'une lettre de change,
au lieu de faire donner l'aval sur l'original, on
se contente d'un écrit séparé.

396. Assez ordinairement, la signature de
celui qui donne son *aval* sur la lettre de change
elle-même, est précédé de ces mots, *pour aval*.
Mais aucune forme spéciale n'étant déterminée ;
il y a lieu de croire que l'usage de le donner par
une simple signature, n'est point abrogé.

Dans ce dernier cas, il faut prendre garde à
ne pas confondre l'*aval* avec la signature en
blanc qui se met aussi au dos d'une lettre de
change, et qui constitue un endossement imparfait.

Il arrive assez souvent que celui contre qui
on excipe que cette signature en *blanc* équivaut
seulement à une procuration et ne produit pas

la garantie qui résulte de l'endossement régulier, la présente comme un *aval* et veut lui en attribuer les effets. C'est à lui à prouver ce qu'il avance, puisque cette signature isolée prête à l'une ou l'autre interprétation, et c'est aux tribunaux qu'il appartient d'apprécier les circonstances.

L'incertitude peut être levée avec une médiocre attention. Si la signature, qu'on veut considérer comme un *aval* a été apposée sur la lettre de change, avant qu'elle fût endossée, ou se trouve au bas de la lettre, à la suite de la signature du tireur ou de l'accepteur, elle ne peut signifier autre chose qu'un *aval*. Lorsqu'elle est à la suite de la signature de quelqu'un des endosseurs, il faut voir si cette signature est celle de la personne à qui l'endossement transmettoit la lettre, ou d'une autre personne. Au premier cas, cette signature est un endossement imparfait; on ne peut la réputer *aval*, puisque cette personne ne peut se cautionner à elle-même la cession qui lui a été faite, l'*aval* devant être donné par un *tiers*; au second cas, cette signature sera un *aval*, puisqu'elle ne pourra pas avoir été donnée dans une autre intention.

397. L'*aval*, de quelque manière qu'il soit donné, peut être modifié par la convention des parties. Il peut n'être que pour une portion de la dette, pour un certain temps, en faveur d'une C. 142.

certaine personne, sous certaines conditions, avec l'exclusion de *tel* où *tel* mode de poursuite. Toutes ces restrictions doivent être exécutées; elles peuvent être conçues dans la forme qui plaît aux parties; mais la preuve testimoniale n'en seroit pas admise.

C. 142, 2.ᵉ *al.* Il suffit de remarquer que, lorsque l'*aval* est pur et simple, celui qui l'a donné est soumis aux mêmes obligations que les endosseurs, et que celui qui veut en invoquer les effets, doit faire toutes les diligences prescrites au porteur pour conserver et exercer ses droits contre les endosseurs.

CHAPITRE VII.

De l'Extinction des Obligations que produit une Lettre de Change.

398. Les obligations qui naissent d'une lettre de change, s'éteignent de la même manière que toutes autres obligations. En traitant, dans les chapitres VI et suivans du titre I.ᵉʳ de cette partie, de ces divers modes d'extinction, nous avons eu soin d'expliquer les règles particulières aux effets de commerce, ce qui nous dispense de nouveaux développemens relativement aux lettres de change. Mais les principes du droit

commercial sur le paiement effectif, que nous
avons fait connoître ; sont eux-mêmes modifiés
par la nature des lettres de change, et par des
dispositions législatives qui leur sont exclusivement applicables. C'est à faire connoître ces
modifications que nous consacrerons ce chapitre
que nous diviserons en deux sections. Nous
expliquerons dans la première, ce qui forme un
droit particulier et d'exception sur le paiement
effectif des lettres de change; dans la deuxième,
nous indiquerons les effets de ce paiement.

SECTION PREMIÈRE.

Du Paiement effectif d'une lettre de change.

399. Nous avons dit, n. 199, que le créancier
d'un effet négociable ne pouvoit être contraint ni
à recevoir son paiement avant l'échéance, ni à
donner du terme. Ces principes doivent s'exécuter avec d'autant plus de sévérité lorsqu'il
s'agit du paiement d'une lettre de change, que
celui qui a droit d'exiger le paiement n'a pas
seulement à veiller à son intérêt; s'il veut,
en cas de non satisfaction, recourir contre les
endosseurs et autres garans, il ne doit rien faire
qui change leur position et puisse leur enlever
la plus petite ressource pour l'exercice de leurs
droits.

Ainsi, le paiement d'une lettre de change

C. { 135.
{ 146.

N. 2037.]

C. { 135. 146. 160. } doit nécessairement être exigé et fait le jour qu'elle est échue, et le jour de cette échéance est déterminé suivant les règles que nous avons données dans le chapitre second.

Mais nous avons dit que des lettres pouvoient être payables à vue ou à certain terme après la vue ; ces sortes d'engagemens n'ayant qu'une échéance subordonnée à la volonté du porteur, il étoit bon d'éviter que sa négligence ou sa collusion ne prolongeassent la garantie du tireur et des endosseurs, ne rendît leur position incertaine, et ne nuisît à la sûreté et à la rapidité des opérations commerciales.

C. 160. Le porteur est donc obligé d'en exiger l'acceptation, ou le paiement dans les six mois de la date, si la lettre de change est tirée du continent et des îles d'Europe, et payable dans les possessions européennes de la France, sous peine de perdre son recours sur les endosseurs, et même sur le tireur, si celui-ci a fait provision. Le délai est de huit mois pour la lettre tirée des échelles du Levant et des côtes septentrionales de l'Afrique, sur les possessions européennes de la France ; et réciproquement du continent et des îles de l'Europe sur les établissemens français aux échelles du Levant et aux côtes septentrionales de l'Afrique, jusques et compris le cap de Bonne-Espérance et du continent ou des îles des Indes occidentales sur les possessions européennes de la France, et réciproquement du

continent et des îles de l'Europe sur les possessions françaises ou établissemens français aux
côtes occidentales de l'Afrique, au continent, et
aux îles des Indes occidentales : de deux ans
pour les lettres de change tirées du continent et
des îles des Indes orientales sur les possessions
de la France; et réciproquement du continent et
des îles de l'Europe sur les possessions françaises
ou établissemens français au continent et aux
îles des Indes orientales. Les délais de huit
mois, d'un an et de deux ans sont doublés en
temps de guerre maritime.

400. Les règles qui servent à déterminer quel
est le débiteur d'une lettre de change, et par
conséquent à qui le créancier est tenu de s'a-
dresser pour en demander le paiement, ou
contre qui il peut diriger ses poursuites en
cas de refus, dépendent de plusieurs circonstances.

La lettre de change peut avoir été acceptée,
soit que l'accepteur eût ou n'eût pas provision;
elle peut n'avoir pas été acceptée, et celui sur
qui elle est tirée, avoir ou n'avoir pas provision.

Dans tous ces cas, le porteur ne peut s'adresser à d'autres qu'à la personne sur qui cette lettre
est tirée; car s'il est vrai qu'en définitif tous les
signataires d'une lettre de change soient solidairement obligés envers le porteur, nous avons
vu, n. 191, que cette obligation ne résulte pas

d'une solidarité ordinaire, mais d'une véritable garantie, contre l'exercice de laquelle aucun d'eux sans doute ne peut invoquer le bénéfice
C. 140. de division ou de discussion, mais que le porteur ne peut faire valoir qu'après avoir constaté le refus du débiteur qu'ils ont garanti.

Mais de cette obligation du porteur de s'adresser, pour le paiement, à celui sur qui la lettre a été tirée, sans distinguer si elle a été ou n'a pas été acceptée, ne résulte pas la conséquence que le tiré soit obligé d'en faire le paiement. C'est à son égard qu'il faut distinguer s'il a ou n'a pas donné son acceptation.

S'il a accepté la lettre, il a contracté les obligations qui naissent de l'acceptation, et nous les avons fait connoître. Il ne peut dès-lors ni faire valoir des moyens de restitution, ni prétendre qu'il n'a pas reçu provision, qu'il n'avoit accepté que dans cette espérance, ou enfin que celui au profit de qui la lettre étoit tirée, ou celui qui l'a présentée à l'acceptation, sont en faillite, et qu'il est leur créancier. La nature de son obligation n'étant pas, comme nous l'avons expliqué, de l'engager seulement envers ceux pour le compte ou au profit desquels il a accepté, mais envers quiconque seroit porteur de la lettre à son échéance, des exceptions qui ne seroient pas du fait de ce porteur ne pourroient lui être opposées.

401. Nous avons vu, n. 201, qu'en général le

paiement de ce qui étoit dû à une personne
pouvoit être arrêté par les oppositions de ses
créanciers, et fait pressentir de quelle manière
ce principe pouvoit s'appliquer aux effets négociables. La faveur dont jouissent les lettres
de change ne les en a point mises à l'abri; mais
on a concilié les intérêts individuels avec ceux
du commerce, en limitant le droit d'en former
à deux cas principaux. Le premier est la perte C. 149.
de la lettre; il a été juste d'assurer à celui qui
avoit perdu une lettre de change, le droit de
former opposition au paiement en attendant qu'il
pût s'en procurer une nouvelle copie, et remplir
les autres formalités dont nous parlerons dans
un des numéros suivans. A ce cas spécialement
prévu, on peut, par identité de raison et de
résultats, en ajouter un qui est la conséquence
immédiate de ce que nous avons dit sur les effets
de l'endossement irrégulier. Comme il n'est
qu'une procuration révocable, tant que le fondé
de pouvoir n'en a pas rempli l'objet, en négociant la lettre ou en recevant le paiement,
le seul moyen que puisse avoir le propriétaire
qui veut révoquer son mandat pour que son
mandataire n'en touche pas le montant, malgré
cette révocation, est de faire connoître au N. 2005.
débiteur son changement de volonté par une
opposition.

Le second cas d'opposition, est celui de la
faillite du porteur. Le failli étant dessaisi de plein
C. { 149.
{ 442.

droit de l'administration de ses biens, il n'est pas juste qu'il puisse se faire payer directement ou indirectement, par un endossement qu'il feroit à des prête-noms, le montant d'une lettre de change qui doit être touché par la masse; et comme d'un autre côté une faillite peut n'avoir pas assez de publicité pour que le débiteur doive, sans autre avertissement, refuser de payer au failli, ou à ceux à qui il auroit transmis cette lettre en fraude de ses créanciers, les parties intéressées ont la faculté de former opposition.

402. Cette limitation du droit d'arrêter le paiement d'une lettre de change par des oppositions, ne nous semble faire aucun obstacle à ce que le créancier de celui à qui seroit due une lettre échue, forme des saisies-arrêts entre les mains de celui qui doit la payer, comme il pourroit saisir toute autre somme appartenante à son débiteur. A cet égard, on doit suivre les principes généraux, parce que les motifs que nous avons développés, n. 139, ne reçoivent plus leur application lorsqu'une fois la lettre est échue.

Quant aux saisies-arrêts sur le tireur, sur celui au profit duquel la lettre de change a été tirée, ou sur l'un des endosseurs, elles ne doivent point empêcher d'en faire le paiement au porteur. Le tireur lui-même ne seroit pas admis à s'y opposer, sous prétexte que la valeur de la lettre lui seroit due, à moins qu'elle ne se trouvât encore appartenir à son débiteur.

403. La lettre de change peut n'avoir pas été acceptée; le porteur n'en est pas moins tenu de s'adresser à celui sur qui elle est tirée, pour en obtenir le paiement. Mais comme nous avons vu qu'il n'avoit point contre lui l'action directe dérivant de l'acceptation, il exerce ensuite son recours contre le tireur et les endosseurs, suivant les formes que nous indiquerons dans le chapitre suivant.

Il pourroit bien sans doute agir contre le tiré, en établissant la preuve de la provision, car, la qualité de créancier du tireur, qui est son premier et véritable garant, lui donne droit N. 1166. d'exercer les actions que celui-ci auroit contre son débiteur. Mais cette action ne résulteroit point de la lettre de change; le tiré ne pourroit être distrait de ses juges naturels, ni tenu de payer au préjudice des compensations qu'il auroit à opposer, ou avant le rapport de la mainlevée des saisies-arrêts ou oppositions que des créanciers du tireur auroient faites entre ses mains, sauf au porteur à les débattre.

404. Toute personne, quoique sans intérêt, à l'acquittement d'une lettre, peut en faire le paiement pour celui des débiteurs pour qui elle veut intervenir, même à son insçu, et de-

C. 158. venir par cela seul, subrogée à tous les droits
du créancier.

Mais une condition essentielle, est que la
lettre de change ait été protestée ; sans cela le
C. 156. paiement seroit présumé à la décharge de l'accepteur lui-même, et ne donneroit à celui qui
l'a fait, aucune subrogation contre les endosseurs
ou le tireur.

Chacun des signataires de la lettre de change
étant obligé de la payer, l'intervenant est le
maître de déclarer qu'il paye pour *tel* ou *tel*
qu'il indique. A ce moyen, la personne pour
qui le paiement a été fait, est débitrice de celui
qui a payé comme elle l'étoit du porteur. Si
cette personne a des garanties à exercer, soit
contre des endosseurs qui la précèdent, soit
contre le tireur ou le tiré, celui qui a payé
peut les faire valoir, par conséquence des principes qui donnent aux créanciers le droit d'exercer les actions de leurs débiteurs. Mais aussi,
si cette personne devoit des garanties à des
endosseurs postérieurs, celui qui a payé pour
elle n'acquiert point contre eux les actions
qu'avoit le porteur.

Cet effet du paiement par intervention doit
C. 159. par conséquent rendre plus favorable le paiement
qui opère le plus de libérations. Ainsi lorsque
plusieurs personnes se présentent pour acquitter
une lettre de change par intervention, celle qui
offre de la payer pour le premier endosseur est

préférée à celle qui offre de la payer pour le second, puisque le premier endosseur doit garantie au second et aux suivans : celle qui veut payer pour le second est préférée à celle qui veut payer pour le troisième, etc. Si une personne offroit de payer par intervention pour le tireur, elle seroit préférée, parce que le paiement fait pour le compte du tireur libère tous les endosseurs : au lieu que celui qui est fait pour l'endosseur ne libère que les endosseurs subséquens. Par le même principe, si celui sur qui la lettre étoit originairement tirée, et contre qui a été fait le protêt, faute d'acceptation, se présente pour payer la lettre, il est préféré à tous autres, parce que son paiement libère encore tous les endosseurs.

Mais si plusieurs personnes se présentoient pour payer pour le même endosseur ou pour le tireur, ces règles de préférence ne seroient plus applicables, puisque, quel que soit celui qui paye, l'un n'opérera pas plus de libérations que l'autre.

Dans ce cas l'ordre de présentation doit seul être suivi, à moins que parmi ceux qui veulent payer, il n'y en ait un qui soit spécialement chargé par l'endosseur d'intervenir pour lui ou qui soit présumé avoir ce pouvoir.

405. Nous avons donné, n. 198, des règles sur les précautions que devoit prendre, pour se

libérer valablement, celui à qui un effet négociable étoit présenté. Dans leur application aux
lettres de change elles se résument à dire, que
C. 144. le tiré qui paye avant l'échéance, court tous les
risques de la validité du paiement, que celui
C. 145. qui paye à l'échéance est présumé valablement
libéré; mais que, cette présomption n'étant pas
une preuve exclusive de toute autre contraire, la
prudence lui prescrivoit de s'assurer qu'il paye
au véritable propriétaire de la lettre, ou au
véritable représentant de ce propriétaire, et de
se faire remettre la lettre revêtue d'un *acquit*,
ainsi que son acceptation, s'il l'a donnée séparément.

406. Mais on a prévu la possibilité qu'une
lettre de change fût perdue, et par conséquent
que le porteur fût dans l'impossibilité de satisfaire aux demandes du débiteur. Dejà nous
avons vu que pour prévenir cet accident, s'étoit
introduit l'usage de délivrer les lettres que l'on
tire en plusieurs exemplaires.

Pour déterminer les précautions que doit
prendre le tiers en payant une lettre dont un
exemplaire est perdu, il faut distinguer si ou
non l'un avoit été revêtu de l'acceptation. S'il
n'y a pas eu d'acceptation donnée, il est tout-à-
C. {147. fait indifférent que ce soit sur un second ou un
{150. troisième que le paiement soit demandé. Les
diverses copies étant semblables, lorsqu'une

d'elles se trouve revêtue d'un acquit, le paiement de l'une annullant l'effet des autres, celles-ci ne peuvent plus servir à exiger le paiement.

Si la lettre avoit été acceptée, celui qui paieroit sur la représentation d'un exemplaire non revêtu de l'acceptation ne seroit pas libéré à l'égard du tiers porteur de cet acte. Il peut donc refuser de payer au porteur qui lui présente un autre *duplicata*. C. 148.

Comme il n'est pas juste que celui qui auroit perdu l'exemplaire revêtu de l'acceptation, fût hors d'état de se faire payer, on a remédié à cet inconvénient par la faculté qu'a celui qui prétend avoir perdu l'exemplaire accepté, de s'adresser au juge, qui entend les parties, prend les précautions qu'il croit convenables, et n'accorde la permission d'exiger le paiement sur un autre exemplaire qu'en donnant caution. C. 151.

407. Cependant, il peut arriver qu'à l'époque de la confection de la lettre de change, le preneur n'ait pas eu la précaution de se faire donner plusieurs exemplaires. On a reconnu la nécessité d'indiquer, dans ces circonstances, des mesures capables d'assurer les droits du créancier, sans compromettre les intérêts de celui sur qui la lettre étoit tirée. Le porteur est autorisé à s'adresser au tireur, s'il tient la lettre de lui immédiatement, sans l'intermédiaire d'aucun endosseur, parce que, dans ce cas, ce tireur C. { 154. 155.

est endosseur immédiat à son égard, et à lui
demander un nouvel exemplaire de la lettre.
Lorsqu'il ne tient pas immédiatement du tireur
la lettre de change, et qu'elle a été revêtue
de plusieurs endossemens, il doit s'adresser
au dernier endosseur qui lui a passé l'ordre, et
celui-ci est tenu, sur cette réquisition, de lui
prêter son nom et ses soins pour agir envers son
propre endosseur, et ainsi en remontant jusqu'au
tireur de la lettre. Tous les frais, sans distinction,
sont, dans ce cas, supportés par celui qui
réclame un nouvel exemplaire; mais il est évident que l'endosseur qui refuseroit de remplir
les obligations que nous venons d'indiquer, seroit passible de tous les frais et même des faux
frais qui pourroient être faits par toutes les parties depuis son refus. L'usage détermine de
quelle manière doivent être constatées les demandes qu'il faut faire à ces divers endosseurs.
La nature des choses ne permet pas qu'elle soit
faite autrement que par écrit; seulement il est
clair que de simples lettres missives seroient
suffisantes. Du reste, les circonstances, la
bonne foi, les explications, et même le serment des parties, serviroient aux tribunaux
pour se décider, dans les cas où le demandeur
trop confiant, se seroit dispensé d'une réquisition par acte ministériel.

Une fois que le porteur a obtenu un nouvel
exemplaire, il doit suivre, à l'égard de celui sur

qui la lettre est tirée, la marche que nous avons C. 151.
indiquée plus haut, selon que l'exemplaire perdu
étoit ou non revêtu de l'acceptation. L'obtention
d'une nouvelle copie le met dans la même position que le porteur qui poursuit le paiement
sur une seconde ou subséquente lettre de
change, originairement délivrée en plusieurs
exemplaires.

408. Enfin, par quelque cause que ce soit,
le porteur peut n'avoir aucun moyen de se procurer un nouvel exemplaire de la lettre. Il est
encore admis à demander le paiement, et peut C. 152.
l'obtenir par l'ordonnance du juge, en justifiant
de la propriété par ses livres, et en donnant
caution.

Ici la loi suppose que le demandeur a inscrit
sur des livres bien tenus la lettre de change aussitôt qu'elle lui est parvenue, avec les endossemens dont elle étoit revêtue, conformément
aux obligations que nous avons fait connoître
n. 87; mais s'il n'est pas commerçant et qu'il
ait conservé des renseignemens bien exacts, à
l'aide desquels il puisse établir l'existence de la
lettre, et le fait qu'elle doit être acquittée par
celui à qui il s'adresse, il semble que, par
identité de motifs dont l'application dépend
d'ailleurs de la prudence du tribunal, il doit
obtenir la même faveur. Le commerçant qui n'a
pas tenu ses livres en règle, le non-commerçant

28 *

qui n'a pas pris les précautions que nous venons
d'indiquer, en supportent la peine.

C. 155.   L'engagement de la caution donnée dans ces
divers cas, est éteint après trois ans, si pendant
ce temps il n'y a eu ni demandes ni poursuites
juridiques.

L'objet de cette caution n'est pas de répondre
envers celui qui paie, des événemens d'une nouvelle demande; car la présomption de libération
C. 145.   dont nous avons parlé n. 405, devient, en sa faveur, une preuve complète, puisqu'il a payé
par ordre du juge. Cette caution n'est que pour
garantir le montant de la lettre à celui qui viendra le réclamer, en prouvant qu'il en étoit légitime propriétaire, et que celui qui s'est fait
payer par autorité de justice a trompé les magistrats. Voilà sans doute le motif qui a fait
restreindre cette prescription à trois ans, quoi-
C. 189.   que les actions résultant de la lettre de change
durent cinq ans.

Section II.

Effets du Paiement d'une Lettre de Change.

409. Le paiement fait par celui sur qui la lettre
est tirée, libère le tireur et tous les endosseurs envers le propriétaire; mais si celui qui paye ainsi
n'avoit pas provision, ce paiement ouvre à son
profit un droit certain contre le tireur, puisqu'en
payant, il a exécuté un mandat qui lui étoit

donné. Il n'y a pas de différence du cas où il auroit accepté, à celui où il ne l'auroit pas fait, l'acceptation ne faisant que supposer la provi- C. 117. sion à son égard, et n'en établissant la preuve qu'en faveur des endosseurs. Mais il ne conserve point de droits contre les autres signataires de la lettre dont le tireur étoit garant, à moins qu'au lieu de payer, en cette simple qualité de tiré, il ne refuse de remplir le mandat qui lui est donné, ne laisse constater son refus, et ne C. 158. paye par intervention. Alors, ce n'est plus comme mandataire du tireur qu'il agit; par un moyen que la loi a établi particulièrement dans ce cas et pour l'intérêt du commerce, il fait l'affaire de celui des signataires pour qui il déclare vouloir payer, et acquiert, tant contre lui que contre ceux qui lui doivent garantie, tous les droits du porteur.

Lorsque le paiement est fait par un des signataires qui a lui-même droit à une garantie contre un ou plusieurs autres, celui qui paie devient créancier de ces derniers par une subrogation légale dont nous avons expliqué les effets n. 214; la dette subsiste contre ces personnes, et n'est éteinte qu'au profit des signataires que celui qui a payé étoit tenu de garantir.

410. Il arrive souvent que lorsqu'on appose la signature à une lettre de change en quelque

qualité que ce soit, dans la prévoyance que le débiteur principal ne paie pas, on ajoute ces mots : *au besoin, chez M.......* Le porteur ne peut se dispenser de s'y présenter ; mais lorsque la personne ainsi indiqu'e veut bien payer, il est important de savoir quel est l'effet de ce paiement, et s'il opère subrogation sans qu'il soit nécessaire de laisser protester et de déclarer qu'on paie par intervention.

Il nous semble qu'on doit y voir une acceptation de mandat qui s'opère par le fait même de l'exécution qu'y donne la personne indiquée. Par cette acceptation, elle devient mandataire ; commé mandataire, elle se rend obligée pour le mandant, et dès-lors, par le paiement qu'elle fait d'une dette dont elle étoit tenue pour un N. 1251. autre, elle acquiert subrogation aux droits du créancier, tant contre celui qui a indiqué le *besoin*, que contre ses garans qu'elle peut poursuivre, comme exerçant les droits de son débiteur.

411. Le paiement fait par un intervenant, est moins une extinction de la dette, qu'un mode particulier établi en faveur des lettres de change, de transporter les droits du porteur à celui qui paie de cette manière. Mais cette sorte de transport n'oblige le porteur à aucune autre garantie que celle qui naîtroit de son fait

particulier ; par exemple, si le débiteur de la lettre avoit contre lui une exception qui anéantît la dette.

Quoique celui qui paie ainsi acquère les droits du porteur, tant contre celui pour qui il paie, que contre tous ses garans, ceux contre qui il agit, celui même pour qui il a payé, pourroient lui contester l'exercice de ces droits, si, par quelqu'arrangement avec un de leurs garans, il avoit pris l'engagement de payer la lettre, ou reçu les fonds à cet effet. Tout créancier pouvant exercer les droits de son débiteur, toute caution pouvant faire valoir des exceptions appartenantes au débiteur principal, l'endosseur, poursuivi en vertu d'un paiement par intervention, qui prouveroit que celui qui a payé ainsi avoit contracté, soit envers l'accepteur, soit envers le tireur, l'engagement de payer la lettre, et reçu les valeurs à cet effet, pourroit, par cette exception, repousser la demande formée contre lui par l'intervenant.

N. { 1166. 1294.

CHAPITRE VIII.

Actions que produit le non-Paiement de la Lettre de Change.

412. Celui à qui la lettre de change appartient à l'échéance, est le premier qui ait le droit d'agir à défaut de paiement.

Il est, à proprement parler, le seul qui y soit intéressé ; car ce n'est que lorsqu'il a formé sa demande, que ceux des coobligés solidaires au paiement, qui ont quelques garanties à exercer, sont fondés à user de ce droit. Ainsi, on peut distinguer dans les actions que produit le non-paiement de la lettre de change, les actions principales et les actions en garantie. Nous en ferons l'objet de deux sections.

Section première.

Actions principales résultant du non-Paiement de la Lettre de Change.

413. Tous les signataires de la lettre de change sont solidairement obligés au paiement, à moins que les effets de cette solidarité ne soient modifiés ; par la qualité de l'obligé, par exemple, s'il est incapable de s'obliger ; par la faveur de la loi, si c'est une personne du sexe, ou un mineur émancipé, non-commerçans, dont la signature sur une lettre de change n'a que les effets d'une obligation ordinaire ; ou enfin, par la stipulation des parties. Cette modification seroit alors exécutée en faveur de celui qui a droit de l'invoquer, et si quelques difficultés s'élevoient à ce sujet, les règles ordinaires sur ce qui concerne l'état des personnes, ou l'interprétation des conventions devroient être observées. Il suffit de remarquer que les exceptions

sont personnelles, et ne changent en rien les engagemens des autres signataires qui ne sont point dans le même cas ; et surtout s'il s'agit de restrictions stipulées qu'on ne pourroit opposer au porteur que celles écrites dans la lettre ou dans les actes accessoires qui en feroient partie, en un mot que ce dont il a pu et dû l'instruire en prenant la lettre.

Le porteur, ou celui qui a payé par intervention, peut donc agir contre l'accepteur, débiteur principal, et contre le tireur, les endosseurs et le donneur d'aval, garans solidaires du paiement. Il peut exercer ces actions à la fois contre tous, ou contre chacun d'eux en particulier ; mais de quelque manière qu'il agisse, ces actions sont soumises à des règles différentes, ainsi nous en ferons l'objet de paragraphes distincts.

§. I.ᵉʳ

Actions du Porteur contre l'Accepteur.

414. L'accepteur, ou pur et simple, ou par intervention, s'étant rendu, comme on l'a vu, débiteur direct et principal de la lettre de change, le porteur a contre lui les droits d'un créancier contre son débiteur. Il peut donc l'assigner en paiement suivant des formes, et obtenir des condamnations produisant des effets que nous ferons connoître dans la sixième partie. Cette action n'est assujettie à l'observation d'au-

cune condition préalable, parce qu'elle est principale, à la différence de celles que le porteur a contre le tireur et autres signataires, qui est subsidiaire, parce qu'ils ne sont que garans du défaut de paiement, et qu'il faut par conséquent leur prouver que ce paiement a été refusé. Il n'est donc pas nécessaire que le protêt, dont nous parlerons au paragraphe suivant, précède l'assignation que le porteur peut donner à l'accepteur. Ce droit d'exiger le paiement ne se C. 189. prescrit que par le délai de cinq ans, qui commence à courir du jour que la lettre a été protestée, si cette formalité a été remplie, et si elle ne l'a pas été, du jour que le protêt auroit dû être fait; mais il est prorogé par une demande judiciaire, reconnoissance, etc., conformément aux règles que nous avons données, n. 240.

415. Indépendamment de ces poursuites, qui C. 172. nécessairement entraînent des lenteurs, le porteur a droit, en prenant l'autorisation du président du tribunal de commerce, de saisir conservatoirement les effets mobiliers de celui qu'il poursuit. Nous ne croyons pas devoir entrer dans le détail des formalités à suivre, parce qu'elles concernent la procédure. Il suffit d'observer que la loi ne permettant qu'une saisie conservatoire, on ne pourroit faire aucune exécution.

Ces actions n'appartiennent au porteur que

contre le tiré qui est devenu accepteur, parce qu'elles résultent de la lettre de change ; et que le tiré n'est jamais tenu de payer s'il n'a pas accepté. Lorsqu'il n'a pas accepté, le porteur peut le poursuivre, mais non pas, comme nous l'avons déjà observé, en qualité de créancier, puisque jamais ce dernier n'a contracté d'obligation à son égard, seulement comme mandataire dans son propre intérêt, comme cessionnaire d'une créance, et sauf les exceptions que le tiré pourra faire valoir contre lui, de même que contre le cédant; pourvu aussi que, dans l'introduction de sa demande, il ne distraye pas le tiré de ses juges naturels.

§. II.

Des Actions du Porteur contre le Tireur-Endosseur et autres Garans.

416. Le tireur, les endosseur et donneur d'aval n'étant tenus de payer la lettre qu'à défaut de paiement par le tiré, nous avons vu qu'il étoit nécessaire que ce fait fût constaté. L'acte spécial que la loi a indiqué, se nomme *protét*. Nous allons en faire connoître les formes dans un premier article ; dans le second, nous traiterons de ce qui doit le suivre.

Art. I.er *Du Protét.*

417. Le *protét* peut être fait à la requête du

porteur, quand même l'endossement ne l'auroit
constitué que simple fondé de pouvoir.

Le même pouvoir qui l'autorise à exiger et
recevoir le paiement, lui donne le droit de faire
l'acte de protêt en son nom. Mais celui qui ne
seroit que simple détenteur de la lettre, et à
qui nous avons vu n. 405, que le paiement ne
pouvoit être fait sans une grave imprudence
dont le débiteur seroit responsable, ne seroit
pas capable de faire un protêt à sa requête.
Un tel acte ne pourroit être invoqué par le propriétaire de la lettre de change pour éviter la
déchéance prononcée à défaut de protêt.

On sent bien que ces raisons ne sont point
applicables au protêt faute d'acceptation ; tout
porteur pouvant la requérir, et le tiré la lui
donner sans aucun risque.

418. Cet acte doit être dressé, soit par deux
C. 173. notaires, soit par un notaire ou un huissier
accompagnés de deux témoins majeurs, et ayant
les qualités requises pour assister dans les actes
Pr. 585. extra-judiciaires. La présence de deux notaires,
ou de l'huissier instrumentaire et des témoins
C. 174. assistans, est de rigueur. Il doit contenir la
transcription littérale de la lettre de change, de
l'acceptation, des endossemens et des recom-
mandations qui y sont indiqués. Il faut également y énoncer la présence ou l'absence de celui
qui doit payer, les motifs du refus, et ceux qui

l'empêchent de signer la réponse. Cet acte est ordinairement terminé par la déclaration que, regardant la réponse ou l'absence comme un refus formel, on *proteste* pour le porteur qu'il prendra le montant de la lettre à rechange, aux risques, périls et fortune de qui il appartiendra.

Il n'est pas besoin d'observer que toute inexactitude dans le récit des faits, dans la réponse, et même dans la transcription des pièces, seroit un faux ; et que, quand même il se trouveroit sur la lettre des signatures en blanc qui changeroient sa nature ou celle de l'endossement, on ne pourroit, sans crime, se dispenser de les mentionner, ou supposer des énonciations qui n'existeroient pas. Du reste, les diverses formalités des actes extra-judiciaires, déterminées par le Code de procédure, doivent être observées.

Les notaires et huissiers sont obligés, à peine de faux, destitution, dépens, dommages-intérêts envers les parties, de laisser, aux personnes à C. 176. qui ils s'adressent, copie exacte des protêts, et de les inscrire en entier, jour par jour, et par ordre de date, dans un registre particulier, coté, paraphé et tenu dans les formes prescrites pour les répertoires, par la loi du 12 décembre 1798 (22 frimaire an 7)[1].

419. Nous avons dit au chapitre IV dans quel

---

[1] Bulletin des lois, 2.e série, n. 2224.

délai devoit ou pouvoit être fait le protêt faute
d'acceptation. Celui qui a lieu faute de paiement
ne doit être fait que le lendemain du jour de
C. 162. l'échéance, ce jour-là étant en entier accordé
pour faire les démarches nécessaires à l'effet
d'obtenir le paiement à l'amiable. La nature des
choses indique cependant une exception relativement aux lettres à vue. La demande en
acceptation et en paiement se confondant pour
ces sortes de lettres, on ne peut constater le
C. 130. refus de les accepter sans constater celui de
les payer.

    Si le jour auquel tombe le protêt est un
C. 162. dimanche ou une fête autorisée légalement dans
le lieu, il doit être fait le jour suivant. Nous
disons *dans le lieu*, parce qu'en principe général le protêt devant être fait suivant les lois du
pays où la lettre est payable, les règlemens de
l'autorité compétente qui autorisent certaines
fêtes., quoique non célébrées partout, doivent
être observés.

    420. L'officier instrumentaire doit se présenter
C. 173. à celui sur qui la lettre est tirée, soit qu'il ait
donné, soit qu'il ait refusé l'acceptation ; dans
le premier cas, c'est au domicile qu'avoit cet
individu lors de l'acceptation ; dans le second,
c'est à celui qu'il avoit lorsque la lettre a été
tirée qu'il faut protester. Cependant si la lettre
avait été tirée payable dans un autre lieu que le

domicile du tiré, ce seroit à celui qui auroit
été indiqué par l'accepteur, en conformité de C. 123.
cette énonciation que le protêt devroit être
fait. Si l'accepteur avoit, de son chef, mis dans
l'acceptation que la lettre seroit payable dans un
autre lieu que son domicile, ce seroit encore là
qu'il faudroit se présenter; nous avons vu que
la réception d'une lettre, ainsi modifiée, opère
un contrat qui lie respectivement l'accepteur et
le porteur, et par suite toutes les personnes que
les endossemens ont mis aux droits de celui qui
a présenté la lettre à l'acceptation.

421. Lorsque la lettre a été acceptée par un
tiers intervenant, il faut protester tant au domi- C. 173.
cile du tiré qu'à celui de ce tiers. En effet, de ce
que l'intervenant s'est obligé au paiement de la
lettre, à défaut d'acceptation par le tiré, on ne
sauroit conclure que ce dernier ne fût point
débiteur du tireur, et sa qualité de personne
indiquée suffit pour qu'on doive s'adresser à lui.
De même le protêt doit être fait au domicile des
personnes qui ont pu être indiquées pour payer
la lettre *au besoin.*

422. Le transport des notaires ou de l'huissier
et des témoins dans le domicile de toutes ces personnes, doit s'effectuer de suite, et être constaté C. 173.
par un seul et même acte. On ne peut facilement
supposer qu'il y ait nécessité de remettre au

lendemain , ou de suspendre , de manière à
employer plusieurs jours à cette opération. Si
pourtant celui à qui la lettre a été donnée ou
qui l'a protestée , faute d'acceptation , avoit
souffert qu'on lui indiquât pour le *besoin ,* ou
avoit admis un accepteur par intervention
demeurant dans un autre lieu , modification
qu'il a été maître de consentir , l'impossibilité
de remplir le vœu de la loi en cette partie
devroit être constatée par le protêt , et le porteur ne seroit tenu qu'à mettre dans la conti-
nuation de cet acte le plus de diligence possible.
Il en seroit de même si des évènemens majeurs
et imprévus , par exemple , la mort d'un des
instrumentaires , arrêtoient l'opération , et ne
permettoient pas que tout se fît par un seul et
même acte.

423. Le notaire ou l'huissier chargé de protester , qui ne trouveroit point au domicile indiqué la personne qu'il cherche , ou qui apprendroit
C. 173. que cette maison n'est point son domicile , n'a
d'autre marche à tenir que de faire un acte de
perquisition , et de le mettre en tête de son
protêt.

Plusieurs lois anciennes et nouvelles , mais
étrangères au commerce , exigent des actes de
perquisition , et en déterminent les formes :
Pr. 69. il nous semble qu'on doit , par analogie , s'y
conformer.

Il existe encore des cas dans lesquels on ne
peut faire en place d'un véritable protêt qu'un
acte équivalent, de la nature d'un procès-verbal
de perquisition. Par exemple, la lettre de change
peut indiquer un lieu inconnu, ou dont le nom
seroit commun à d'autres lieux ; ou même ce
lieu étant connu, la lettre peut indiquer un
nom commun à plusieurs individus, sans que
les prénoms et les surnoms, le nom ou le
numéro de la rue servent à lever l'incertitude.
Un acte quelconque de perquisition fait dans le
même délai que doit l'être le protêt rempliroit
alors le vœu de la loi, qui ne peut exiger
l'impossible.

C'est d'après ce principe qu'on doit agir dans
le cas où la perte d'une lettre de change n'auroit
pas été réparée avant son échéance. Celui à qui   C. 153.
elle appartient conserve tous ses droits par un
acte de protestation, qui a toutes les formes du
protêt, à l'exception de celles que la privation
de la lettre rend impossibles.

424. L'obligation de faire protester les lettres
de change, faute de paiement à leur échéance,
a lieu non-seulement à l'égard de celles qui
n'auroient pas encore été acceptées avant ce
temps, mais même de celles qui auroient été
protestées faute d'acceptation, le protêt faute   C. 175.
de paiement ne pouvant être remplacé par
aucun acte.

Tome I.   29

Si l'on ne trouve personne, ou si la mort est annoncée par les habitans de la maison, même par une veuve ou des héritiers qui allégueroient qu'ils sont encore dans les délais pour faire inventaire et délibérer, et que nul ne se présente pour payer, le protêt n'est pas moins indispensable et doit contenir ces diverses circonstances. Mais elles sont étrangères aux droits du porteur contre ses garans; il est fondé justement à les considérer comme un refus, et à suivre son recours, qui n'en a pas moins lieu, quoique lui-même et ceux à qui il s'adresse soient obligés d'observer envers des héritiers du débiteur principal, les délais accordés aux héritiers dans les cas ordinaires.

Le protêt est également indispensable lorsque celui sur qui la lettre de change est tirée est en faillite à l'échéance, et que le porteur n'a pas usé du droit de protester et d'agir aussitôt l'ouverture de la faillite.

425. Si le tireur, ou quelqu'un des signataires de la lettre, avoit ajouté à sa signature une invitation de ne point protester, ce qui s'exprime par les mots *retour sans protêt, ou sans frais*, le preneur, quand cette clause a été insérée dans la lettre, ou celui qui en est devenu propriétaire en vertu d'un endossement qui la contiendroit, est sans doute astreint à faire connoître amiablement et sans frais, le défaut de paiement; et

lès déchéances dont nous parlerons, ne peuvent lui être opposées par celui qui a mis cette clause. Mais il ne nous paroît pas qu'on puisse l'invoquer contre les endosseurs subséquens, ni qu'ils puissent s'en prévaloir les uns à l'égard des autres; c'est une restriction au droit commun qui ne peut s'étendre à d'autres personnes qu'à celles qui l'ont contractée.

426. Lorsqu'une force majeure empêche de protester une lettre de change dans le délai fixé par la loi, il n'est pas juste que le porteur soit déchu de ses actions en garantie; il convient, au contraire, que les tribunaux aient égard aux circonstances pour juger du mérite des excuses. Il nous semble qu'elles ne pourroient être accueillies qu'autant que le porteur auroit fait le protêt aussitôt que cette force majeure a cessé, ou auroit fait des actes conservatoires et donné les avis nécessaires dès qu'il a été instruit de l'obstacle imprévu qui s'est opposé à ce que les diligences fussent faites.

Il peut arriver aussi qu'une lettre soit transmise si tard, que celui qui la reçoit n'ait plus le délai suffisant pour protester, même en employant la plus grande diligence. C'est une exception particulière que cette personne peut opposer à son endosseur, et que les tribunaux doivent apprécier d'après les preuves respectives et les circonstances. Mais elle n'empêche pas que les effets

29 *

du défaut de protêt ne puissent être invoqués
par les autres personnes intéressées.

427. La loi, qui a pris soin de déterminer
la nécessité de protester à l'instant même de
l'échéance, n'a pas prononcé l'insuffisance d'un
protêt prématuré; mais il est hors de doute qu'un
tel protêt n'est pas valable. Il n'existe qu'un seul
cas où le protêt, quoique fait avant le jour de
l'échéance, ne pourroit être argué de nullité.
C. 163. C'est celui de faillite que nous venons de prévoir.
Il n'est pas juste d'exiger qu'au moment de
l'échéance le porteur renouvelle son protêt, et
de le soutenir non-recevable contre les endosseurs, comme s'il ne l'avoit pas fait à temps,
avec d'autant plus de raison que le silence qu'il
auroit gardé à leur égard n'auroit point changé
leur position, qu'il pouvoit au contraire aggraver
C. 448. en exigeant une caution.

Art. II. *Suites et Effets du Protêt.*

428. L'exercice des actions du porteur contre
le tireur, les endosseurs et les donneurs d'aval,
est subordonné à la formalité du protêt et à la
régularité de cet acte. Ils ne se sont obligés
de faire trouver les fonds à l'échéance dans le
lieu où la lettre doit être payée, et de garantir
l'existence de ces fonds, qu'autant que le porteur
se présenteroit à la même époque au lieu indi-

qué, rempliroit, pour constater le refus de paiement, les formalités prescrites par la loi, et se
conformeroit, dans sa conduite ultérieure, à tout
ce qu'elle ordonne. Lorsqu'il n'a pas exécuté cet
engagement, il doit en supporter la peine. Il s'en
suit que si, par imprudence, ou de toute autre
manière, celui qui a présenté la lettre à l'acceptation, avoit souffert que l'accepteur changeât
les termes du paiement, le porteur perdroit son
recours contre le tireur, qui prouveroit que
la provision existoit au temps qu'indiquoit la
lettre, et contre les endosseurs antérieurs à cette
acceptation; et ne l'auroit que contre ceux qui,
ayant reçu la lettre avec ces modifications, ont
garanti en la cédant, qu'elle seroit payée conformément aux termes indiqués par cette acceptation.

429. Le porteur d'une lettre de change protestée faute de paiement, peut exercer son action
en garantie, ou individuellement contre le   C. 164.
tireur et chacun des endosseurs, ou collectivement contre eux.

S'il exerce un recours individuel, soit contre
son cédant, soit contre celui des autres signa-   C. 165.
taires qu'il préfère poursuivre, il doit lui faire
notifier le protêt, et, à défaut de remboursement, le faire citer en jugement dans les quinze
jours qui suivent la date de ce protêt. Mais si
cet individu est domicilié à plus de cinq myria-

mètres du lieu où la lettre de change étoit
payable, le délai est augmenté d'un jour par
deux myriamètres et demi excédant ces cinq myriamètres. Lorsque la distance est de plus de
cinq myriamètres, et cependant moindre de dix,
le délai doit être compté comme s'il y en avoit
réellement dix. Mais dans aucun cas, la circonstance que le dernier jour de ce délai seroit
un jour ferié, ne le prorogeroit, celui qui veut
assigner ayant été à même de prendre ses précautions les jours précédens.

C. 166.

Il étoit nécessaire d'établir d'autres calculs pour
les lettres de change payables et par conséquent
protestées en pays étranger. Les tireurs et endosseurs de ces lettres qui résident en France,
doivent être poursuivis dans le délai de deux
mois pour celles qui étoient payables en Corse,
dans l'île d'Elbe ou de Capraja, en Angleterre
et dans les états limitrophes de la France; de
quatre mois, pour celles qui étoient payables
dans les autres Etats de l'Europe; de six mois,
pour celles qui étoient payables aux échelles du
Levant et sur les côtes septentrionales de l'A-
frique; d'un an, pour celles qui étoient payables
aux côtes occidentales de l'Afrique, jusques et
compris la Cap de Bonne-Espérance et dans les
Indes occidentales; de deux ans, pour celles qui
étoient payables dans les Indes orientales. Ces
délais sont observés dans les mêmes proportions pour le recours à exercer contre les tireurs

C. 166.

et endosseurs, résidant dans les possessions françaises situées hors d'Europe; et enfin, ceux de six mois, d'un an et de deux ans, sont doublés en temps de guerre maritime.

La loi française ne pouvoit déterminer les délais dans lesquels devoient être poursuivis les tireurs et endosseurs résidans en pays étranger. Nous essayerons de donner quelques règles à cet égard dans la sixième partie, où nous traiterons des conflits de législation dans les différens cas qui sont relatifs au commerce.

430. Le porteur qui, après le protêt, négligeroit de recourir à temps contre son cédant immédiat, ne seroit pas fondé, en agissant contre le tireur ou l'un des endosseurs antérieurs, à prétendre contre lui autant de quinzaines augmentées d'un jour par cinq myriamètres que chaque endosseur intermédiaire en auroit eu contre celui qui le précède; car ces délais ne sont établis qu'*à l'égard* de ceux qu'on poursuit, en sorte que si le porteur veut, par quelque motif que ce soit, se pourvoir contre le tireur ou contre le premier endosseur, sans attaquer les autres, il doit agir contre lui dans la quinzaine, à compter du lendemain du protêt, sauf l'augmentation de ce délai selon la distance des lieux.

431. Les formalités à remplir sont au nombre de deux; la dénonciation du protêt, et la citation

en justice. La première est indépendante de la seconde, celle-ci n'en étant qu'une conséquence, et n'étant nécessaire que si la signification du protêt n'est pas suivie du remboursement. Ainsi l'une ne peut suppléer l'autre. Le délai dans lequel la dénonciation doit être faite, est implicitement limité à celui de l'assignation, puisque ce mode de poursuite doit avoir lieu à défaut de paiement dans un espace de temps qui commence le lendemain du protêt.

La copie du protêt et de tout ce qu'il doit contenir doit être donnée en tête de l'exploit de dénonciation, afin que chaque partie intéressée puisse connoître tout ce qui a rapport à la poursuite dirigée contre elle.

432. Si le tireur exerce son recours collectivement, il jouit, à l'égard de chacun des signataires, des délais qui viennent d'être indiqués, de manière que si l'un est domicilié dans la distance de cinq myriamètres, un autre au-delà de cette distance, et ainsi de suite, chacun doit recevoir la dénonciation et l'assignation dans le délai calculé suivant la distance de son domicile. Le porteur ne rempliroit pas son obligation en les assignant dans le plus long de ces délais ; puisqu'il n'en jouit qu'*à l'égard* de chacun d'eux, chacun d'eux peut exciper du défaut de poursuite dans le délai qui devoit être observé à son égard.

433. Si le protêt d'une lettre de change avoit été communiqué amiablement dans le délai utile, et que celui qui auroit reçu cette communication eût dans le même temps promis de payer, avec prière de ne point le poursuivre et de ne point faire de dénonciation juridique, ou avec déclaration qu'il tient le protêt pour signifié, celui qui se seroit ainsi engagé ne pourroit pas se prévaloir du défaut de cette dénonciation parce que ce seroit revenir contre son propre fait. Le porteur auroit contre lui une action qui ne se prescriroit plus que par cinq ans, à compter du jour du protêt, si cette dispense de le signifier étoit antérieure à l'échéance, ou du jour de la promesse, si elle étoit postérieure.

C. 189.

Mais une promesse de payer qui auroit été donnée purement et simplement et sans prière ou consentement de ne pas le signifier, quand même elle seroit avouée, ne pourroit, dans la rigueur du droit, produire le même effet, parce qu'on peut présumer qu'elle étoit subordonnée à la condition que le porteur se mettroit en règle et se pourvoiroit en justice, à défaut de paiement amiable dans le délai légal.

434. L'inobservation de ces délais et de ces formalités, emporte une déchéance absolue de toutes prétentions et de l'exercice de toute espèce de garantie contre ceux à l'égard desquels ils doivent être observés, quand même quelques dis-

positions des lois modifieroient en faveur de ces
personnes, l'effet des obligations que produit
une lettre de change, telles que sont les personnes
du sexe et les mineurs non-commerçans. Ce n'est
point le cas d'exiger des garans qui excipent de
cette déchéance, ou de leurs héritiers l'affirmation
dont nous avons parlé n. 239. Mais il n'est pas
douteux qu'ils peuvent renoncer à la faire valoir.
Celui qui, sur la simple communication, ou la
signification du protêt rembourseroit la lettre
au porteur, ne seroit pas fondé à revenir contre
lui lorsqu'il s'apercevroit de la nullité de cet
acte ou de la déchéance encourue, à moins qu'il
ne prouvât qu'il a été commis un dol à son égard.
Peu importeroit même qu'il devînt victime de
sa facilité, parce que son garant, plus éclairé,
lui opposeroit que le protêt est nul ou tardif;
il seroit dans le cas de quiconque est condamné
sans pouvoir obtenir un recours contre son garant. Il ne pourroit répéter ce qu'il a payé,
N. $\begin{cases} 1235. \\ 1640. \end{cases}$ parce que sa dette étoit naturelle, et seulement
susceptible d'une exception à laquelle il a été
maître de renoncer.

435. Cette déchéance cesse dans deux circons-
C. $\begin{cases} 117. \\ 170. \end{cases}$ tances. La première, lorsque le tireur ne prouve
pas, en cas de dénégation, que la provision ait
été faite. Il doit savoir parfaitement qu'il n'a pas
remis à la personne sur qui la lettre est tirée les
fonds pour l'acquitter, et l'acceptation donnée

par cette personne n'a pu l'induire en erreur sur un fait qu'il connoissoit mieux qu'aucun autre. Le retard ou le défaut de protêt ne lui ayant fait aucun tort, la déchéance absolue du porteur à son égard seroit une injustice. Le droit de le poursuivre et d'exiger qu'il prouve l'existence de la provision durent cinq ans.

Nous avons donné dans le chapitre V des règles qui servent à déterminer ce qu'on doit entendre par provision dans ce cas et sur la manière dont elle doit être faite. Nous ajouterons seulement ici qu'entre commerçans elle se prouve par les registres, la correspondance et autres moyens admissibles entr'eux : que lorsqu'il s'agit de prouver si un non-commerçant avoit ou non provision, à défaut d'une preuve écrite, on ne peut que s'en rapporter à son affirmation.

Mais dans aucun cas, ce droit d'exiger la preuve de la provision, ne peut être invoqué C. 117. contre les endosseurs; soit qu'il y ait ou non acceptation, le tireur seul en est tenu.

436. La seconde exception a lieu contre le tireur ou l'endosseur qui auroit reçu par compte, compensation, ou autrement, les fonds destinés C. 171. au paiement de la lettre de change. Il a, suivant la raison et la justice, perdu le droit d'opposer au porteur sa négligence; il n'a plus d'intérêt à

s'en plaindre, puisqu'elle ne lui a pas nui, et qu'autrement il s'enrichiroit aux dépens du demandeur. Mais cette exception est personnelle; si donc un endosseur s'étoit mis dans le cas prévu, la fin de non-recevoir ne seroit pas moins valablement acquise au profit du tireur, qui prouveroit qu'il y avoit provision au moment où il a donné la lettre, et que ce n'est point par son fait qu'elle a été retirée.

437. Le porteur, après avoir fait son protêt, a, contre chacun de ceux qu'il a droit de poursuivre par les voies que nous venons d'indiquer, celui de saisir conservatoirement leurs meubles et effets, comme nous l'avons vu n. 415.

Il a de plus la faculté de tirer du lieu dans

C. { 177. 178. lequel la lettre étoit payable, sur le tireur ou sur l'un des endosseurs, une lettre de change qui se compose, 1.° du principal de celle qui a

C. 184. été protestée et des intérêts à compter du jour du protêt; 2.° des frais de protêt; 3.° des autres frais légitimes, tels que ceux de commission de banque ou courtage, et de voyage, à la charge par lui d'affirmer, s'il en est requis, qu'il est venu exprès; 4.° des déboursés du timbre, et du port des lettres que le défaut de paiement a pu forcer d'écrire. Cette nouvelle lettre de change s'appelle *retraite*; elle ne doit pas excéder ce qu'a véritablement droit de demander celui qui la tire ; et la célérité des opérations commerciales exige que la preuve justificative l'accompagne.

Cette preuve s'établit par un compte nommé *compte de retour*, qui doit être joint à la retraite, C. 180. ainsi que le protêt, ou une expédition de cet acte. Ce compte doit énoncer le nom de celui sur qui la retraite est faite, parce que, sans cela, il C. 181. ne seroit pas possible de reconnoître si le compte est relatif à telle ou telle lettre, et d'éviter les fraudes qui pourroient résulter de cette omission. Il doit également énoncer le prix du change auquel la retraite est négociée, que la loi nomme *rechange*.

438. Ce rechange est l'indemnité que le tireur de la retraite accorde à celui qui lui en compte le montant en monnoie effective, indemnité qui dépend, comme le change lui-même, de diverses circonstances qui le modifient suivant les règles que nous avons données n. 27 et suiv.

La loi a laissé le moins possible à l'arbitraire ; elle a eu soin de poser des bases, en fixant le cours d'après lequel il devoit être déterminé. Ce cours peut varier selon que la retraite est faite sur le tireur ou sur l'un des endosseurs ; et les règles générales des contrats servent de guide dans ce cas. L'endosseur est, comme nous avons eu occasion de le dire, un véritable tireur pour

celui à qui il a transporté la lettre de change ;
mais à son égard, ce n'est pas le lieu d'où cette
lettre a été tirée originairement qui peut être
considéré comme celui d'où il l'a tirée, c'est
le lieu où il a fait sa négociation par l'endosse-
C. 179. ment. Ainsi, le rechange se règle, à l'égard du
tireur, par le cours du change du lieu où la
lettre étoit payable sur celui d'où elle a été tirée;
et, à l'égard des endosseurs, il se règle sur le
cours du change du lieu où la lettre a été remise
ou négociée par eux, sur celui où le remboursement s'effectue.

  Le prix du change, auquel la lettre est négo-
C. 181. ciée, doit être énoncé dans le compte de retour,
et certifié par un agent de change. Comme nous
avons vu n. 122, qu'il n'en existe que dans les
villes qui, par l'importance de leur commerce,
en ont été jugées susceptibles, le compte de
retour doit être certifié dans les autres par deux
C. 186. commerçans. Ces conditions sont de rigueur;
il n'est point dû de rechange, si le compte de
retour n'est pas accompagné de ces certificats
d'agens de change ou de commerçans.

  On voit par-là que le lieu où se fait la retraite
pourroit n'être point une place de commerce,
dans laquelle il se feroit assez habituellement des
opérations de change, pour qu'il y ait moyen d'en
connoître le cours. Il peut arriver, par conséquent, qu'on n'ait aucun élément pour le déter-

miner. Il est convenable, dans cette circonstances, de se régler par le cours de la place
voisine.

439. Quoique le porteur ait une action solidaire
contre tous les signataires de la lettre de change,
il ne peut cependant faire de retraite que sur
l'un d'eux; il ne doit pas y avoir plusieurs comptes C. 182.
de retour sur une même lettre de change. Mais
si celui qui est ainsi forcé d'acquitter une retraite tirée sur lui, est un endosseur, il a droit,
à son tour, d'en tirer une sur son endosseur
immédiat, ou sur l'un des endosseurs qui le précèdent, ou sur le tireur, comme nous le verrons
dans la section suivante. Pour lui en faciliter les
moyens, la retraite faite sur lui doit être accom- C. 181.
pagnée d'un certificat qui constate le cours du
change du lieu où la lettre étoit payable sur le
lieu d'où elle a été tirée.

Lorsque le porteur prend la voie de la retraite,
au lieu de former son action contre le tireur et
les endosseurs, les délais de dénonciation et de
poursuite, ne courent pas moins. Ce mode de
se rembourser n'est point une diligence qui équi-
vale à la dénonciation et à l'assignation exigées
par la loi. La retraite est simplement un moyen
pour le porteur de se procurer de l'argent, plutôt que s'il attendoit l'effet des poursuites et
l'événement des condamnations. Si la retraite
est acquittée, toutes poursuites cessent à l'ins-

tant; mais jusque-là, elles sont d'autant plus
légitimes qu'il n'y a pas d'autre moyen pour le
porteur de faire courir l'intérêt des frais de pro-
C. 185. têt, rechange et autres, dont le compte de retour se compose.

440. Une retraite est une véritable lettre de
change; le prix principal de la première lettre, et
les frais ou autres accessoires, en un mot tout ce
qui compose le compte de retour en sont en
quelque sorte la provision. De là résulte que celui
qui la tire est garant de la créance énoncée dans
ce compte de retour envers les endosseurs et le
porteur de la retraite, comme le tireur d'une
lettre de change ordinaire. Mais ce compte de
retour ne produit pas les effets d'une acceptation
qui doit être expresse et signée. Celui sur qui
on l'a faite peut donc en contester le droit, et
n'est pas aussi directement obligé qu'un accepteur de lettre de change.

441. Tout ce que nous avons dit dans ce paragraphe, concerne celui qui, étant propriétaire
de la lettre de change à l'échéance, n'en est pas
payé. L'application peut en être faite sans difficulté à celui qui paie par intervention : mais
les principes que nous avons donnés sur cette
manière de se faire subroger aux droits du porteur, exigent quelques explications. Si celui qui
a payé par intervention a déclaré que c'étoit

pour le dernier endosseur, il est évident qu'il a acquis les droits du porteur dans toute leur étendue; car il les a acquis, et contre celui pour qui il a payé, et contre tous les endosseurs précédens et le tireur, qui doivent garantie à celui pour qui il a payé. Si son intervention a été faite pour un endosseur intermédiaire, il n'a point d'action contre ceux qui sont postérieurs, puisque celui pour qui il payoit leur devoit garantie; s'il a payé pour le tireur, il n'a recours contre aucun endosseur : il faut, à cet égard, se reporter aux règles que nous avons données, n. 404.

SECTION II.

Actions en garantie résultant du non-Paiement de la Lettre de Change.

442. Quiconque a été, par l'effet des poursuites dirigées contre lui, obligé de rembourser la lettre dont il étoit endosseur, ou garant par aval, ou se trouve assigné à cet effet, peut agir contre celui ou ceux des signataires que l'espèce et l'ordre des négociations obligent à le garantir.

On sent parfaitement que le tireur n'a aucun droit de recours ou de garantie contre les endosseurs, puisque tous sont successivement acquéreurs d'une créance dont il a le premier annoncé et assuré l'existence. Il n'a de droits contre l'accepteur qu'autant qu'il lui auroit fait provision. En effet, on sent par quels motifs la simple acceptation ne suffit point. Elle est, en faveur du porteur ou des endosseurs, un titre suffisant, parce qu'il n'est pas juste qu'on ait un moyen indirect de les surprendre, et qu'on puisse, lorsqu'ils ont acheté la lettre de change sur la foi de l'acceptation dont elle est revêtue, venir, avec des comptes ou des preuves qui détruiroient cette acceptation pure et simple, annoncer qu'elle n'avoit rien de réel ou d'obligatoire. Mais de l'accepteur au tireur, la provision est un fait qui leur est direct et personnel; l'acceptation peut avoir été donnée par complaisance pour le tireur, sur son crédit, dans l'espoir qu'il réaliseroit la provision. Lorsque la lettre n'étant pas acquittée à l'échéance, il est poursuivi en garantie, il est juste qu'il ne puisse recourir contre l'accepteur, que dans le cas où celui-ci avoit des fonds ou des valeurs suffisantes pour acquitter la lettre, ou s'étoit engagé envers lui à l'acquitter, sans exiger de provision avant l'échéance.

443. Chaque endosseur appelé en garantie peut exercer contre l'accepteur les mêmes actions que le porteur, parce que l'acceptation établit en sa faveur la preuve de la provision; mais si la lettre n'était pas acceptée, il n'a contre le tiré que les droits dont nous avons parlé, n. 415.

Il peut aussi exercer un recours contre son

cédant, contre tous les endosseurs qui le pré- C. 118.
cèdent et contre le tireur. Toutes ces actions sont
fondées sur les mêmes droits, sujettes aux
mêmes exceptions, et par conséquent soumises
aux règles que nous avons expliquées dans la section précédente, puisqu'elles dérivent des mêmes
principes; chaque endosseur étant, pour l'exercice de son recours en garantie, considéré
comme le véritable porteur.

Mais on ne peut ranger simplement parmi les
endosseurs celui qui, ayant passé une lettre de
change à son ordre propre, dans le cas dont nous
avons parlé, n. 341, l'endosseroit ensuite au
profit du preneur. Cet endosseur n'est évidemment qu'un tireur, et doit en subir toutes les
obligations.

444. Ce n'est pas la seule dénonciation du
protêt qui peut servir de fondement à l'exercice
de ces recours en garantie, ni en faire courir les
délais.

Cette dénonciation, qui est faite quelquefois
aussitôt après que le protêt a eu lieu, peut avoir
été suivie du remboursement avant que le délai
entier accordé pour les diligences soit expiré;
l'assignation qui peut être donnée séparément et
le dernier jour du délai utile est donc la véritable
preuve que la lettre n'a pas été remboursée
et que le porteur entend poursuivre l'endosseur. Ainsi, à l'égard des endosseurs, le délai ne C. 167.

30*

court que du lendemain de l'assignation qui leur a été donnée. S'il n'y a point eu d'assigna-

C. 165. tion, et que le porteur ait été remboursé amiablement par son cédant, ce qui arrive fréquemment et n'a rien que de conforme à l'esprit de la loi, le délai dans lequel ce dernier est tenu de recourir contre les endosseurs précédens ou le tireur, doit compter seulement du jour qu'il a effectué ce remboursement, soit réellement, soit par voie de compensation en compte courant, pourvu qu'il n'excède pas le temps qu'il auroit eu pour former son action s'il avoit été assigné par le porteur dans les délais que la loi accorde à celui-ci.

445. L'endosseur poursuivi par le porteur, a le droit de tirer sur son cédant ou autre garant, une retraite de même que le porteur en a tiré une sur lui et ainsi de suite. C'est pour lui en faciliter les moyens qu'est exigé le certificat dont nous avons parlé, n. 439. Mais il ne peut comprendre dans le compte de retour le rechange qu'il paie, et n'a droit de demander à celui sur qui il fait sa retraite, que le rechange du lieu d'où il la tire, sur celui où la lettre lui a été remise ou endossée. Les rechanges ne peuvent être

C. 183. cumulés, et chaque endosseur supporte le sien comme une compensation de l'utilité qu'il a trouvée dans la négociation de la lettre.

CHAPITRE IX.

Des Lettres de Change fausses ou falsifiées.

446. Le faux qui peut être commis dans les lettres de change, leurs endossemens, ou autres actes accessoires, donne lieu à des questions dont la solution n'est pas toujours facile. Nous n'entendons point parler ici, ni de la manière dont ce faux peut être prouvé ou jugé, puisqu'il est interdit aux tribunaux de commerce de connoître des Pr. 427. dénégations et vérifications d'écritures, ni des peines prononcées contre les auteurs de ce crime. Il est évident que jamais le faussaire ne peut tirer un avantage quelconque du crime qu'il a commis, ni se dispenser de restituer les sommes qu'il auroit reçues par ce moyen odieux, ou de réparer le tort qu'il auroit pu causer.

Mais des lettres de change fausses ou falsifiées peuvent avoir été l'objet de négociations entre des personnes d'une égale bonne foi, et c'est des difficultés qui peuvent en résulter que nous nous occuperons ici.

447. Le faux ne doit pas être confondu avec les suppositions qui sont bien une fausseté, mais qui ne prennent, comme nous le dirons dans le chapitre suivant, le caractère de faux qu'autant

que des tiers en éprouvent quelque tort, et qu'elles ont été faites dans cette intention. Il est également important d'observer que, dans ce chapitre, nous ne parlerons point des antidates, espèce de faux au sujet duquel nous avons dit, n. 333 et 345, tout ce qui étoit nécessaire.

Le faux dont nous allons examiner les suites est celui qu'on peut commettre : 1.º en contre-faisant la signature d'une personne qui paroît avoir tiré une lettre de change, ou bien en fal-sifiant une véritable lettre de change de telle manière qu'elle se trouve contenir l'ordre de payer une somme plus considérable que celle pour laquelle elle a été tirée ; 2.º en mettant sur une lettre de change quelconque une acceptation dans laquelle on imite la signature du tiré ; 3.º en négociant, à l'aide d'un faux endossement, une lettre de change véritable qu'on a trouvée ou volée, ou bien en se donnant faussement pour la personne au profit de laquelle l'endossement en est passé.

Nous allons considérer ces trois positions différentes en autant de sections.

SECTION PREMIÈRE.

Des Faux commis dans la Confection de la Lettre de Change.

448. Celui à qui l'on présente une lettre de change pour l'accepter, doit s'assurer scrupuleu-

sement, soit que la signature du tireur est véritable, soit qu'on n'a pas substitué, à la somme réellement indiquée par le tireur, une somme plus considérable. C'est principalement pour éviter les faux, devenus si communs, qu'a été introduit l'usage des lettres d'avis. L'accepteur doit donc prendre toutes les précautions que la prudence peut lui dicter. Une fois qu'il a accepté, quelque preuve qu'il pût avoir par la suite que la lettre étoit fausse, il ne seroit point admissible à refuser de la payer, en soutenant que ne pouvant être présumé avoir entendu accepter autre chose qu'une lettre véritable, il n'a contracté aucune obligation dès que celui pour qui il croyoit accepter n'étoit réellement pas tireur. Quelque favorable que puisse être sa position, elle l'est moins encore que celle du porteur ; quelque prudence qu'il ait pu mettre dans sa conduite, il avoit plus de moyens de découvrir le faux que celui-ci, qui n'avoit aucun intérêt, comme aucune facilité pour vérifier la signature du tireur, et qui n'a manqué à aucune précaution en se fiant à celle de l'accepteur qu'il connoissoit.

449. Lorsqu'au lieu d'une lettre de change fausse, il s'agit d'une lettre véritable, mais falsifiée dans l'énonciation de la somme, cette sorte de faux peut avoir été commise de différentes manières.

La lettre peut avoir été présentée à l'accepta-

tion étant déjà falsifiée; si le tiré l'accepte pour la
somme frauduleusement substituée à la véritable, soit en n'écrivant que le mot *accepté*, soit
en répétant dans son acceptation cette somme
substituée faussement, il ne peut encore se
dispenser de payer : les motifs que nous venons
de donner militent contre lui.

La lettre peut avoir été présentée à l'acceptation et acceptée avant qu'elle fût falsifiée. Dans
ce cas, il faut distinguer comment l'acceptation
a été donnée. Si l'accepteur n'a pas pris la précaution de répéter le montant de la lettre dans
son acceptation, ce n'est pas sans doute un motif
de le condamner, sans autre examen, au paiement
de la somme qu'énonce la falsification ; mais
comme il a commis une imprudence en n'énonçant pas pour combien il acceptoit, le porteur,
que l'adresse avec laquelle la falsification a été
opérée a pu tromper aisément, seroit extrêmement favorable, et les tribunaux ne pourroient
se décider que par les circonstances. Si, au
contraire, l'accepteur a énoncé la somme pour
laquelle il acceptoit, il ne doit que ce qu'il a
promis. Dans le cas où son acceptation elle-même
seroit falsifiée, il auroit les droits que nous
ferons connoître dans la section suivante.

450. Les mêmes raisons qui nous ont porté
à décider que l'accepteur ne peut refuser le
paiement par le motif que la lettre qu'il a acceptée

se trouve fausse ou falsifiée, s'opposent à ce qu'il soit admis à répéter la somme qu'il a payée. Si la lettre est entièrement fausse, il n'a aucune action contre le prétendu tireur, puisque celui-ci ne lui ayant jamais donné de mandat véritable, il ne lui doit pas de remboursement pour ce qu'il a pu payer par une erreur imputable à lui seul. Il ne paroît pas mieux fondé à répéter, du porteur de bonne de foi, le paiement qu'il lui a fait ; on doit le décider par une juste application des principes de droit, qui considèrent comme consommée une somme d'argent reçue et encaissée de bonne foi.

On voit comment cette décision peut s'appliquer au cas où la lettre auroit été simplement falsifiée dans l'énonciation de la somme à payer. Cependant il existe, dans ce cas, une différence que nous ne devons pas manquer de faire connoître. La lettre falsifiée a quelque chose de véritable dans son principe ; l'accepteur n'a pas été trompé sur la vérité de la signature du tireur, seulement il a cru que cette signature lui mandoit d'accepter *telle* somme au lieu de *telle* autre. Il faut encore suivre la règle qui veut que chacun supporte la peine de son imprudence. Si le tireur a envoyé un avis, énonçant la véritable somme qu'il tiroit, celui qui a imprudemment accepté, ne peut répéter que la somme pour laquelle la lettre a été véritablement tirée. Si la lettre est tirée acceptable, ou payable sans avis, le tiré qui a accepté, trompé par une falsification capable d'en imposer à des personnes d'une prudence ordinaire, a droit de répéter du tireur tout ce qu'il a payé, parce que celui-ci est coupable de n'avoir pas pris assez de précautions.

451. Tout ce que nous avons dit dans cette section s'appliqueroit aux paiemens faits par intervention. Celui qui, croyant rendre service à son ami dont un faussaire adroit auroit imité la signature, accepteroit ou payeroit par intervention, ou même en vertu d'un *besoin* ajouté à cette fausse signature, une lettre de change que cet ami n'auroit pas réellement tirée ou endossée, n'acquéreroit aucun droit contre ce prétendu tireur ou endosseur; d'un autre côté il ne pourroit exciper contre le porteur de bonne foi de l'imprudence qui auroit dicté cette intervention.

Dans ce cas, dans les autres semblables, celui sur qui retombe la perte ne peut exiger du porteur qu'une cession d'actions contre les endossseurs précédens, afin d'arriver à la découverte de l'auteur du faux et de se faire indemniser par lui.

452. Pour y parvenir, celui qui a payé peut sommer le porteur de lui faire connoître l'existence et l'individualité de son endosseur; s'adresser ensuite à cet endosseur pour qu'il lui

fasse la même justification, et ainsi, en remontant jusqu'au tireur. Il n'y point d'autre laps de temps que celui de la prescription de cinq ans qui puisse être opposé à une telle demande, et celui qui est requis de faire connoître son endosseur, ne peut s'y refuser sous le prétexte qu'il n'est pas obligé d'en répondre. Sans doute le porteur n'est pas garant de la vérité de toutes les signatures apposées sur la lettre, mais il ne peut ignorer de qui il la tient. Si la signature de cette personne est fausse, ou si cette personne n'existe pas, il est réellement réputé, dans l'intérêt de celui qui a payé, auteur du faux, ou, ce qui revient au même, il subit la peine de son imprudence en remboursant la lettre. On voit comment il en est de même entre chaque endosseur et son cédant.

SECTION II.
Du Faux commis dans l'Acceptation d'une Lettre de Change.

453. Lorsque le faux a été commis par l'imitation de la signature du tiré, ou par l'altération de la somme pour laquelle la lettre a été acceptée, le porteur qui vient à l'échéance demander le paiement à ce prétendu accepteur, ne peut l'y contraindre, ou si l'altération est reconnue obtenir une somme plus forte que celle pour laquelle l'acceptation avoit été donnée. Quelqu'ait pu être la bonne foi de ce porteur,

476 PART. II. TIT. IV. CHAP. IX. SECT. III.

et même de celui de qui il tient la lettre, il n'a d'autre ressource que de faire le protêt comme en cas de refus de paiement total ou partiel; en dénonçant ce protêt à son endosseur immédiat, celui-ci à celui qui le précéde, la lettre arrivera nécessairement à l'auteur du faux, ou à celui qui, suivant le principe que nous avons développé au numéro précédent, doit subir la peine de son imprudence. Mais si le tiré accepteur, trompé par la parfaite ressemblance de l'écriture ou par l'adresse de la falsification de la somme, payoit la lettre et découvroit ensuite la fraude, il ne nous semble pas en droit de contraindre le porteur à lui restituer ce qu'il lui auroit payé. Les mêmes principes que nous avons développés ci-dessus servent à décider contre lui. Rien ne prouvant que ce porteur fût de mauvaise foi, il seroit réputé n'avoir reçu que ce qui lui étoit réellement dû, puisque la lettre lui est parvenue par un endossement dont il avoit payé la valeur.

Section III.

Du Faux commis dans la Circulation de la Lettre.

454. Lorsqu'une lettre de change ayant été perdue ou volée, celui entre les mains de qui elle tombe y met un faux endossement à son profit, par l'effet duquel il l'endosse lui-même ensuite au profit d'une personne de bonne foi, qui, à son

tour, cède la lettre à une autre, le porteur qui, par suite de ces négociations vient à en demander le paiement à l'échéance, peut être repoussé par le tiré qui auroit reçu l'opposition du véritable propriétaire.

Mais nous avons vu que si le tiré la paye sans opposition, il est valablement libéré tant qu'on ne prouve contre lui ni complicité, ni imprudence capable d'équivaloir au dol. C. 145.

Cependant si, par quelque motif que ce soit, les tribunaux déclaroient que celui qui a payé la lettre n'est pas valablement libéré, ce ne seroit pas précisément un motif pour obliger à restitution le porteur qui a reçu; car de ce que l'accepteur auroit payé, au préjudice d'une opposition faite entre ses mains, dont il ne se seroit pas rappelé l'existence, il ne s'ensuivroit pas nécessairement que le porteur eût reçu le paiement de mauvaise foi. Hors le cas où ce porteur seroit reconnu avoir participé au dol, ou avoir eu connoissance de la fraude dont celui qui a payé est devenu imprudemment victime, il ne seroit tenu que de céder ses actions contre son endosseur de manière à ce qu'on pût, en suivant la marche que nous avons indiquée, n. 452, arriver à l'auteur du faux.

455. La personne qui, se trouvant, sans droit, porteur d'une lettre de change perdue ou volée, se fait passer à l'échéance pour celle à qui le der-

nier endossement en attribue la propriété, commet un véritable faux. Celui qui paye à ce soidisant propriétaire, peut, ainsi que nous l'avons vu, n. 198, être tenu une seconde fois d'acquitter la lettre. Mais il est clair qu'il a un recours contre celui à qui il a payé, qui ne peut exciper d'aucune considération de bonne foi.

456. De tout ce que nous avons dit, résulte la conséquence que celui à qui on demande le paiement de la lettre peut s'y refuser, soit parce qu'il déniera la signature qu'on dit être la sienne, soit parce qu'il prétendra que la somme a été falsifiée, soit parce qu'il aura reçu opposition de la part du propriétaire volé. Le porteur n'en est pas moins tenu de protester et d'exercer son recours ; et quand même, en définitif, le faux seroit prouvé, il ne seroit pas relevé de la déchéance contre son cédant ou tous autres signataires de la lettre : il ne lui resteroit que la ressource de suivre la marche indiquée, n. 452, et l'on sent combien elle est moins avantageuse que l'exercice du recours à défaut de paiement.

CHAPITRE X.

Des Lettres de Change imparfaites.

457. Nous avons fait connoître, dans le chapitre I.er, les motifs qu'avoit eus le législateur

d'accorder une grande faveur aux actes par lesquels se réalise la convention de change. Il étoit juste que cette faveur fût refusée à celles qui ne contiendroient pas toutes les formes ou conditions exigées pour leur régularité, ou dans lesquelles on les auroient faussement énoncées.

Nous allons, dans une première section, examiner comment se reconnoît et se prouve l'imperfection d'une lettre de change ; dans la seconde, quels effets a une lettre de change imparfaite ; dans la troisième, quelles personnes sont admises à exciper de cette imperfection.

SECTION PREMIÈRE.

Comment se reconnoît et se prouve l'Imperfection d'une Lettre de Change.

458. La loi détermine à quels caractères on reconnoîtroit une lettre de change. Tout acte qu'on présente comme tel et qui n'a pas ces caractères, n'est plus celui que la loi a en vue. L'omission d'une des conditions requises pour la validité d'une lettre de change, est donc une imperfection; aucun développement n'est nécessaire pour établir cette vérité. Mais lorsque ces caractères ont été faussement énoncés, afin de donner les effets et les avantages d'une convention de change à une convention tout à fait

différente, il est juste aussi que cette supposition ne soit pas couronnée du succès.

459. Des neufs conditions requises pour la régularité d'une lettre de change, il n'y a que celles qui concernent les personnes désignées comme tireur, tiré, ou preneur, et celles de la remise d'un lieu sur un autre qui puissent être supposées. La supposition de personnes existe: 1.º lorsque celui qui tire une lettre signe ou fait signer le nom d'un faux tireur sur cette lettre qu'il accepte ou qu'il fait accepter par un véritable tiré; 2.º lorsqu'un tireur véritable tire sur un individu non existant; 3.º lorsqu'une lettre véritablement tirée par un individu existant sur un autre aussi existant, présente un preneur qui n'existe pas, et sous le faux nom duquel est souscrit le premier endossement qui fait entrer cette lettre en circulation.

C. 112.

Ces suppositions peuvent, dans certains cas et suivant ce qui résulte des circonstances, être considérées comme des faux; car s'il est vrai que cet acte ne peut nuire à ceux dont on suppose l'existence, nul ne pouvant, comme nous l'avons déjà dit, n. 453, être obligé que par sa signature, ces suppositions nuisent néanmoins à ceux qui deviennent propriétaires de la lettre par l'effet des endossemens ultérieurs. Le tireur, le tiré, le preneur étant parties substantielles de toutes lettres de change, et devant en faire ou en garantir le paiement, les porteurs ou les endosseurs poursuivis sont privés du recours que la loi leur assuroit. La seconde espèce de supposition, qui est celle du lieu d'où une lettre de change est tirée où dans lequel elle est payable, enlève à celle qui la contient, la qualité d'avoir été tirée d'un lieu sur un autre. A moins de circonstances qui feroient évidemment connoître qu'elle cause une perte, un tort réel à des tiers, et qu'elle a été commise avec l'intention de causer ce tort ou d'en profiter, une telle supposition ne nous paroît pas devoir être considérée comme un faux.

460. On voit par ce qui vient d'être dit, que l'imperfection d'une lettre de change peut résulter, ou de l'omission, ou de la fausse énonciation de quelques-unes des conditions exigées par la loi. Dans le premier cas, la lettre elle-même contient la preuve de son imperfection; dans le second cas, cette preuve ne peut résulter que de moyens et de renseignemens pris hors de cette lettre. Si l'on étoit réduit aux seules preuves qui résulteroient de la rédaction même de la lettre, la loi se rendroit impuissante, pour réprimer les suppositions de lieu et de qualité dont elle prévoit la possibilité et redoute C. 112. les dangers. La nature et l'espèce de la preuve qui pourra être admise dans ce cas, dépendent de la sagesse des tribunaux. On ne doit pas se

dissimuler que la qualité des parties qui invo-
queront cette imperfection, aura une grande
influence. Il suffit de rappeler que la règle du
droit civil, qui défend d'accueillir la preuve testimoniale contre et outre le contenu aux actes,
n'est point applicable aux lettres de change,
C. 632. puisque les contestations qui les concernent sont
des matières commerciales.

Section II.

Effets que peut avoir une Lettre de Change imparfaite.

461. Les suppositions reconnues, l'acte qui
les contient est réduit aux mêmes effets que si,
dès sa formation, la vérité des faits avoit été
respectée. Ainsi, l'écrit faussement qualifié lettre
de change, parce que celui qui la créoit a supposé l'existence d'une des parties essentielles à
sa formation, ne l'obligera pas moins, puisqu'on
y trouvera tout ce qui est essentiel à l'engagement de payer, savoir, une somme promise,
un débiteur qui s'oblige, une cause de l'obligation : ce sera une promesse, un billet dont
nous parlerons dans le titre suivant. Ainsi, l'écrit
dans lequel on aura supposé la remise d'un lieu
sur un autre, sera un mandat dont nous ferons
connoître les effets dans le même titre. C'est la
conséquence de la règle que nous avons donnée,
n. 142.

462. Pour déterminer les effets que peut avoir la lettre dans laquelle ont été omises quelques-unes des conditions requises, il faut examiner avec attention en quoi consiste cette omission. Si les énonciations omises sont du nombre de celles sans lesquelles il ne peut y avoir d'engagement quelconque, la lettre ne produit point d'effet; par exemple, si on avoit omis la somme à payer, puisqu'il seroit impossible de connoître à quoi le tireur s'est obligé.

Mais si les énonciations omises ne sont pas essentielles à un engagement en général, si l'on y trouve de quoi former les élémens d'une obligation quelconque, l'écrit ne sera plus une lettre de change, sans doute, mais il aura les effets dont sa rédaction le rendra susceptible. Ainsi, le simple défaut de date n'empêchera pas l'exécution d'un ordre que le tireur donne au tiré de payer, à *telle* époque, *telle* somme, dans *tel* lieu, puisque la date n'est point essentielle pour la validité d'un mandat, d'une vente de créance, d'une délégation. La lettre qui n'énoncera pas le nom de celui qui doit la payer, ne pourra pas sans doute procurer à celui au profit de qui elle aura été tirée, les moyens de toucher cette somme, puisque nul ne sera indiqué pour payer; mais si le tireur y déclare qu'il a reçu l'équivalent de cette somme qu'il vouloit faire payer au preneur ou à son ordre, dans *tel* lieu, ce preneur ou le cessionnaire de ses droits, à qui le

31 *

défaut de désignation d'un tiré ne permettra pas d'aller se faire payer à l'échéance indiquée, aura évidemment le droit de demander au tireur qu'il fasse lui-même ce paiement.

La lettre dans laquelle l'époque du paiement auroit été omise, constateroit, comme dans les deux cas précédens, les obligations du tireur, de faire payer *telle* somme; et comme l'oubli d'indiquer l'époque du paiement ne sauroit être un prétexte pour ne jamais payer, le juge détermineroit dans sa sagesse le délai dans lequel le tireur sera tenu de faire payer la somme ou de la payer lui-même.

N. 1903. On sent comment ces raisons peuvent s'appliquer à la lettre qui ne seroit point indiquée payable à ordre, ou qui seroit faite payable au porteur. Si ce que nous avons dit, n. 340, ne permettoit pas de la considérer comme une véritable lettre de change, quand même elle en auroit toutes les autres conditions, elle vaudroit comme un mandat, payable, soit à la personne dénommée sans qu'elle puisse le transmettre par voie d'endossement, soit au porteur; et ses effets seroient réglés d'après ce que nous dirons dans le titre suivant.

Dans tous ces cas, le tireur de la lettre imparfaite avouant qu'il a reçu la valeur de celui au profit de qui il l'a tirée, celui-ci a droit de toucher la somme qui lui est donnée à prendre sur le tiré; et si cette somme ne lui est pas payée, de recourir contre le tireur qui doit garantir le fait N. 1118, qu'il a promis.

Mais lorsque la lettre ne contient aucune énonciation que la valeur ait été comptée, elle ne peut, quelle que soit d'ailleurs sa régularité, produire les mêmes effets. Le preneur n'en est pas propriétaire; s'il a droit d'aller demander à l'échéance que le tiré lui paie la somme exprimée, ce n'est point dans son intérêt et pour lui-même qu'il est chargé; il n'est évidemment qu'un mandataire révocable à la volonté du tireur. C'est en cela que l'imperfection causée par le défaut de mention de valeur, diffère des imperfections pour simple omission de date et autres semblables.

463. Cependant en seroit-il de même si la lettre exprimant que la valeur a été reçue, n'indiquoit point en quoi? Nous avons vu que l'endossement qui n'a pas la forme spécialement établie, n'étoit considéré que comme une simple procuration. L'analogie pourroit porter à n'attribuer que cet effet à la lettre de change qui n'a pas toutes les formes requises. Mais lorsqu'il s'agit d'appliquer une disposition rigoureuse et exorbitante du droit commun, les raisons d'analogie ne doivent être invoquées qu'avec une grande réserve; d'ailleurs il n'y a pas d'identité de motifs, ce qui est une condition essentielle, lorsqu'il s'agit de décider par application de la loi d'un cas ou un autre.

· En laissant à la lettre de change imparfaite
la faculté de transporter à celui au profit de qui
elle est tirée, la propriété de la somme que le
tireur a entre les mains du tiré, ou de créer une
obligation quelconque suivant les termes dans
lesquels elle sera conçue, on ne lui reconnoît
cette faculté que conformément aux règles du
droit civil, et par conséquent sans préjudice des
oppositions que les créanciers du tireur pourront encore faire entre les mains du tiré, tant
que la signification du transport n'aura pas eu
lieu. Ainsi, l'intérêt du commerce, qui a fait
prescrire des formes pour la rédaction de la
lettre de change est concilié avec l'équité.

Il ne pourroit en être de même à l'égard de
l'endossement. Il n'y a pas d'alternative ; s'il n'o-
père pas transport, suivant les règles du droit
commercial, il ne peut servir à l'opérer suivant
celles du droit civil, au moyen de la signification
qui en seroit faite, parce que la nature des choses
ne le permet pas, comme nous l'avons vu,
n. 344. Or, le législateur ayant eu de puissantes
raisons pour ne pas permettre que la propriété
d'une lettre de change pût être transmise par un
acte qui n'auroit pas toutes les formes qu'il a déterminées, l'acte qui en étoit privé devoit être
nul, ou du moins avoir un caractère exclusif de ·
toute transmission de propriété.

Section III.

Quelles Personnes peuvent exciper de ces Imperfections ?

464. L'imperfection d'une lettre de change peut être invoquée ; 1.° par le tireur, 2.° par l'accepteur, 3.° par les endosseurs ou donneurs d'aval.   C. 636.

465. Les exceptions du tireur peuvent avoir lieu contre celui à qui il a donné la lettre de change, contre le porteur qui lui en demande le paiement, contre les endosseurs ou autres signataires qui exercent un recours de garantie contre lui. Soit que l'imperfection de la lettre de change se trouve prouvée par le texte même, soit qu'elle puisse être établie par des preuves étrangères, celui qui a reçu du tireur une lettre imparfaite, doit s'imputer son erreur ou sa connivence. Le tireur qu'il poursuit peut lui opposer, lors même que la lettre est extérieurement régulière, qu'elle contient supposition de noms ou de lieux, et que cette prétendue lettre de change ne sauroit prendre entr'eux que le caractère d'une simple promesse.

Mais le tireur ne peut opposer au tiers porteur ou à des endosseurs qui, se trouvant poursuivis en garantie, reviendroient contre lui, l'imperfection de la lettre, qu'autant qu'elle résulte d'omission de formes. Il seroit injuste de décider contre eux, sur des preuves prises hors de l'acte même, et d'après une supposition de noms ou de lieux, qui leur est entièrement étrangère, qu'ils sont porteurs d'une simple promesse.

466. Les mêmes principes nous paroissent devoir être appliqués aux exceptions que l'accepteur essaieroit de fonder sur l'imperfection de la lettre. Il ne peut exciper des suppositions qu'il prétendroit y avoir été commises, que contre les personnes agissantes dans la confection et rédaction de la lettre. Mais les omissions ayant dû frapper quiconque la recevoit, chacun n'est présumé avoir voulu acquérir qu'un simple mandat.

467. Lorsqu'un endosseur est appelé en garantie d'une lettre de change imparfaite, et qu'il veut exciper de cette imperfection pour éviter la rigueur des poursuites, ou lorsque, pour écarter la fin de non-recevoir dont il fait usage, on lui oppose qu'il ne s'agit pas d'une lettre parfaite, qu'ainsi les diligences n'étoient pas de rigueur, il nous semble qu'il faut faire la même distinction. Mais dans tous ces cas, il est indispensable que ceux en faveur desquels nous croyons devoir admettre ces restrictions, soient de bonne foi, c'est-à-dire, qu'ils n'aient aucunement participé à la supposition de noms et de lieux, autrement ils ne seroient pas plus favorables que le preneur, et la règle que nous avons donnée reprendroit toute sa force.

TITRE CINQUIÈME.

Du Prêt.

———

468. On distingue deux sortes de prêt : le
prêt à usage, le prêt de consommation. N. 1874.

Il est important de ne pas les confondre ; car,
indépendamment de ce qu'entre les contractans
ils ont des effets bien différens, cette différence
est essentielle lorsqu'il s'agit d'exercer une revendication dans la faillite de l'emprunteur. La
chose prêtée à usage n'ayant point cessé d'ap- N. 1877.
partenir au prêteur, il a droit de la reprendre
dans la masse de son débiteur. La chose prêtée
à consommation étant devenue la propriété de N. 1893.
l'emprunteur, le prêteur n'a qu'une simple
créance dont l'exercice est soumis aux règles
ordinaires.

La nature des choses prêtées, et quelquefois
les circonstances du prêt qui dénotent l'intention des parties, doivent être considérées
avec une grande attention. Souvent il arrive
que l'emprunt, qui, suivant les règles du droit
civil, ne seroit considéré que comme produisant
un prêt à usage, opère dans le commerce un
prêt de consommation. Qu'un avocat emprunte

à son confrère un exemplaire des œuvres de
Pothier, il intervient évidemment un prêt à
usage : qu'un libraire aille chez son confrère lui
emprunter, sans autre explication, un exemplaire des mêmes œuvres, c'est un prêt de consommation. Le premier, n'a pu emprunter que
pour consulter et lire, le second, est présumé
avoir eu besoin de cet exemplaire, dans un
moment où il n'en avoit pas de disponible,
pour le fournir à un acheteur.

Nous ne nous occuperons que du prêt de
consommation, parce qu'il est le seul dans lequel
la jurisprudence commerciale modifie les règles
du droit civil. Quand même un prêt à usage
intervenant entre des commerçans, auroit des
marchandises pour matière, il seroit régi par
tous les principes du droit commun.

469. Les actes qui servent à constater le prêt
dans le commerce, sont employés aussi à constater des reconnoissances de dettes nées de toutes
autres espèces de conventions. Il arrive souvent
qu'on souscrive un engagement qui a toutes
les formes et les effets d'un prêt, quoique leur
cause originaire soit bien différente. Ainsi,
quand on vient respectivement à compte de
sommes ou autres choses fournies de part et
d'autre, quand on termine des différends par
des transactions, ou dans tous autres cas semblables, si celui qui doit par l'arrêté de compte,

par la transaction ou autrement, ne paye pas comptant, on détermine à une certaine somme ce qu'il peut devoir, et il s'en reconnoît débiteur de la même manière que s'il avoit réellement emprunté.

Dans un premier chapitre, nous offrirons les principes généraux sur le prêt plus particulièrement applicables au commerce ; dans le second, nous ferons connoître les actes par lesquels il se réalise ordinairement.

CHAPITRE PREMIER.

Principes généraux sur le Prêt.

470. Quoiqu'à suivre l'acception grammaticale, on puisse dire qu'il n'y a de prêt que lorsque le propriétaire de la chose l'a livrée à celui qui l'emprunte, on ne peut se dissimuler que la promesse de prêter ne soit un engagement qui doive avoir des effets. Celui à qui un autre a promis de prêter une somme, a droit, par suite des principes que nous avons développés, n. 363, de le poursuivre pour qu'il en fasse le versement entre ses mains ; aux offres de lui donner les obligations ou sûretés convenues, ou sous-entendues entr'eux, et en cas de refus, de l'y faire condamner. Celui qui a promis de faire ce prêt, ne pourroit offrir purement et simplement des dommages-

intérêts, car un tribunal ne doit les accorder
et ne peut les fixer qu'en connoissance de
cause, et après vérification du tort éprouvé
par celui envers qui un engagement a été pris;
ce seroit donc placer la personne à qui le prêt
a été promis, entre la crainte de perdre et la
nécessité de dévoiler les opérations commerciales
auxquelles elle destinoit la somme qui lui avoit
été promise. En un mot, dans le commerce,
l'engagement de prêter *telle* somme, ou *telle*
quantité de marchandises, doit avoir les effets
d'un engagement de payer, ou de livrer la
somme ou les choses désignées, qui a pour cause
la promesse que fait celui à qui elle doit être
comptée, de rendre à *telle* époque convenue.

Ces principes s'appliquent à l'obligation
d'emprunter sous les seules modifications que
comporte la nature des choses.

471. A l'instant que l'engagement de prêter
a été réalisé par le prêteur, la propriété de la
chose passe à l'emprunteur; elle devient à ses
risques; il n'est plus tenu que de la rendre
en pareille quantité, nature et bonté, au temps
et au lieu convenus.

Cette règle sur la restitution, s'applique
diversement selon que l'objet prêté consiste en
monnoie ou en autres choses.

S'il consiste en monnoie, on doit suivre
les principes que nous avons donnés, n. 202 et

N. 1149.
Pr. 523.

N. { 1892.
{ 1893.

N. 1895.

suivans, auxquels nous renvoyons pour abré-
ger.

S'il consiste en autres choses, ou si le prêt
étant fait en monnoie, soit nationale, soit étran- N. { 1896.
gère, une convention non prohibée annonce { 1897.
que les parties ont considéré cette monnoie
comme une marchandise, le débiteur doit
rendre la qualité et quantité déterminées par
son engagement, et rien de plus ni de moins, N. 1897.
quand même le prix des choses prêtées auroit
augmenté ou diminué dans l'intervalle. Si, par
quelqu'évènement, cette restitution lui étoit
impossible, il doit en payer le prix qu'une égale
quantité de choses de même nature et qualité
vaut ou vaudroit au lieu et au temps convenus
pour la restitution, et à défaut de convention,
ce qu'elle valoit au temps et au lieu où le prêt
a été fait.

472. Indépendamment de l'obligation de
rendre le capital prêté, le prêt engendre celle
de payer les intérêts convenus, sur la stipulation
desquels nous avons donné des règles dans le
n. 181 ; et même, lorsque le prêt s'opère par
la délivrance de lettres de change, ou par souscription de billets à ordre, qui entraînent remise d'un lieu sur un autre, cette obligation
s'étend jusqu'à payer le rechange suivant les
règles que nous avons données, n. 437 et suivans.

CHAPITRE II.

Des divers Actes par lesquels sont constatés les Prêts et Avances.

473. Les commerçans sont presque toujours obligés de se faire respectivement soit des envois de fonds, d'effets à recevoir, ou de valeurs à réaliser, soit des avances et des crédits, ce qui s'appelle être en *compte courant;* ils délivrent assez souvent, les uns au profit des autres, des *mandats* dont la forme est presque semblable aux lettres de change, et qui sont même dans la réalité des lettres de change imparfaites ; ils souscrivent des reconnoissances de sommes qu'ils doivent, connues sous le nom de *billets* dont la forme et les effets varient.

Nous allons donner quelques notions à ce sujet dans les trois sections suivantes.

Section première.

Des Comptes courans.

474. On appelle *compte courant,* le tableau des lettres de change ou mandats de payer des sommes que les commerçans tirent les uns sur les autres, ainsi que des envois de valeurs ou remises d'effets à recouvrer ou à négocier qu'ils se font réciproquement.

Tout *compte courant* se compose de *débit* et *crédit,* ou selon des termes plus usités de *doit* et *avoir.*

On porte au *crédit* d'une personne toutes les sommes ou valeurs qu'on a reçues d'elle, et au *débit* toutes les sommes payées et toutes les traites, à telle échéance qu'elles soient, faites ou acceptées pour elle. Celui qui fournit est *créditeur ,* celui qui reçoit est *débiteur.* Les comptes courans portent intérêt à un taux qui se règle de gré à gré entre négocians, mais qui ne doit point excéder le taux légal ; et assez souvent, on convient, ou même il est d'usage, que les intérêts soient cumulés au capital après un certain tems, pour en produire de nouveaux. Chaque année, ou bien aux époques d'usage, chacun envoie à l'autre l'extrait du compte courant, à la fin duquel est indiqué le solde, et ainsi jusqu'à ce que les comptes soient réglés et terminés.

475. Les valeurs qui entrent dans les comptes courans sont de différentes espèces, et cette différence peut en produire souvent une très-grande dans les résultats de ces comptes. Lorsque les deux commerçans ne sont en compte courant que par les avances ou déboursés respectifs qu'ils peuvent faire l'un pour l'autre, la balance du compte est facile à établir, pour ainsi dire, chaque jour ; celui qui a payé pour un autre plus

que celui-ci n'a payé pour lui, est créancier, et les déboursés qu'ils ont fait réciproquement ont produit une compensation d'instant à instant.

Le plus souvent le crédit de l'un ou de l'autre ou même des deux, se compose d'effets négociables qu'ils se fournissent de toutes sortes de manières. L'endossement des effets ainsi envoyés, en transfère sans doute la propriété à celui qui les reçoit, parce qu'il est ou doit être causé *valeur reçue en compte ;* mais cette valeur ne peut opérer irrévocablement un article de crédit pour celui qui fait la remise, qu'autant que les effets sont payés à l'échéance ; il ne peut jusque-là être crédité que conditionnellement. Dans le cas où les effets ne seroient pas payés, cet article de crédit disparoît et l'envoyeur est débité de la somme dont il avoit été crédité. Il arrive bien plus ; quelquefois le correspondant peut avoir lui-même négocié ces effets, et lorsqu'ils sont protestés, il est tenu de les rembourser par suite des garanties dont nous avons expliqué la marche dans le titre précédent ; alors, non-seulement l'article de crédit qu'ils formoient pour l'envoyeur est annullé par une contre-partie, mais encore celui qui les avoit reçus se trouve faire un déboursé pour le compte de cet envoyeur.

476. L'application de ces principes ne peut être l'objet de difficultés réelles, tant qu'il ne

s'agit que de régler les deux parties respectivement. Mais si l'une ou l'autre, ou même les
deux tombent en faillite, les difficultés peuvent
être plus grandes, surtout lorsque des tiers ont
des intérêts liés à ceux du failli. Quelques
exemples en donneront une idée, et pourront
aider à résoudre les questions analogues.

Pierre et *Jacques* sont en compte courant. *Pierre* a fait pour 100,000 fr. de remises
à *Jacques,* sur qui il a tiré seulement pour
50,000 fr. de lettres que celui-ci a acceptées.
Pierre fait faillite. Il s'agit de liquider la situation des parties. Au premier aspect on pourroit
croire que *Jacques* est débiteur de 50,000 fr.,
ou, du moins, doit rendre 50,000 fr. sur les
valeurs qu'il a reçues, puisqu'en vertu de ses acceptations il ne paiera ou n'a payé que 50,000 fr.
Cela peut même paroître juste, s'il se trouve que
sur les 100,000 fr., dont remise lui avoit été
faite, 50,000 fr. ont déjà été acquittés; car,
soit qu'il ait par lui-même touché cette somme,
soit qu'ayant négocié les effets dont il a reçu la
valeur, il se trouve, par leur acquittement, à
l'abri de toutes poursuites en garantie, on peut
dire qu'il a reçu autant qu'il a déboursé, et
qu'il est débiteur de l'excédant.

Mais il faut encore savoir si la totalité des
100,000 fr., qui lui ont été remis, a été par
lui négociée ou non. S'il n'en a négocié que
50,000 fr., qui, dans notre supposition, sont

acquittés, point de doute qu'il ne soit débiteur envers la masse de *Pierre* des 56,000 fr. qui lui restent. Mais s'il a mis ces effets, ou même partie de ces effets en négociation, rien ne prouve qu'ils seront payés à l'échéance; la faillite de *Pierre* qui est un des endosseurs, donne au contraire, à *Jacques*, une juste crainte de ne pas être garanti en cas de recours exercé contre lui; non-seulement donc, il ne peut être tenu de rien payer, ni rendre à la masse de *Pierre*; mais encore il peut exercer dans cette faillite des droits que nous ferons connoître dans la cinquième partie. Il en est ainsi, à bien plus forte raison, si la totalité des 100,000 fr. est encore en circulation, et non échue.

477. A la vérité, en appliquant les règles que nous avons données, n. 230, on pourroit opposer à la prétention de *Jacques*, qu'il doit payer intégralement ce dont il est *débité* par le résultat du compte, et que si les effets qui lui ont été transmis, n'étant pas payés, les porteurs exercent contre lui des recours, il sera admis à faire valoir les créances résultant de sa garantie contre la masse de *Pierre*, dans la même proportion que les autres créanciers. Mais s'il est vrai que les principes du droit strict conduisent à une telle conséquence, il faut considérer que la nature de la négociation intervenue entre les parties, doit les modifier. Dans

l'espèce que nous examinons ; *Jacques* n'est pas devenu pur et simple débiteur des 50,000 fr. qui excédoient les valeurs par lui fournies ; il n'est débiteur qu'autant que les effets qu'il a négociés seront payés ; et, par conséquent, ne donneront lieu à aucun recours contre lui : il ne peut donc être tenu de payer avant l'événement de la condition. Lorsqu'à cet événement, quelques effets se trouveront payés, et que d'autres protestés auront été remboursés par lui, on ne pourra dire qu'il est, à l'égard de la faillite, débiteur à un titre, et créancier à un autre ; ni lui opposer que l'état de faillite de *Pierre*, met obstacle à la compensation. L'événement seul du compte définitif apprendra s'il est débiteur ou créancier ; mais, par cet événement, il ne sera que l'un ou l'autre, et n'aura pas les deux titres à la fois.

478. Un autre exemple fera sentir comment l'état de compte courant peut être envisagé dans l'intérêt des tiers. *Pierre* tire des lettres de change sur *Jacques*, qui les accepte *à découvert*. La faillite de ce dernier, arrivant avant l'échéance, *Pierre*, qui, d'ailleurs, sent bien l'imprudence de remettre la provision à *Jacques*, et qui prévoit qu'il sera incessamment poursuivi par les porteurs pour rembourser, ou donner caution, comme nous l'avons dit, n. 381 et suivans, prend avec *Paul* des arrangemens

32*

pour que celui-ci se porte caution et paye à l'échéance; il lui fournit, en conséquence, des valeurs, ce qui établit entr'eux un compte courant, composé au *crédit* de *Pierre* des valeurs qu'il a fournies, à son *débit* des paiemens faits après le protêt des lettres qu'il avoit tirées sur *Jacques*.

Paul, au lieu de payer purement et simplement ces lettres, déclare qu'il les paie par intervention; et, par ce moyen, il se ménage l'exercice des droits des porteurs dans la faillite de l'accepteur. Les syndics de la masse de ce dernier, auront, sans doute, suivant les principes que nous avons donnés, n. 4ɪɪ, le droit de discuter les causes de cette intervention, et de prouver qu'ayant reçu des valeurs pour acquitter la lettre de *Pierre* tireur, qui étoit leur garant, puisque le failli avoit accepté à découvert, il n'a pu changer la nature de ses engagemens.

Mais si *Paul*, sans nier précisément qu'il eût reçu des valeurs de *Pierre*, prétendoit que la série des opérations du compte courant les a absorbées, et au-delà, que, par conséquent, les avances résultantes du paiement des lettres dont il s'agit, ne se trouvent pas couvertes, les syndics seroient encore fondés à discuter l'état du compte courant, à établir qu'à l'instant où les lettres ont été payées par *Paul*, il avoit des fonds libres, destinés naturellement à cet objet; qu'il n'est pas présumable qu'ayant, des fonds de son correspondant, il ait préféré y employer les siens propres, et les tribunaux pourroient repousser une demande qui ne seroit que l'effet de la collusion entre *Paul* et le tireur, devenu à son tour insolvable.

SECTION II.

Des Mandats.

479. Nous donnons le nom de *mandat*, à l'écrit par lequel une personne charge une autre de compter pour elle, à un tiers, une certaine somme, ou de lui faire la délivrance d'une certaine quantité de choses appréciables.

On voit en quoi cette définition ressemble à celle de la lettre de change. Elle n'en diffère, dans le fait, qu'en ce que le mandat peut être payable dans le lieu même où il est donné; mais cela suffit pour qu'il ne jouisse d'aucun des privilèges accordés aux lettres de change, avec lesquelles il n'a, de commun, que quelques-unes de ses formes, et le mode de négociation, lorsqu'il a été créé transmissible par voie d'ordre, suivant les principes que nous avons développés, n. 314. On voit encore par là, que tout acte auquel on auroit donné le nom de lettre de change, et qui, ne réunissant pas toutes les conditions requises pour cela, ne seroit considéré que comme lettre de change imparfaite, a les effets d'un mandat, s'il se trouve réunir les conditions essentielles à une obligation ordinaire. Ces sortes d'actes sont encore appelés *délégation, assignation, rescription*.

480. Un mandat, quel que soit son objet et le motif qui ait porté son auteur à le délivrer, peut établir entre celui-ci et la personne à qui il est adressé, des rapports qui existent dès l'instant qu'elle s'est obligée à l'acquitter, ou l'a acquitté en effet.

N. 1984.

Ces rapports peuvent être considérés sous deux points de vue, selon que l'auteur du mandat ne possédant point de fonds ou de valeurs entre les mains de celui à qui il s'adresse, lui fait un emprunt; ou qu'il le charge de payer ce qu'il lui doit, à celui au profit duquel le mandat est délivré. Dans le premier cas, la réception que le porteur légitime du mandat fait des sommes ou valeurs y énoncées, rend le prêt parfait, et l'auteur du mandat devient débiteur de celui qui l'a payé; dans le second cas, elle opère une libération, et l'auteur du mandat cesse d'être créancier de celui qui s'est ainsi acquitté.

Par suite de cette distinction, il faut dire que si celui à qui le mandat est adressé, ne doit rien à la personne qui l'a fait, il ne peut être contraint à l'acquitter, à moins qu'il ne s'y soit

engagé. Mais cet engagement, dans quelque
forme qu'il soit donné, pourvu qu'il soit assez
précis pour créer une obligation, donne contre
lui les mêmes droits que s'il avoit souscrit directement une dette. Si, au contraire, il doit
à cette personne une somme ou une quantité
de choses, égale à celle qui est portée au mandat, il ne peut refuser de payer sans s'exposer
à des poursuites que le porteur légitime seroit
fondé à diriger contre lui, comme cessionnaire
des droits du créancier. Il n'est toutefois obligé
d'effectuer ce paiement, que sauf les exceptions qu'il avoit contre son créancier, et il ne N. 1295.
perd le droit de les faire valoir que par une
acceptation sans réserves. Mais, ni la délivrance
de ce mandat, ni même l'acceptation, ne pro-
duiroient l'effet d'en transmettre le montant au
porteur, au préjudice des saisies-arrêts qu'auroient faites les créanciers de celui qui l'a donné,
ou de celles qu'ils feroient, tant que le transport N. 1691.
de la créance n'auroit pas été signifié au débiteur, ou accepté par lui.

481. Un mandat peut être donné à quelqu'un
en paiement d'une somme ou d'une quantité de
marchandises égale à celle que l'auteur du mandat lui devroit; il peut lui être donné, à titre de
prêt; il peut être donné dans la vue que celui
qui le reçoit en touche le montant au simple
titre de fondé de pouvoir.

A quelque titre que celui à qui un mandat est délivré l'ait reçu, il doit faire les diligences convenables pour en toucher le montant. Il n'y a, relativement à la forme ou au délai de ces diligences, aucune règle que celles qu'auroit établies la convention des parties, ou bien auxquelles elles seroient présumées s'être soumises d'après les circonstances et les usages.

Si le mandat a été donné en paiement, et que cette réception n'ait point opéré de novation, ce qui doit être décidé par les principes que nous avons expliqués, n. 220, celui qui l'a pris pourra, tant qu'il n'aura pas laissé prescrire sa créance primitive, revenir contre son débiteur. Mais si celui-ci prouvoit que la personne sur qui le mandat a été donné, étoit, lors de l'échéance, débitrice envers lui, ou dépositaire des fonds destinés au paiement, que cette personne étoit solvable et payoit exactement ses dettes, que le paiement n'a été requis qu'après cette échéance, et que le recours n'est exercé contre lui que dans un moment où il ne peut plus le faire payer, il pourroit, suivant les circonstances, obtenir des dommages-intérêts qui, dans l'espèce, consisteroient à faire supporter cette insolvabilité au porteur négligent. Ce ne seroit point une suite de ce qui a été dit dans le titre précédent, mais la conséquence des principes généraux du droit qui rendent responsable envers le mandant tout mandataire qui n'a pas apporté dans l'affaire dont il s'est chargé, la N. 1991. même diligence que dans les siennes propres.

Il en est de même si le mandat a pour objet de faire un prêt à celui à qui il est délivré ; car indépendamment des raisons que nous venons de donner, nous avons vu, n. 470, que la promesse de prêter, comme celle d'emprunter, produisoit des obligations.

Si celui qui a reçu le mandat n'est qu'un simple fondé de pouvoir, il peut, tant que l'échéance n'est point arrivée, ou même depuis cette échéance, tant que la personne indiquée est solvable, se décharger de l'obligation d'aller en recevoir le paiement, et remettre le mandat à celui qui le lui a donné. C'est la conséquence des principes du droit commun qui permettent à tout fondé de procuration de renoncer à l'exécution des pouvoirs qui lui ont été confiés, lorsqu'il le fait à temps, et que le mandant peut faire par lui-même ou par un autre, ce dont il N. 2007. avoit chargé le mandataire.

Le mandat peut aussi être révoqué par celui qui l'a délivré, tant qu'il n'a point été acquitté, et cette révocation étant notifiée à la personne N. 2009. sur qui il a été fait, elle ne doit pas payer au porteur. On voit par ce qui précède, que ces principes ne s'appliqueroient pas au mandat qui auroit été délivré par suite d'une convention intéressée ; par exemple, pour opérer un paiement ou un prêt.

482. Nous avons fait connoître, dans le chapitre VI du titre III, les effets de l'endossement
d'un mandat ; il nous suffit d'observer maintenant que si le défaut de diligences, de la
part du porteur, ne l'expose pas aux déchéances
contre ceux de qui il l'a reçu, il doit en supporter les suites dans les cas où, par sa faute,
l'auteur de ce mandat se trouveroit dans l'impossibilité de se faire payer par son débiteur
devenu insolvable.

Section III.

Des Billets.

483. Nous avons donné, n. 54, des notions
sur ce que l'on entendoit par *billets*. Ces sortes
d'engagemens ne diffèrent en rien de ceux qui
n'appartiennent point essentiellement au commerce ; ils ne sont commerciaux que lorsqu'une
preuve évidente ou une présomption légale
l'établit.

C. 638. Un billet peut être souscrit par un commerçant, et alors il est présumé de plein droit fait
pour le commerce lorsqu'il ne contient aucune
cause qui exclue cette présomption ; il ne s'agit
que de reconnoître la qualité du souscripteur
d'après les règles que nous avons données, n. 77
et suivans. Il peut être souscrit par un non-
commerçant ; il est alors présumé n'avoir pour

cause qu'une transaction civile; mais comme un
non-commerçant peut faire des actes de com- C. 636.
merce, et, à leur occasion, souscrire un billet,
s'il a pour objet une opération de ce genre, il
est réputé engagement de même nature.

Dans le premier cas, la loi exige que la cause
étrangère au commerce soit énoncée dans le
billet même, à défaut de quoi elle établit
la présomption légale qu'il a pour objet le
commerce. Dans le second, elle ne considère le
billet comme une obligation commerciale qu'autant qu'il est établi, soit par l'écrit lui-même,
soit par toute autre preuve admissible, contre
le souscripteur, qu'il a pour cause des opérations
qualifiées *actes de commerce.*

484. Nous avons fait connoître, dans les
n. 244 et suivans, comment s'appliquoient à la
jurisprudence commerciale les principes de droit
civil sur les billets simples. Mais il existe deux
espèces de billets qui sont plus particulièrement
connus dans le commerce, et qui, par leur
forme, diffèrent des billets ordinaires. Ce sont :
1.° les billets à ordre, auxquels un grand C. 187.
nombre de dispositions relatives aux lettres de
change, ont été déclarées applicables; 2.° les
billets au porteur, ainsi nommés, parce que nous
avons vu que le souscripteur s'engageroit à payer
quiconque se trouveroit porteur de son billet.

Ces billets, sur lesquels nous avons déjà

donné des notions que nous ne répéterons pas, sont assujettis à quelques formes particulières que nous allons faire connoître dans les deux paragraphes suivans.

§. Ier

Dés Billets à ordre.

485. Un billet à ordre doit énoncer la somme à payer, le nom de celui à l'ordre de qui il est souscrit, l'époque à laquelle le paiement doit s'effectuer, la valeur qui a été fournie en es- pèces, en marchandises, en compte, ou de toute autre manière.

Il n'est aucune de ces règles dont nous n'ayons donné le développement en parlant de la forme des lettres de change. Mais la différence essen- tielle qui existe entre ces lettres et le billet à ordre y apporte une modification en ce qui con- cerne l'expression de la valeur fournie. La lettre de change n'est que le mode d'exécution d'un contrat, qui ne peut exister que par une remise de fonds d'un lieu sur un autre, par un échange de valeurs. Tout ce qui ne suppose et ne permet pas de supposer cet échange est donc contraire à la nature de ce contrat. Le billet à ordre ne contient et n'exige rien de semblable. Ces sortes de billets peuvent même avoir pour cause des lettres de change fournies ou à fournir, ainsi que nous l'avons dit, n. 322.

486. Ces billets peuvent quelquefois être faits pour une valeur comptée dans un lieu et payable dans un autre. Ils ont alors un des caractères de la lettre de change, la *remise*. Mais ils ne sont pas pour cela des lettres de change, parce que le caractère essentiel de cet effet est d'être un ordre donné par une personne à une autre, et d'offrir, indépendamment des endosseurs, deux obligés, savoir, le tireur et le tiré, au lieu d'un seul qu'offre le billet à ordre. Ils produisent sans doute les mêmes résultats ; mais, néanmoins, ce sont deux choses distinctes, et celui qui auroit promis des lettres de change, ne rempliroit pas son engagement en donnant des billets, même emportant *remise*. Il ne seroit pas plus admissible à le faire indirectemeut, en tirant de prétendues lettres sur lui-même, car elles ne seroient, dans la réalité, que des billets, avec remise d'un lieu sur un autre, comme nous l'avons dit, n. 335.

487. Toutes les dispositions relatives aux lettres de change qui concernent l'échéance, C. 187. l'endossement, la solidarité, l'aval, le paiement, le paiement par intervention, le protêt, les devoirs et droits du porteur, le rechange et les intérêts, sont applicables aux billets à ordre.

Il n'y a point de distinction lorsque le billet est souscrit par un commerçant ou par un non-commerçant ; les modifications que cette

différence de qualité exige, ne pouvoient s'é-
tendre, sans beaucoup d'inconvéniens, à la
forme des actes servant à constater le refus de
paiement, et aux délais pour faire les diligences. On a suffisamment veillé à l'intérêt des
non-commerçans, en les exemptant de la con-
C. 637. trainte par corps, lorsque les billets souscrits ou
endossés par eux n'avoient pas le commerce pour
objet. Ainsi ce seroit, de la part des tribunaux,
excéder leurs pouvoirs, que d'accorder, sans
le consentement du créancier, un délai, ou des
facilités de paiement à celui qui seroit poursuivi
en paiement d'un billet à ordre qu'il auroit souscrit ou endossé.

488. Cependant, il ne faut appliquer aux
billets à ordre les dispositions relatives au protêt,
aux devoirs et droits des porteurs de lettres
de change qu'avec les modifications que commande la nature des choses. Ainsi, à l'expiration
du délai, le porteur ne doit pas être déchu de
ses droits contre le souscripteur, quand même,
dans le cas où ce billet seroit payable dans une
autre ville que celle du domicile du souscripteur, et par une personne qu'il auroit indiquée,
ce qui emporteroit remise d'un lieu sur un autre,
ce souscripteur prétendroit qu'il y avoit provision au lieu ou à l'époque où le protêt devoit
être fait. Ce seroit mettre en principe qu'un
débiteur est libéré si son billet ne lui est pas

présenté à l'échéance. Dans un tel cas, le débiteur a dû veiller à ce que devenoient les fonds qu'il auroit confiés à un mandataire pour acquitter le billet, et n'a pu se libérer que par une consignation dans les formes que nous avons indiquées, n. 215 et suiv. C'est le motif par lequel on n'a pas déclaré que les dispositions sur la provision s'appliquent aux billets à ordre. On suivroit ce que nous avons dit, n. 482.

Mais cette restriction est la seule qu'on doive admettre, et les déchéances contre les endosseurs faute de poursuites, n'en sont pas moins encourues lors même qu'il s'agit de billets qui ne sont pas souscrits pour des causes de commerce. Il est inutile d'ajouter que les dispositions sur le rechange ne sont applicables aux billets à ordre qu'autant que la négociation emporte remise d'un lieu sur un autre, puisque ce n'est que dans ce seul cas qu'il peut y avoir justice dans la demande du rechange, et matière pour l'établir.

489. La prescription de cinq ans éteint les actions relatives aux billets à ordre souscrits par des commerçans, ou à ceux qui, étant souscrits C. 189. par d'autres, ont pour objet des actes de commerce. Il en faut tirer la conséquence que les billets à ordre souscrits par les non-commerçans qui n'ont point pour objet des actes de commerce, ne doivent se prescrire que par le temps

ordinaire des prescriptions, comme nous l'avons observé dans les n. 239 et suivans.

§. II.

Des Billets au Porteur.

490. On peut comprendre, sous le nom de billets au porteur, non-seulement ceux dans lesquels le souscripteur s'oblige à payer, entre les mains de la personne quelle qu'elle soit, qui sera en possession du billet à l'échéance; mais encore les billets dans lesquels le nom du débiteur est laissé en blanc. Cette dernière espèce de billets a été, il est vrai, prohibée par la loi du 20 vendémiaire an 4, dans le temps même que la législation, comme nous l'avons vu, n. 138, consacroit l'existence des billets au porteur; mais il est assez présumable que les motifs de cette prohibition, qui n'étoient que de circonstances, n'existant plus, on doit considérer cette disposition comme tacitement abrogée. Du reste, il faut leur appliquer les principes généraux sur les obligations, et les billets purs et simples dont ceux au porteur ne diffèrent qu'en cela seulement, qu'au lieu d'être indiqué dans l'engagement, le créancier tire tout son droit de la possession du titre, sans qu'il soit obligé de prouver qu'il en est devenu propriétaire par un acte de transport; ainsi que les anciennes lois qui les concernent, et subsistent par cela seul que les billets au porteur ne font l'objet d'aucun article du Code.

TITRE SIXIÈME.

DU DÉPÔT.

———

491. LE dépôt, considéré dans ses rapports avec le commerce, est une convention par laquelle une personne se charge de conserver la chose d'autrui, moyennant une rétribution déterminée par la convention ou l'usage, et de la rendre, soit à celui qui l'a déposée, soit à quiconque est indiqué par lui, ou qui, de toute autre manière, peut exercer ses droits.

N. { 1915.
{ 1928.

Il est facile de voir en quoi cette définition diffère de celle que donne le droit civil, qui considère le dépôt comme essentiellement gratuit. Nous avons vu, n. 140, que le commerce ne connoissoit point les contrats de pure bienfaisance. Le dépôt s'y trouve toujours mêlé du louage de soins qui en fait un contrat intéressé; ce n'est même que lorsqu'il a ce caractère, qu'il est vraiment acte de commerce. Un dépôt, purement officieux et gratuit, qui interviendroit entre deux commerçans, eût-il pour objet des marchandises du commerce du déposant, ne seroit point un engagement commercial; et celui qui, pour éviter une plus grande

N. 1917.

responsabilité, prétendroit n'avoir été que dépositaire gratuit, ne seroit pas toujours accueilli dans cette exception.

Quoique la promesse de déposer, ou de recevoir en dépôt, produise des obligations, on ne peut dire qu'il en résulte, entre les contractans, les mêmes rapports que du dépôt effectué. Mais, comme l'un ou l'autre des contractans peut avoir intérêt à contraindre son adversaire, soit à exécuter son engagement, soit à l'indemniser du tort qu'il éprouve, ou du bénéfice dont il est privé, cette promesse donne ouverture à des droits que les tribunaux doivent apprécier suivant les circonstances.

Nous ne nous occuperons que des obligations respectives que produit le dépôt effectué, entre le déposant et le dépositaire.

On connoît dans le commerce, comme dans le droit civil, deux espèces de dépôt : le dépôt volontaire, le dépôt nécessaire. Nous en ferons l'objet de deux chapitres distincts.

CHAPITRE PREMIER.

Du Dépôt volontaire.

492. Le dépôt volontaire peut être régulier ou irrégulier. La différence entre l'un et l'autre

consiste en ce que, dans le dépôt irrégulier, le dépositaire a droit de se servir des choses N. i93o. qui lui sont confiées, et même, si elles sont fongibles, de les consommer, à la seule charge de rendre des choses de même espèce, nature, qualité et quantité.

Nous allons en traiter dans les deux sections suivantes.

Section première.

Du Dépôt volontaire régulier.

493. Le dépôt volontaire régulier dans le commerce, a pour objet des marchandises ou autres choses de cette nature, plutôt que des sommes de monnoies, qui donnent plus particulièrement lieu au dépôt irrégulier dont nous parlerons dans la seconde section.

Cependant, rien ne s'oppose à ce que des espèces soient déposées, par un commerçant à un autre, à titre de dépôt régulier; mais, dans ce cas, il faut que les parties aient eu soin de marquer les sommes déposées de caractères d'individualité, tels qu'on ne puisse douter de la régularité du dépôt, autrement il seroit réputé irrégulier, au moins dans l'intérêt des tiers, ce qui est d'une grande importance en cas de revendication dans une faillite.

Plusieurs causes peuvent porter un commerçant à mettre en dépôt des marchandises

33 *

chez un autre commerçant ; quelquefois c'est
uniquement comme mesure de conservation et
de confiance; plus souvent il arrive que des
marchandises sont expédiées pour une destination à laquelle elles ne peuvent parvenir
qu'après avoir séjourné dans certains lieux,
soit pour subir les vérifications qu'exige la
sûreté publique, ou l'application des lois relatives aux douanes, octrois, etc., soit pour
être réunies avec d'autres, soit pour attendre
que l'envoyeur vienne lui-même, ou par des
préposés, prendre les mesures nécessaires pour
les mettre en route.

494. On donne assez souvent, à cette sorte
de dépôt, le nom d'*entrepôt*. Ce mot désigne
cependant, d'une manière plus spéciale, des
établissemens publics, où certaines espèces de
marchandises ont le privilège de rester, pendant un temps déterminé, sans payer les droits
d'entrée ou de sortie. Par suite de cette acception, il désigne aussi l'état dans lequel sont ces
marchandises, soit dans le lieu public à ce destiné, soit chez le commerçant lui-même, ou son
représentant, lorsque la loi autorise l'entrepôt
à domicile.

Le dépôt que l'envoyeur d'une ville fait
dans une autre, porte, dans l'usage, le nom
de *consignation*, et celui qui reçoit les marchandises, reçoit le nom de *consignataire*. Sa

qualité peut changer, si le dépôt lui est fait,
soit pour vendre, soit pour expédier les marchandises. Il est alors commissionnaire de vente,
ou d'expéditions et transports; et comme cette
qualité tient au louage de services dont le dépôt
n'est plus que la conséquence et l'accessoire,
nous en parlerons dans un titre spécial.

495. Les règles du droit civil sur les obligations respectives du dépositaire et du déposant,
reçoivent leur application au dépôt commercial,
avec les modifications qu'entraînent le caractère particulier que nous avons vu appartenir
à ce contrat. Nous aurons soin de suivre et de
faire remarquer ces modifications dans les deux
paragraphes qui diviseront cette section.

§. I.ᵉʳ

Obligations du Dépositaire.

496. Lorsqu'une personne remet une chose
en dépôt à une autre, le dépositaire n'a pas
ordinairement de soins à donner, ou de peines
à prendre pour la réception. Les convenances,
autant que la nature des choses, veulent que
ces soins soient pris par le déposant, et que
les obligations du dépositaire ne commencent
qu'au moment où il est saisi de la chose con- N. 1919.
fiée à sa garde. Il n'en est pas ordinairement
ainsi dans le dépôt commercial. Lorsqu'un

expéditeur adresse des marchandises à un correspondant, ou à une personne quelconque,
dont la profession consiste à recevoir ainsi en
dépôt, cette personne doit prendre, pour la
réception et l'arrivée sûre des objets qui lui
sont annoncés, tous les soins d'un mandataire
salarié. Si l'introduction ou le séjour des marchandises ne peuvent avoir lieu qu'en faisant
des déclarations, en donnant des cautions, en
payant ou consignant des droits, il est tenu
d'accomplir toutes ces conditions, de même
que le feroit l'expéditeur. Il doit s'assurer, en
les recevant, que les objets sont bien condi-
tionnés, et n'ont éprouvé aucune diminution ni
aucune avarie dans la route. En général, les
lettres de voiture dont nous parlerons dans le
titre suivant, annoncent, et l'usage sous-entend
toujours, la clause qu'on ne doit recevoir et
payer que d'après cette vérification. Par le
même motif, il doit veiller à ce qu'en déchar-
geant les objets dans ses magasins, ou en les
plaçant, on évite tout ce qui pourroit les dété-
riorer; à ce qu'on sépare des autres marchandises, celles qui pourroient leur communiquer
des vices, ou dont le voisinage pourroit causer
d'autres accidens.

497. Tout dépositaire doit conserver fidèle-
N. 1946. ment la chose qui lui a été déposée, et la
rendre au déposant; et, loin d'être modifiées

dans le commerce, ces obligations sont d'autant plus étendues et rigoureuses, que le dépositaire N. 1928. reçoit, ou peut exiger une rétribution. C'est d'après cette règle qu'il doit être jugé, si aucune circonstance ne permettoit de croire que le dépôt est étranger au commerce.

498. Un premier effet de la fidélité que le dépositaire doit apporter dans la garde et conservation des choses qui lui sont confiées, est de ne point chercher à connoître en quoi N. 1931. elles consistent, lorsqu'elles ont été remises dans un coffre fermé, ou sous une enveloppe scellée d'une manière quelconque. Cependant, dans le commerce, où le dépôt est mêlé d'un contrat de louage de soins, il est, le plus souvent, nécessaire que le dépositaire soit instruit de ce que contiennent les balles ou caisses qui lui sont confiées, afin de proportionner ses mesures de surveillance à la nature et qualité des choses qu'elles renferment, ou afin de faire, comme nous l'avons dit, n. 496, les déclarations exigées par les lois et règlemens. Ce ne seroit pas toutefois une raison qui justifieroit une curiosité indiscrète ; et, si le déposant n'avoit pas remis les clefs des coffres, ou autorisé à lever les sceaux, le dépositaire devroit ne procéder à l'ouverture qu'avec les formalités d'usage, après en avoir exposé et fait reconnoître la nécessité. Les

risques du défaut de confiance retomberoient
alors sur le déposant, qui ne pourroit imputer
au dépositaire de n'avoir pas fait les déclarations
nécessaires, ou de n'avoir pas exhibé à l'instant
les objets à la visite, etc. De même il ne pourroit imputer au dépositaire un défaut de soins
ou de précautions particulières, dont celui-
ci n'auroit pas été mis à même de reconnoître la nécessité. La remise des objets,
dans l'état extérieur qu'il les a reçus, le
libéreroit.

499. Par suite de cette obligation de ne
point chercher à connoître ce que contiennent
des objets fermés ou scellés, le dépositaire qui,
par des événemens quelconques, auroit appris en quoi consiste le dépôt, devroit en
garder le secret, à moins que les choses
déposées ne se trouvassent être du nombre
des marchandises prohibées, dont la seule
détention l'exposeroit à des peines ou amendes. A cet égard, les mesures à prendre
doivent être dictées par la prudence, et dirigées par la probité.

Au reste, l'autorisation de prendre connoissance des objets déposés, quoique ren-
fermés sous clef, ou sous des sceaux, est
presque toujours présumée par les circonstances. Ainsi, l'envoi d'un coffre fermé,
accompagné de ses clefs, annonce le con-

sentement qu'il soit ouvert au besoin. Ainsi, l'expédition de paquets scellés, avec mission de les faire partir par une voie qui exige que l'on déclare la nature et espèce de choses à transporter, renferme l'autorisation de vérifier le contenu. A plus forte raison, l'envoi de choses, avec la mission de les vendre, emporte implicitement l'autorisation de connoître ce qui est contenu dans les coffres, balles ou paquets scellés, à moins qu'il ne s'agisse de certaines matières qui se vendent sous les cachets distinctifs de l'auteur, telles que des remèdes, des préparations chimiques, etc.

500. La seconde conséquence de l'obligation de conserver fidèlement la chose déposée, est que le dépositaire apporte, à la conservation de la chose, les mêmes soins qu'il N. 1927. apporte à la conservation de celles qui lui appartiennent. Sans qu'il soit besoin d'examiner jusqu'à quel point s'étend cette obligation dans le droit civil, et quelle est l'espèce de négligence qui devroit être considérée comme un manque de fidélité, il suffit de savoir que, dans le droit commercial, où presque toujours le dépôt n'est fait au dépositaire que par suite d'offres de services faites, soit directement, soit indirectement par un établissement de dépôt ou en-

trepôt qui appelle la confiance, ou, d'ailleurs,
ce contrat est présumé fait avec stipulation de
salaire, ou, enfin, les motifs qui obligent à
faire des dépôts, supposent l'intention du dé-

N. 1928. posant d'obliger le dépositaire à la responsabilité de toute espèce de fautes, et, de celui-ci,
de s'y soumettre, les obligations du dépositaire sont beaucoup plus rigoureuses. On
exige de lui tout ce que le déposant eût
fait lui-même : ainsi, dans un incendie,
dans un pillage, si le dépositaire a sauvé ses
propres effets, et non ceux du déposant, il
sera coupable de négligence. Peu importe
qu'il objecte qu'il n'a pas eu le temps de
faire l'un et l'autre ; en se substituant,
moyennant un salaire au déposant, il a contracté l'obligation de faire ce que le déposant eût fait lui-même. Il a dû commencer
par les objets confiés à sa garde, ou employer assez d'agens pour sauver les siens
et ceux dont il étoit chargé. Il n'y auroit
d'exception que dans le cas où il prouveroit que ses soins, pour sauver les objets
déposés, eussent été inutiles, et que ceux qu'il
a donnés à la conservation des siens, n'ont
pas été une cause de retard ou d'abandon pour
les effets confiés à sa garde.

Les circonstances peuvent seules diriger
les tribunaux dans les contestations de cette
nature. Il en seroit de même des cas où,

parmi plusieurs objets déposés par diverses
personnes, les uns auroient été sauvés, les
autres auroient péri. Le dépositaire seroit
présumé avoir agi de bonne foi, et avec
exactitude, tant qu'on ne prouveroit pas qu'il
a fait une préférence injuste; qu'il a pu
sauver les uns et les autres; ou que, dans
la nécessité de faire un choix, il a préféré
de sauver des objets peu précieux, appartenant à un parent, à un ami, et laissé périr
des objets bien plus précieux, plus faciles, ou
au moins aussi faciles à sauver, appartenant
à un commettant qui lui étoit moins connu.

5o1. La troisième conséquence est que le
dépositaire ne puisse se servir des choses déposées sans la permission expresse ou tacite N. 1930.
du déposant. Le cas d'une telle permission
se présente rarement dans les dépôts relatifs
au commerce, parce qu'alors le contrat prend
un autre caractère, celui de dépôt irrégulier, que nous verrons, avoir infiniment de
rapport avec le prêt.

Ainsi, le dépositaire ne peut disposer de
la chose qui lui a été confiée, ni la prêter,
ni la louer; à plus forte raison, il ne peut
ni la mettre en gage, ni la vendre : ce
seroit une infidélité que les lois ont essayé de
prévenir par tous les moyens possibles, puisque
le dépositaire infidèle n'est point admis à la N. 1945.

cession de biens; qu'une telle action devient un
caractère de banqueroute frauduleuse; qu'enfin,
des peines spéciales sont prononcées dans les
cas où le coupable, ne faisant pas faillite,
échapperoit à l'application des dispositions que
nous venons d'indiquer.

C. 593.

Pén. {406.
{407.

502. Mais, lorsque ce délit a été commis,
le déposant a-t-il, contre les tiers de bonne
foi à qui la chose déposée a été vendue,
le droit de la revendiquer? Déjà, dans le
n. 280, nous avons résolu cette question
contre le déposant, à cause de la faveur
due au tiers qui a reçu de bonne foi la
chose que lui a vendue celui qui en avoit
la possession. C'est dans le droit commercial, surtout, qu'on doit tenir avec fermeté
au principe, qu'en fait de meubles, la possession vaut titre, et que, du moment où
la cause de cette possession n'est viciée
d'aucun dol, ou d'aucune complicité de dol
de la part du possesseur, on ne peut se
fonder sur le crime dont est coupable celui
qui l'a transmise, par acte régulier, pour
troubler ce possesseur de bonne foi.

N. 2279.

Celui qui a acheté, loué, ou reçu en
nantissement la chose que le dépositaire infidèle faisoit ainsi sortir de ses mains, n'est
pas moins favorable que celui qui achète,
d'un vendeur infidèle, une chose que celui-ci

a déjà vendue; il trouve, dans le fait de N. 1141.
la tradition effective à son profit, et dans sa
bonne foi, une fin de non-recevoir contre
toute revendication possible.

Enfin, il en est de même que du cas dont
nous avons parlé, n. 363, où celui qui est
porteur d'un effet de commerce, par endossement irrégulier, qui n'a pu l'en rendre propriétaire, le transporte, par endossement régulier, à un tiers de bonne foi. Il n'y a N. 2279.
pas lieu d'invoquer la faculté qu'a celui à
qui une chose a été volée, ou qui l'a perdue, de la revendiquer pendant trois ans.
On ne pourroit voir, dans l'infidélité du détenteur, ce que le législateur appelle *vol*,
et dans la fraude qui le dépouille, ce qu'il
appelle *perte*.

Le déposant n'a d'autre ressource, dans ce
cas, que d'attaquer, pour cause de connivence,
le titre du possesseur, ou de faire rescinder ce
titre, s'il est résoluble; par exemple, si lui-
même n'a la chose qu'à titre de dépôt, de
procuration. Lorsque le prix en est dû, il peut
le réclamer; en un mot, il est, sauf son recours
ultérieur contre le dépositaire infidèle, subrogé
de plein droit à toutes les actions et à tous les
droits que celui-ci pourroit avoir contre la personne à qui il a transmis la chose.

503. Les principes que nous venons d'éta-

blir, n'étant pas fondés sur la validité du contrat de vente, que le dépositaire auroit fait au tiers de bonne foi, mais sur la possession de ce dernier qui vaut titre en sa faveur, il faut en tirer la conséquence, que si la livraison n'étoit pas faite encore par le dépositaire infidèle, l'acheteur ne pourroit enlever la chose au préjudice du déposant. Il n'auroit point à invoquer les principes sur la vente, que nous avons développés, n. 272 et suiv., parce que la vente de la chose d'autrui ne donne pas à l'acheteur le droit de l'enlever du lieu où elle est déposée, au préjudice du légitime propriétaire. Il ne pourroit invoquer la règle qu'en fait de meubles la possession vaut titre, parce que précisément cette possession lui manqueroit. Ce seroit le même cas que lorsqu'il s'élève un débat entre deux acheteurs de la même chose, qui ne sont encore ni l'un ni l'autre en possession ; le premier en date certaine est préféré.

504. Le dépôt doit être rendu à la première
N. 1944. réquisition du déposant, quand même un terme auroit été convenu : dans ce dernier cas, cependant, les tribunaux pourroient avoir égard aux motifs de l'absence d'un dépositaire qui, ne s'attendant pas à une demande prématurée, peut n'être pas sur les lieux au moment où la réquisition lui est faite. A cet égard, les principes du droit civil ne pourroient recevoir de

modification, que si le dépôt avoit été mêlé de quelque autre contrat, intéressant ou le dépositaire, ou des tiers dont les droits, de lui connus, deviendroient, en quelque sorte, une opposition entre ses)mains.

5o5. Le dépositaire doit rendre lui-même la chose, et dans le cas où il l'auroit déposée entre les mains d'un autre, il n'est pas recevable à offrir de céder simplement ses actions, à moins que des motifs dont la validité seroit jugée par les tribunaux, ne l'eussent forcé à prendre ce parti. Ce principe recevroit une autre modification dans le commerce; c'est lorsqu'un dépôt a été fait moins à la personne que, s'il est permis de s'exprimer ainsi, à son établissement; par exemple, si des marchandises avoient été mises en dépôt chez un commerçant qui fait profession d'en recevoir et qui auroit vendu le fonds de son commerce, en laissant à son successeur les objets qu'il avoit en entrepôt dans ses magasins.

5o6. Lorsque, par une faute du nombre de celles dont il est tenu, le dépositaire ne rend pas ce qui lui a été confié, il doit en restituer le prix suivant la valeur au jour de la restitution, et payer des dommages-intérêts; si même il est convaincu de dol, il subit les peines que nous avons fait connoître n. 5o1. Mais si c'est par une

force majeure, ou tout autre accident dont il ne
soit pas jugé responsable, qu'il ait été mis dans
l'impossibilité de rendre le dépôt, il n'est tenu
de rien autre que de céder ses actions s'il en a,
N. 1934. et de rendre ce qui peut lui rester de la chose,
ou le prix, de quelque quantité que ce soit,
qu'il auroit touché.

507. La chose doit être rendue identique-
N. 1932. ment, quand même ce seroit une quantité de
choses fongibles; par exemple, une somme d'argent. Ainsi, quoique les pièces de vingt francs du
millésime de 1810, ne soient pas plus pesantes
ni de plus grande valeur que celle de 1813, celui
qui, ayant reçu un dépôt en 1810, le restitueroit
en 1813, en pièces du millésime de cette même
année, seroit réputé avoir fait usage du dépôt,
N. 1936. et devroit être condamné à en payer l'intérêt.
A moins d'une preuve aussi évidente, que celle
que nous venons de choisir, il est clair que
l'identité ne peut résulter que d'états ou bordereaux, et qu'à faute d'en avoir dressé, ainsi
qu'à faute de preuves admissibles dans le com-
N. 1924. merce, le dépositaire devroit être cru à son
serment sur la consistance du dépôt.

508. Le dépositaire n'est tenu de rendre les
N. 1933. objets déposés que dans l'état où ils sont, au
moment de la restitution; les déchets, diminu-
tions de valeur, dépréciations et détériorations,

ne lui sont point imputables, à moins qu'ils ne soient survenus par son fait ou par sa négligence, suivant les règles de responsabilité que nous avons données plus haut.

509. Cette restitution doit être faite au lieu désigné par la convention, et s'il n'y a rien d'exprimé, dans le lieu du *dépôt*, c'est-à-dire, où le contrat de dépôt s'est réalisé par la tradition de la chose déposée, quand même cette chose ne s'y trouveroit pas à l'époque où elle doit être restituée. Seulement, si c'est par un fait dont le dépositaire ne soit pas responsable; par exemple, s'il a reçu le dépôt dans un autre lieu que celui où il s'est obligé de le rendre, ou si, par des causes légitimes, il l'a déplacé, il a droit de se faire tenir compte par le déposant des frais de transport.

N. { 1942.
      1943.

Dans la règle, c'est au déposant de prendre tous les soins nécessaires pour l'enlèvement de la chose; mais, dans le commerce, cette règle subit encore des modifications que nous avons indiquées, n. 496. Le dépositaire doit apporter à l'expédition, chargement et départ des objets, les mêmes soins qu'il a dû donner à leur arrivée; et lors même qu'il ne répond point des voituriers qui les enlèvent, il répond des fautes commises ou pertes arrivées pendant qu'on sort les marchandises de ses magasins, et qu'on les charge. De même, il doit avoir soin de

faire les déclarations, et de munir les voituriers
de toutes quittances, certificats et pièces nécessaires pour que la marchandise n'éprouve
aucun obstacle dans le transport.

510. Les règles du droit civil concernant la
personne à qui le dépôt doit être restitué, sont
admises sans modification dans la jurisprudence
commerciale. Ainsi, c'est à la personne qui a fait

N. 1937.

le dépôt, ou à son cessionnaire légitime, que
la chose doit être remise : s'il y a plusieurs
déposans, on suit les règles que nous avons
données, n. 190 et suiv., sur la solidarité entre
les créanciers. Si le déposant est mort laissant
plusieurs héritiers, ils sont tenus de s'accorder
entr'eux pour recevoir ou demander la chose,

N. $\begin{cases} 1217. \\ 1218. \\ 1939. \end{cases}$

lorsqu'elle est indivisible, soit naturellement,
tel que seroit un cheval, soit par le rapport
sous lequel on l'auroit considérée dans le dépôt,
tel qu'un sac d'argent cacheté.

Lorsque la personne à qui appartient le dépôt
est tombée sous la puissance d'un administra-

N. 1940.

teur légitime, par exemple, si une personne
du sexe s'étoit mariée depuis le dépôt, et n'étoit
ni en qualité de commerçante, ni par suite de
ses conventions matrimoniales autorisée à le retirer, si l'héritier du déposant étoit mineur, si
le déposant avoit fait faillite, le dépôt ne pourroit
être rendu qu'au mari, au tuteur, aux syndics.

Par suite de ces principes, si le dépôt avoit

été fait par un mari, un tuteur, des syndics d'une faillite, la femme devenue veuve, le mineur devenu majeur, le failli rentré dans l'administration de ses biens, sont seuls capables de retirer les objets, et d'en donner valable N. 1941. décharge.

Quelquefois, la manière dont le dépôt a été fait, peut imposer au dépositaire l'obligation de rendre à un autre qu'au déposant. Cela arrive lorsque les caisses ou balles indiquent la personne à qui elles sont destinées, qu'on nomme *destinataire*. Celle-ci a droit de recevoir les objets déposés, et la décharge qu'elle en donne, libère le consignataire. Mais si l'expéditeur, changeant de résolution, écrivoit à ce dernier qu'il n'entend pas que la délivrance soit faite au destinataire, celui-ci seroit sans qualité pour exiger la remise, et sa décharge ne libéreroit pas, à moins que le consignataire n'eût été proposé par lui, et non par l'expéditeur; parce que, dans ce cas, il seroit, à cet égard, réputé le vétable déposant.

511. La nature du contrat de dépôt ne permet pas que celui qui l'a reçu soit admis à contester au déposant le droit de retirer la chose déposée, sous prétexte qu'un autre pourroit en être propriétaire. C'est principalement dans le commerce que cette règle doit être suivie sans aucune restriction. Cependant, il faudroit aussi

34*

suivre la règle du droit civil, d'après laquelle
le dépositaire, s'il a découvert que la chose dé-
N. 1938. posée appartient à une personne qui en est injustement dépouillée par l'effet d'un vol, ou parce
qu'elle l'a perdue, peut avertir ce véritable propriétaire, en lui annonçant le dépôt, et lui
offrant de lui remettre la chose, après qu'il
l'aura fait ordonner contradictoirement avec le
déposant. Cette règle pourroit s'appliquer, surtout dans le commerce, aux cas de faillite; la
crainte d'être soupçonné de connivence avec un
banqueroutier frauduleux, suffisant, dans un
grand nombre de circonstances, pour dicter
cette mesure de prudence.

N. 1946. Par une conséquence de ce que nous venons
d'établir, si le dépositaire vient à découvrir que
la chose déposée lui appartient, le dépôt cesse,
et par conséquent, l'obligation de restituer.

§. II.

Obligations du Déposant.

512. Le déposant est obligé de payer au dépositaire une rétribution, fixée par la convention, et à défaut de convention, par l'usage,
en indemnité de ses peines et soins personnels,
du travail des chargeurs, préposés et autres
personnes, qu'il a employées, des loyers de
ses magasins, et enfin des risques de la responsabilité à laquelle il est assujetti.

Il doit également lui rembourser les avances ou autres frais qu'il a pu faire, soit pour la conservation de la chose, par exemple, si des barriques qui fuyoient ont été reliées, les droits qu'il a pu acquitter, les remboursemens légitimes qu'il a pu faire, le tout suivant un état que le dépositaire doit fournir, et que le déposant a droit de discuter.

Si le dépôt avoit été la cause d'une perte particulière pour le dépositaire, par exemple, si, faute par l'expéditeur de déclarer la nature et même la propriété particulière de certaines compositions peu connues, l'humidité, le voisinage d'objets susceptibles de fermentation, la chaleur, avoient fait prendre le feu aux choses déposées, et causé quelque perte au dépositaire, le déposant seroit tenu de l'en indemniser, puisqu'il n'auroit pas mis le dépositaire à même de s'en garantir. Il pourroit se faire aussi que sans faute ou imprudence de sa part, le déposant fût tenu à une responsabilité envers le dépositaire. Par exemple, si un cheval ou d'autres animaux, que celui à qui ils appartiennent ne savoit pas être attaqués d'une maladie contagieuse, infectoient les écuries ou étables de celui chez qui ils ont logé, et causoient des pertes, soit à lui, soit à d'autres, envers qui il seroit responsable.

513. Le dépositaire a pour ce paiement un

N. 2202. privilège plus étendu que ceux que le droit civil
accorde dans les mêmes circonstances. Non-
seulement ce privilège a lieu sur les objets
N. 1948. déposés, qu'il a entre les mains et qu'il peut
retenir jusqu'à son paiement, mais encore, il peut
l'acquérir pour des avances, à l'occasion d'un
C. 93. dépôt non effectué et simplement annoncé, s'il
constate par un connoissement ou par une lettre
de voiture, que l'expédition des marchandises
lui étoit faite.

Nous verrons, en parlant du nantissement,
que ce privilège s'étend même à des prêts de
sommes, autres que les dépenses faites à l'occasion de la chose, et pour sa conservation.

Section II.

Du Dépôt irrégulier.

514. Le dépôt irrégulier est un contrat par
lequel celui qui a une somme d'argent, ou une
certaine quantité de choses fongibles, la confie
à un autre, avec la faculté de s'en servir, et par
conséquent le dispense de les rendre individuellement.

L'effet de ce dépôt est à peu près le même
que celui d'un prêt. Le dépositaire qui reçoit
la permission de se servir de la chose déposée,
et qui n'est obligé que de rendre une pareille
somme ou quantité, est censé avoir acquis tacitement la propriété du dépôt, et rester simple

débiteur, à la différence du dépôt régulier, qui laisse toujours au déposant la propriété de la chose, que le dépositaire possède pour lui.

Cependant, il subsiste toujours une légère différence entre le) prêt et le dépôt irrégulier. Le but direct, primitif et principal du prêt, étant de rendre l'emprunteur propriétaire des sommes ou choses mobilières qui lui sont prêtées, et qu'il puisse en tirer une utilité, pour laquelle il paie le plus souvent un intérêt, le prêteur n'est pas admissible, lors même que l'obligation ne fixe point la date du rem- N. 1900. boursement, à le demander au moment où le prêt vient d'être fait. Le dépôt irrégulier tenant toujours un peu de la nature du dépôt, la somme déposée doit être rendue aussitôt qu'elle est demandée. Ainsi, de la nature même de cette convention, résulte la conséquence que le dépositaire, autorisé à se servir de la somme qui lui a été confiée, est obligé à conserver toujours dans sa main une somme équivalente, afin de la rendre au déposant; il s'écarteroit des devoirs d'un dépositaire, s'il ne prenoit pas cette précaution, sans laquelle il seroit dans l'impossibilité de rendre, à la première réquisition, le dépôt qui lui auroit été confié. Nous avons vu, n. 36, que telle étoit effectivement la théorie des banques.

CHAPITRE II.

Du Dépôt nécessaire.

515. Le dépôt nécessaire reçoit ce nom , parce que le déposant n'a pas le choix du dépositaire, ou que lors même qu'il peut choisir entre plusieurs dépositaires, le besoin d'en prendre un , est si impérieux, qu'on peut le comparer à une sorte de nécessité : il est, sauf les modifications que nous allons indiquer, soumis aux règles générales du dépôt.

La première espèce de dépôt nécessaire, a
N. 1949. lieu dans les cas d'accidens fortuits et imprévus, tels qu'un incendie, un naufrage. On a pensé, que celui qui étoit occupé du soin de sauver ses effets en les confiant au premier venu, ne pouvoit prendre en considération la confiance personnelle qu'il lui inspiroit, ni s'assurer ces droits par des reconnoissances, ou au moins par des écritures sur les livres respectifs.

Cette sorte de dépôt est connue dans le droit civil, et lorsqu'il intervient entre des commerçans, il ne change point de caractère, et n'est
N. 1951. soumis à aucune règle spéciale. Nous nous contenterons de ces notions.

516. La seconde espèce de dépôt nécessaire,
N. 1952. intervient entre ceux qui placent momentané-

ment des objets mobiliers dans une hôtellerie, et l'hôtelier ou aubergiste, ou entre celui qui confie des effets à transporter, et le voiturier chargé de ce transport. Nous ne parlerons ici que du dépôt fait aux hôteliers. Nous renvoyons, pour ce qui concerne le dépôt aux voituriers, à ce que nous dirons en traitant de cette sorte de location de services.

Les hôteliers sont tenus de garantir tous les effets reçus par eux et par les personnes N. 1953. qu'ils emploient. Ils répondent des torts et des vols, faits non-seulement par ces personnes, mais par les étrangers reçus chez eux, quoiqu'à titre de simple logement. Ils ne sont point affranchis de cette responsabilité, par cela seul qu'ils assignent aux voyageurs ou voituriers, pour déposer les effets ou marchandises, des locaux susceptibles d'être fermés, et qu'ils leur en remettent les clefs, à moins que ces voyageurs ou voituriers n'aient négligé de tenir les portes fermées, ou de garder soigneusement ces clefs. En un mot, ils ne cessent d'être responsables, que lorsque le dommage a été occasionné, soit par une faute quelconque de celui qui a déposé les effets ou marchandises, soit par une force étrangère et des évènemens qu'ils N. 1954. n'ont pu prévenir ni empêcher, même en apportant l'attention la plus scrupuleuse.

La raison en est, qu'ils sont rétribués pour cette responsabilité; non pas précisément en ce

sens, qu'ils reçoivent spécialement un salaire pour
la garde des objets apportés dans leur maison
ou autres dépendances; mais en ce sens, que
cette obligation est une suite ou conséquence de
l'engagement qui intervient entre les voyageurs
et eux, et que leur salaire se trouve implicitement dans la rétribution qu'ils reçoivent pour
la nourriture des personnes et des animaux
employés à ce transport, rétribution par la-
N. 2102. quelle ils ont le privilège des dépositaires que
nous avons expliqué n, 513,

TITRE SEPTIÈME.

DU LOUAGE D'OUVRAGE ET D'INDUSTRIE,

517. Il existe, comme on sait, deux sortes
N. 1708. de louage : le louage de choses, celui du travail
ou de l'industrie des personnes. Nous avons
vu, n. 36, par quel motif cette seconde espèce de louage étoit comprise dans les actes
de commerce. Elle fera l'objet exclusif de ce
titre. A l'exception du louage des navires et
autres instrumens de navigation, dont nous
parlerons dans la troisième partie, une location
de choses qui seroit indépendante de tous ser-

vices ou travaux personnels, ne pourroit être régie que par les principes du droit civil, quand même elle interviendroit entre commerçans.

Le louage du travail et de l'industrie, dans le commerce, est presque toujours mêlé, dans une plus ou moins grande proportion, avec le mandat; de même que nous verrons, en parlant du mandat qui, dans le commerce, porte le nom de commission, que ce contrat est mêlé d'un louage de soins et de services. Mais, dans l'un et l'autre cas, le mélange n'est qu'accidentel; le caractère primitif du contrat subsiste, et c'est ce caractère que nous considérons principalement dans notre classification.

Les principales sortes de louage sont les conventions d'apprentissage, les entreprises de fabrication, le louage du travail des ouvriers, celui du service des commis et autres serviteurs, les entreprises de transports. Nous ne croyons pas devoir nous occuper des conventions qui ont pour objet l'exercice de quelque talent, telles que celles qui interviendroient entre des acteurs, musiciens ou autres artistes, et des entrepreneurs de spectacles ou de fêtes. Dans l'état de la législation actuelle, la plupart des théâtres sont soumis directement à un régime administratif établi par le Gouvernement, ce qui ne permet pas que les tribunaux prononcent sur les engagemens de cette espèce,

lorsque les directeurs sont poursuivis par ceux
qui se sont engagés envers eux. Nous avons vu,
en outre, n. 46, que ces conventions n'étoient
point commerciales de la part de ceux qui s'engagent à exercer leur talent; enfin, s'il falloit
chercher quelques règles à ce sujet, on les trouveroit dans celles que nous donnerons sur le
louage de services.

CHAPITRE PREMIER.

Des Conventions d'Apprentissage.

518. Il n'existe point encore de loi générale
qui exige l'apprentissage pour l'exercice d'une
profession industrielle, ou pour se livrer au
commerce. Quelques règlemens particuliers à
certaines professions ont établi cette obligation; mais lors même qu'il n'existe pas de
règlemens semblables, la nature des choses
donne fréquemment lieu aux conventions d'apprentissage, dont nous avons donné la définition,
n. 37. Les principes, à cet égard, se trouvent
dans les art. 9 et 10 de la loi du 12 avril 1803
(22 germinal an 11).

519. Cette loi ne détermine point de forme
spéciale pour la rédaction de l'acte par lequel le

maître et l'apprenti s'engagent réciproquement. Le prix et le temps d'apprentissage sont fixés par la convention des parties intéressées. Si elles avoient omis cette fixation, ou si l'engagement étoit indéfini, par exemple, si le maître s'obli- geoit à instruire l'apprenti, ou si celui-ci s'en- gageoit à rester chez le maître jusqu'à ce qu'il fût suffisamment instruit, les tribunaux se détermineroient d'après les circonstances, la position des parties, ou l'usage. Il en est de même des conditions accessoires, telle que seroit la demande d'un cautionnement dans les cas où, à raison de la nature soit de la profession, soit de l'ouvrage, le maître seroit obligé de confier à l'apprenti des choses d'un grand prix, ou de l'argent comptant. Si l'apprenti est mi- neur, l'art. 9 veut que le contrat soit consenti par lui, avec le concours des personnes sous l'au- torité desquelles il est placé, suivant les règles que nous avons données, n. 57. Il s'ensuit, que si le mineur est un orphelin élevé dans un établissement public, ce choix appartient à la personne qui est spécialement désignée, en exécution de la loi du 4 février 1805 (15 pluviôse an 13) [1], relative à la tutelle des enfans placés dans les hospices, puisque ce placement en apprentissage fait partie de l'édu- cation.

---

[1] Bulletin des lois, 4.e série, n. 526.

520. L'art. 9 de la loi, en déclarant que le contrat ne peut être résilié qu'en cas : 1.° d'inexécution des engagemens de part ou d'autre ; 2.° de mauvais traitemens de la part du maître ; 3.° d'inconduite de la part de l'apprenti, désigne suffisamment en quoi consistent les obligations respectives des contractans.

Ainsi, le maître doit instruire l'apprenti, en lui donnant, de bonne foi, la connoissance de l'art qu'il a entrepris de lui montrer. Mais il ne lui doit la connoissance des procédés particuliers, qui seroient sa propriété exclusive, que dans le cas où il en auroit contracté l'obligation expresse, ou par une convention que les circonstances, la nature de l'engagement, le prix convenu pour l'apprentissage feroient présumer. Il doit veiller sur sa conduite de

N. 1384. la même manière que les père et mère ou tuteurs, puisqu'il encourt la même responsabilité. Il ne peut abuser de son autorité pendant l'apprentissage, soit par de mauvais traitemens, soit même en employant son élève à un service purement domestique et sans rapport aux occupations de l'état qu'il doit lui apprendre. Il ne peut le congédier que pour cause légitime, par exemple, lorsqu'il se rend coupable d'une infidélité grave; lorsqu'il offense soit le maître, soit sa famille de dessein prémédité, tant par des voies de fait, que par des injures grossières; qu'il se livre à une vie déréglée, malgré les remontrances et les corrections, ou enfin, lorsqu'il annonce, soit par défaut de lumières, soit par une indocilité opiniâtre, n'avoir aucune aptitude pour la profession qui lui est enseignée. Après que l'apprentissage est fini, il ne peut retenir l'apprenti, ni lui refuser son congé d'acquit, à moins que celui-ci n'ait pas rempli ses obligations.

De son côté, l'apprenti doit répondre aux soins du maître, et lui obéir en ce qui concerne les objets d'instruction et la surveillance dont celui-ci est chargé. Il ne peut quitter son maître avant le temps stipulé, et même, tout fabricant ou artisan qui recevroit ainsi un apprenti au mépris de ses engagemens, seroit exposé aux peines que nous indiquerons en parlant des congés des ouvriers.

Il faut, toutefois, en excepter le cas où son départ est causé pour engagement volontaire au service de l'Etat, ou pour la conscription. La loi du 17 septembre 1799 (1.er complémentaire an 7)[1], rompt, dans ce cas, tous les engagemens des militaires. Il en est de même, lorsqu'il ne peut accomplir ses devoirs à cause du dérangement de sa santé, et de toute autre infirmité qui le rendroit inhabile à la profession qu'il veut embrasser.

---

[1] Bulletin des lois, 2.e série, n. 3283.

Les causes de résiliation pour infraction aux engagemens respectivement stipulés, varient autant que ces engagemens eux-mêmes. En général, les règles sur les conventions de faire y reçoivent leur application.

521. La nature particulière de ce contrat empêche qu'il n'oblige les héritiers des contractans : c'est le cas d'appliquer le principe que nous avons donné, n. 195. Ainsi, la mort du maître ou de l'apprenti, rompt la convention ; la veuve ou les héritiers de l'un des obligés ne peuvent ni être tenus, ni offrir de continuer sans le consentement de l'autre. Les circonstances et l'équité déterminent ce qu'il y a lieu de restituer du prix d'apprentissage qui auroit été payé d'avance.

N. 1795.

522. Un apprenti dans l'indigence, peut s'obliger à payer son maître en lui donnant gratuitement son travail pendant un certain temps, après l'expiration de l'apprentissage ; l'art. 9 de la loi autorise cette convention. Mais comme on a craint l'influence qu'obtient nécessairement, dans un contrat de cette espèce, l'homme instruit sur celui qui cherche l'instruction, et que, moins ce dernier a de ressources pécuniaires, plus il sent vivement le besoin de s'instruire, plus on peut aussi en abuser pour lui imposer des conditions

onéreuses, on a, par une exception particu-
culière, que nous avons déjà indiquée, accordé
à l'apprenti une faculté de rescision.

On ne peut, il est vrai, déterminer le point
où la lésion existe ; car, ce qui tient à l'instruction est nécessairement arbitraire, et peu
susceptible d'appréciation. Mais la prudence du
magistrat doit suppléer au silence forcé de la loi ;
il doit peser les circonstances, et chercher,
dans l'avis des hommes expérimentés, les
moyens de balancer tous les intérêts.

CHAPITRE II.

Des Entreprises d'Ouvrages.

523. Le louage de travail à l'entreprise est
une convention par laquelle l'une des parties
s'engage à exécuter l'ouvrage qui lui est commandé par l'autre, avec la matière que lui N. 1787.
fournit celle-ci, moyennant une rétribution
convenue, ou qui, à défaut de convention,
doit être déterminée par experts. La condition
que la matière soit fournie par celui envers qui
l'entrepreneur s'engage est essentielle ; car, si
elle est fournie par celui-ci, le contrat est une
vente de matières travaillées, dont nous avons
parlé, n. 283, et qui suit toutes les règles de la

Tome I. - 35

vente. Cependant, si l'entrepreneur ne fournit
que des choses accessoires, cette circonstance
ne change pas la qualité de la convention.

Celui qui loue ainsi son travail est tenu
de faire l'ouvrage qui lui est confié ; mais
rien n'empêche qu'il ne puisse se faire remplacer, soit par des ouvriers qu'il emploie dans
ses ateliers, soit même par tout autre entrepreneur qu'il charge de ce travail pour un prix
plus ou moins fort que celui qu'il reçoit. Cette
faculté ne lui est interdite, que lorsqu'il existe
à ce sujet une convention expresse, ou bien
qu'elle est présumée par la nature de l'engagement, s'il est évident que le nom et le talent
d'un artiste ont été pris en considération,
comme nous l'avons vu, n. 195; et même, lorsque
l'ouvrage est de nature à être exécuté par des
ouvriers travaillant dans l'atelier, et sous la
direction de l'entrepreneur, il faudroit qu'il
eût été bien expressément convenu, ou, bien
évidemment entendu, que celui-ci feroit lui-
même le travail, pour qu'il y fût contraint.
Tout ce qu'on peut dire, c'est que cet entrepreneur ne seroit pas admis à donner des
choses fabriquées dans l'atelier d'un autre.

524. L'ouvrage doit être fait et livré au terme
convenu. Nous avons fait connoître, n. 187
et 282, avec quelle scrupuleuse exactitude on
devoit observer les termes pris pour l'exécution

d'une convention commerciale. Ces règles s'appliquent naturellement à des commandes d'ouvrages dont le débit est certain et lucratif si la livraison est faite à *telle* époque, et qui ne sont plus que d'inutiles rebuts de magasin lorsque le moment de la vente est passé. Il faut décider de même si la livraison est offerte avant le temps convenu, car celui qui a fait la commande peut n'avoir pas disposé ses magasins pour recevoir les objets confectionnés. Les tribunaux doivent, dans ce cas, avoir égard aux circonstances et à la nature de l'ouvrage, tant pour connoître le tort éprouvé, que pour fixer l'indemnité, et apprécier les motifs que celui qui a fait la commande auroit d'y renoncer, en refusant une livraison tardive.

Celui qui a commandé l'ouvrage, n'est pas tenu d'en payer le prix avant sa perfection, à moins de convention ou d'usage contraire : mais il doit payer en partie, s'il a pris livraison partielle, et l'entrepreneur a, tant sur les N. 1911. choses qu'il a faites avec la matière qui lui a été confiée, que sur les restes non employés de cette matière un droit de rétention pour assurer par privilège le paiement de ce qui lui N. 2102. est dû.

525. L'ouvrage doit être exécuté suivant les instructions données à l'entrepreneur, qui n'a pas droit de s'en écarter sous prétexte de

35 *

faire mieux. Il doit, à défaut d'instructions
particulières, suivre les règles générales de
l'art que des experts peuvent appliquer lorsque
les parties ne sont pas d'accord. Il suffit d'observer qu'un entrepreneur ne seroit pas admis
à s'excuser de la mal façon de son ouvrage,
sur l'inhabilité des ouvriers qu'il a employés,
parce que ce mauvais choix devient une faute
de sa part. Lorsque par impéritie, ou de toute
autre manière, il a si mal exécuté l'ouvrage,
que celui qui a fait la commande le refuse, il
est tenu de payer la valeur de la matière qui
lui avoit été fournie, ou d'en rendre pareille
quantité et qualité.

526. L'entrepreneur doit fidèlement employer les choses qui lui sont confiées, et rendre
ce qui lui reste.

Si la matière périt, soit entre ses mains,
soit entre les mains de ceux à qui il a été
N. { 1789.
1790. } obligé de la confier pour l'exécution du travail,
sans sa faute, ou celle de ces personnes, il n'en
est responsable que s'il étoit en retard, et en-
N. 1302. core cette responsabilité cesse si la chose eût
également péri chez lui. Mais suivant les principes que nous avons donnés, n. 238, il ne
peut réclamer de salaire, parce que le même
cas fortuit qui a fait perdre la chose principale,
a fait perdre l'industrie qui y avoit accédé, et
qui, n'étant pas encore livrée, si l'on peut

s'exprimer ainsi, étoit encore aux risques de l'entrepreneur; parce que, d'ailleurs, il n'existe plus aucune possibilité de vérifier si l'ouvrage a été bien ou mal fait, et que c'est le cas d'appliquer les règles que nous avons données, n. 299, sur la vente sous condition suspensive. Dans ce cas, l'entrepreneur ne seroit pas recevable à demander son paiement aux offres de faire l'ouvrage sur de nouvelles matières.

Il en seroit autrement si celui qui a confié l'ouvrage, l'avoit reçu et vérifié, ou bien étoit N. 1790. constitué en demeure de le vérifier et recevoir, puisqu'alors il y a réception et vérification réelle qui fait disparoître les motifs que nous avons donnés, ou que la mise en demeure produit les mêmes effets.

L'équité indique une autre exception pour le cas où la chose périroit par son vice propre, N. 1790. que l'entrepreneur n'auroit pas été à même de remarquer ou de prévoir par le moyen des connoissances particulières à sa profession. Il y a, dans ce cas, faute du propriétaire d'avoir fait travailler sur une matière défectueuse, quand même il en auroit ignoré les vices, et ce fait ne doit pas préjudicier à l'entrepreneur, en le privant du salaire de son industrie. Mais on sent aisément que celui-ci est toujours réputé avoir connu le vice de la chose, lorsqu'il a été chargé de l'acheter; il est alors responsable de son mauvais choix.

CHAPITRE III.

Du Louage du Travail des Ouvriers.

527. La différence qui existe entre le louage, que nous avons nommé entreprise d'ouvrages, et celui du travail des ouvriers, consiste en ce que l'entrepreneur n'est assujetti, dans son travail, à aucune dépendance envers celui pour qui il travaille; que l'ouvrier, au contraire, est dans un état de subordination et de dépendance envers le maître qui l'emploie. Ce contrat ressemble par conséquent, sous plusieurs rapports, au louage de services, qui fera l'objet du chapitre suivant.

La nature du contrat qui se passe entre le maître et l'ouvrier, ne le rend pas susceptible de beaucoup de formalités; il est souvent tacite. Lorsqu'il est exprès, toute convention faite de bonne foi doit être exécutée aux termes de l'art. 14 de la loi du 22 germinal an 11; lorsqu'il est tacite, il est, comme celui d'apprentissage, soumis à des règles formées par l'usage.

528. Le maître est autorisé à inspecter la conduite des ouvriers qui demeurent chez lui, et à les éloigner, autant qu'il est en lui; du

vice et des dérèglemens, puisqu'il répond d'eux
dans un grand nombre de circonstances ordinairement prévues par les règlemens de police
locale et même par les lois générales; telles que
sont les dispositions qui ont pour objet d'empêcher les réunions dites de *compagnonage*. Pén. 414, *et*
suiv.
L'ouvrier est obligé de faire le travail qui
lui est prescrit avec diligence et fidélité. S'il
demeure dans la maison du maître, il doit se
conformer au régime domestique de cette maison, et ses devoirs se rapprochent beaucoup de
ceux des apprentis. Il ne peut se livrer à la
confection d'aucun ouvrage autre que celui qui
lui est commandé, ni refuser d'exécuter celui
dont on le charge, si cet ouvrage en lui-même,
ou la manière de l'exécuter, ne sont pas contraires aux lois de police. Il est tenu d'observer
exactement les règles de l'art, et répond de
toute faute, puisqu'il est salarié : mais si les
instructions qui lui sont données pour l'exécution de telle ou telle partie d'ouvrage, s'écartent
des règles ordinaires, et déterminent d'une
manière spéciale de quelle manière cet ouvrage
doit être fait, il est tenu de s'y conformer, et,
dans ce cas, sa responsabilité n'est pas aussi
étendue. Il ne peut se faire remplacer par un
autre sans le consentement de celui à qui il a
loué son travail, et lorsqu'il a obtenu ce consentement, il ne répond point de son rempla-
çant, à moins de convention contraire.

529. Les règlemens de police locale déterminent quels avertissemens les maîtres et ouvriers sont tenus de se donner respectivement
avant de se quitter : ils sont, en général, basés
sur l'arrêté du 1.er décembre 1803 (9 frimaire
an 12) [1], et ils ont presque toujours pour objet
d'empêcher les coalitions, ou de prévenir la sé-
duction qui peut être exercée sur un ouvrier
pour l'attirer dans un autre atelier. Conformément à cet arrêté, et aux art. 11 et 12 de la loi
du 22 germinal an 11, aucun ouvrier ne peut
sortir sans un congé d'acquit de ses engagemens ;
tous les ateliers lui sont fermés s'il n'en est porteur ; et le maître qui autorise la fraude en le
recevant, encourt la peine des dommages et intérêts.

Par une juste réciprocité, l'ouvrier peut,
suivant les formes déterminées par les art. 4
et 5 de l'arrêté du 9 frimaire an 12, obliger
son maître à lui délivrer son congé quand il a le
droit de l'obtenir.

C'est aux juridictions de prud'hommes, dans
les lieux où il en existe ; dans les autres, c'est
à l'autorité administrative qu'il appartient de
juger la validité des causes de refus du maître ;
et les usages, ainsi que la nature du travail,
doivent être singulièrement considérés pour
apprécier les raisons que l'ouvrier donne à

---

[1] Bulletin des lois, 4.e série, n. 3378.

l'appui du refus qu'il feroit de continuer le travail, ou celles qu'a le maître d'exiger qu'il achève l'ouvrage ou le temps commencé.

Par cela même que les conventions des ouvriers sont presque toujours tacites, ou du moins verbales, le terme de leurs engagemens est souvent indéterminé ou incertain. L'art. 15 de la loi, conforme en cela aux principes du droit civil, limite l'engagement à un an du N. 1780. jour de l'entrée de l'ouvrier chez son maître, à moins qu'il ne soit conducteur ou contre-maître des autres ouvriers; dans ce cas, la preuve d'un engagement, même verbal, pour un plus long temps est admissible, et s'il n'y a eu rien de convenu, on se décide par l'usage et les circonstances.

Cette règle et celle du même article qui oblige tous ouvriers, sans distinction, à exécuter les engagemens écrits dont le terme est plus éloigné, ne font point obstacle au droit qu'a le maître de congédier l'ouvrier, ou celui-ci de quitter le maître dans les mêmes cas où nous avons dit qu'on pouvoit résoudre le contrat d'apprentissage.

530. Ce que nous avons dit sur les entreprises d'ouvrages, peut, dans quelques circonstances, s'appliquer aux ouvriers travaillant dans des manufactures ou ateliers, surtout, lorsqu'au lieu d'être payés à la journée, ils sont ce qu'on

appelle *à la tâche*, ou *à la pièce*. D'un autre côté, lorsqu'ils sont à la journée, leurs rapports avec leurs maîtres tiennent davantage du louage de services dont nous allons parler, surtout en ce qui concerne le droit du maître, de faire à l'ouvrier des déductions proportionnelles au temps pendant lequel il auroit été, même par une force majeure, dont le maître n'est pas responsable, hors d'état de travailler. Il faut donc souvent combiner ces différentes modifications de l'obligation de faire, tant sous ce rapport que sous celui de l'exercice des droits et privilèges de ces ouvriers pour le paiement de leurs salaires.

CHAPITRE IV.

Du Louage de Services.

531. Le seul louage de services que nous ayons à considérer ici, est celui qui intervient entre des commerçans et les personnes dont le service corporel ou intellectuel leur est nécessaire pour l'exercice de leur commerce, dé-

C. 438. signées par la loi sous la dénomination de *facteurs, commis, serviteurs*; car, lorsque ce louage a pour objet des services purement domestiques, il cesse d'être commercial.

C'est l'usage seul, et même dans chaque pays,

l'acception particulière donnée aux mots, qui peuvent déterminer la différence qui existe entre les commis, les facteurs, ou les serviteurs consacrés au commerce. Les notions que nous avons données, n. 40, ce que nous avons dit n. 184 et suiv., de l'étendue des pouvoirs et des obligations de ces personnes, réduisent ce que nous avons à expliquer maintenant, à quelques notions simples et tout à fait puisées dans les règles du droit civil.

532. Ce louage peut avoir lieu, soit pour un temps déterminé, soit pour un temps indéfini.

Dans le premier cas, celui qui a loué ses services ne peut quitter son maître sans une cause légitime. A cet égard, les causes pour lesquelles nous avons vu qu'un apprenti pouvoit dissoudre la convention d'apprentissage, nous paroissent, par identité de raisons, pouvoir être invoquées. C'est aux tribunaux à apprécier les circonstances. S'il est vrai de dire qu'en principe général l'impossibilité absolue de continuer le service promis, puisse seule dispenser des dommages-intérêts auxquels donne lieu l'inexécution d'une obligation, les circonstances peuvent porter à modifier cette condamnation.

Il est seulement bon d'observer qu'il faudroit une preuve bien précise que le commis s'est engagé determinément jusqu'à telle époque;

car ces sortes d'engagemens sont ordinairement réputés faits dans l'intention que l'une ou l'autre partie soit libre de résilier à son gré.

533. L'espèce de services que rendent ces personnes exigeant qu'elles soient, dans certains cas, dépositaires de la confiance de leur maître, et considérées comme ses mandataires, les principes généraux sur les obligations respectives des mandataires et des mandans, doivent être combinés avec ceux sur le louage de services.

Par exemple, les mandataires ordinaires ont le droit de se faire remplacer, lorsque cette faculté ne leur est pas interdite. Cette faculté ne sauroit, en général, être accordée aux préposés qui louent leurs services, parce que ce droit qu'ils réclameroient comme mandataires, seroit modifié par leur qualité de locateurs de services, et par la règle qu'une obligation de faire ne peut être acquittée par un autre que l'obligé.

C'est encore par une suite de la même règle, qu'un commis n'a pas droit de faire, sans l'aveu de son maître, un commerce particulier, surtout s'il est du même genre d'opérations que celles pour lesquelles il s'est loué. Comme en louant ses services, il est censé les avoir loués dans toute leur étendue, il ne pourroit agir pour son compte qu'autant qu'il négligeroit le travail qui lui est confié.

Au surplus, les conventions non-seulement

expresses, mais celles qu'on peut induire du genre de service entrepris, de la qualité, position et rapports des parties, les usages locaux et les circonstances doivent être singulièrement considérés.

534. Par suite de ce que les employés des commerçans doivent être plutôt regardés comme des locateurs de services, que comme de simples mandataires, ils ont droit d'exiger un salaire que l'on connoît en général, sous le nom d'appointemens ou gages. Lors même qu'il n'y a eu aucune stipulation, la fixation en est faite par les tribunaux. On doit, tant pour la quotité que pour les paiemens faits, s'en tenir aux registres du maître. Mais dans le cas où les N. 1781. livres ne contiendroient rien de précis ou contiendroient des indications différentes des prétentions élevées par le maître, ce ne seroit pas le cas de lui déférer le serment suivant les règles du droit civil. Comme il auroit manqué à l'une de ses obligations, celle de tout inscrire C. 8. sur ses livres, les tribunaux pourroient déférer N. 1367. le serment au commis.

Ces préposés nous semblent devoir jouir, pour leurs appointemens ou gages, des privilèges accordés aux domestiques par le droit N. 2101. civil, et quoique leur service ne s'étende pas à toutes les affaires des commerçans qu'ils servent, nous n'hésitons pas à croire que ce privilège ne

doive être général et non limité aux seuls objets
qui composent le commerce.

535. Nous avons vu, n. 238, que l'impossibilité de remplir les services promis, dégageant
celui qui s'est obligé, dégageoit aussi le maître
de son obligation d'en payer le prix. Cependant,
si cette impossibilité n'avoit été que momentanée
et fondée sur une cause légitime, le maître ne
seroit point admis à faire une déduction proportionnelle, parce qu'il a dû s'attendre à ces
événemens. Mais cette restriction ne pourroit
s'appliquer qu'au cas où les engagemens ne
seroient pas à la journée, parce qu'alors, l'employé ne seroit plus considéré comme un ouvrier ayant droit seulement au paiement des
jours du travail effectif qu'il a exécuté.

536. Les obligations des maîtres sont également le résultat de la combinaison des principes
du louage et du mandat.

Le maître d'un préposé doit, indépendamment des appointemens, gages ou salaires promis, lui rembourser toutes les avances que
celui-ci a faites pour son service, quand elles
ne sont pas du nombre de celles qui sont réputées être à la charge du commis, et se
trouver implicitement remboursées par ses appointemens. Cependant le commis étant moins
encore un mandataire qu'un locateur de ses

services, le maître ne doit pas l'indemniser des pertes qu'il auroit essuyées en s'acquittant de sa gestion, d'une manière aussi étendue qu'un mandant le devroit à son mandataire; il n'est tenu de l'indemniser que des pertes dont la gestion auroit été la cause, et non simplement l'occasion.

Du reste, il doit le garantir de toutes les suites que ses actes peuvent avoir contre lui, lorsqu'elles sont les conséquences de ce qu'il a légitimement fait, ou de tout ce qu'il a fait de l'ordre exprès de son maître, et en se renfermant dans les bornes de la préposition.

CHAPITRE V.

Du Louage pour le Transport des Personnes ou des Marchandises.

537. Les entreprises de transports sont un genre de louage de services; celui qui entreprend un transport, sous quelque nom qu'il soit désigné, s'engage à procurer à la fois l'usage de ses animaux, voitures, barques ou autres instrumens, et ses services ou ceux des préposés qu'il emploie pour faire arriver à la destination convenue, les personnes ou les choses désignées; de son côté, celui envers qui l'en-

gagement est pris, qui se nomme *expéditeur*, s'oblige à payer un équivalent appréciable.

On distingue trois sortes d'entrepreneurs de transports : 1.º les voituriers qui, ordinairement propriétaires, et quelquefois locataires des équipages convenables aux charrois, ou de barques et autres moyens de navigation intérieure, effectuent par eux-mêmes, ou par des serviteurs à leurs gages, les transports dont ils sont chargés; 2.º les commissionnaires, autrement nommés entrepreneurs de transports, qui se chargent de faire effectuer ceux qu'on leur confie de gré à gré, par des voituriers dont ils répondent; 3.º les entrepreneurs de voitures publiques, qui ne diffèrent des voituriers, qu'en ce que, s'offrant à la confiance de tous, pour effectuer les transports dont on les charge, ils ne sont pas maîtres de refuser le service qu'ils ont annoncé.

Nous allons suivre cette distinction dans la distribution de ce chapitre, en trois sections.

SECTION PREMIÈRE.

Des Voituriers.

538. On distingue les voituriers, en voituriers par eau, qui sont les bateliers, et voituriers par terre, ordinairement nommés rouliers.

Les règlemens de police administrative dont les principaux sont la loi du 19 mai 1802 (29 floréal an 10) [1], celle du 27 février 1804 (7 ventôse an 12) [2], le décret du 22 juin 1806 [3], et celui du 28 août 1808 [4], imposent à ces derniers diverses obligations relativement aux poids et formes des roues de leurs voitures, aux précautions qu'ils doivent prendre pour la sûreté des routes et celle de leur propre voyage. Il en existe aussi relativement à la navigation intérieure. A l'exception de ceux qui concernent la perception des droits au profit du trésor public, ces règlemens sont locaux ; il n'entre point dans notre plan de les faire connoître, nous nous bornons à observer que souvent l'inobservation de ces règlemens expose les rouliers et bateliers à des peines personnelles, et quelquefois suffit pour les faire considérer comme nonrecevables dans les exceptions de force majeure qu'ils essayeroient de faire valoir.

539. Le contrat qui se forme entre l'expéditeur et le voiturier, est constaté par la lettre de voiture qui est remise à ce dernier, quelquefois en original, et quelquefois en copie qui doit être revêtue des mêmes formes que l'original.

C. 101.

Cette lettre doit être datée ; elle doit expri-

---

[1] Bulletin des lois, 3.ᵉ série, n. 1606.
[2] Bulletin des lois, 4.ᵉ série, n. 3636.
[3] Bulletin des lois, 4.ᵉ série, n. 1674.
[4] Bulletin des lois, 4.ᵉ série, n. 4005.

C. 102. mer la nature de la chose à transporter, par
ses qualités génériques et extérieures ; le poids
ou la contenance des objets, avec indication
en marge des marques distinctives ou numéros
qui peuvent les faire reconnoître ; le délai dans
lequel le transport doit être effectué ; le nom et
le domicile de l'expéditeur ; le nom de celui à
qui la marchandise est adressée ; le nom et le
domicile du voiturier ; le prix de la voiture
et l'indemnité due pour cause de retard ; enfin,
elle doit être signée par l'expéditeur.

Quoiqu'il n'y ait pas une de ces énonciations
qui n'ait son utilité, il ne nous semble pas
qu'on puisse refuser d'ajouter foi à la lettre qui
ne les contiendroit pas toutes, dès qu'il ne
résulteroit pas de ces omissions, l'impossibilité de
connoître les choses à transporter, et les conditions essentielles du transport, ou dès qu'elles
pourroient être suppléées, soit par l'usage, soit
par une expertise. On peut dire seulement qu'il
ne doit point être admis de preuve contre les
énonciations de la lettre, et que, si quelqu'énonciation nécessaire est omise ou se trouve obscure,
le doute sera interprété contre l'expéditeur.

540. Une lettre de voiture n'est pas indispensable pour obliger un voiturier à rendre les
choses qu'on prétend lui avoir confiées ; car cet
acte est rédigé par l'expéditeur seul ; il n'en reste
point entre ses mains d'exemplaire signé du voi-

turier. À l'égard de ce dernier, la remise des mar- N. 1782.
chandises étant un fait de commerce et un dépôt C. 632.
nécessaire, se prouve par témoins, ou par toute
autre preuve admissible dans le commerce. Mais
lorsque celui qui prétend avoir confié des marchandises à un voiturier, ou lorsque celui à qui
des marchandises ont été adressées, les réclame,
il ne peut refuser d'exécuter les conditions portées dans la lettre de voiture, et le voiturier ne
peut être obligé de remettre ces objets à un
autre qu'à la personne désignée dans cette lettre,
ou à son cessionnaire légitime, dans le cas que C. 578.
nous avons prévus, n. 314.

Les voituriers doivent rendre les objets qu'on
leur a confiés à cette personne; et s'ils ne peuvent
la trouver, ils doivent, après perquisition, les
déposer dans le lieu indiqué par le président
du tribunal de commerce ou le juge de paix.
Ils sont responsables des dommages arrivés aux
marchandises, par des avaries extérieures ou
par le manque de soins et d'attentions de leur
part; mais il faut que ces marchandises ayent C. 103.
été conditionnées et emballées suivant leur importance; il ne seroit pas juste de leur imputer
les accidens arrivés par défaut d'emballage et
de précaution de la part des expéditeurs. Cette
responsabilité commence à l'instant où les choses N. 1783.
à transporter ont été remises à eux ou à leurs
préposés, ayant notoirement l'autorisation de
prendre chargement, soit sur le port, soit dans

36*

un entrepôt dont la surveillance ne resteroit
pas confiée à l'expéditeur ou à des fonctionnaires
spéciaux.

Elle s'étend à tout ce qui est nécessaire,
non-seulement pour la conservation de la chose
en elle-même, telles que seroient des répara-
tions à des tonneaux qui fuiroient, mais encore
à l'accomplissement des formalités ou conditions,
et au paiement des droits dont les marchandises
sont tenues, sauf le droit de s'en faire rembourser. Il faut, sous ce rapport, suivre les règles
que nous avons données, n. 496.

Elle cesse, en cas de force majeure; mais il
C. 103. ne suffit pas au voiturier d'alléguer cette exception. S'il est des cas où l'impossibilité de
parer aux accidens et à la perte n'est que trop
réelle, il en est d'autres ou cette allégation peut
servir de subterfuge pour éviter les peines de la
négligence, ou du crime. Tout ce qu'on peut rai-
sonnablement et équitablement admettre, c'est
la preuve des faits allégués pour excuser les avaries ou la perte; c'est que la présomption soit
toujours en faveur de la responsabilité, et que
la force majeure ne soit qu'une exception que
le voiturier ait à prouver; c'est enfin, lorsque
cette preuve sera soumise au tribunal, qu'un
examen attentif des circonstances, apprenne si,
en remplissant avec scrupule leurs obligations,
les individus qui allèguent la force majeure
n'auroient pas pu s'y soustraire. Par exemple, il

est juste qu'un voiturier ne soit pas responsable
des vols qui lui sont faits en chemin par des
hommes attroupés ; mais il faut que la rencontre, l'attroupement et la violence soient bien
constatés ; il faut que ce soit sur la route directe
du lieu de la destination ; qu'il ne fût pas heure
indue, à moins, toutefois, que le voiturier
n'eût été autorisé à quitter la grande route ou à
voyager la nuit, soit par une permission de
l'expéditeur, soit par suite d'un accident dont
il ne seroit pas responsable, qui l'auroit empêché de se rendre, pendant le jour, à un lieu
de gîte.

541. Ce que nous avons dit des suites de
pertes ou dommages, s'applique aux détériorations ; les voituriers répondent des avaries qu'on N. 1784.
ne pourroit attribuer, ni à un cas fortuit, ni au C. 103.
vice propre de la chose. Ils ont, sous tous ces
rapports, les obligations des dépositaires, telles
que nous les avons expliquées au titre précédent, et ne peuvent se borner à offrir une indemnité proportionnée à la diminution du prix
que l'avarie a causé ; mais ils sont tenus de
garder la marchandise pour leur compte, et de
la payer à dire d'experts.

Ces règles de responsabilité sont indépendantes des dommages-intérêts, ou même des C. 108.
peines auxquelles ils seroient soumis, s'ils abu-
soient du dépôt qui leur a été fait, et se

Pén. { 386.
       387.

rendoient coupables des délits spécialement prévus, à leur égard, par les loix pénales.

C. 104. 542. Les voituriers sont encore responsables du défaut d'arrivée dans le délai fixé par la lettre, s'ils n'ont, en leur faveur, l'exception de force majeure : celui à qui la marchandise est expédiée, a droit de leur faire la retenue stipulée, sans qu'il soit besoin qu'il justifie que le retard lui a préjudicié.

C. 108. 543. Les actions que cette responsabilité fait naître, sont éteintes par six mois, sans poursuites, pour les expéditions faites dans l'intérieur de la France, et par un an, pour celles faites à l'étranger. Le délai de cette prescription est calculé différemment, suivant l'objet de l'action. S'il s'agit de réclamer des objets confiés au voiturier, et qu'on prétende n'avoir pas été rendus à leur destination, le délai court du jour que le transport auroit dû être effectué, c'est-à-dire, du jour auquel, d'après les conventions, ou les usages, s'il n'y a rien eu de stipulé, le voiturier auroit dû remettre la marchandise à sa destination ; s'il s'agit d'avaries qu'ont éprouvées des marchandises arrivées, ce délai court du jour de cette remise. Mais dans ce dernier cas, on suppose que celui qui a reçu les marchandises a fait constater ces avaries, soit à l'instant de la réception, si elles étoient

visibles ; soit dans un bref délai déterminé
par l'usage, si elles n'étoient pas susceptibles
d'être vérifiées à l'instant ; car, s'il a reçu les
objets et a payé la voiture sans réclamation ni C. 105.
protestation, son action est éteinte, à moins
que les détériorations dont il se plaint ne soient C. 108.
le résultat de vol ou fraude, qui se prescrivent
seulement par le même délai que les délits
ordinaires.

Les formalités à observer, pour qu'en cas
de refus de réception, l'état en soit constaté ; C. 106.
et qu'il soit pris des mesures pour leur conservation et dépôt, consistent à présenter requête au président du tribunal de commerce,
ou à son défaut, au juge de paix, qui fait constater l'état des objets refusés ou contestés, par
experts nommés d'office, et peut ordonner le
dépôt ou séquestre aux frais et risques de qui
il appartiendra.

544. Par une juste conséquence du privilège
qui existe sur la chose voiturée, pour les frais de
voiture et les dépenses accessoires, le voiturier N. 2102.
a droit de ne se dessaisir des objets qu'il a
transportés, qu'autant qu'on lui paie le prix de
sa voiture. Son intérêt à ne pas se dessaisir est
d'autant plus grand, qu'il ne pourroit être admis à prétendre un privilège à l'exclusion des
autres créanciers du propriétaire des marchandises, après qu'elles seroient entrées dans les

magasins de celui-ci, sans protestation de sa part.

C'est d'après l'usage et l'équité qu'on doit déterminer dans quel délai le voiturier qui a déchargé la marchandise dans des cours ou magasins, espérant d'être payé immédiatement, doit agir pour qu'on le considère comme encore saisi, et fondé à exercer son privilège.

C. 106. En vertu de ce privilège, la vente de ces marchandises peut être ordonnée sur sa requête, par le président, jusqu'à concurrence de ce qui lui est dû. Mais cette disposition ne sauroit être applicable à tous les cas où il s'élève quelque difficulté sur la réception des objets transportés ; car, si la contestation étoit relative à des avaries ou autres faits de la responsabilité du voiturier, sa demande ne devroit pas être accueillie, puisque le paiement qu'il obtiendroit par la vente des marchandises, empêcheroit, d'un côté, qu'on pût constater leur détérioration, et de l'autre, qu'on pût obtenir une indemnité par la retenue de son salaire.

Si, par quelqu'événement, le prix de la vente des marchandises ne suffisoit pas pour payer ce qui est dû au voiturier, celui-ci n'en conserve pas moins son action contre l'expéditeur qui lui a donné la lettre de voiture.

545. L'impossibilité, de la part de l'expéditeur, d'exécuter l'engagement qu'il a pris de

donner des objets à transporter, est une cause
légitime de la résiliation du contrat. Ainsi,
lorqu'on a fait avec un voiturier une convention
pour qu'il transporte des marchandises dans un
lieu, si quelque loi vient à défendre ce transport,
si la guerre, une interdiction prononcée par le
gouvernement, ou toute autre cause semblable,
ne permet plus que le transport s'effectue, la
convention doit être résiliée de plein droit, sans
dommages-intérêts de part ni d'autre : le transport n'ayant pas lieu par des événemens dont
aucune des parties n'est responsable, chacune
supporte les frais des préparatifs qu'elle a pu
faire.

Il n'en est pas de même lorsque, le transport
étant commencé, un événement quelconque de
force majeure empêche de le continuer ; le voiturier, qui n'a pas reçu d'instruction sur la conduite à tenir, est, en sa qualité de mandataire,
naturellement investi du droit de faire, pour
le dépôt et la conservation des marchandises,
pour la rupture entière du voyage, ou la con-
tinuation par une route différente, ce qu'un
homme sage feroit pour lui-même. S'il prend
une voie plus longue, il a droit à une indemnité, car c'est, en quelque sorte, un déboursé
qu'il fait pour l'exécution de son mandat. S'il
décharge les marchandises dans le lieu d'entrepôt le plus voisin de la destination à laquelle il ne peut parvenir ; s'il les ramène ne

trouvant rien de plus avantageux à faire, il doit
être payé de tout ce qui lui a été promis, comme
s'il eût exécuté le voyage.

546. L'expéditeur peut changer d'avis; s'il
prend ce parti avant le départ, il ne doit pas
être précisément contraint à payer la somme
convenue pour le transport; il ne doit que des
dommages-intérêts qui sont fixés par les juges,
suivant les circonstances. Mais, si ce changement
d'avis a lieu après le transport commencé, il
doit payer la totalité du prix convenu.

547. Le retard qui a lieu par force majeure
ou événemens imprévus, est au risque de chacune des parties, le voiturier ne peut demander
un supplément de prix. De son côté, l'expéditeur ne peut demander d'indemnité pour le
tort qu'il éprouve, et s'il juge convenable de
donner aux marchandises une direction par
d'autres moyens de transport, il n'en doit pas
moins payer la totalité du prix stipulé. C'est encore d'après les circonstances, que les tribunaux
peuvent décider si un obstacle de force majeure n'a dû être considéré par le voiturier
que comme un retard, ou le porter à rompre le
voyage, et à agir comme nous l'avons dit au numéro 545.

Les règles que nous avons données dans cette
section sont empruntées de celles que la loi

elle-même a posées relativement aux transports par mer; lesquelles peuvent, dans un grand nombre de cas, suppléer au silence de celles qui concernent les transports par terre, ou par la navigation intérieure.

SECTION II.

Des Commissionnaires pour les Transports.

548. Nous avons vu, n. 537, en quoi le commissionnaire qui se charge d'un transport par terre ou par eau, diffère du voiturier, ou autre agent semblable. Le contrat qui établit les obligations entre l'expéditeur et le commission- C. 101. naire, est ordinairement formé par la lettre de voiture dont nous avons parlé dans la section précédente, et alors, elle doit, outre les énonciations que nous avons indiquées, contenir les noms et domicile du commissionnaire par l'en- C. 102. tremise duquel le transport s'opère, et être signée de lui. Mais rien n'empêcheroit la preuve par les autres voies admises en matière commerciale, et principalement par les livres, sur C. 96. lequels ce commissionnaire doit inscrire la déclaration de la nature et de la quantité des marchandises qui lui sont remises, et même de leur valeur, s'il en est requis.

549. C'est principalement lorsqu'un transport ne peut être fait par un même voiturier,

et qu'il faut au cours d'un voyage changer, soit d'agens, soit de mode de transport, que l'expéditeur a besoin de s'adresser à un commissionnaire. Celui-ci ne peut donc effectuer son engagement, qu'en correspondant avec d'autres personnes de la même profession que la sienne, qui reçoivent les marchandises du voiturier auquel le premier les a remises, le paient et font continuer le transport par d'autres voituriers, qui, à leur tour, ne vont qu'à une certaine destination, ou un nouveau commissionnaire les reçoit encore, et veille à leur réexpédition, et ainsi de suite, jusqu'à l'arrivée.

Ces divers commissionnaires sont astreints à tenir un registre spécial, coté et paraphé, sur C. 102. lequel ils doivent copier les lettres de voitures, sans intervalle et de suite.

Tout commissionnaire de transport est garant des faits du commissionnaire intermédiaire, à C. 99. qui il adresse les marchandises. Mais, il ne faut pas considérer comme un commissionnaire intermédiaire, celui que l'expéditeur auroit lui-même désigné à celui qu'il charge. La responsabilité n'a pas lieu dans ce cas, parce que ce consignataire n'est pas un intermédiaire, un agent, qu'ait pu ou dû choisir le commissionnaire; c'est, au contraire, un préposé de l'expéditeur.

On voit, par l'explication que nous venons de donner, qu'à l'égard de l'expéditeur, le commissionnaire à qui il s'est adressé, et avec qui il a traité est le véritable obligé, et lui répond, non-seulement du voiturier à qui il charge directement, mais encore du commissionnaire intermédiaire à qui il s'adresse, et par suite de cette responsabilité, des voituriers ou commissionnaires à qui les objets à transporter seront confiés, suivant la marche que nous avons indiquée; car son engagement n'est pas simplement d'expédier pour tel lieu intermédiaire, mais une entreprise de faire arriver au lieu de C. 97. destination, et il est responsable de cette arrivée.

550. Cette responsabilité est absolument la même que celle du voiturier; elle commence, produit ses effets, finit, ou cesse de la même C. 98. manière.

Mais elle ne fait point obstacle à l'exercice des droits que peut faire valoir à son gré, contre le commissionnaire intermédiaire et le voiturier solidairement, celui à qui la marchandise appartient. Quelquefois même l'expéditeur peut avoir, contre le commissionnaire avec qui il traite directement, une action plus étendue que celle qu'il auroit contre les intermédiaires. Par exemple, *Pierre* expédie des marchandises pour Bordeaux, et traite à un prix qui suppose que le transport n'aura lieu que par terre. Le commissionnaire dirige ses expéditions de

manière à ce qu'une partie du voyage se fasse
par eau, voie moins dispendieuse. La marchandise périt par naufrage, sans faute des bateliers; *Pierre*, n'aura aucune action contre eux;
car celle qu'il auroit, ne seroit que du chef du
commissionnaire avec qui il a traité, et nous
supposons que ce commissionnaire a expédié par
eau. Mais comme celui-ci n'a pas, à l'égard de
Pierre, rempli son mandat comme il s'y étoit
obligé, il doit supporter un cas fortuit, qui
n'eût pas eu lieu, s'il eût expédié par la voie
de terre, qui avoit été convenue.

551. Cependant, ces règles doivent être combinées, soit avec ce que nous avons dit plus
haut, de la clause ordinairement insérée dans
la lettre de voiture, pour fixer l'indemnité due
en cas de retard, soit avec les fins de non-rece-
cevoir, qu'établit, en faveur du voiturier, la
réception des marchandises, et le paiement volontaire du prix de la voiture. Dans le premier
cas, l'indemnité consistant dans une retenue
totale ou partielle du prix de voiture, c'est à
celui qui reçoit les marchandises à l'exercer.
Dans le second cas, les avaries doivent être constatées pour l'exercice de la responsabilité. Celui
qui reçoit la marchandise est le seul qui puisse
voir, à la réception, si ou non il en existe.
Le paiement qu'il feroit au voiturier, le rendant
non-recevable contre celui-ci, il ne pourroit

plus agir contre le commissionnaire, qu'il auroit mis dans le cas de perdre son recours contre le voiturier. N. 2037.

552. Il est important d'observer que toutes ces règles ne s'appliquent qu'au commissionnaire qui se charge d'un transport. Si, par la manière dont les parties se sont expliquées, il étoit démontré que le commissionnaire n'a pas entendu se charger du transport; qu'il a seulement, pour satisfaire aux instructions qui lui étoient données, choisi un voiturier, avec lequel il a fait un prix, au nom et pour le compte de son commettant, ce ne seroit point d'après ce que nous avons dit dans cette section, qu'il faudroit juger ses rapports envers ce commettant, mais par les règles du mandat. Il ne répondroit pas du voiturier qui n'est pas son agent; mais, il répondroit de la faute ou de la négligence qu'il auroit commise dans le choix de ce voiturier.

C'est ce qui arrive souvent, lorsqu'un vendeur expédie les marchandises qui lui ont été achetées, par correspondance; s'il choisit le voiturier pour les transporter, c'est un fait qui ne tient en rien à la convention de vente, puisqu'il ne s'est pas obligé de rendre les marchandises à leur destination. Il n'a été qu'un simple mandataire, tant qu'on ne prouve pas contre lui, soit par son engagement, soit par les circonstances, par exemple, si sa profession étoit de se charger de transports, qu'il a voulu être commissionnaire chargé de faire arriver les objets qu'il avoit vendus.

SECTION III.

Des Entrepreneurs de Voitures publiques.

553. Les entrepreneurs de voitures publiques sont des voituriers, qui, par le but et le genre de leur établissement, s'offrent à la confiance générale, comme prêts à effectuer les transports qui leur sont confiés, sans qu'il soit besoin d'une stipulation particulière.

Ils diffèrent des voituriers, en ce que les engagemens d'un voiturier sont libres; qu'à moins de réquisitions dans l'intérêt public, il ne peut être forcé de marcher, et qu'il convient de prix, avec chacun de ceux qui l'emploient. L'entrepreneur de voitures publiques, au contraire, est assujetti à partir aux jours et heures qu'il a annoncés, quand même le nombre des personnes ou des objets qu'il doit transporter, ne suffiroit pas pour compléter sa charge, ou couvrir ses déboursés.

Ces sortes d'établissemens ne peuvent être faits sans une autorisation du gouvernement, conformément au décret du 20 mai 1805 (30 floréal an 13) [1].

___
[1] Bulletin des lois, 4.ᵉ série, n. 722.

554. Ces entrepreneurs sont obligés de tenir registre de l'argent, des effets, et des paquets N. 1785. dont ils se chargent; ils donnent quelquefois des *récépissés* ou bulletins d'enregistrement, qui servent de preuves contre eux, mais dont ils ne peuvent exciper, pour limiter leur responsabilité à la somme qu'ils auroient indiquée. Une telle restriction aux principes généraux, sur la responsabilité indéfinie de celui à qui on fait un dépôt nécessaire, ne seroit obligatoire pour les citoyens, qu'autant qu'elle seroit contenue dans les règlemens émanés de l'autorité publique, dont nous allons parler.

Les voitures, chariots ou fourgons qu'expédient ces établissemens, sont confiés à la conduite des préposés, porteurs d'une feuille, qui est la copie exacte de l'enregistrement des personnes ou objets qu'ils conduisent, tels que les désigne le registre du bureau de départ. Ceux à qui les objets sont destinés donnent leur reçu sur cette feuille, en marge de l'article qui les concerne, et doivent par conséquent, avant de signer ce reçu, s'assurer de l'état des ballots ou caisses qu'ils reçoivent.

A défaut de réclamation dans le délai de six mois, les objets sont vendus à la diligence de la régie des domaines, et le produit versé au trésor public, conformément au décret du 13 août 1810 [1].

---

[1] Bulletin des lois, 4.e série, n. 5878.

Du reste, tout ce que nous avons dit dans les sections précédentes leur, est applicable. Ils sont en outre assujettis à des règlemens

N. 1786. d'administration publique, qui déterminent quelques-uns de leurs rapports avec les citoyens, et leurs obligations envers le Gouvernement. Les principaux sont, le décret du 30 août 1804 (14 fructidor an 12)[*], et celui du 28 août 1808.

TITRE HUITIÈME.

DE LA COMMISSION.

555. Nous avons déjà indiqué, dans le n. 42, la différence entre le contrat de mandat et la commission.

Dans le mandat, la personne qui reçoit un pouvoir, fait la chose dont elle est char-

N. 1984. gée, pour le compte et au nom de la personne qui lui donne ce pouvoir. Dans la commission, la personne qui reçoit un pouvoir, fait la chose dont elle est chargée,

C. 91. en son propre nom, mais pour le compte de la personne qui lui donne ce pouvoir.

---

[*] Bulletin des lois, 4.e série, n. 217.

C'est ici le lieu d'expliquer les raisons de cette différence, et les effets qui en résultent.

La célérité est essentielle aux opérations commerciales ; elles seroient singulièrement entravées, si celui qui traite avec une personne fondée de procuration d'une autre, n'acquéroit de droits que contre celle qui a donné ces pouvoirs ; car la prudence lui dicteroit alors de prendre des renseignemens, et le temps nécessaire pour les obtenir, feroit perdre les occasions les plus favorables. Le secret n'est pas moins nécessaire ; il ne seroit plus gardé, si celui qui traite pour un autre, étoit obligé d'annoncer, à chaque opération qu'il fait, qui elle concerne.

Le contrat de commission offre un remède à ces inconvéniens. Le commissaire, agissant *en son propre nom*, devient l'obligé véritable de ceux avec qui il traite, et cependant, n'agissant ainsi que pour le compte d'autrui, ses rapports, envers ses commettans, restent toujours ceux d'un *mandataire*.

Ce n'est pas que le mandat simple, et tel qu'il est connu dans le droit civil, ne puisse aussi avoir lieu dans le commerce ; il existe des professions qui consistent uniquement à l'exercer ; tels sont les entrepreneurs d'agences et bureaux d'affaires sur lesquels nous avons

C. 92

37 *

donné des notions, n. 44. Ces mandataires
ne sont point obligés, en leur nom, envers le
tiers à qui ils ont fait connoître leurs pouvoirs. Il est aussi certaines opérations isolées
dans lesquelles la nature des choses, ou l'intention présumée des contractans, ne permet pas
qu'on suive, sous le rapport de cette responsabilité, d'autres règles que celles du mandat
civil.

Une seule difficulté peut se présenter toutefois ; elle consiste à fixer, d'une manière
invariable, les signes qui feront reconnoître
que celui qui agissoit pour un autre, étoit
commissionnaire, et non simplement mandataire.

On peut donner pour règles générales,
qu'une opération commerciale, faite par une
personne pour le compte d'une autre, est
plutôt présumée faite par commission que
par procuration; que cette présomption résulte, surtout, de ce que la convention ne
donne point, à celui qui agit pour un autre,
la qualité de fondé de pouvoir ; de ce que
celui qui traite avec lui n'a pris aucune des
sûretés nécessaires pour avoir et conserver la
preuve de la procuration donnée par le mandant, ou n'étoit point, soit par la nature de
l'affaire et sa position, soit par les circonstances, à même de prendre des informations
sur le compte de ce mandant.

556. Nous ne traiterons point particulièrement du mandat. La différence entre ce contrat et celui de commission, consiste, comme
on l'a vu, n. 42, 1.° en ce que le commissionnaire s'oblige envers ceux avec qui il traite,
quoique ce qu'il fait, lui ait été commandé
par son commettant, qu'il justifie de ses
pouvoirs, et même qu'il ait fait connoître
qui étoit ce commettant; en un mot, il est
le véritable, le direct obligé des tiers qui
n'ont d'action contre le commettant, que si
celui-ci est encore redevable envers son commissionnaire; 2.° en ce que la commission
étant une combinaison du louage de services
avec le mandat, le commissionnaire est réputé, de plein droit, n'agir que dans l'espoir
et sous la condition d'une rétribution, et que,
si la manière dont il a agi n'offre point la
preuve qu'il n'ait voulu être qu'un simple
mandataire officieux, il ne seroit pas admis à
prétendre qu'il n'entendoit prendre que cette
dernière qualité, pour échapper à une responsabilité plus étroite. Il s'ensuit que toutes les
autres règles, sur la commission, s'appliquent
au mandat.

On a vu, n. 43, en quoi la commission diffé-
roit du courtage; et les notions que nous avons
données, n. 148, font également connoître la
différence qui existe entre les commissionnaires
et les commis, ou préposés des commerçans.

557. Il n'est aucune opération commerciale qui ne puisse être faite par commission ; et sauf les modifications que pourroient apporter, soit les usages locaux, soit la nature des opérations, il faut se conformer aux principes généraux que nous donnerons dans le chapitre premier de ce titre. Mais la commission pour acheter et vendre, et celle qui a pour objets des négociations ou recouvremens de lettres de change, et autres effets de commerce, étant assujetties à quelques règles spéciales, nous en ferons l'objet de trois chapitres particuliers.

CHAPITRE PREMIER.

Principes généraux sur le Contrat de Commission.

558. Nous avons vu, n. 249, qu'en général les affaires se traitoient, entre commerçans, par correspondance ; c'est principalement dans la commission que les engagemens ne peuvent être contractés par d'autres moyens, puisque ce contrat est né de la nécessité d'éviter les déplacemens.

On peut aussi donner verbalement une commission, et la preuve en est admissible comme celle de toute autre convention commerciale.

En général, on ne doit pas légèrement ajouter foi à l'allégation ou aux indices sur lesquels un commerçant se fonde pour prétendre qu'il a reçu d'un autre *telle* commission ; mais une fois qu'elle est avouée, il est naturel de croire à ses registres, à ses déclarations, quand il n'y a pas d'écrits contraires, pour ce qui tient aux accessoires, principalement à ceux qui dérivent de la nature du contrat, ou qui, du moins, n'y ont rien de contraire ; par exemple, on présume naturellement que celui qui a reçu ordre de s'obliger, a été suffisamment autorisé à payer.

559. Un commerçant, par cela seul qu'il reçoit une commission, n'est pas obligé de l'exécuter ; mais il doit, par la voie la plus prompte, donner, au commettant, avis qu'il n'entend ou ne peut pas la remplir, et le silence gardé au-delà du temps nécessaire et usité pour répondre, pourroit donner aux tribunaux un juste sujet de le considérer comme ayant accepté, et de le condamner à tous les dommages-intérêts que doit tout mandataire qui n'a pas exécuté, ou a mal exécuté, ce dont il s'est chargé. Cependant, même dans les cas où un commissionnaire refuse d'accepter une commission, et fait part de ce refus au commettant, il est des soins que la bonne foi lui commande de prendre ; celui

à qui des marchandises seroient envoyées, soit pour les vendre, soit pour en faire tout autre emploi indiqué, ne doit pas, s'il refuse, les laisser à l'abandon, ou même les renvoyer; il doit, en faisant les protestations convenables, veiller à leur dépôt et conservation; il s'exposeroit à des dommages-intérêts, s'il agissoit autrement.

560. Le commissionnaire ne peut se dispenser d'exécuter la commission qu'il a acceptée, à moins que le commettant ne manque lui-même à son obligation réciproque, en ne lui fournissant pas les fonds, les crédits ou sûretés stipulés, ou que détermine l'usage, ou bien que, par sa faillite ou sa déconfiture, il ne lui fasse craindre de n'être pas remboursé.

N. 2003.

Il doit se conformer littéralement aux ordres qu'il a reçus, et répond de tous les événemens lorsqu'il ne les a pas suivis, à moins qu'il ne puisse prouver, qu'en les exécutant à la lettre, il eût fait tort à son commettant.

561. Il a droit d'exiger que celui-ci le garantisse de toutes les suites de ce qu'il a fait dans les limites de son pouvoir, ainsi que le remboursement de ses avances, et l'indemnité de ses peines et soins, suivant le taux fixé par l'usage des lieux, ou par le cours de la place, à défaut de convention.

Le, commissionnaire doit en conséquence fournir un état détaillé de ses avances, et les justifier par pièces à l'appui; mais, dans bien des cas, on n'exige point un tableau articulé et minutieux pour des avances modiques, et l'usage sert encore à régler sur tous ces points, en cas de contestation.

Le droit de commission est pris, en général, sur toutes les avances, ou sur toutes les recettes, de quelque nature que ce soit, et il ne paroîtroit pas convenable que le commettant établît une compensation des recettes avec les dépenses, pour n'offrir de payer la commission que sur le reliquat, à moins qu'une convention ou un usage constant ne fondât cette prétention. L'intérêt de ces avances, à compter du jour qu'elles ont été faites, et même celui de la commission, à compter de l'envoi du compte ou du délai fixé par l'usage, lui est pareillement dû, conformément aux règles que nous avons données, n. 181.

N. 2001.

Il y a deux manières de fixer la rétribution des commissionnaires, et les effets en sont différens; l'une est appelée *décroire*, et l'autre *simple commission*. Lorsque le commissionnaire reçoit un *décroire*, il répond des débiteurs; cette rétribution est ordinairement double de l'autre. Lorsqu'il reçoit une simple commission, il ne répond pas des personnes avec qui il a traité, pourvu qu'il n'y ait ni tort,

ni faute ou imprudence de sa part, même quand
il a accordé des termes, si cela ne lui étoit pas
interdit. L'usage des lieux peut seul déterminer
quelle est celle des deux responsabilités que le
commissionnaire doit supporter, lorsque, pour
éviter la plus rigoureuse, il prétend n'avoir
entendu exiger que la commission simple.

562. Si le commissionnaire est tenu de se conformer scrupuleusement aux instructions qu'il
a reçues, le commettant doit, à son tour, avoir
soin de les rédiger d'une manière assez précise, pour que celui à qui il s'adresse, ne
se croie pas maître d'agir à son gré. Cependant l'obscurité, ou l'incertitude laissée dans
les instructions, n'est pas, pour ce dernier,
un motif d'agir sans en référer à son commettant, et sans lui demander des explications
plus précises. Seulement on peut dire que,
si les circonstances où la nature de ses ordres
ne lui laissoient pas le temps de consulter,
et qu'il ait suivi, soit l'usage, soit le cours
des opérations semblables dans le lieu où il
est chargé d'opérer, cette position singulière
et sa bonne foi seroient un motif de ne pas
admettre la réclamation du commettant, qui,
par l'obscurité de sa correspondance, l'auroit
induit en erreur.

Un commissionnaire ne doit pas manquer
de tenir son commettant au courant de ce

qu'il fait pour lui, en lui fournissant des bordereaux et états de situation qui le mettent à même de suivre et surveiller les opérations; mais la nature des affaires et l'usage des lieux peuvent le dispenser de faire connoître les personnes avec qui il a négocié, lorsqu'il répond de leur solvabilité. Un commettant de mauvaise foi pourroit abuser de cette espèce de renseignemens, et faire, dans la suite, directement des offres de services aux correspondans de son commissionnaire, qu'il auroit connus par ce moyen.

Le commissionnaire doit également instruire le commettant de tout ce qui se passe dans le lieu où il est chargé d'agir, de relatif aux opérations qui lui sont confiées, lorsque ces événemens peuvent influer sur les déterminations de celui-ci, pour modifier, étendre ou révoquer les ordres qu'il a donnés.

Le plus souvent, les instructions données au commissionnaire lui font connoître à quelles conditions il doit traiter; mais il arrive quelquefois que le commettant lui permet de s'en écarter, ou même ne lui en précise point, le chargeant d'agir pour le mieux de ses intérêts. Il doit alors faire tout ce que le père de famille le plus scrupuleux eût fait dans les mêmes circonstances; et, comme son mandat est salarié, N. :992. il ne seroit pas toujours excusable, en prouvant qu'il a fait, aux mêmes conditions, une affaire

semblable qui l'intéressoit personnellement,
s'il étoit reconnu que, dans le même temps,
on traitoit habituellement à des conditions plus
favorables. Enfin, il doit faire tout ce que le
commettant feroit lui-même pour le succès
des opérations qui lui sont confiées, et, sans
attendre les ordres exprès, sur les choses qui
sont indispensables ou exigées par les lois,
telles que seroient des dépenses conservatoires,
l'acquittement de droits d'octrois, douanes,
transit, entrepôt, etc.; dans tout ces cas, une
grande partie des principes que nous avons
donnés sur le dépôt, lui sont applicables.

563. Nous avons vu que le propre de la
commission étoit de rendre le commissionnaire
directement obligé envers les tiers avec qui il
traitoit; il s'ensuit que chaque fois qu'il a acquitté un engagement, suite d'opérations qu'il
a faites de l'ordre et pour le compte d'un commettant, il a, outre l'action qui dérive de cet
ordre, celle qui résulte de la subrogation légale
dont nous avons expliqué les effets, n. 214.

564. Les pouvoirs du commissionnaire sont,
par leur nature, essentiellement révocables;
mais ce principe peut être modifié, par exemple,
lorsque la commission donnée est accessoire
à une autre convention commerciale. Tel seroit le cas où un commerçant auroit vendu

à un autre, un navire, à condition qu'il sera chargé des expéditions et de la vente des marchandises rapportées en retour. Celui qui a pris cet engagement, ne peut charger un autre commissionnaire, sans indemniser celui envers qui il s'est ainsi obligé, de tout le bénéfice qu'il auroit pu faire.

CHAPITRE II.

De la Commission pour vendre.

565. Le commissionnaire chargé de vendre est tenu, dans tout ce qui concerne la réception des marchandises, de remplir toutes les obligations que nous avons expliquées, n. 496 et suivans. Tous les risques qu'elles peuvent courir pendant le transport du lieu où elles étoient à celui où le commissionnaire en prend livraison, sont sans doute à la charge de l'expéditeur; mais une fois déposées dans le lieu de déchargement déterminé par les usages ou la convention, ces mêmes risques sont pour le commissionnaire, qui est présumé les avoir reçues telles qu'elles lui étoient annoncées, par cela seul qu'il n'a rien fait constater et qui répond de toute perte ou avarie qu'il ne prouveroit être ni antérieure à la remise à lui faite, ni l'effet d'une force majeure ou autre cause d'excuse légitime.

Ainsi, lorsqu'il reçoit des marchandises

d'une espèce ou qualité autre que celles qui lui
sont annoncées, ou des marchandises avariées,
il doit, si la vérification est de nature à être
faite contradictoirement avec le voiturier, y
procéder comme nous l'avons dit, n. 543, et
si cette différence d'espèce et qualité, ou ces
avaries, donnent lieu à la responsabilité de ce
voiturier, exercer les retenues et diriger toutes
actions nécessaires contre lui. Dans ce cas, et à
plus forte raison lorsqu'il n'y a pas lieu à la
reponsabilité du voiturier, il doit faire constater l'état des choses, et envoyer de suite le
procès-verbal à son commettant.

566. Tout ce que nous avons dit dans le
titre sixième, sur le dépôt régulier, les obligations et droits respectifs du déposant et du
dépositaire, s'applique au commissionnaire
chargé de vendre, en tout ce qui ne contrarie
pas l'objet spécial de ce mandat.

Si des marchandises sujettes à dépérir font
craindre une déperdition totale ou partielle,
avant qu'il ait trouvé à les vendre de la manière
indiquée, il doit en prévenir de suite son commettant, et si le danger est tel que le moindre
retard soit préjudiciable, il peut, après avoir
fait constater l'état des choses par experts nommés, comme nous l'avons dit, n. 543, se faire
autoriser par le juge, à vendre au prix qu'il
trouvera le plus avantageux.

567. Lorsque, par une faute quelconque dont le commissionnaire est responsable, cette marchandise périt, il doit la payer au commettant, non le prix que celui-ci l'a chargé de vendre, ce qui pourroit, dans quelques circonstances, entraîner une injustice, mais le plus haut prix que les marchandises de même espèce et qualité avoient dans le temps où il étoit chargé de vendre.

Il doit, en effectuant la vente, conserver aux marchandises les marques et indications qui peuvent ou commander la confiance, ou établir la réputation du commettant, se conformer aux prix qui lui sont indiqués, soit dans la facture, soit dans les états et lettres d'envoi, ou autres monumens de la correspondance. Ainsi, ce seroit une fraude répréhensible de la part d'un commissionnaire à qui des marchandises auroient été envoyées pour être vendues sous le nom et l'indication du commettant, de substituer son nom et son adresse aux indications que porte cette marchandise. La fraude seroit plus grande et plus coupable si, chargé de vendre à un prix déterminé, il tenoit compte à son commettant de ce prix, mais vendoit à un supérieur, et s'approprioit l'excédant ; à moins qu'il n'y fût autorisé par une convention spéciale sur laquelle nous avons donné quelques notions, n. 304.

Le commettant dont le commissionnaire vendroit au-dessous des prix qui lui ont été fixés, ou moyennant lesquels il auroit annoncé qu'il se charge de vendre, ne seroit pas fondé à déclarer qu'il entend que sa marchandise lui soit remise, ses instructions n'ayant pas été exécutées; il seroit suffisamment désintéressé par le complément du prix que lui paieroit ce commissionnaire. Ce dernier, à son tour, ne pourroit échapper à cette obligation qu'autant qu'il auroit rempli les formes que nous venons d'indiquer pour constater l'urgence de vendre sans attendre l'occasion de trouver le prix indiqué.

568. Un commissionnaire ne peut vendre à crédit qu'autant qu'il en a reçu l'autorisation ou qu'il a suivi un usage auquel le commettant ne lui a pas interdit de se conformer; autrement, il doit payer le prix sans égard aux termes qu'il a accordés. Cependant, si, dans ce cas, il se trouvoit qu'il eût vendu plus cher que le prix qui lui avoit été désigné payable comptant, il auroit droit de retenir l'excédant, si mieux n'aimoit le commettant agréer le marché à terme.

Dans les cas où il est autorisé à vendre à crédit, la bonne foi l'astreint encore à suivre quelques règles. S'il ne répond pas du *décroire*, il doit ne point se laisser entraîner au désir de gagner un droit de commission d'autant plus fort que dans l'usage, il est proportionné au prix des ventes, soit en accordant de trop longs délais, soit en vendant plus cher à des personnes moins solvables. Dans ce cas, les soins et la prudence dans le choix des acheteurs, doivent être plus étendus encore que lorsqu'il se rend responsable; car, dans cette position, il lui est permis de hasarder quelque chose du sien pour obtenir un plus grand bénéfice, puisqu'il n'expose pas autant son commettant, et sa conduite est plus à l'abri des soupçons, puisqu'il se rend débiteur.

569. Il est, comme on sait, d'usage de vendre certaines marchandises sous escompte, c'est-à-dire, sous la déduction de *tant* pour cent en faveur de l'acheteur qui, au lieu de ne payer qu'au terme d'usage, se libère de suite ou, anticipe son paiement. Nous avons donné quelques notions à ce sujet, n. 181. C'est une question assez importante de savoir si le commissionnaire qui répond du *décroire* à son commettant, et qui perçoit en conséquence une rétribution double de celle ordinaire, peut encore, dans les comptes de vente, lui faire la déduction de l'escompte accordée à l'acheteur. La raison de douter vient de ce que la commission de décroire est le prix d'un risque, lequel risque est l'insolvabilité de l'acheteur; que si cet acheteur paie comptant, il n'y a plus d'insolvabilité à craindre, plus de risque, plus de chance aléatoire, et par conséquent qu'il ne

Tome I.   38

doit pas y avoir de *prime* pour une espèce d'assurance qui est sans risques.

Cependant, l'usage est contraire, et si, au premier abord, il semble opposé aux règles du droit, il peut aussi être justifié par ces mêmes règles envisagées sous un autre rapport. Les ventes qui se font sous la condition expresse ou tacite d'escompte, sont bien réellement réputées faites au terme d'usage, et la responsabilité du commissionnaire qui reçoit un *décroire*, a pour objet d'assurer que le commettant sera payé à ce terme. C'est cette seule garantie qu'il a en vue et qu'il paie par la prime d'une double commission. Lorsque le commissionnaire paie ensuite à son commettant ce prix qui n'étoit exigible qu'à terme, il fait un nouveau traité avec lui, par lequel il procure à ce commettant la jouissance anticipée de ses fonds moyennant une remise que celui-ci est maître de refuser s'il veut attendre le terme d'échéance. Il n'y a donc pas double emploi. Le commissionnaire, moyennant 3 ou 4 pour cent, par exemple, se rend codébiteur solidaire de ce que l'acheteur ne doit payer que dans six mois; puis il rembourse par avance, à son créancier, une somme qu'il ne lui doit qu'à ce terme, et reçoit de lui une remise réputée seulement l'équivalent de la privation de ses fonds, que ce paiement anticipé lui fait éprouver.

570. Lorsqu'un commissionnaire a reçu de plusieurs commettans des marchandises à vendre, il doit avoir soin de tenir ses registres avec une grande exactitude, afin qu'on puisse reconnoître au besoin à qui appartiennent les marchandises vendues, et que les intéressés puissent exercer, dans les cas prévus, les revendications de prix ou de choses dont nous parlerons dans la cinquième partie.

571. Tout commissionnaire doit, à l'échéance, faire les recouvremens et les poursuites convenables, et employer les fonds de son commettant suivant les instructions qu'il reçoit. Ses obligations sont réglées par les principes du dépôt irrégulier, lorsqu'il n'y a rien qui annonce qu'il ait dû conserver individuellement les espèces de monnoie qu'il a reçues. La convention, ou, à son défaut, l'usage, peuvent seuls servir à décider quand il doit payer l'intérêt des fonds dont il se sert en attendant qu'il les envoie à son commettant. En général, on doit, et pour ce cas, et pour décider sur qui tomberoient les risques de la dépréciation de la monnoie, suivre les principes que nous avons donnés, n. 205. Ce que nous dirons dans la troisième section, sur la manière de faire l'envoi des fonds recouvrés peut recevoir ici son application.

572. Souvent le commissionnaire, chargé par

38 *

un correspondant de vendre des marchandises,
reçoit d'un autre la commission d'en acheter de
semblables. Ce seroit peut-être pousser trop loin
la sévérité que de dire qu'il ne peut pas réunir
ces deux commissions, qu'elles sont incompa-
tibles, parce qu'il est possible qu'il soit payé
d'autant plus cher par l'un, s'il fait hausser le
prix, et par l'autre, s'il achète à bon marché.
Au moins, doit on dire que la bonne foi lui
commande de ne point laisser ignorer ces circonstances à chacun de ses commettans; qu'il
doit leur demander des instructions d'autant
plus précises, qu'il ne peut, sans de graves inconvéniens, recevoir de chacun d'eux la mission
de faire ce qu'il croira le plus convenable. L'u-
sage seul, et à défaut d'usage, la bonne foi,
servent à décider s'il peut recevoir une rétribution de l'un et de l'autre.

     A plus forte raison, il ne doit point se rendre
personnellement acheteur, parce que cette qua-
N 1596. lité est incompatible avec la confiance qui lui
est accordée; et si quelques circonstances font
qu'il ait besoin ou désir d'acheter les marchandises qu'il est chargé de vendre, il doit s'en
expliquer avec le commettant, et annoncer
franchement son intention.

     573. Le commissionnaire qui ne trouve point
à vendre les marchandises qui lui ont été envoyées à cet effet, ne doit point les renvoyer au

commettant sans l'en avoir prévenu et attendu ses ordres. Lorsque celui-ci retire les marchandises, l'usage détermine le taux de la rétribution qu'il doit payer au commissionnaire pour ses soins et démarches, quoiqu'ils aient été infructueux ; et ce dernier peut refuser de s'en dessaisir jusqu'à ce que les avances et commission qui lui sont dues, même les prêts qu'il auroit faits dans l'espoir de cette vente, lui aient été C. 95. remboursés. Nous développerons cette règle en parlant du nantissement. Nous aurons aussi occasion de traiter quelques autres questions sur la commission pour vendre, quand nous nous occuperons de la revendication dans les faillites.

574. Il est facile de voir comment ce que nous avons dit dans ce chapitre, peut s'appliquer aux établissemens de vente à l'encan, dont nous avons parlé, n. 45. Le mode de vente ne permet pas de suivre ce que nous avons dit sur les obligations des commissionnaires de se conformer aux prix qu'on leur a indiqués. L'entremise d'officiers publics qui dressent procès-verbaux des ventes, occasionne encore d'autres modifications ; enfin, ces sortes d'établissemens sont soumis à la surveillance de la police, et à des règlemens administratifs, ou sont constitués sous des conditions dont ceux qui s'y adressent prennent connoissance, et auxquels ils sont réputés se soumettre lorsqu'ils y déposent des objets à vendre.

CHAPITRE III.

De la Commission pour acheter.

575. Le commissionnaire chargé de faire des achats, doit avoir, dans le choix de la qualité des marchandises qu'il achète, le même soin que s'il achetoit pour son propre compte; et de même qu'à l'égard du vendeur, il se met à la place de l'acheteur, et en a toutes les obligations, de même à l'égard de son commettant, il est en quelque sorte comme un vendeur, pour tout ce qui tient à la garantie de la qualité et quantité des choses qu'il a achetées et qu'il lui expédic.

Il doit se conformer, pour les espèces, qualités et prix aux instructions qu'il a reçues, ou à ce qu'il a annoncé être en état de faire, lorsqu'il a accepté la commission. Quand il s'en écarte, il faut distinguer : si cette faute est relative à l'espèce ou à la qualité des marchandises, le commettant n'est pas tenu de recevoir autre chose que ce qu'il a demandé; mais si le commissionnaire avoit seulement erré dans le prix, il pourroit consentir à supporter la différence, et obliger le commettant à recevoir la marchandise pour le prix d'achat qu'il avoit indiqué.

Enfin s'il est chargé d'acheter des marchandises de l'espèce de celles dont il est lui-même propriétaire, il ne doit pas les envoyer à son commettant, même aux prix qu'a indiqués celui-ci sans lui faire part de cette circonstance.

576. Une fois que les marchandises sont achetées, si elles ne sont pas expédiées directement des magasins du vendeur à la destination qu'a indiquée le commettant, soit qu'elles restent dans des magasins où le commissionnaire puisse exercer sa surveillance, soit que le commissionnaire la fasse entrer dans les siens propres, il est tenu de la même responsabilité que le dépositaire. Il en est de même des soins qu'il doit prendre pour l'expédition et chargement desdites marchandises. Mais il faut distinguer si, par sa profession ou par la nature du mandat qui lui a été donné, il se rend en même temps commissionnaire de transports, et l'usage ou les circonstances peuvent seuls éclaircir sur ce point. Au premier cas, il répond des voituriers et commissionnaires intermédiaires qu'il emploie, comme nous l'avons vu, n. 549. Au second, il cesse d'être responsable une fois que la marchandise est sortie de ses mains, bien conditionnée, et chargée avec soin et prudence. C. 100.

577. C'est d'après les circonstances, les usages et les règles de la bonne foi qu'on doit décider si le commissionnaire qui a reçu des fonds pour faire des achats, et qui les garde long-temps

sans exécuter ses ordres, doit tenir compte des intérêts. On doit surtout considérer si le retard dans cette exécution est dû aux événemens ou si on ne peut pas l'imputer au commissionnaire.

Il est rare que les parties ne conviennent pas de la manière dont les avances du commissionnaire seront couvertes : si toutefois elles l'avoient omis, et qu'il s'élevât entr'elles une contestation que l'usage local ne serviroit pas à décider, le commettant ne pourroit se dispenser de faire des envois de fonds effectifs ou par remise à son commissionnaire, ni le contraindre à tirer sur lui, puisqu'en tirant, celui-ci s'expose à payer si la lettre n'est pas acquittée, ce qui peut, dans certaines circonstances, exposer son crédit.

Au reste, lorsque le commissionnaire est obligé, par la convention ou l'usage, de tirer sur son commettant, les pertes de change, frais de négociation des lettres et autres accessoires, sont à la charge de ce dernier, s'il n'y a convention contraire.

CHAPITRE IV.

De la Commission pour les opérations de Change.

578. On peut faire, par commission, toutes les opérations de change dont nous avons parlé

dans le titre quatrième, sans que leur nature cesse d'être la même; mais les règles du mandat avec lesquelles il faut en combiner les principes, font naître des questions d'une grande importance, dont nous allons nous occuper dans ce chapitre.

Nous traiterons, dans trois sections différentes, de la commission qui consiste à tirer, prendre, à négocier ou recouvrer des lettres de change. Ce que nous avons dit sur l'acceptation nous dispense de nous occuper des commissionnaires qui acceptent les lettres tirées sur eux.

SECTION PREMIÈRE.

Commission de tirer une Lettre de Change.

579. Lorsqu'une personne a donné ordre à quelqu'un de tirer pour son compte, une lettre de change sur l'individu qu'elle lui indique, celui qui a pris, soit expressément, soit même implicitement l'engagement de l'exécuter, doit tirer dans les termes et pour la somme énoncés. Si cette lettre est au profit d'un preneur désigné, il doit s'en faire payer le prix de la même manière que tout vendeur des marchandises d'autrui, ou se conformer aux instructions qu'il reçoit à ce sujet. Si la lettre est à son profit personnel, il doit la porter, dans son compte, au crédit de son commettant. Indépendamment des avis qu'il doit donner à celui-ci, de toutes

ces dispositions, il doit transmettre, à celui sur qui il a reçu commission de tirer, les avis nécessaires, principalement sur la manière dont la provision lui sera faite; et même, si telle est sa commission, concourir à faire effectuer cette provision, conformément aux instructions qui lui sont données.

580. En appliquant ici la distinction que nous avons faite, n. 555, entre le mandat ordinaire et la commission, on pourroit conclure que jamais celui qui a tiré une lettre de change pour le compte d'un *tel*, qu'il y dénomme, ne doit répondre du défaut de paiement, puisque chacun de ceux qui ont pris cette lettre, a su qu'il ne tiroit pas pour son compte, et a dû s'attendre à n'avoir, pour obligé, que celui pour qui la lettre étoit tirée.

Mais cette manière de raisonner ne seroit pas tout à fait exacte; et les motifs qui ont porté à modifier, dans le commerce, les principes du droit civil sur le mandat, subsistent en leur entier dans ce cas. Le preneur d'une lettre de change, empressé de saisir l'occasion de se procurer les fonds sur tel lieu, soit pour remplir ses engagemens, soit pour faire les spéculations avantageuses que lui offrent les chances du change, ne peut écrire au loin pour s'informer de la solvabilité de la personne pour le compte de laquelle sera tirée la lettre qu'on lui propose. L'usage général, toujours résultant de la nécessité d'envelopper du plus grand secret les opérations commerciales, est que le tireur n'indique celui pour qui il tire, que par des lettres initiales, qui font, du nom de son commettant, un mystère à tous ceux qui verront la lettre, sauf au tiré, à qui des instructions particulières apprennent qui elles désignent. Mais quand le commissionnaire montreroit les instructions qui l'autorisent à tirer, cette exhibition ne seroit d'aucune utilité; car rien ne prouveroit la vérité de la signature, rien ne garantiroit que l'instruction montrée n'est pas révoquée par une postérieure; rien n'assureroit que cette instruction ne sera pas supprimée par le commissionnaire, qui, faisant faillite, courroit peu de risques de grossir son actif en se faisant désavouer par celui pour qui il a tiré.

Il est donc juste que le tireur pour compte, lors même que, par une indication peu conforme à l'usage, il nommeroit celui pour qui il tire, soit responsable comme s'il eût tiré en son propre nom. Il en est de ce cas, comme du commissionnaire qui a acheté pour compte d'un autre, et qui est poursuivi à défaut de paiement, sans pouvoir exciper de la connoissance qu'il auroit donnée du nom de son commettant. Le texte de la loi le décide, moins pour établir un principe particulier, que pour lever un doute C. 115. qui eût pu naître de ce que le tireur, qui auroit nommé son commettant dans la lettre de change, eût pu prétendre qu'on doit ne le considérer que comme un simple mandataire, et non comme un véritable tireur soumis aux garanties que nous avons expliquées, n. 435.

Ces motifs militent-ils en faveur du tiré qui, ayant accepté à découvert, paie à l'échéance? Il est certain que le texte de la loi ne distingue pas.

Mais on répond qu'une distinction n'est pas nécessaire, et que la généralité des expressions de la loi ne s'oppose point à ce que l'obligation qu'elle impose au tireur, pour compte d'autrui, de faire la provision, soit limitée à l'intérêt du preneur et de ses ayans-causes.

On se fonde sur ce que le Code ne s'est point occupé des rapports entre le tireur et le tiré. Il déclare en effet, à plusieurs reprises, que le tireur, les accepteurs, endosseurs et signataires d'une lettre de change, sont garans du paiement *envers le porteur;* on n'y trouve rien sur les droits que peut avoir, contre le tireur, le tiré qui a accepté à découvert et a payé.

C. { 178.\
140.\
164.

Ce silence, dit-on, n'est point un oubli; le législateur ne s'occupoit que des conventions de change, et ces conventions n'interviennent qu'entre le tireur, le preneur, et les endosseurs successifs. Celui qui paie librement une lettre tirée sur lui, remplit une commission; il ne contracte point une convention de change. Les droits qu'il a sont ceux de tout commissionnaire contre son commettant, pour être rempli des avances qu'il a faites pour lui; cela est si vrai, qu'il ne peut, lorsqu'il a payé purement et simplement, faire une retraite, comme le pourroit le porteur non payé, ou lui-même, si, au lieu d'avoir accepté, il étoit venu à l'échéance payer par intervention après protêt. Les principes du droit commun, sur le mandat et la commission suffisoient donc, et ç'eût été déranger l'économie de la loi, que de traiter un sujet en quelque sorte étranger au change.

De ce que le Code ne s'est point occupé des rapports entre le tireur et l'accepteur pur et simple, on conclut que les dispositions relatives à la provision, ne leur sont point applicables; qu'elles ne concernent, que le preneur et ses ayans-causes, et qu'on ne peut, sans violer les règles les plus simples de l'interprétation des lois, les étendre à un cas qui n'a ni pu, ni dû être envisagé.

On ajoute que, dans ce cas particulier, les motifs qui portent à rendre le tireur, pour compte d'autrui, responsable envers le preneur et ses ayans-causes, ne reçoivent aucune application. Le tiré qui accepte n'est pas dans la même position que le preneur qui, achetant une lettre, s'occupe peu de savoir à qui appartient ce qu'il achète, pourvu qu'il trouve dans le vendeur un garant qui lui convienne. Le tiré reçoit un mandat; il peut refuser de s'en charger ou payer par intervention, ce qui lui donnera alors contre le commissionnaire les droits du porteur; mais dès qu'il s'en charge purement et simplement, il ne peut l'exécuter autrement qu'il ne lui est donné; il ne peut, sans violer toutes les règles de droit, mettre à l'écart celui de qui il consent être mandataire en acceptant, pour agir contre celui qui a été l'intermédiaire, par l'entremise duquel le mandat lui est parvenu.

On en tire encore la conséquence, que le tiré ne seroit pas fondé à déclarer qu'il n'entend accepter que pour le compte du commissionnaire, sans prendre pour débiteur celui de l'ordre et au compte de qui la lettre est tirée. Comme elle est rédigée de manière à faire connoître que le tireur exécute simplement les ordres qu'il avoit reçus, il ne seroit pas juste que celui sur qui elle est tirée, fût libre de changer, par une acceptation motivée, autrement que la lettre ne l'est elle-même, le sort de celui qui l'a formée matériellement, et, si l'on peut dire ce mot, passivement. L'ordre de payer une lettre de change étant un mandat, celui à qui ce mandat est adressé n'est pas fondé à l'exécuter autrement qu'il lui est donné; le paiement par intervention est encore le seul moyen qu'il ait pour agir contre le commissionnaire, parce qu'alors il sera subrogé aux droits du porteur contre celui-ci.

Il peut se faire toutefois, qu'on n'admette pas pour une explication que de grandes autorités s'accordent à rejeter; reste alors à examiner une autre question; celle de savoir comment le commissionnaire sera libéré de cette obligation de répondre de la provision à l'accepteur. L'effet de l'obligation de faire la provision, est, à l'égard du porteur, non-seulement que les fonds soient réalisés dans les mains du tiré; mais encore, que le tiré les paie à celui qui se présentera à l'échéance; l'acceptation par le tiré, ne décharge pas le tireur, ainsi le veut la nature du contrat de change.

C. { 117. 140.

Mais le tireur commissionnaire ne promet point au tiré qu'il paiera ou qu'il le remboursera à l'échéance; il promet que provision lui sera faite; c'est-à-dire, qu'il recevra soit des fonds, soit des sûretés dont il sera satisfait.

Or comment peut être faite la provision? Si, à l'égard du porteur, elle doit consister en une créance réelle, suivant les règles que nous avons données, il n'en est pas de même entre le tireur et le tiré. Celui-ci peut avouer qu'il a reçu, et cet aveu, est une preuve qui libère le tireur envers lui. Il peut, par conséquent, déclarer qu'il veut bien faire crédit à celui pour qui la lettre est tirée, en se contentant d'être son créancier par compte courant. Dans ces deux cas, l'engagement du commissionnaire est rempli; car le tiré, en lui déclarant qu'il accepte, et qu'il porte le montant de son acceptation au compte courant du commettant, avoue qu'il a obtenu ce qu'il avoit droit d'exiger. Nous avons vu, en effet, n. 338, qu'une valeur en compte étoit une valeur effective et reconnue régulière par la loi.

D'ailleurs, l'entrée d'une valeur dans un compte courant, est, comme nous l'avons dit, n. 220, une novation qui éteint la première dette, dans l'intérêt des cautions ou des co-débiteurs, et qui en crée une autre d'une nature différente. L'accepteur qui déclare au tireur, pour compte d'un tiers, qu'il a accepté et a porté la lettre au compte de ce tiers, est censé dire : « Je suis satisfait; j'ai la provision » ou ce qui est la même chose, je trouve votre » commettant suffisamment solvable pour me » couvrir du solde de mon compte courant, » dans lequel je l'ai débité du montant de la » lettre acceptée ». Par là il renonce à toute garantie contre le commissionnaire, qui est étranger à ce compte; il le met hors d'intérêt, et par conséquent hors d'état d'exiger de son commettant la preuve qu'il a réalisé la provision.

SECTION II.

De la Commission pour prendre des Lettres de Change.

581. L'opération par laquelle un commission-naire prend, pour le compte de son commettant,

une lettre de change, soit en la faisant tirer, soit en faisant endosser une lettre, dont la disposition appartient à celui avec qui il traite, l'oblige de même que s'il avoit acheté quelques marchandises, puisque les lettres de change en sont une véritable espèce. Il faut suivre entièrement les règles que nous avons données, n. 575 et suiv.

Il est, dans ce cas, une précaution que la prudence lui commande, c'est de ne pas faire tirer ou endosser la lettre en son nom, parce qu'alors, pour en transmettre la propriété à son commettant, il seroit obligé de l'endosser.

Sans doute, à l'échéance, la lettre étant protestée, cet endossement n'aura pas l'effet de l'obliger à la garantie envers son commettant. S'il n'a point d'imprudence grave à se reprocher, si l'insolvabilité de la personne de qui il a pris la lettre, n'étoit ni évidente, ni notoire, et s'il n'a pas répondu de sa solvabilité, l'endossement qu'il met sur la lettre dont il fait l'envoi, quelque régulier qu'il soit, ne produit, au profit du commettant, aucun des effets, ni aucune des garanties qui résultent des négociations ordinaires, comme nous l'avons dit, n. 352. Mais il n'en est pas de même à l'égard du porteur ou des endosseurs qui ont reçu la lettre par suite de cette transmission : de quelque manière que l'endossement soit conçu, il oblige le commissionnaire envers eux, comme s'il avoit

Tome I.   39

négocié pour son propre compte, sauf son recours contre son commettant.

Section III.

De la Commission pour négocier ou recouvrer des Lettres de Change.

582. Souvent des commerçans reçoivent de leurs correspondans des lettres de change dont l'endossement leur donne, selon les distinctions et les principes que nous avons expliqués dans le chap. IV du titre IV la commission de les négocier, ou d'en recevoir le paiement, et de faire les poursuites nécessaires pour arriver à ce résultat.

Celui à qui la lettre de change est remise ainsi s'oblige à la faire accepter, lorsque la loi impose cette condition, et répond des suites de sa négligence; il s'oblige également à se présenter à l'échéance pour toucher le montant. Dans l'un ou l'autre cas il doit faire les protêts et les diligences que la loi détermine. Une fois qu'il a fait ce qui étoit nécessaire pour prévenir les déchéances, le commettant qu'il en a prévenu, ne peut la laisser à son compte, en alléguant qu'il ne lui a point dénoncé le protêt dans le délai légal, parce qu'il n'est intervenu entr'eux aucun contrat de change, mais seulement un contrat de commission.

Le commissionnaire ne doit à son commettant, que de faire tout ce que celui-ci auroit fait lui-même; et, par exemple, de protester, de saisir les effets des débiteurs, etc; mais il n'est pas obligé de lui dénoncer le protêt dans la forme et les délais que nous avons indiqués, n. 431, ni de l'assigner dans les mêmes délais. Il n'est tenu qu'à lui transmettre le protêt diligemment, de manière que celui-ci puisse recourir contre ses garans; il n'est responsable que de sa négligence à cet égard, parce qu'alors il a mal géré.

Si le commissionnaire a négocié la lettre de change, il est responsable envers le porteur, de la même manière que s'il l'eût endossé pour son propre compte, ainsi que nous l'avons dit, n. 352. Mais il a droit de se faire garantir par son commettant, des poursuites et condamnations qu'il éprouve, ou du paiement qu'il fait pour les éviter. En conséquence, il est fondé à le poursuivre pour qu'il lui restitue tout ce qu'il a lui-même été obligé de payer, avec les intérêts, jusqu'au jour de ce remboursement. Il n'est pas moins favorable que celui qui paieroit une lettre de change par intervention; on peut dire même qu'il l'est davantage, puisque les droits de celui qui paie par intervention, ne dérivent que du quasi-contrat de gestion d'affaires, approprié au commerce, tandis que ceux du commissionnaire dérivent du mandat et de la subrogation légale, que nous avons vu, n. 214, être accordée à quiconque acquitte une dette qu'il a contractée avec ou pour un autre.

39*

583. Le commissionnaire qui a touché le montant de lettres qu'il a négociées ou recouvrées doit en faire le versement entre les mains du commettant. Suivant les règles générales que nous avons expliquées, n. 211, il n'est tenu de payer ces sommes que dans son propre domicile; mais presque toujours, par une convention qui se présume facilement, il est chargé de les faire tenir au domicile du commettant, ou dans le lieu que celui-ci lui indique; et c'est presque toujours en tirant ou en passant à l'ordre de ce dernier, une lettre de change.

Si ce mode d'envoi a été demandé par le commettant, la lettre est à ses risques; il en est de ce cas, comme de celui où le commissionnaire est preneur pour son commettant.

Si celui-ci n'a consenti ni directement, ni indirectement à ce mode d'envoi, s'il en a, au contraire, prescrit un autre, la lettre est aux risques du commissionnaire, parce que ce n'est plus spécialement pour remplir, d'une manière quelconque, les ordres de son commettant qu'il a agi ainsi; il ne peut pas dire que les fonds qu'il a employés à se procurer cette lettre soient ceux qu'il avoit reçus pour le compte de ce dernier; c'est un effet de son propre commerce qu'il lui a transmis, et dont il est responsable.

TITRE NEUVIÈME.

DU NANTISSEMENT.

584. Le nantissement est un contrat par lequel une chose mobiliaire est reçue par une personne, pour sûreté de la dette contractée, ou qui doit être contractée envers elle par une autre. On donne le nom de *gage* à la chose ainsi reçue.

N. 2071.

N. 2072.

Il en est du nantissement comme du dépôt; on peut dire, qu'à proprement parler, il n'existe point avant que le gage ait été réellement livré. Cependant, la promesse de donner un gage, a des effets que peut réclamer celui à qui elle a été faite; et même si, sur la foi de cette promesse, il a fait des avances ou autres déboursés, il a non-seulement une action personnelle contre l'obligé, mais encore une action réelle sur la chose, si elle appartient à celui-ci, et il peut se faire autoriser à la faire enlever, tant que des tiers n'y ont point acquis quelques droits de nature à être préférés aux siens.

N. 1138.

Nous allons, dans un premier chapitre, faire connoître les principes généraux sur le nantissement; dans le second, quels sont ses effets entre le créancier et celui qui a donné le gage.

CHAPITRE PREMIER.

Principes généraux sur le Nantissement.

585. Si l'on ne considère le contrat de nantissement que dans les rapports qu'il doit
établir entre le créancier et celui qui a donné
le gage, la seule convention et la remise de
la chose, assurent au créancier tous les droits
qu'il peut avoir intérêt d'exercer. Mais la
possibilité de tromper les tiers, en donnant à
certains créanciers des sûretés qui diminue-
roient les droits des autres, a prescrit des
C. 95. précautions et des formes dont le commerce
n'est pas exempt. S'il s'agit d'une chose moindre
de 150 fr., la preuve testimoniale que tel objet
a été donné en gage, est admise ; si la chose est
plus considérable, il faut qu'un acte authen-
N. 2074. tique, ou sous signature privée, ayant une date
certaine, contienne la déclaration de la somme
due, l'espèce et la nature des objets remis en
gage, ou un état annexé de leurs qualités,
poids, mesures, nombre ou quantité.

Ces énonciations étant requises pour que
l'individualité des choses soit reconnoissable,
les diverses explications que nous avons données
dans les titres précédens, sur la manière de
désigner des objets déposés ou expédiés,
peuvent servir à lever quelques incertitudes.

586. Une créance peut être donnée en gage. Mais le créancier n'acquiert de droits capables N. 2075. d'être opposés aux tiers, qu'autant que l'acte de nantissement a date certaine, est signifié au débiteur, et que le titre de la créance est remis à l'engagiste.

Si la créance est transmissible par voie d'endossement, il faut en conclure qu'une signification n'est pas requise; l'endossement faisant foi par lui-même et produisant effet sans signification, comme on l'a vu, n. 349.

Mais il faut que cet endossement énonce son objet et qu'il ait, autant que le permet la nature de la convention, les formes d'un endossement régulier. Celui qui ne les réuniroit pas, C. 137. n'étant qu'une simple procuration, cette qualité excluroit toute présomption que la créance ait été reçue en nantissement.

Si les créances données en nantissement, sont des actions d'une société anonyme, dont le transfert s'opère par inscription sur les livres de C. 36. cette société, on doit remplir les mêmes formalités que s'il y avoit vente effectuée, conformément aux règles qu'offre à cet égard l'art. 13 du décret du 16 janvier 1808 sur la banque de France. [1]

Il ne faudroit pas conclure de ce que nous venons de dire, que, si la créance étoit payable

---

[1] Bulletin des lois, 3.e série, n. 2953.

au porteur, le nantissement s'opéreroit par la seule remise du titre. Sans doute la propriété auroit pu être transmise de cette manière; mais celle d'un diamant, de balles de coton, de caisses de livres, etc., l'est aussi, sans acte écrit, par le seul consentement avoué des parties; et la délivrance réelle ôte tous droits aux tiers. Cependant un diamant, des marchandises ne peuvent être donnés en gage, sans un écrit rédigé de la manière indiquée ci-dessus, quand la matière excède 150 fr. Il faut donc en conclure que le nantissement d'un effet au porteur doit être établi de même que celui d'une créance ordinaire, ou au moins de même que celui d'autres objets mobiliers, et que les tiers intéressés peuvent revendiquer l'effet qu'un créancier auroit reçu sans ces formalités, dès qu'il avoueroit ne l'avoir pas reçu à titre de propriété, mais à titre de nantissement.

N. { 1606. { 2279.

587. On voit, par ce qui vient d'être dit, que la convention de gage ne se présume pas en général; il faut qu'elle soit expressément stipulée, et qu'un acte régulier, ayant date certaine, et contenant l'exacte énonciation des choses données en gage, ait été rédigé. Il n'y a qu'une exception dans le droit civil : c'est lorsque celui qui étoit débiteur envers un créancier à qui il a donné un gage, a contracté depuis une dette qui est devenue exigible avant que

la première fût acquittée. Le gage est alors présumé, de plein droit, affecté à la sûreté des deux créances. | N. 2085.

A cette exception, le droit commercial en a ajouté une autre, en faveur de ceux à qui des marchandises ont été envoyées en consignation, simple dépôt, etc. Ils acquièrent sur ces objets un privilège pour les prêts et avances qu'ils auroient faits au commettant qui les leur a expédiées. | C. 93.

Cette faveur n'est accordée qu'aux commissionnaires ou dépositaires qui résident dans un lieu autre que celui où demeure le commettant. Il ne suffiroit pas que les marchandises vinssent d'une ville autre que celle ou réside le consignataire. L'intérêt du commerce a dicté une autre dérogation aux règles du droit civil qui ne donnent de privilège au créancier que lorsqu'il a été mis en possession du gage. Dans le cas dont il s'agit, la loi se contente d'une tradition feinte par la remise de lettres de voiture ou de connoissemens dont les énonciations sont d'ailleurs assez semblables à celles qu'un contrat de prêt sur nantissement doit contenir. | C. 93.

Mais lorsque les parties demeurent dans le même lieu, elles peuvent se concerter et se mettre en règle sans qu'il en résulte des retards, et, dès-lors, il est prudent de les y obliger, car s'il y a de grands avantages pour le commerce, dans le prêt sur nantissement, il facilite | C. 95.

aussi les abus odieux de l'usure, et les fraudes des banqueroutiers et de leurs complices.

Enfin c'est encore par une convention tacite de nantissement que les effets de commerce entrés dans un compte courant répondent à celui qui les a reçus de toutes les suites de ce compte, comme nous l'avons vu n. 476; et que l'accepteur d'une lettre de change, par les raisons expliquées, n. 379, n'est pas obligé de se dessaisir de ce qu'il doit au tireur.

CHAPITRE II.

Effets du Nantissement entre celui qui a donné et celui qui a reçu le Gage.

588. Le créancier qui a reçu, même d'un autre que son débiteur, un gage pour sûreté de ce qui lui est dû, acquiert, sur cet objet et sur les accessoires, tant qu'il en est détenteur, un privilège qui lui donne droit d'être payé avec N. 2073. le prix qui en proviendra, par préférence à tous créanciers simples ou prétendant des privilèges. Il acquiert ces droits à l'exclusion du vendeur de la chose donnée en gage, à qui elle n'auroit pas été payée, et même de celui à qui elle auroit été volée, pourvu qu'il l'ait reçue de bonne foi.

C'est la possession de la chose qui assure ces N. 2077. droits au créancier à l'égard des tiers; il ne les acquiert point avant la délivrance réelle, sauf l'exception en faveur des commissionnaires ou dépositaires dont nous avons parlé au numéro précédent, lorsqu'ils constatent, par une lettre de voiture ou par un connoissement, l'expédi-tion qui leur a été faite. C. 93.

589. Le créancier ne conserve ces droits sur la chose déposée, que tant qu'il ne s'en est pas des- N. 2076. saisi; mais il est réputé l'avoir conservée, quand elle continue d'être à sa disposition, soit entre les mains de personnes à qui il l'auroit lui-même remise à titre précaire, soit dans un dépôt public. Ainsi, le commissionnaire qui, après avoir fait des dépenses pour une cargaison, la fait rembarquer, ou la réexpédie sur l'invitation de son commettant, qui lui a promis de le rembourser sur-le-champ, et n'a pas rempli sa promesse, conserve son privilège tant que la marchandise, objet de ses avances, est dans le port ou dans un entre-pôt, ou autre lieu public; des tiers ne pourroient point y acquérir de droits à son préjudice. Mais il n'en seroit pas de même si la marchandise étoit chargée dans un navire ou dans une voiture pour se rendre au lieu de sa destination.

590. Ce que nous avons dit, établit suffi-samment que jamais celui qui a reçu une chose en gage, n'acquiert ou ne peut acquérir, par quelque laps de temps que ce soit, la propriété N. 2236.

N. 2079.   de cette chose. Celui qui l'a donnée, ainsi que ses

C. { 536.   créanciers, s'il tombe en faillite, conservent tou-

{ 537.   jours le droit de la vendre. L'engagiste ne peut s'y

opposer, ni refuser de la montrer aux amateurs

qui se présenteroient; mais il n'est pas tenu de

s'en dessaisir, au profit de qui que ce soit, sans

N. 2082.   qu'on l'ait payé en totalité, tant du principal,

que des accessoires de la dette, et des dépenses

qu'il auroit faites pour la conservation de la

chose.

591. Le créancier ne peut, à défaut de paie-

N. 2078.   ment à l'échéance, même quand le débiteur seroit

tombé en faillite, disposer purement et simple-

ment du gage pour se payer, encore bien qu'il y

eût été autorisé par la convention. Il est fondé

seulement à demander en justice, ou que l'objet

soit vendu aux enchères, ou qu'il lui demeure en

paiement pour le prix d'estimation; et, dans l'un

et l'autre cas, ce prix s'impute sur ce qui lui est dû.

Mais on sent bien que ces règles ne s'appliquent

qu'au cas où le nantissement est pur et simple, et

non à celui où les marchandises ont été confiées

primitivement pour être vendues. Si elles sont,

pour le commissionnaire qui a fait des prêts ou

autres avances au commettant, un nantissement

qui lui en réponde, elles n'ont été placées dans

ses mains que pour être vendues; il doit donc

remplir sa mission, et le prix est subrogé à la

chose, en sorte qu'il se rembourse, sur ce prix,

des avances, intérêts et frais, par préférence à C. 94.
tous autres créanciers de ce commettant.

592. Les obligations du créancier sont de
veiller, en bon père de famille, et avec les mêmes
soins que le dépositaire salarié, à la conservation N. 2080.
du gage, de la perte ou de la détérioration
duquel il répond ; en cas de négligence ou d'abus,
la restitution du gage peut être ordonnée même
avant le paiement de la dette.

Il doit tenir compte, au débiteur, des fruits N. 2082.
que la chose engagée a pu produire. Si donc,
c'étoit une créance portant intérêts, il doit les N. 2881.
percevoir avec le même soin que pour lui-même,
et les imputer sur les intérêts de la dette, ou, si
elle n'en produit pas, sur le capital. A l'échéance
de la créance engagée, il doit faire les actes conservatoires et les poursuites pour le recouvrement,
dont l'omission ou le retard pourroit entraîner
quelque déchéance. C'est principalement aux
effets de commerce que s'applique cette règle,
qui modifie ce que nous avons dit de la prohibition faite au créancier de disposer du gage ; car,
dans ce cas, recevoir et même exiger le paiement,
c'est conserver. Enfin, il doit restituer le gage
aussitôt après l'acquittement total de sa créance,
qu'aucun laps de temps ne l'empêche de réclamer,
par voie d'exception, contre la demande en restitution du gage qu'intenteroit contre lui le débiteur.

593. Les règles que nous venons de donner peuvent être modifiées sous un grand nombre de rapports, par les lois ou règlemens qui auto-

risent des maisons de prêt sur nantissement, en ce qui concerne les obligations respectives de celui qui donne le gage et de celui qui le reçoit. La nature de ces exceptions et des causes qui peuvent les dicter, ne nous permet pas de nous en occuper. Il suffit de faire connoître que dans l'état actuel de la législation, aucune maison de prêt sur nantissement ne peut être établie qu'au profit des pauvres et avec l'autorisation du Gouvernement, comme nous l'avons dit n. 178; que les établissemens de ce genre ne sont accordés, d'après un avis du conseil d'état, du 6 juin 1807, approuvé le 12 juillet [1], qu'aux villes dont la caisse municipale, ou celle des hospices, fournit un capital suffisant à la mise en activité de l'établissement, sans qu'on puisse en aucun cas, recourir à la voie des emprunts ou intérêts par actions; et qu'enfin les règlemens qui ont été donnés à ceux qui existent dans plusieurs grandes villes, soumettent, dans un grand nombre de circonstances, les contestations qui en résultent, à la juridiction administrative, comme nous l'avons observé n. 35.

---

[1] Bulletin des lois, 4.ᵉ série, n. 2565.

APPENDICE.

594. Les contrats, qui ont fait la matière de cette seconde Partie, peuvent donner lieu à des questions importantes dans les cas de faillite, soit du créancier, soit du débiteur, soit de l'un et de l'autre ; c'est dans la cinquième Partie que s'offre plus naturellement l'occasion de les traiter.

Ce motif nous a porté à ne point faire un titre particulier sur le cautionnement. Déjà nous en avons parlé à l'occasion de certains contrats, et notamment du change. En général, lorsqu'il est accompagné de la solidarité, il produit des effets que nous avons développés suffisamment dans les n. 190 et suiv. ; lorsqu'il est pur et simple, il n'y a d'importance à le considérer qu'en cas d'inexécution des obligations du débiteur principal, et c'est alors dans la Partie consacrée aux faillites que se rangent les questions qui naissent à ce sujet.

Il en a été de même relativement aux contrats aléatoires, parce que les plus importans de ceux qui appartiennent au commerce font partie des contrats maritimes, et que les règles générales que nous y développerons s'appliquent à toute autre convention licite à laquelle présideroit le hazard ou l'incertitude des événemens.

595. Nous n'avons pas cru devoir aussi faire connoître quelques modifications apportées aux règles générales sur les obligations par le décret du 17 mars 1808 [1], relatif, soit au droit des individus de nation Juive de se livrer au commerce, soit aux engagemens contractés en leur faveur. L'effet de ce règlement est momentané ; conformément à l'art. 18 de ce décret, il ne s'applique pas à tous les Juifs indistinctement ; l'art. 19 prononce des exceptions qui ont été étendues par décrets des 16 juin, 22 juillet 1808 [2], 11 avril 1810 [3] et des décisions ministérielles. Il nous a semblé qu'on ne pouvoit considérer des réglemens de cette espèce comme une partie intégrante du droit commercial.

---

[1] Bulletin des lois, 4.ᵉ série, n. 3210.
[2] Bulletin des lois, 4.ᵉ série, n. 3437 et 3779.
[3] Bulletin des lois, 4.ᵉ série, n. 5337.

FIN DU PREMIER VOLUME.

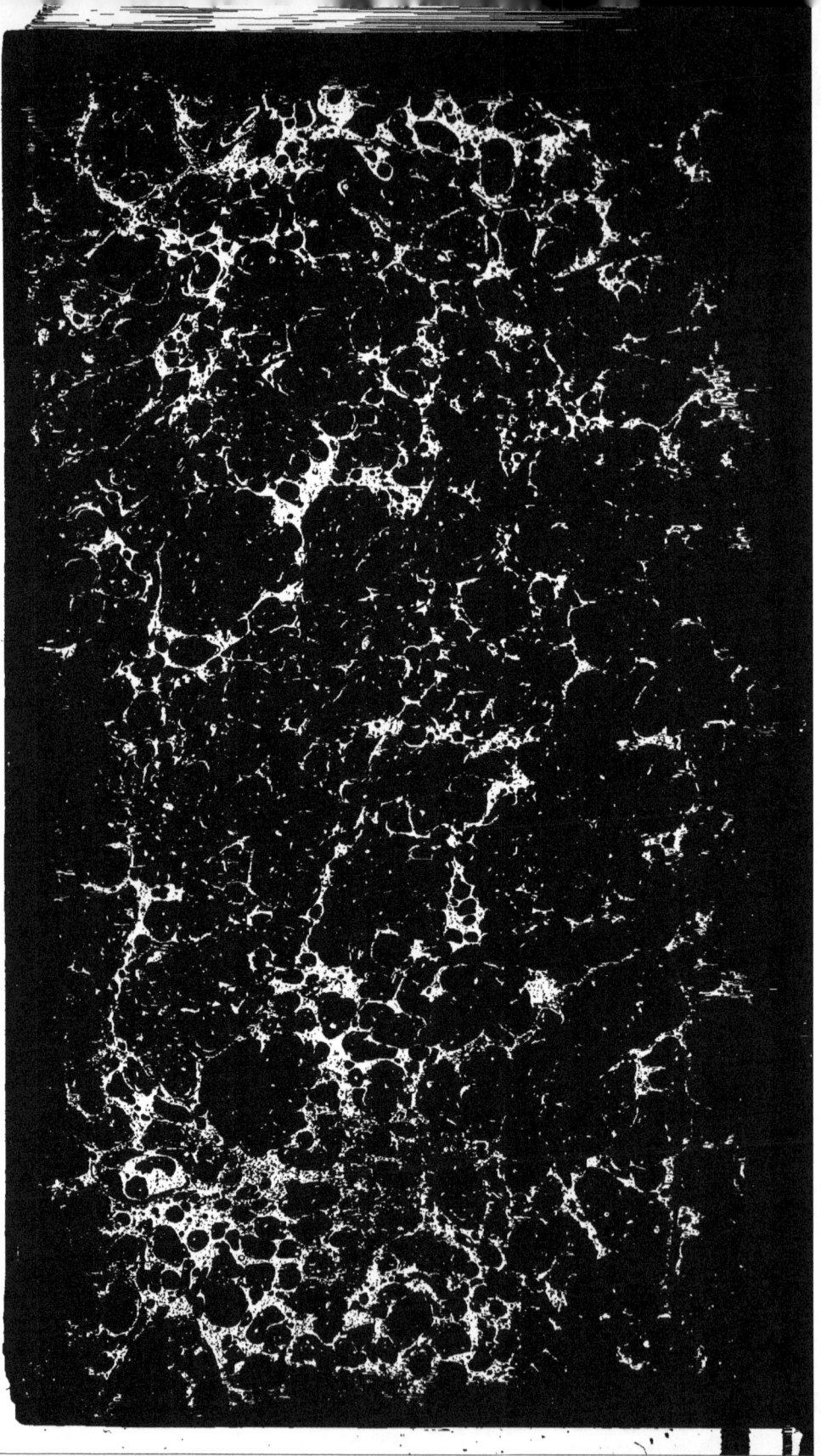

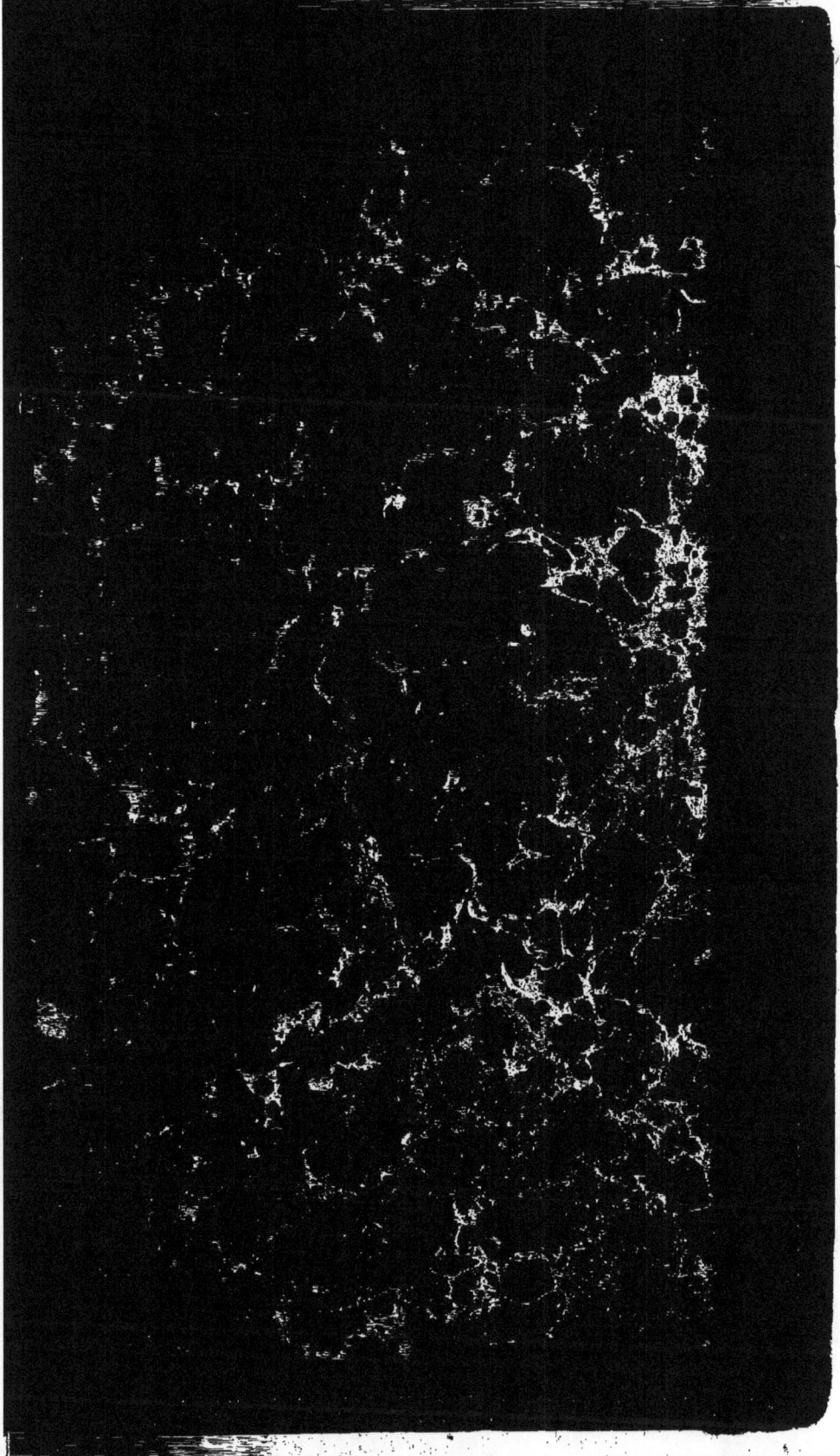

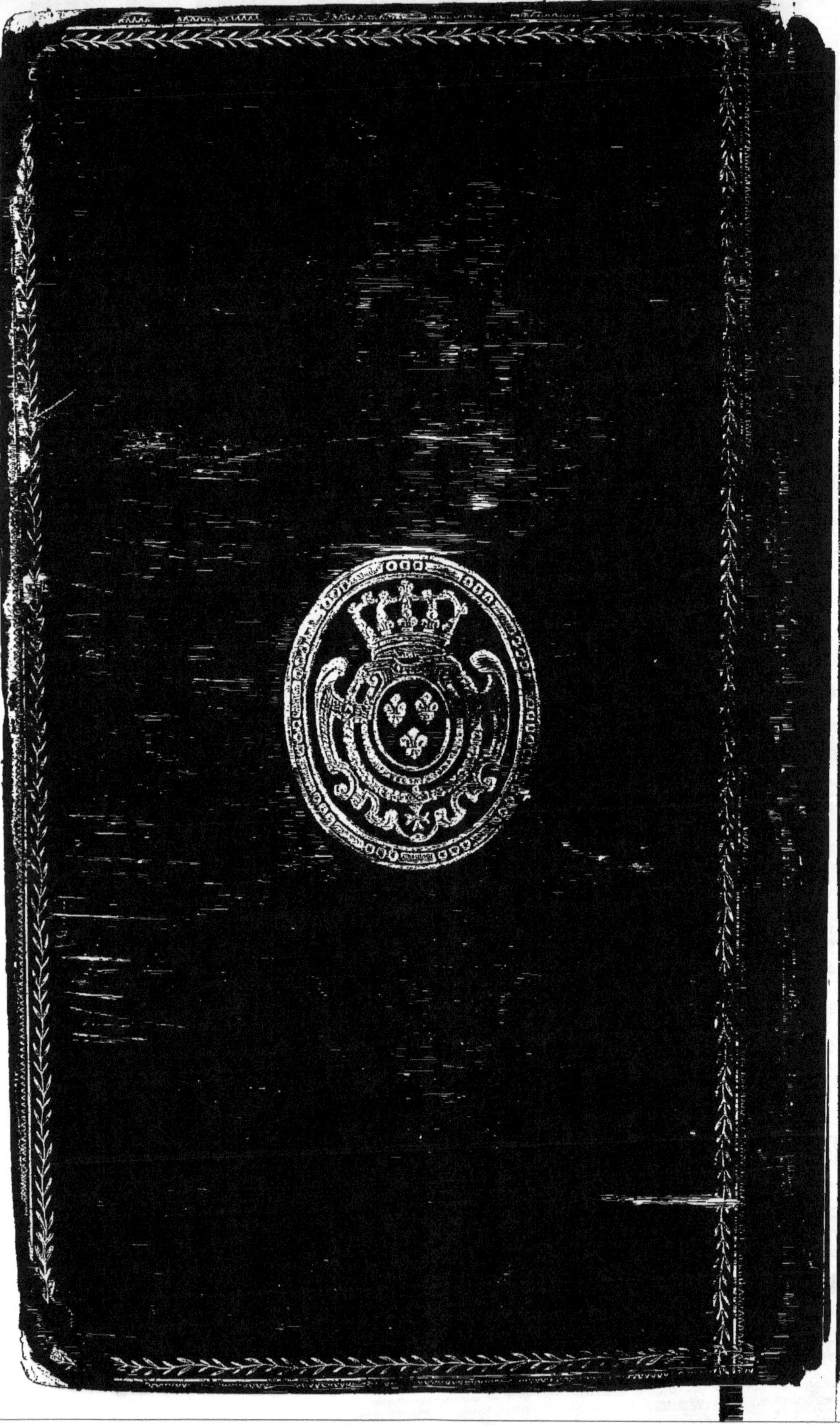